世界史

近代史编

上卷【第二版】

● 主编 吴于廑 齐世荣

● 本卷主编 刘祚昌 王觉非

● 高等教育出版社·北京

内容简介

本书是吴于廑、齐世荣主编的六卷本《世界史》中的《近代史编》第二版的上卷,即全套教材中的第三卷。本卷全面、系统地阐述了从15世纪末16世纪初地理大发现到1848—1849年欧洲革命期间世界历史的发展进程,展现了封建制度崩溃、资本主义产生发展壮大的历史轨迹,通过纵横两个方面展示了世界从相互隔绝、分散逐步形成统一整体的过程,并勾勒出近代前期思想文化的发展脉络和具有典型意义的社会风貌。此次修订既保持了初版的基本体系,又吸取了我国世界史学界的研究和教学成果,并弥补了初版中存在的一些缺陷,使之更趋完善。

本书可供普通高等院校师生、专业工作者和社会读者学习、参考。

六卷本《世界史》是原国家教委组织编写的"八五"期间国家重点书,初版荣获国家教委优秀教材一等奖。

图书在版编目(CIP)数据

世界史.近代史编.上卷/吴于廑,齐世荣主编.—2版.—北京:高等教育出版社,2011.1(2024.12重印)
ISBN 978-7-04-031545-5

Ⅰ.①世… Ⅱ.①吴…②齐… Ⅲ.①世界史:近代史-高等学校-教材 Ⅳ.①K10

中国版本图书馆 CIP 数据核字(2010)第 251320 号

策划编辑	王方宪　张　林	责任编辑	王方宪	封面设计	刘晓翔
版式设计	余　杨	责任校对	王　雨	责任印制	沈心怡

出版发行	高等教育出版社	网　　址	http://www.hep.edu.cn
社　　址	北京市西城区德外大街4号		http://www.hep.com.cn
邮政编码	100120	网上订购	http://www.landraco.com
印　　刷	涿州市星河印刷有限公司		http://www.landraco.com.cn
开　　本	787×960　1/16		
印　　张	23	版　　次	2001年3月第1版
字　　数	430 000		2011年1月第2版
购书热线	010-58581118	印　　次	2024年12月第27次印刷
咨询电话	400-810-0598	定　　价	45.70元

本书如有缺页、倒页、脱页等质量问题,请到所购图书销售部门联系调换
版权所有　侵权必究
物　料　号　31545-01

出 版 前 言

　　本套教材含《世界史·古代史编》上下卷、《世界史·近代史编》上下卷和《世界史·现代史编》上下卷，通称《世界史》六卷本，是由原国家教委规划组织编写的"八五"国家级重点教材，由我国世界史著名学者吴于廑和齐世荣教授担任总主编，各分卷主编也由相关领域知名学者担任。该套教材自 1992 年陆续出版以来，受到广大用书单位一致好评，并获国家教委优秀教材一等奖。该套教材因其基础知识扎实，全面体现总主编关于世界史纵向—横向发展的全局史观，展现世界各地区从相互隔绝走向交往、逐渐融为一体的历史发展总格局，在学术上具有严谨的科学性和前瞻性，其教学理念的先进性已得到广泛认可，受到历史学界和广大高校历史教学者的肯定，至今仍是世界史方面的优秀教材。为了满足读者的需要，经与各书主编协商沟通，我们决定对现有教材已显陈旧的封面、版式和开本进行调整。这套教材是一定历史阶段的作品，作者们大都年事已高，有的已去世，不可能再作修改，故此次重印在内容上基本保持原貌，仅在某些地方做了核正，相应地，按有关规定对改版后教材的书号和出版时间予以调整。我们希望这样的调整能给用书单位和读者带来一定的便利。

高等教育出版社

2011 年 1 月

目 录

总序 ··· 1

前言 ··· 1

第一章 16世纪资本主义曙光下的西方·同一世纪东方中国和日本 ······ 1

   第一节 世界地区隔绝状态的突破·商业革命 ································ 2
      一、地理大发现和商业革命的背景 ··· 2
      二、地理大发现的过程 ··· 5
      三、近代早期的殖民征服 ·· 9
      四、商业革命 ··· 13

   第二节 文艺复兴 ·· 14
      一、意大利的文艺复兴 ··· 16
      二、西欧诸国的文艺复兴 ·· 21
      三、文艺复兴时期的科学 ·· 24

   第三节 宗教改革 ·· 28
      一、宗教改革的背景 ·· 28
      二、马丁·路德与德国宗教改革 ·· 33
      三、德国农民战争·路德教派的确立 ···································· 37
      四、加尔文教与瑞士的宗教改革 ··· 40
      五、英国的宗教改革 ·· 42
      六、天主教会的反宗教改革运动 ··· 44

   第四节 欧洲诸国专制制度的形成·尼德兰革命 ·························· 45
      一、法国专制制度的形成 ·· 46
      二、英国都铎王朝的专制制度 ·· 49
      三、俄国留里克王朝专制制度的巩固 ··································· 52
      四、西班牙的专制制度 ··· 56
      五、尼德兰革命 ·· 59

   第五节 16世纪的中国和日本 ·· 65
      一、明代中国专制统治的强化 ·· 65
      二、16世纪封建统治重建中的日本 ····································· 70

第二章 17世纪迄工业革命前的东西方世界 ································· 75

   第一节 17世纪英国革命·1689—1742年的英国 ························ 75
      一、革命前的英国 ··· 75

二、革命的开始与第一次内战 ············· 79
　　三、两次内战之间的政治斗争 ············· 84
　　四、第二次内战和共和国的建立 ············· 91
　　五、斯图亚特王朝复辟和1688年"光荣革命" ············· 98
　　六、17世纪英国文化、思想的发展 ············· 101
　　七、1689—1742年的英国 ············· 103
　第二节　欧洲大陆的封建专制制度 ············· 109
　　一、典型的封建专制主义国家——法国 ············· 109
　　二、分崩离析与经济落后的德意志 ············· 118
　　三、封建农奴制的俄国 ············· 130
　　四、波兰、瑞典和丹麦 ············· 138
　　五、西欧的启蒙运动 ············· 142
　第三节　17世纪初到18世纪中叶东方诸国的衰落 ············· 158
　　一、明末清初的中国 ············· 158
　　二、德川幕府统治下的日本 ············· 163
　　三、莫卧儿帝国 ············· 168
　　四、奥斯曼帝国的强盛与衰落 ············· 176
　第四节　西欧列强的海外殖民扩张及其后果 ············· 186
　　一、荷、法、英诸国的海外殖民扩张 ············· 186
　　二、西方世界优势的形成 ············· 191
　　三、世界地区联系的加强 ············· 193

第三章　资产阶级革命的时代（1776—1849） ············· 199
　第一节　美国革命 ············· 199
　　一、英属北美殖民地的特点 ············· 199
　　二、美利坚民族的形成与启蒙思想的传播 ············· 204
　　三、矛盾的激化·武装斗争的开始·宣布独立 ············· 208
　　四、艰苦的战争·光辉的胜利 ············· 215
　　五、杰斐逊与民主改革 ············· 219
　　六、谢斯起义·《联邦宪法》 ············· 225
　第二节　法国大革命 ············· 231
　　一、旧制度的危机 ············· 231
　　二、三级会议和革命爆发 ············· 236
　　三、"八九年原则"和旧法国的改造 ············· 238
　　四、法兰西第一共和国 ············· 248
　　五、雅各宾派专政 ············· 255

六、热月党与督政府	265
第三节 拿破仑帝国	275
一、雾月政变	275
二、从执政府到帝国	278
三、帝国的盛衰	283
四、帝国的覆灭	288
第四节 维也纳会议与19世纪前半期的革命运动	292
一、维也纳会议·神圣同盟对于革命运动的镇压	292
二、拉丁美洲民族独立运动	297
三、1848年欧洲革命	310
后记	**330**

总　　序

吴于廑

　　世界历史是历史学的一门重要分支学科,内容为对人类历史自原始、孤立、分散的人群发展为全世界成一密切联系整体的过程进行系统探讨和阐述。世界历史学科的主要任务是以世界全局的观点,综合考察各地区、各国、各民族的历史,运用相关学科如文化人类学、考古学的成果,研究和阐明人类历史的演变,揭示演变的规律和趋向。

　　在中国,约从20世纪50年代初开始,主要由于历史专业的分工,人们习惯于把中国史和世界史对举,几乎把世界历史作为外国历史的代称。实际上,世界历史绝非把中国历史排除在外的域外史,而中国历史也和所有其他国家历史一样,是人类历史发展为世界历史全过程的组成部分。

　　关于世界历史的分期,至今还没有完全一致的意见。早在文艺复兴时期,西方就已有了把历史分为"古代"、"中世纪"和"近代"的说法。这种主要基于欧洲历史的分期,在西方史学界长期沿用。有不少史学家又在三时期之后加上"当代"或"现代",从而形成四阶段分期法。马克思主义史学也采用四阶段分期法,其基础是历史唯物主义关于社会经济形态发展的理论,与以政治兴替或其他"重大事件"为分期标准者有本质的不同。马克思主义历史学家对世界史的分期,一般都以"古代"相当于原始社会及奴隶社会阶段,"中世纪"相当于封建社会阶段,"近代"相当于资本主义社会阶段,而"现代"则是指以俄国十月社会主义革命为开端的一个新的时期。有的学者认为"中世纪"一词只适用于西欧历史,没有世界历史上的普遍意义,所以改用"中古"一词标示"古代"和"近代"之间的阶段。这种分期法从理论上说是完全可行的。但是人类历史的发展并不平衡,世界各不同地区进入某一社会经济形态有早有迟,在某一社会经济形态中经历的时间也有长有短。特别是自历史进入文明时期以后,很少看到绝对纯粹属于这一阶段或那一阶段的社会经济形态,也很少看到绝对整齐的、单一发展的由低级社会经济形态逐层向高级社会经济形态的过渡。因此在世界史的分期断限问题上,目前仍然存在着分歧。

古今历史学家对世界历史的不同认识

　　远在古代,历史学家就已经把记述历史的范围扩大到他们当时已知的世界。

由于世界历史在当时还远没有像后代那样形成一门专门的学科,即使是视野扩及全部已知世界的历史学家,一般也不会对所写历史标名为世界历史,也不会完全意识到是在写作当时已知世界的历史。但是,他们毕竟把已知的地理范围视为一个世界,并且把发生在这个范围内的历史记录了下来。在这个意义上,他们为这个已知地理范围所写的历史,就是他们各自所处时代的世界历史。古希腊历史学家希罗多德所著《历史》9卷,主题在于记述希波战争中希腊人的胜利,但其涉及的范围,包括地中海地区、多瑙河外、两河流域、波斯,以及在此以北的草原地带,这大体上就是希腊人当时所知道的世界。因此可以说,希罗多德的《历史》,就是当时希腊人已知世界的历史。比希罗多德晚出的中国古代历史学家司马迁所著《史记》,全书的主体是汉天子统治之下的中国。但其所记史事的地理范围,却扩及公元前2世纪中国人所知道的世界。司马迁沿用中国古代的习惯说法,笼统地称这个已知的世界为"天下"。这个"天下"东起朝鲜,西迄大夏、安息,几乎是亚欧大陆的一半。对于为这样一个广阔的地理范围记载史事的史书,把它视为一部当时中国人已知世界的历史,看来并不为过。罗马时代的希腊人波利比奥斯著有《历史》40卷,现存前5卷及一些残篇,记述的中心是正在扩张中的罗马。但中心之外,所记范围还包括公元前212—前146年期间地中海的周边世界。波利比奥斯在《历史》的第1卷第3节中说,他以第140届奥林匹克大会(公元前220—前216)为全书叙述的起点,在此以前,"世界上的行动是分散的",而在此以后,"意大利、阿非利加同希腊、亚细亚的局势联结了起来",由此"历史就成为一个有机的整体"。波里比奥斯对当时罗马周围世界由分散而联系为一的历史认识,十分可贵。

　　随着生产和交往的发展,人们所能知道的世界的范围日益扩大。但是历史学家笔下的世界,却受到这样或那样的局限。4世纪基督教神学家圣·奥古斯丁关于历史的终极是"上帝之国"在人间实现的思想,支配着中古时代的西欧史学。基督教史学的世界,等于基督教传播所及的世界。这个世界以欧洲为主体,外于此者,按基督教教理,除了圣地巴勒斯坦,是应受天谴的异教土壤,理应排斥在沐受神恩的这个世界之外。因此,中古欧洲的所谓世界历史,实际上是起自上帝创世,以希伯来为序幕,以欧洲为主体的基督教世界的历史。12世纪德意志历史学家弗赖辛的主教奥托(约1114—1158)所作《年代记》是这一类历史著作的代表。以此为代表的世界史观,在欧洲一直沿续到17、18世纪。法国人J. B. 博叙埃(1627—1704)所著《世界历史通义》以及A. A. 卡尔梅特(1672—1757)所著《教俗世界史》均属此类。

　　中古时代与基督教世界并立的是伊斯兰世界。伊斯兰历史学家在编纂他们当时已知的世界历史时,和同一时代基督教历史学家一样,往往也受宗教意识的支配。塔巴里(838—923)所著《历代先知与帝王年代记》,伊本·赫勒敦

(1332—1405)所著《阿拉伯人、波斯人及柏柏尔人史》,都以当时最渊博的"世界史"著作见称,其内容则是以信奉伊斯兰教的阿拉伯诸国为主体。伊斯兰历史学家心目中的世界,实际是伊斯兰教传播所及的世界。其周围地区,不过是这个世界的化外而已。

中国自司马迁之后,从班固的《汉书》开始,所修的正史都属中国的断代史。但是历代史家大都继承了司马迁的传统,在撰写本国史的同时,还记叙了其他国家和民族的历史。他们著述的范围固然详于本国,薄于"蛮夷",但毕竟包括了同时代已知的世界。而且,与中古西方基督教史学不同,中国史学著作所记述的是以人为主体的活动,人在一定社会环境里的个体和群体的活动,可以称作以人为本的历史。它们所记叙的世界或"天下",是个体或群体的人从事活动的世界或"天下"。这种把当时已知世界历史视为人的活动过程而非神意展现过程的思想,是中国古代史学的优良传统。

在15、16世纪人类对世界的认识空前扩展之前,历史学家们所写的已知世界的历史,无论是古代的还是中古时代的,无论是东方的还是西方的,都存在着局限,首先是地理知识上的局限。当时历史学家所知道的世界,远非16世纪以后人们所知道的世界:或者是地中海周围,或者是亚洲东部和中部,或者是亚欧大陆及其附近的北非等等,总之,不出世界的某一局部。因此,他们没有也不可能写作包括全部世界在内的世界历史。其次是民族或宗教意识上的局限。历史学家把属于本民族的或属于同一宗教地区的历史作为历史的主体或中心,忽视或蔑视即使已有所知的异族或异教地区的历史。于是或以罗马为中心,或以汉帝国为中心,或以基督教世界为中心,或以伊斯兰教世界为中心,以及如是等等。就中古西欧史学和阿拉伯史学而言,所受宗教意识的局限尤为明显。

具有近代意义的世界历史著述开始于西欧文艺复兴时期和稍后的启蒙运动时期。这是与资本主义生产方式在西欧的发生和迅速发展以及由此出现的在经济、政治和思想文化上一系列历史性的重大转折相联系的。15、16世纪以后海上交通的空前发展,东西方之间和各大陆之间闭塞状态的打破,大大丰富了人们的地理知识,使人们对世界的认识大为开阔。对中世纪教会和神学思想的批判以及近代自然科学的发展,又逐步把人们从宗教思想束缚中解放出来。这些都为西方近代资产阶级历史学家克服前人的某些局限,把世界历史著述推向一个新的阶段创造了条件。

文艺复兴时期威尼斯人文主义历史学家A.萨贝利科(1436—1506)著《恩奈阿德》,记述了从古代到16世纪的世界历史。这是具有近代意义的世界史著述的开端,特点是一反欧洲中世纪史学的神本思想,开始把世界历史理解为一个世俗的、以人为本的演变过程。到了18世纪,法国启蒙思想家伏尔泰著《风教通义》(或译《论各民族的风格与精神》),不仅进一步突破基督教神学对史学的束缚,而且突破自古以来传统史学以局部世界为全部世界的局限,试图勾画一幅新的、完整的世界历史图景。从纵的方面说,伏尔泰废洪水创世之说,从他当时认为最远古的中国讲起。从横的方面说,他跨出欧洲的狭隘范围,把欧、亚、非、美几个大洲的国家和民族都写入历史。他嘲讽西方的传统史学,说"历史号为世界史",而实际是"在我们西方造作的"。在这些方面,伏尔泰确实为后来世界史的编著开辟了道路。继此之后,德意志受启蒙运动理性主义思潮影响的格丁根学派历史学家,也致力于世界历史的著述,如 J. C. 加特勒尔(1727—1799)的《世界历史要览》以及 A. L. von 施勒策尔(1735—1809)的《世界历史概略》等等。19世纪中叶,德国兴起了由 L. von 兰克首倡的客观主义批判史学。兰克晚年编著、身后由其弟子据遗稿补足的《世界历史》7卷,是一部以拉丁、日耳曼六大民族为主体的世界史。这部世界史反映了西方殖民大国在近代世界日益上升的支配地位,由此形成西方史学中的"西欧中心论",借兰克批判史学的权威而广泛扩散影响。把各国历史汇编为世界史的作法,开始于18世纪中叶。1736—1765年,英国 J. 坎普贝尔等人辑集了一部《自远古迄今的世界历史》,全书多达38卷。德国格丁根学派曾译出30卷,终因其体例驳杂而中止全译。此后,新的大型汇编相继出现。其中最著名的有英国的"剑桥三史",即《剑桥古代史》、《剑桥中古史》和《剑桥近代史》以及法国的《人类文明进化史》等。参与这类新型汇编的历史学家,既有近代发现和搜集的大量文物遗迹和文献为依据。又重视和运用近代实证科学的方法。由他们的著作辑集起来的大型汇编,在学术界有很大影响。但也存在着缺陷:第一,在总的倾向上,仍然以欧洲尤其是西欧为世界历史的中心,把欧洲以外的地区视同陪衬;第二,没有把世界历史作为一个由分散发展为整体的过程,分区分国的编列体系在专题专章的记述中依然可见;第三,忽视物质生产是历史发展的基础,因而也就难以从最根本方面探索和阐明历史发展为世界历史的规律和趋向。

中国学者直到鸦片战争前后才把视野扩大到整个世界。鸦片战争前夕,林则徐在广州禁烟时主持译刊《四洲志》,内容包括五大洲30多个国家的地理和历史。后来魏源在《四洲志》稿本的基础上,广泛搜集有关的史志和中外著述,写成《海国图志》50卷,于1842年出版,1847年增为60卷,1852年又扩充到100卷。这部书比较系统地介绍了世界许多国家的历史、地理、政治、经济以及船械制造等,是当时东方国家中最为详备的列国志式的世界历史与地理巨著。与魏源同时代的徐继畬所著《瀛环志略》,对各国的史地沿革,社会演变,也作了比较详细的论述。不过,两书的作者都没有摆脱中国传统的史学观念。魏源以为"万里一朔,莫如中华";徐继畬认为"坤舆大地,以中国为主",而万方对中国则仰之如辰极。这一传统史观到19世纪后期资产阶级改良派和革命派历史学家的笔下开始发生变化。这两派历史学家都从外国历史寻求变法或革命的借鉴,因之所写外国历史多偏重于各国之治乱兴衰,目的在于说明变法和革命是国家强弱存亡之关键。但他们还没有能够用变革的思想编写综合性的世界历史,据以编写某些外国历史的蓝本又多半是直接间接地出于西方学者之手。但在西方近代史学的影响下,他们已开始对中国中心论的传统史观提出异议,力斥"中华外夷"乃千年之谬论。

20世纪初期,"欧洲中心论"在西方史学中的统治地位开始动摇。对资本主义前景暗淡的忧虑促使一些西方史学家对前一个世纪的历史信念提出疑问,因而开始以新的眼光对待欧洲历史以外的历史和西方文明以外的文明。另一方面,随着西方史学向专门化的发展,对各国、各地区、各时代、各历史事件和人物的日益深入缜密的研究,也必然要提出在此基础上对人类历史进行综合考察的问题。形态学派历史学家适应这一发展,从历史的综合比较研究中得出他们不同于兰克的世界历史的观点。O. 施本格勒(1880—1936)和 A. J. 汤因比(1889—1975)把世界历史看做是多种文明的生长和衰灭的历史,而非单一文明发生和扩散的历史,这在一定意义上是对"欧洲中心论"的突破。20世纪40年代,G. 巴勒克拉夫在他的文集《变动世界中的历史》里提出西方史学必须放弃"西欧中心论",并须重新定向。他后来主编的《泰晤士世界历史地图集》和集中由许多历史学家执笔的文字说明,也都体现出同一倾向。与此同时,对分国编列式的世界史体系,也有学者提出不同看法。L. S. 斯塔夫里阿诺斯近年出版的《全球历史》,就试图打破分国、分地区的编列方法,更多地注重不同时代世界各地区的共同形势以及各文明之间的相互关系。但是,近代西方史学的缺陷并没有因此得到根本克服。唯心史观,基于民族偏见或文化偏见而形成的关于东方历史即将消逝或必然长期停滞的宿命观点,仍然阻碍着世界历史这一学科的发展。

苏联科学院于20世纪50—60年代出版了多卷本《世界通史》,这部通史具有和西方同类编著相区别的明显特色。它以社会经济形态作为划分历史阶段的标准,重视人民群众在历史上的作用,重视被压迫、被侵略民族的历史,并且力求在物质生产发展的基础上探讨历史发展的规律。苏联学者的这一著作,深化了人们对世界历史的认识,为世界历史这一学科的发展迈出了重要的一步。但是这部巨著也存在着缺点:它没有完全从"欧洲中心论"的陈旧观念中摆脱出来,仍然以欧洲历史的分期决定世界历史的分期。在这个分期的框架之下,它多少是按社会经济形态依次发展的模式分述各民族、各国家和各地区的历史,以此突出客观历史规律的统一。关于历史如何发展为世界历史的问题,在全书中不占主导地位,因而没有得到作为一个学科主题应当得到的全面和高度的重视。

在中国,辛亥革命之后的三四十年间,世界历史研究的进展很慢。40年代初周谷城开始把世界历史作为一个整体进行教学和研究,于1949年出版了《世界通史》三册。这部书首先在中国打破用国别史编列为世界史的旧框架,反对以欧洲为中心,从全局来考察世界历史。周谷城认为写世界历史应该诸区并立,重视各个地区的相互交往、相互渗透、相互竞争,但又不排斥某一时期以某一区域为重点。对于中国世界史学科的发展,这些观点不仅足资参考,而且因其蕴蓄甚广,也富于启发意义。

中华人民共和国成立后,中国的世界史研究有了很大的进展,40年来出版了许多国别史、地区史、断代史、人物传记及各种专著。中国社会科学院世界历史研究所编辑出版的《世界历史》、《史学理论》等刊物,成为中国世界史学者发表研究成果、开展学术讨论的重要园地。1962年周一良、吴于廑主编的《世界通史》出版,这是中华人民共和国成立以来第一部综合性的世界历史著作。这部书从马克思主义的基本原理出发,以时间的延续为经,以地区的分布为纬,比较系统地叙述了整个世界从人类的起源到第一次世界大战结束的历史,体现了中国学者当时对世界史的认识和研究水平。近些年来,还陆续出过几部世界史,各有改进。如何运用正确的理论和方法对世界历史的发展进行全局的而非割裂的、唯物主义的而非唯心主义的考察,是中国当代历史学家面临的方在开端的任务。

世界历史的纵向发展和横向发展

近代资本主义的大工业和世界市场,消除了以往历史形成的各民族、各国的孤立闭塞状态,日益在经济上把世界连成一个整体,从而"首次开创了世界历史"。① K. 马克思、F. 恩格斯在他们的著作中对世界历史所作的论述,最早地、也是最为鲜明地突破西方资产阶级史学的唯心史观和民族偏见,因而"在整个世界史观上实现了变革"。② 根据马克思、恩格斯的世界史观,世界历史不是各民族、各国家、各地区或者按形态学派的说法各文明历史的堆积,而是其自身有规律地发展的结果。

人类历史发展为世界历史,经历了一个漫长的过程。这个过程包括两个方面:纵向发展方面和横向发展方面。这里说的纵向发展,是指人类物质生产史上不同生产方式的演变和由此引起的不同社会形态的更迭。马克思主义者根据人类社会内部生产力与生产关系基本矛盾的不同性质,把人类历史发展的诸阶段区分为原始公社制、奴隶制、封建制、资本主义制和共产主义制五种生产方式和与之相应的五种社会形态。它们构成一个由低级到高级发展的纵向序列。这个

---

① 《马克思恩格斯选集》第1卷,人民出版社1995年版,第114页。
② 《马克思恩格斯选集》第3卷,人民出版社1995年版,第334页。

纵向序列并非一个机械的程式,不是所有民族、国家或地区的历史都一无例外地按着这个序列向前发展。有的没有经历某一阶段;有的长期停顿于某一阶段;即使属于同一阶段,其发展形式又往往互有差异。但是不同民族、国家或地区在历史上的多样性,和世界历史的统一性并非互不相容的矛盾。总的说来,人类历史由低级社会形态向高级社会形态的更迭发展,由原始的无阶级社会到直接生产者遭受不同形式奴役和剥削的阶级社会,又由阶级社会到未来共产主义没有奴役和剥削的无阶级社会,尽管形式各异,先后不一,这个纵向发展的总的过程,却仍然具有普遍的、规律性的意义。基于这一理解,马克思主义史学在阐明人类历史的纵向发展方面已经作出了不少可贵的成绩。

所谓世界历史的横向发展,是指历史由各地区间的相互闭塞到逐步开放,由彼此分散到逐步联系密切,终于发展成为整体的世界历史这一客观过程而言的。马克思、恩格斯在《德意志意识形态》中指出:"各个相互影响的活动范围在这个发展进程中越是广大,各民族的原始封闭状态由于日益完善的生产方式、交往以及因交往而自然形成的不同民族之间的分工消灭得越是彻底,历史也就越是成为世界历史"。① 在史前时代,处于原始状态的人类以氏族部落或村落为单位,分散地生活在地球的各个点上。尽管考古学家以实物证明,这些分散的点并不是完全彼此孤立和隔绝的,曾经有过某些偶然性的接触,但是,由于当时物质生产水平极端低下,各个点都还不可能有多大程度的分工,不可能有多大程度的彼此交换和交往,也不可能有多大范围的开拓活动。因此,点与点之间基本上是相互闭塞的,其横向联系几乎没有,即有也极其有限。在进入农耕和畜牧之后,随着物质生产力的发展,私有财产的形成,一些地区先后出现阶级社会。这就突破了原始氏族部落的极端狭小的孤立状态,开始结成有一定领域范围的国家。在国家与国家之间,地区与地区之间,也开始出现较多的交往,包括和平的和暴力的交往。但是,在阶级社会的前资本主义诸阶段,即使在经济发展比较先进的农耕地区,基本上都还是自给自足的经济。社会分工和交换虽有所发展,但毕竟有限,手工业和商业都还处于附属的、补充的地位。只要生产没有超出自然经济的范围,各民族、各国、各地区间相对闭塞的状态就依然存在。到了15、16世纪,资本主义在西欧萌芽滋长。随着"地理大发现",西方国家的海外殖民扩张,以及世界市场的形成,过去长期存在的各国、各地区、各民族间的闭关自守状态才在越来越大的程度上被打破,整个世界在经济、政治、文化等各方面也才逐步形成为密切联系的、互相依存又互相矛盾的一体。马克思曾经指出:"世界史不是过去一直存在的;作为世界史的历史是结果"。② 这个历史结果是经历了15、16世

---

① 《马克思恩格斯选集》第1卷,人民出版社1995年版,第88页。
② 《马克思恩格斯选集》第2卷,人民出版社1995年版,第28页。

纪以来一系列重大转折之后才出现的。前资本主义时代不是一直存在的世界历史,直到这时才真正开始了它的存在。

推动历史从原始人类分散生活的各个点到最后联结为世界一体的这一横向发展过程的决定力量,同样是物质生产的不断发展。在物质生产不断发展的基础上,人们对新地区的开拓,与相邻地区的交换和交往,必然不断扩大。这种扩大必然导致彼此之间闭塞状态的突破,彼此闭塞状态逐步突破的过程,也就是历史逐步发展成为世界历史的过程。尽管各地区在不同发展阶段打破闭塞状态的程度和先后并不一致,历史的横向发展过程仍然具有理论上的普遍规律性的意义。

在历史发展为世界历史的漫长过程中,纵向发展和横向发展并不是平行的、各自独立的。它们互为条件,最初是缓慢地、后来是越来越急速地促成历史由分散的发展到以世界为一整体的发展。纵向发展制约着横向发展。纵向发展所达到的阶段和水平,规定着横向发展的规模和广度。处于较低社会发展阶段的人类,不可能形成复杂的社会分工,不会有程度较深的生产社会化和专业化。与此相应,人们就不可能在较广阔的范围内进行经济上的以及其他方面的交往。不达到较高的物质生产水平,没有程度较深和方面较广的生产社会化和专业化,历史就只能是各个地区相互闭塞的历史,而非联系密切的、结为一体的世界历史。这是历史在前资本主义时期诸社会发展阶段中的基本状态,尽管诸阶段的闭塞程度因物质生产发展水平不同而存在着差别。只有当生产方式日益完善、社会形态走向较高阶段即资本主义时期,物质生产的发展才使愈来愈互相依存的社会分工、地区分工和民族分工成为必要,人们对社会的依赖也就愈来愈超越过去对自然的依赖。由此造成的密切而频繁的交换和交往,也就愈来愈超越地区、国家和民族的界限。一旦物质生产发展到这样的水平,历史也就"在愈来愈大的程度上成为全世界的历史"。从这个意义上说,历史从野蛮到文明、从低级社会阶段向高级社会阶段的纵向发展,制约着它从部落到国家、从分散的各地区到联结为一体的世界的横向发展。

横向发展一方面受纵向发展的制约,一方面又对纵向发展具有反作用。横向发展与一定阶段的纵向发展相适应,就往往能促进和深化纵向发展。希腊人的早期城市公社发展到一定水平,便开始向周围地区移民,广泛建立移民点。这些移民点和许多由之分出的城市公社之间,存在着各种联系,特别是扩大奴隶来源方面的联系,而这类联系又促进了希腊城市公社向更高水平的发展。公元3世纪及稍后,中国北部的鲜卑、拓跋诸族,欧洲的日耳曼诸族,当他们有了铁器,知道农耕,开始进入阶级社会,从而具有一定向外扩张条件的时候,或者和平迁徙,或者暴力侵犯,向与他们邻近的先进农耕地区扩展。这在他们的历史上,是适应纵向发展的横向发展。这个横向发展不仅在一定程度上打开民族之间的闭塞局面,而且加速了他们向先进的封建社会形态的过渡。这就是说,横向发展促进了历史的纵向发展。在历史向资本主义过渡的时代,横向发展对纵向发展的反作用表现得尤其明显。这个时代西方国家的海上商业扩张和殖民活动,导致世界各地区间发生了前所未有的密切交往。而这种世界性的密切交往,又转过来促进了资本的原始积累,促进资本势力对封建农业体系的瓦解,乃至后来资本主义大工业的出现。如果一个地区缺少与其他地区的横向联系,其纵向发展必然迟滞。美洲的玛雅文明,虽曾达到较高的水平,而且创造了文字,但在横渡大西洋的欧洲人到达美洲以前,和外界处于完全隔绝的状态。玛雅文明之所以长期停滞,缺少与纵向发展相适应的横向发展,无疑是一个重要原因。

由上可见,历史的纵向发展和横向发展是历史发展为世界历史过程中的两个基本方面。它们共同的基础和最终的推动力量是物质生产的进步。马克思、恩格斯说:"历史向世界历史的转变,不是'自我意识'、宇宙精神或者某个形而上学怪影的某种抽象行为,而是纯粹物质的、可以通过经验确定的事实,每一个过着实际生活的、需要吃、喝、穿的个人都可以证明这一事实"。① 这是马克思主义关于世界历史发展理论的唯物主义基础。物质生活资料生产的发展,是决定历史纵向和横向发展的最根本的因素,它把历史的这两个方面结合在一个统一的世界历史发展过程之中。

世界历史全局概览

人类的历史,从早期人类的出现,直到当前的世界,是历史纵向和横向发展由极端缓慢到加速前进的结果。

大约距今300万—350万年前,地球上出现了人类。人类历史的史前时期,是人类社会发展的第一个阶段,即原始社会阶段。原始社会的绝大部分时间属于旧石器时代,人类在这一时期中经历了能人、直立人、早期智人和晚期智人等阶段,最后完成了从原始人向现代人的转化。旧石器时代原始公社内的劳动产品绝少剩余,因而没有剥削,没有阶级,也绝少交换,不同原始公社之间极端闭塞。然而随着地理气候的变化和寻找新的食物采集基地的需要,早期人类不得不分支向新地区移徙。从已知的考古发掘材料来看,处于能人阶段的人类主要只是活动在东非和南非。到了直立人阶段,人类分布的范围除了非洲中部偏南之外,已经扩大到亚欧大陆的广大地区。到了智人特别是晚期智人阶段,人类移徙的范围进一步扩大,一部分由西伯利亚极东跨过当时可能存在的陆桥进入美

---

① 《马克思恩格斯全集》第3卷,人民出版社1960年版,第52页。

洲,一部分由印度支那、印度尼西亚进入大洋洲。人类的这种移动是非常缓慢的,大约经历了300多万年之久,但毕竟是对原始孤立状态的一种松动。在移动的过程中,人类把自己的原始生产技术和社会组织等从一个地方带到了另一个地方,这是历史向世界历史发展的最初起步。

距今1万年左右,人类进入新石器时代。从采集植物果实和猎取动物的实践中学会了栽培植物和驯化动物,发明了原始农耕和畜牧,从而由食物的采集者转变成为食物的生产者。这是人类物质生产史上第一次历史性的飞跃。从此,气候和土壤适宜种植谷物的地区逐渐以农耕为主,干旱而牧草间生的地区则以畜牧为主。农耕的发生,使人类有可能逐步转入相对定居的生活,形成村落。从公元前8000—前7000年起,在西亚、东亚和东南亚、中美、南美以及非洲内陆,先后形成几个各有特色的农业中心。农耕所特具的优越性以及由此而来的农耕地区人口的增长,使各农业中心必然不断向周围扩散。美索不达米亚最早培育的小麦和大麦,在3000多年中先后沿东西两大方向扩散到欧洲和亚洲偏南直到印度的广大地区。中国和东南亚培育的水稻,中美、南美培育的玉米,也逐步向各自的周围地带扩散。于是,就亚欧大陆而言,中国由黄河至长江,印度由印度河至恒河,西亚、中亚由安那托利亚至波斯、阿富汗,欧洲由地中海沿岸至波罗的海之南,由不列颠至乌克兰,乃至与亚欧大陆毗连的地中海南岸,都先后不一地成为农耕和半农耕地带。由此构成一个绵亘于亚欧大陆东西两端之间的、偏南的长弧形的农耕世界。在这个农耕世界之北,是宜于游牧和半游牧的地区。随着游牧和半游牧的不断扩展,东起西伯利亚,经中国东北、蒙古、中亚、咸海、里海之北、高加索、南俄罗斯,直到欧洲中部,也形成自东而西横亘于亚欧大陆偏北的游牧世界,与偏南的农耕世界并列。在其他各洲,也先后出现农耕地带与游牧地带的区分。

人类自从进入新石器时代并从事农耕和畜牧以来,剩余产品日益增多,私有财产随之出现。至新石器时代之末、金属器时代之初,氏族公社原始共产制趋于解体。在农耕地带,生产增长率和人口增长率都较高。食物丰饶以后,有更多的可能分出劳动力从事农耕以外的活动,如手工制造、金属开采和冶炼、河渠开凿、土木建筑、社会管理、宗教祭祀等等。因而农耕地区的阶级分化较快,也较早地出现了公共权力,诞生了文明。约在公元前第4千纪后期,西亚两河流域首先突破原始公社各自孤立的状态,在较大范围内形成并加强村落与村落之间的横向联系,出现了居民密集的聚落,由此兴起了很多以城为中心的小国。稍后,尼罗河流域、印度河流域、黄河流域、爱琴海地区等,都先后诞生了文明,出现与两河流域类似的、并立的小国。历史从此步入阶级社会,同时开始在更大范围内的横向发展。在游牧地带,由于生产增长率较低,社会分化相对缓慢,因此原始部落牢固存在,长期停留在淳朴而落后的状态。由此而后的亚欧大陆,南方农耕,北方游牧,南方富庶而发展较快,北方贫穷而发展迟滞,这是直到近代资本主义大工业出现以前长时期中的基本形势。

亚欧大陆各农耕中心进入阶级社会之后,在世界历史上划分奴隶制阶段和封建制阶段,是一个复杂的问题。从许多专门研究可以看出,古代世界物质财富直接生产者被奴役、被剥削的方式,生产资料的占有制,包括残存的原始公社共有制,不同地区存在着明显的差别。完全丧失自由的奴隶、半自由的处于依附地位的劳动者以及自由劳动者在各自社会经济中所占的比重,各地也不一致。这种情况不仅在通常以公元5世纪为下限的古代世界是这样,5世纪之后,在中古时代封建制下的直接生产者被奴役、被剥削的方式,以及依附农民与自由农民在经济中的各自比重,也是这样。因此,前资本主义的两个阶级社会,即奴隶制社会与封建制社会,都很难以某一地区历史实例作为典型,也很难以某一实例所达到的发展阶段作为世界历史上划分两个社会形态的标准。而且,古代社会生产关系中处于依附地位的劳动者,与中古时代的封建依附农民,往往不易分清界限。两种依附劳动者在各自所属时代的存在,并非一个是偶然的,一个是普遍的,而是各自在其所属时代都占有相当的比重。诚然,这种比重也因地而异。不仅依附劳动者是这样,将分别存在于古代世界和中古时代的自由劳动者作相互对照,其情况也是这样。这就使在世界历史上区分奴隶制社会和封建制社会成为十分复杂的问题。像通常那样,采取统一的、超越地区差别的划分界限,把早于此限的纳入奴隶制,晚于此限的纳入封建制,看来无助于问题的解决。因为,非常明显,除了少数如西方古典奴隶制的一些中心而外,这个划限的方式很难说明前于此限的依附劳动者和自由劳动者怎样一越此限,就成为后于此限的依附农民和自由农民。他们为什么一个时期打上了奴隶制的烙印,另一个时期又涂上了封建制的色彩?在目前,这仍然是马克思主义史学必须深入探讨的重要课题。

但是,这个问题之暂难解决,并不能构成一种难以逾越的障碍,使对人类进入阶级社会后的前资本主义的历史进行概略性的横向考察成为不可能,或者说,成为学术上一种无所依据的徒劳。

在整个前资本主义时期,即15、16世纪以前,进入文明的、阶级对立社会的亚欧大陆农耕世界,一般都是以农为本,农业是奴隶制社会的基础,也是封建制社会的基础。马克思在《〈政治经济学批判〉导言》中说:"在从事定居耕作(这种定居已是一大进步),而且这种耕作像在古代社会和封建社会中那样处于支配地位的民族那里,连工业、工业的组织以及与工业相应的所有制形式都多少带着土地所有制的性质。"①这也无异说,不论是奴隶社会,还是封建社会,都是以农为本。既然两者在经济上都是以农为本,那么,虽然世界上各民族、各地区奴隶制社会形态和封建制社会形态还不能一一清楚地划分,也无妨就其具有共性的历史发展问题作通贯前资本主义时期的考察。

前资本主义时期阶级社会农本经济的根本特点,是在最大限度上实行自给自足,为谋生而非为牟利,为消费而非为交换,因而必然具有闭塞性。手工业和商业同在当时整个社会经济中占绝对优势的农业相比,是末,不是本。它们当时所达到的发展水平,终究不能改变农耕世界以农为本的这一根本状态。前资本主义时期各民族、各国、各地区之间的互相闭塞,是附随这一根本状态而必然存在的现象。在与农耕地带并列的游牧地带,除了在大移徙、大冲击浪潮中形成多部族的广泛联合而外,各部落、部族之间,也是基本上处于闭塞状态,生活很少越出狭小牧地的范围。因此,在孕育人类最初文明社会的亚欧大陆及其毗连的北非,包括农耕和游牧两大地带,在资本主义出现以前,闭塞状态是普遍存在的。不打破普遍存在的闭塞状态,历史也就不能发展为世界历史。

闭塞状态的打破,有待于不同地区、不同民族之间交往的增多。交往是随着经济和政治的发展而日渐增多的,社会经济发展的水平是交往增多的决定性因素。由于农耕经济比游牧经济先进,所以各民族、各国、各地区之间的交往,首先而且主要地是在亚欧大陆偏南的农耕地带逐步频繁起来的。古代文明中心小国林立的状态演变为大国统一和大国之间彼此对峙的局面之后,特别是西亚、北非和东部地中海地区,不论是在中心范围以内或中心与周边地带之间,闭塞的状态都因交往频繁而打开了孔道。经常的交往一般都是通过和平的途径。生产技术、各地特有物产、艺术品以及文字、科学知识、思想、宗教信念等等,都在日益扩大的范围内通过商人、使节、游历者、学问家、求道和布道者而直接、间接地交流,并逐渐地向中心凝聚。人们的活动空间和视野都因此而渐渐开阔了起来。分散在周边的许多孤立的点,也渐渐与文明中心发生微弱的、却又有发展前景的联系。但是和平交往并非交往的唯一方式。一个民族或国家的势力强大之后,往往因开拓土地、移殖人口、掠夺资源、控制商路而与邻近国家、部族发生冲突,以暴力的方式进行交往,这在大国并立的形势下尤其如此。暴力交往不可能成为经常采取的方式。它是间歇的,具有破坏性的,但又具有和平方式所不具有的冲击力量。一次猛烈的冲击过后,随之而来的,往往是对闭塞状态的重大突破。马其顿王亚历山大东侵以后,从爱琴海地区到印度河流域,经济文化发生了范围空前广阔的交往。13世纪蒙古军横越亚欧大陆,随着帝国的建立,东西陆上交通

---

① 《马克思恩格斯选集》第2卷,人民出版社1995年版,第25页。

为之大开。历史上这两次破坏力甚大的暴力交往,都起了重大突破闭塞的作用。

亚欧大陆的古典文明世界,从黄河流域到地中海沿岸,是以最长距离分隔着的东西两极。在这两极之间,自古就断续发生了分段而又相连接的交往。陆上,逐渐形成了丝绸之路,由中国西部进入中亚,然后经大夏、波斯同波斯帝国遗留下来的驿道和通向黑海的道路相连,辗转通往罗马。在大夏境内,南通印度的道路也与之相接。丝绸之路的形成,从历史的发展看,其意义的重要不在于丝绸的转运,而在于有了这条通达的道路之后,人类物质文明和精神文明的创造可以随着时代的演进而络绎往返。佛教和佛教艺术、波斯工艺图案、伊斯兰教和阿拉伯的星历医药,先后经由此道或假道它的一段传入中国。中国的造纸和印刷两项对后世文化发展影响极大的工艺,可能还有凿井法以及其他技术,也循此道传入中亚和西亚,后来造纸术和印刷术又转传欧洲。海上,据记载应是罗马皇帝马可·奥勒留的使者,于中国东汉桓帝延熹九年(公元166),自日南徼外来献珍物。从历史的发展来看,这一事件最足引人注意的,不在于东西方的皇帝之间有了最早的通聘,也不在于来者究竟是商人还是使臣,而是在于自红海、阿拉伯海、经孟加拉湾以迄中国的南海,在这时已经形成了联结东西方的海上通道。此后阿拉伯商人之活跃于唐宋时期的中国东海沿海,明代郑和西航遍历自东南亚迄东非30余国,都使人不得不追忆这条海道的最初开辟。中国在亚欧大陆几个文明中心之中,所处的方位是比较僻远的,能够较早地和其他中心发生陆上和海上的交往联系,说明古代各地区之间的闭塞只具有相对的意义。印度孔雀王朝与叙利亚塞琉西王国以及远至希腊、埃及之间,也是较早地就有了经济和文化交往,同样说明闭塞是相对的这一历史事实。逐步打开这种相对的闭塞,是从古就已开始的历史发展的趋势。

但是,不能对历史上这种横向发展估计过高。不论是陆上或海上,当时交换的物产较多是贵重珍品,数量不大,来往也不多,海上交往则更加有限。15世纪末以前,海上交往大都局限于近海,或者附岸航行,或者逐岛跨渡,离陆地都不远。腓尼基人和希腊人在犹如一个大湖的地中海的活动是这样,中国人、印度人、稍后阿拉伯人在东南亚和南洋诸岛的经商、移民和传教布道也无不是这样。中国和日本之间,因为海面较阔,往来受到很大的限制。北魏之际及以前,日本人来中国必须经朝鲜遵陆而行。7世纪末至8世纪,当遣唐使全盛时期,才由日本横渡东中国海,到达长江口。但是因风漂失以至舟覆人亡的事故时有发生,因之往来仍然有限。在航海和造船技术有较大的改进以前,除了印度洋上因季候风的发现可作季节性的跨海航行而外,海上交往只能限于近海。就长距离而言海路只能处于陆路的补充地位。这种补充不经常、不稳定,因之不可能充分发挥海运载量大、行程远的优势。渡越大海的航行,在前资本主义时期,不能说完全没有。北欧的诺曼人、维金人,曾经到达冰岛,漂过北大西洋到达格陵兰和文兰。

但这是偶有的例外,对历史上的横向发展没有多大的实质意义。这样,依靠骆驼、马、人力的陆上交往,在古代和中古的亚欧大陆农耕世界,仍然是沟通各地区的主要通道。距离越远,行程的连续性越难保持,打开经济上互相闭塞的作用也就越有限度。离开亚欧大陆及与之毗连的部分非洲,远洋以外的世界就更一无所知。陆海交通的发展水平也限制着暴力的交往。任何古代的强大国家,不论是奴隶制帝国如罗马,或封建大帝国如唐代中国和阿拉伯帝国,其所进行的对外扩张,都不得不受农本经济发展水平所能提供的对军事的支持能力的限制,包括交通技术上的限制。而且,即使在这些强大国家统治所及的范围之内,占支配地位的也仍然是闭塞性的农本经济。农本经济不发生根本性的变化,这种闭塞状态就不会仅仅由于发生了和平或暴力交往而被彻底打破。

值得注意的是,在前资本主义闭塞状态中的亚欧大陆,随着陆上和海上的有限交往,各种思想意识和宗教信念却四向传播,分别在相当广泛的地区内移植、生根,留下长期的不可磨灭的影响。起源于西南亚一隅之地的基督教,逐步向西方广泛传播,在一个长时期内在全欧洲成为支配社会生活的精神力量。中国儒家思想也传遍东亚,其在朝鲜、日本、越南的地位,直到近代以前,几乎和在中国不相上下。印度的佛教在缅甸、斯里兰卡以及东南亚其他国家被普遍接受,传入中国后形成中国化的佛教,又由中国传到了日本。伊斯兰教因阿拉伯人的扩张而传遍中亚、西亚和北非,后来又进入南亚与东南欧,形成与欧洲基督教世界并峙的伊斯兰世界。狭隘的、地方性的、相互闭塞的农本经济,在亚欧大陆各个主要地区,却支撑着越出国家和民族界限的三大宗教信仰和一个起着近似宗教作用的伦理思想体系。这是农耕世界不同地区间在横向联系中积累起来的一项极有历史意义的后果。

在游牧世界和农耕世界之间,也进行着和平的、有时是暴力的交往。游牧世界需要农耕世界的粮食、布帛和金属工具,农耕世界需要游牧世界的马匹和皮革。双方都要通过和平互市来满足各自的需要。但也存在着矛盾:游牧世界的各族,其中包括趋向农耕的部族,有时要进入富庶的农耕世界;农耕世界的统治者有时也要开边拓土,略取游牧世界的土地。从公元前第2千纪中叶起,迄公元13世纪,游牧世界各部族先后对农耕世界掀起了三次历时长久的移徙和冲击浪潮。最初的一次断续绵延到公元前第1千纪,进入农耕世界的主要是来自偏西北方的印欧种人,东至印度河,西至爱琴海,中部至两河流域和小亚细亚。也有闪米特人,进入两河流域和埃及,他们带来马驾的双轮战车,稍后南下的还使用了骑兵。第二次浪潮始于公元2、3世纪,直到7世纪。最早发动的主要是匈奴人、突厥人,后来还有进入黄河流域的鲜卑和拓跋诸部,进入波斯和印度的嚈哒,在匈奴压力下冲入罗马帝国的日耳曼各族以及稍后的斯拉夫各族,游牧的阿拉伯人则于公元7世纪冲入西亚和中亚,以后扩张到北非和西南欧洲。最后一次浪潮起于13世纪。主要入侵者是蒙古人及与之联合的突厥人，冲击的范围最广，遍及亚欧大陆，但延续的时间却最短，到14世纪仅余尾声。自此而后，历经3000多年的游牧世界与农耕世界的矛盾大体定局。游牧世界各族在入侵时期的军事优势，一当他们进入农耕地带，就在各自农耕化或进一步农耕化的过程中逐渐消失。农耕世界一次又一次地把入侵的游牧、半游牧、趋向农耕的各部族吸收到自己的经济文化体系中来。三次移徙、冲击浪潮的结果，是游牧世界的缩小，农耕世界的扩大。亚欧大陆农耕世界以农为本的相对闭塞的经济，在与游牧世界的长期矛盾运动中，显示了它的优越性和韧性。彻底打破植根于农本经济的各民族、各国、各地区间的闭塞状态，还有待于新的历史力量，有待于跨入一个新的阶段的历史纵向和横向发展。

当亚欧大陆农耕世界即将进入一个新的历史转折时期的前夕，撒哈拉以南的非洲内陆，美洲的中部和南部，都已兴起了文明和国家，其基础也在于农业。撒哈拉以南的非洲国家和北非伊斯兰诸国进行穿越撒哈拉大沙漠的贸易，用黄金、象牙换取手工业品，在交往中接受了伊斯兰教。它们在经济和文化上都已发展到相当高的水平。美洲中部和南部的阿兹特克人和印加人国家则处于完全和外界隔绝的状态。他们的远祖是从亚洲移去的，但他们和亚欧大陆的文明却没有联系。古代中国人远渡墨西哥之说，目前不能论定，即使属实，也对15世纪以前美洲的闭塞状态无所裨补。中国在商朝已经有车有马。美洲印第安人在和西班牙殖民者最初接触的时候，还无车无马，连在同一大陆上的两大中心之间的交往都有困难，更不用说同美洲以外的文明发生横向联系了。孤立、闭塞，必然造成文明的停滞。

从15、16世纪开始，历史进入一个新的转折时期。亚欧大陆农耕世界的相对闭塞，撒哈拉以南非洲与亚欧大陆之间在更大程度上的闭塞，美洲、大洋洲与世界其他地区的完全隔绝——这些现象都逐步发生全面改观。15、16世纪是历史发展为世界历史的重大转折时期。转折之所以发生，是因为在亚欧大陆农耕世界的内部，首先在西欧，社会经济发生了前所未有的根本变化。人类历史的前资本主义时期因这个变化而归于结束，资本主义开始以其新的生产力和生产关系出现在历史的地平线上。

资本主义在西欧的萌芽和发展，不断侵蚀以农为本的自然经济。资本主义通过市场交换以实现利润的经济和闭塞的农本经济两不相容。资本主义一经产生，就必定不断扩大市场交换的范围，伸入并占有原来封闭的农本经济的阵地，无止境地向可能达到的各个角落扩展。它突破地理的自然界限和国家疆域，最大限度地为销售其商品而开拓市场。由中古后期积累起来并得到改进的航海和造船技术，适应西欧新兴资产阶级的需要，为他们的海外扩张提供了必要手段。C.哥伦布打开大西洋的航线之后，西方资产阶级走遍全球，凡海水所及之处，几乎无处没有他们的踪迹。于是,世界不再是亚欧大陆加上地中海南岸的世界。南北美洲、撒哈拉以南非洲的东西两岸、稍后还有大洋洲,都加入以亚欧大陆为主体的文明世界。世界的范围空前扩大了。与此同时,由于各民族、各地区之间在经济上的联系越来越密切,闭关自守状态越来越彻底地被打破,世界也变得更为紧缩了,由分散的世界渐渐成为一个初见其全貌的整体世界。历史发展到这个时期,才开始成为世界的历史。这是从原始人类为寻求食物分支向地球各地移动直到资本主义开辟世界市场这一经历悠远行程的历史发展的结果。历史的横向发展,到这时达到空前未有的广度。

约自16世纪起,资本主义发展较早的西欧国家一反农本的传统,采取重商主义政策,借以促进海外贸易和殖民活动、鼓励资本原始积累,扶植为适应国外市场的工业生产。由农本而重商,是资本主义发展初期西欧国家在经济上的重大转变。在同一时期,亚欧大陆东部几个发展水平即使不超过但也绝不低于西欧的国家,包括中国和日本,却故步自封,限制甚至放弃海上活动,以闭关自守为得策,维护传统的农本经济。在西欧,尤其是在英国,资产阶级推翻封建统治取得政权以后,重商政策有力地促进了资本主义的发展。到18世纪中叶,英国首先发生以大机器生产和广泛采用蒸气动力为标志的工业革命。这是人类物质生产史上继农耕和畜牧的发生、亦即人类由食物采集者转变为食物生产者之后又一次意义深远的飞跃。

英国发生工业革命之后,法国以及西欧其他国家跟踪而起,工业产量和对外贸易大幅度增长。从此,原来亚欧大陆农耕世界东西两端发展水平大体相当的局面,最后失去了平衡。西方经过重商主义阶段实现了工业革命,摆脱了传统的农本经济,从而对固守农本的其他国家取得了决定性优势。这个优势是新涌现的工业世界对农耕世界的优势。西方资本主义国家挟此优势向世界各个地区实行了猛烈的血与火的扩张,任何闭关的壁垒都在这个优势的冲击下失去抵制的能力,到处门户洞开,成为资本主义的国际市场、原料和劳动力供应地、投资牟利的乐园。美洲、非洲、西亚、南亚、西南太平洋诸岛、大洋洲,先后沦为殖民地,虽则美洲由白人及其后裔居留的部分殖民地稍后取得了独立。其他地区,包括很多欧洲国家,都不得不在西欧工业巨大优势的影响和压力之下,先后不一地作出反应。反应是曲折的,但其主要内容总不出两点:第一,推倒或改造建立在农本经济基础上的封建统治;第二,实现工业化。

反应的总的结果是新兴工业世界范围的扩大。中欧、南欧、北欧、东欧、包括沙皇统治下的俄国,最先步武西欧的后尘,或者在资产阶级取得政权之下,或者适应资产阶级的要求,实现资本主义工业化。农业也脱离封建主义农本经济的旧轨,在经营方式上,在耕作技术上,开始了与资本主义工业化相适应的发展。由此而东,亚洲的几个主要国家奥斯曼帝国、萨非王朝的伊朗、莫卧儿王朝的印度、清朝统治下的中国、幕府统治下的日本,也各个作出不同的、后果不一的反应。日本的反应取得很显著的效果。封建的幕府被迫还政天皇。通晓西方经济和政治制度的改革家与日益壮大起来的商人、企业家相结合,实行资产阶级革命性质的维新,迅速把日本引向资本主义工业化的道路(见明治维新)。中国建立在农本经济上的专制统治已经有了2000多年的历史,农民反封建反殖民侵略的斗争遭到它的镇压。在日本维新30年后,中国一部分力量微弱的开明派也推动维新,但是"百日"而已,转瞬失败。19世纪,奥斯曼帝国也先后进行了改革,发生过政变,但其短促命运与中国清末的维新相去无几。萨非王朝的伊朗和莫卧儿王朝的印度也在19世纪发生过反封建、反殖民统治的人民起义和各种改良运动,但同样以失败结局。这些国家的革命和民族独立,到20世纪还要经历一番曲折的过程。在西方殖民主义者的控制或直接支配之下,这些东方国家的民族工业虽多少有所发展,但在日益扩大的、以西方为中心的工业世界中仍处于一种依附的、无自主权的地位。亚欧大陆农耕世界自莱茵河以东迄日本列岛,各国对西欧新兴工业世界的冲击所作的不同反应,经历了新旧制度、新旧社会阶级、新旧思想意识的批判和斗争。是近200年世界历史横向发展的一大主题。

两个多世纪以来,资本主义工业世界经历了自由资本主义、垄断资本主义以至国家垄断资本主义诸阶段。它以工业革命和现代科技的巨大动力,实现了人类历史空前未有的纵向和横向发展,不论是发展速度或规模,前资本主义的任何时代都无与伦比。但在不断扩大和发展的同时,它面临着难以解救的矛盾。首先是资本主义制度的内在矛盾,即生产社会化和生产资料私人占有的矛盾。这个矛盾不断表现为无产阶级对资产阶级的斗争,斗争有张有弛,矛盾却从未消失。不仅如此,与资本主义势力国际化的形势相应,这个斗争又发展为国际化斗争,形成有完整政治纲领的、联合全世界无产者的国际共产主义运动。其次是殖民地附属国与殖民主义宗主国之间的矛盾。这个矛盾遍及亚、非、拉美诸大洲,发展为殖民地民族解放运动与国际共产主义运动的广泛结合,形成对资本主义工业世界国际秩序的巨大威胁。同时,存在于各大殖民主义国家之间的矛盾,还曾引起多次的殖民争霸战争,在不到半个世纪的时间里,爆发为两次世界大战,更番削弱了各殖民大国的统治势力。以殖民主义大国为核心的资本主义工业世界,其历史支配地位并不巩固。

第一次世界大战期间俄国十月革命的胜利和第二次世界大战后许多中欧、东欧、亚洲国家人民民主革命、特别是中国革命的胜利,开创了世界历史的新局面。由此开始,历史上就出现一个与资本主义工业世界相对立的、以实现生产资料公有、消灭阶级剥削为特征的、方在新生阶段的社会主义工业世界。这对于在近两个多世纪以来一直居于支配地位的资本主义工业世界,是一个无可回避的历史性冲击。是资本主义工业世界的继续存在和发展,还是社会主义工业世界的成长壮大以至最后代之而起,成为当代世界全局性矛盾的焦点。人类已有的历史智慧还不能断言,这个全局性的矛盾将怎样解决,要经历多少代人才能解决。不过,随着近若干年来形势的推移,有一点可以说已初见端倪:两个世界正在由对抗转向对话,并存和互相竞争的局面,亦即从经济、政治、文化诸方面不断较量彼此的实力和影响力高低胜负的局面,已在逐步形成。人所共知,以现有的条件,并存的任何一方都不可能以军事手段一举而消灭对方。所以可以预期,这个并存和互相竞争的局面虽然会有这样那样的变化,但是作为一个历史的过程来观察,这个多变化的局面将不会短暂。并存与竞争是相联系的,并存的任何一方为求得和保持超越对方的优势,必将采取各种改善自己所处地位的措施:资本主义工业世界各国将实行缓和自身矛盾的改革,社会主义工业世界各国也将实行完善自身体制的改革。在并存和竞争的长过程中,任何一方实施的变革都将不可避免地受到另一方的制约和影响。因之可以设想,两个世界并存、竞争的局面,同时也是两个世界在相互制约、相互影响下不断发生变革的局面。

社会主义工业世界各国建国的历史还很短,取得革命胜利和建立社会主义制度最早的至今也不到四分之三世纪。它们原有的经济基础都比较薄弱,现代工业化水平不论在深度或广度上都还难以和有较长工业化历史的资本主义发达国家相比。生产力发展水平的高低,决定着社会主义工业世界对资本主义工业世界冲击力的强弱。迄今为止,新生的社会主义工业世界所能加于资本主义工业世界的冲击力,还不足以比拟当年新生资本主义工业世界所曾加于传统农耕世界的冲击力。社会主义工业世界还远没有像当年资本主义工业世界那样,在向对立一方的冲击中取得压倒的优势。不仅如此,近几年在欧洲方面还一再遭受严重的挫折。但是,从历史的长期趋势说,目前存在的两个世界力量的差距,不会到此就成定局。随着两个世界并存和竞争局面的持续存在,在不断变革中的双方力量的对比,必将不断发生改变既存状况的变化。如果历史学家可以稍稍越出既成的历史,略一展望资本主义工业世界和社会主义工业世界的未来,那么,对于两个世界在长期并存、竞争局面下各自面临的问题、形势所要求的变革倾向,以及由变革导致的可能前景,都不妨作一概然的、趋向性的估计。

从长期而论,资本主义工业世界必须面对的根本问题,仍然是生产社会化与生产资料私有制之间的矛盾,亦即劳动者与资本家之间的矛盾。资本主义国家曾经为缓和这一矛盾采取各种改革措施,如运用立法手段实行劳动者权利和生活福利保障的社会化、资本的部分所得的社会化、文化和教育设施的社会化等等。可以说,资本主义世界各国的这类改革,已经比较明显地具有社会化的倾向。未来两个世界长期并存和竞争的局面,对于资本主义国家的这类改革,无疑将会给予新的推动。改革社会化的倾向不仅将持续下去,而且还会出现这样的可能,即一旦社会主义工业世界在改革中取得了显著的进展,资本主义国家内部的社会多数对抑制资本强化了要求,这类变革就可能迫于竞争的形势,不得不越出已有的范围,进一步向所有制领域延伸。近些年来某些资本主义国家在大企业国有化方面屡进屡退,不只是当政者在政策上摇摆不定的反映,也是变革生产资料所有制在资本主义国家已非禁区的反映。资本主义制度是历史上较有弹性的制度,它能包容和承受一些开明的或出于社会下层要求的社会化变革。一旦这类变革深入到资本所有制的领域,由此引起资本所有制发生多层次的变化,以至突破资本主义制度所能包容和承受的限度,那就势将在所有制这个规定社会阶级结构的根本问题上向资本主义制度的临界线外跨越。由此而来的可能前景,将是实现资本主义制度对其自身否定的历史蜕变。实现这一历史蜕变的方式,将取决于各国社会化变革的历史积累和阶级关系,以及未来世界的历史环境。一个国家发生这样的蜕变,很可能,接着就会在情况类似的其他国家产生连锁反应。所以应当看到,资本主义国家社会化变革的历史积累,以及由此可能导致的资本主义制度自身的蜕变,是估计未来世界的一个很重要的方面。

社会主义工业世界面临的问题和资本主义工业世界有本质上的区别。它并非出于社会主义制度自身所固有的不可解救的矛盾,而是历史遗留下来的非短期所能克服的困难:一是工业化起步晚、水平低;一是历史传统负荷重,经济和政治体制不健全、不完善,不能适应现代工业化的要求。当前,社会主义国家进行的改革,总的倾向是消除历史遗留的困难,有选择地吸取资本主义工业世界的科学技术、管理方法和市场机制等经验,以此加快现代工业化的进程。在未来两个世界长期并存的局面下,这一改革倾向势将持续。不如此,不足以强化与资本主义工业世界竞争、较量的能力。这一改革越持续深入,越是在改变束缚经济活力和劳动创造力的僵化体制方面,在以公有制为主体、多种所有制经济共同发展方面,①在扩大政治民主、确定公私权益界限、健全法制方面,以及在更新全社会思想意识和文化素质方面,都一一取得成效,那么,社会主义工业世界吸取人类历史经验并且创造性地用于自身发展的能力就越强,在工业化水平上赶上以至超过资本主义工业世界的可能性也就越大。由此而来的可能前景,将是社会主义制度的逐步成熟和完善,不仅在生产资料公有制方面,而且在生产力发展水平方面,都将显示出优越于资本主义制度。一旦社会主义工业世界出现了一个或几个领先的国家,在工业化的主要方面赶上并超过资本主义工业世界的发达国家,两个世界的力量对比就必将随之发生根本变化,整个世界的形势也将大为改观。曾经徘徊于两个工业世界之间的、基本上还滞留在传统农耕世界的国家,将会更多地倾向社会主义,经由不同途径走上社会主义工业化的道路。社会主义国家

---

① 1992年第一版此句为"在以公有制经济为主,其他成分经济为辅方面"。

坚持无产阶级政党领导和坚持社会主义道路的政治和经济制度,在不断改革中趋向成熟和完善,以及由此引起的对世界历史的深远影响,是估计未来世界的一个更为重要的方面。

当代两个世界的问题,比以上所概述的远为复杂。在两个世界并存和相互竞争的局面下,两种社会制度的矛盾和斗争不会自然消失。资本主义世界的敌视社会主义势力,在反对其内部变革的同时,仍然会以政治、经济和文化的手段,以公开或隐蔽的方式,向社会主义国家渗透,甚至伺机颠覆,借以实现其"和平演变"的战略意图。社会主义国家的内部反对派,也会利用国内建设中的困难,特别是利用由于人为不臧而造成的困难,起而与外部敌对势力呼应,阻挠和反对走社会主义道路,进而改变国家政权的性质。面临这种形势的社会主义国家,为巩固和发展改革的成果,必将采取相应的反渗透、反颠覆、反"和平演变"的措施,对国际和国内敌对势力实行遏制和反击。两个世界各有许多历史不同、现状互异的国家,在历史新旧嬗递之际,各国变革的轻重缓急、进退成败,将呈现出纷繁多变、风波迭起的局面。但就历史发展的总趋势和前文估计所及而言,两个世界并存和竞争、较量的局面,在经过相当长期的、不能预见其断限的演变之后,有较多可能会引向有利于资本主义制度自身的蜕变和社会主义制度自身的完善。这两大变化一旦成为现实,整个世界就会出现一个全新的趋势:资本主义工业世界将由此趋向收缩;社会主义工业世界将由此趋向扩大。世界历史的纵向和横向发展,也将由此进入一个更高层次的新的时代。

当前的人类社会,正在面临能源日渐枯竭、环境严重污染和破坏等巨大难题的困扰。世界历史新时代的来临,必将使科学技术的发展纳入为全人类而不是为私有资本服务的正轨。对困扰人类社会的难题也将有可能在全世界的通力协作之下,排除因私有资本维护其既得利益造成的障碍,求得合理而有效的解决途径。当前多数贫国与少数富国之间加速扩大的差距,也将随着各种公开的、隐蔽的殖民剥削方式的废除和社会主义工业化的广泛发展而逐步缩小以至消灭。世界历史的合理未来——合理地生产、合理地分配、合理地应用科学技术、合理地满足人类群体和个体不断提高的物质生活和精神生活的需要,不在于资本主义工业世界的补苴延续,而在于社会主义工业世界的更新继起,在这个更新继起之中,也包括资本主义制度自身的蜕变。历史是很少直线发展的。资本主义工业世界的削弱、收缩、以至蜕变,社会主义工业世界的成长、扩大以至最后遍及整个世界,必然要经历悠长的、曲折艰难的道路。但是,悠长、曲折、艰难都改变不了人类历史发展的总趋向。黄河九曲,终将流归沧海。

世界历史这门学科正在发展之中。既然历史在不断的纵向和横向发展中已经在越来越大的程度上成为世界历史,那么,研究世界历史就必须以世界为一全局,考察它怎样由相互闭塞发展为密切联系,由分散演变为整体的全部历程,这个全部历程就是世界历史。把分国、分区的历史集成汇编,或者只进行分国、分区的研究,而忽视综合的全局研究,都将不能适应世界历史这门学科发展的需要。世界从15、16世纪起就已跨进了一个崭新的阶段,以世界历史为研究对象的这门学科,也要相应地跨入一个新的阶段。

* * * * * *

注:本书"总序"系据吴于廑为《中国大百科全书·外国历史》卷撰写的"世界历史"一文全文转载,转载前由作者对原文最后几个段落略作修改。原文第一部分关于19世纪后期和中华人民共和国成立前后中国学者在外国历史及世界史方面的编著和研究工作的论述,系毛昭晰撰写。

本次修订根据新版《马克思恩格斯选集》核改了少量引文,并对个别提法作了修改。

前　　言

《世界史·近代史编》上承《世界史·古代史编》,下接《世界史·现代史编》,是吴于廑、齐世荣主编的《世界史》的第二部分。

本书涵盖了从1500年到1900年的世界历史演进、嬗变的整个过程。全书共六章,分为上、下两卷,上卷包括前三章,下卷包括后三章。

本书之所以以1500年为起点,以1900年为终点,是基于以下几种理由。第一,世界近代史就是一部资本主义在西方上升、发展、向全世界扩张并由之在全世界产生巨大影响和反响的历史,而导致资本主义在西方上升发展的一系列变化、一系列事件,几乎都与文艺复兴及地理大发现有关。特别是地理大发现直接诱发了商业革命和西欧诸国的海外殖民扩张,对于西欧资本主义工业化起了最有力的催化作用。没有地理大发现,就没有资本主义的发展,更没有随之而来的世界历史向整体发展的根本转折。文艺复兴和地理大发现发生在1500年前后,因此,以1500年作为世界近代史的开端,是合乎历史发展的客观实际的。

第二,资本主义在西方上升发展的历史,也就是从地区隔绝向世界形成统一整体过渡的历史。只是随着地理大发现,西方国家的海外殖民扩张,以及世界市场的形成,过去长期存在的各国、各地区、各民族间的相对隔绝状态才在越来越大的程度上被打破,整个世界在经济、政治、文化等各方面才逐步形成为密切联系的、互相依存又互相矛盾的一体。因此,在这个意义上,以1500年为世界史的起点,也是适合的。

第三,经济是基础,政治是上层建筑,这是历史唯物主义的根本原则。因此世界历史近代与古代的分期断限,应该以有世界意义的重大经济形态变化为主要依据。1500年前后的一系列重大事件,如地理大发现、文艺复兴、宗教改革等等,导致西方资本主义的发展,从而引起了遍及世界各地区的社会经济的重大变化。因此以1500年为世界近代史的上限,是合乎历史唯物主义原则的。马克思说:"资本主义时代是从16世纪才开始的"。[①] 恩格斯说:"现代的自然研究,和整个近代史一样,是从这样一个伟大的时代算起,这个时代,我们德国人由于当时我们所遭遇的民族不幸而称之为宗教改革,法国人称之为文艺复兴,而意大利人则称之为五百年代"。[②]

第四,逐步在全世界取得支配地位的各发达国家资本主义从自由向垄断的

[①] 《马克思恩格斯全集》第23卷,人民出版社1972年版,第784页。
[②] 《马克思恩格斯选集》第4卷,人民出版社1995年版,第260~261页。

过渡,约当19世纪末20世纪初之际。因此1900年可以视为已在支配世界的资本主义经济形态发生巨大变化的标志。以这一年为世界近代史的下限,是适宜的。

本书以马克思主义为指导,力图在体系、结构及内容等方面有所创新和改进。

本书立足于全世界全人类,从宏观的角度考察了1500—1900年世界各个地区、各个国家是如何打破隔绝状态,最后形成为一个互相联系、互相影响的整体的。全书把这个过程分为四步。1500年以前,世界各个地区之间互相隔绝,亚欧非三洲的居民根本不知道天地间还有美洲和大洋洲。但是,地理大发现打破了这个隔绝状态,实现了彼此之间的直接的接触,这是加强地区间联系的第一步。此后,葡萄牙、西班牙、荷兰、法国和英国先后向海外扩张,分别在海外建立殖民地,到1760年前后欧洲与这些殖民地之间已经形成密切的经济关系,这是世界地区间联系加强的第二步。18世纪后半期到19世纪初期发生的英国工业革命,使英国成为"世界工厂",由此得以利用所产工业品先后渗透、控制和征服世界许多地区和国家。1850—1870年间,以英国为中心形成了世界市场。这意味着世界各地区之间联系加强的第三步。1871年以后,资本主义工业飞跃发展,导致了垄断组织的形成。垄断的形成又推动了列强瓜分世界的狂潮,到19世纪末,世界终于瓜分完毕,资本主义势力伸到世界各个角落。这是世界地区间加强联系的第四步。世界到此时已形成一个互相联系、互相渗透、互相影响的整体。可以说,近代世界由分散向整体发展的观点贯串全书。

本书在编写方法上采取了纵横交错的方式。既叙述一个国家或一个地区纵向演变,又注重各国、各地区、各民族之间的经济、政治及文化的横向联系,进行跨国家、跨地区的综合性的比较研究,并且探索一些重大历史现象从发源地向外扩散、传播及发生影响等的来龙去脉。比如在叙述明治维新部分对中国和日本作了比较,探讨了在社会变革中中国失败日本成功的原因。在叙述18世纪启蒙运动时,没有把它单纯视为法国一国的现象,而是把它视为一个国际现象,对它的历史背景及特点做了广泛、综合的探讨。

本书重视中国在近代世界史上所处的地位,在阐述东、西方历史发展的不同特点时,就为什么到近代开端时中国从一个曾经创造了光辉灿烂的文化、在精神文明和物质文明方面都是先进的国家,沦为一个落后国家的主客观原因,提出了一些历史反思。

本书重视经济基础与上层建筑特别是意识形态之间的辩证关系。世界近代史既然主要是西方资本主义上升、发展并向整个世界扩张的历史,所以本书把为资本主义经济服务的资产阶级社会政治思想放在重要地位。而且,书中还把资产阶级社会政治思想分成几个时期,不但把它和同时期的资本主义经济发展情况有机地联系起来,而且还指明了每一时期的思想主流。

本书第六章在"资本主义社会的物质生活和精神生活"的标题下,写了1500—1900年的400年间欧美诸国在衣食住行、家庭生活、社会风尚、生活习惯等等方面的演变过程,于政治经济史之外,简略阐述了资本主义制度下的西方社会史。

当然,这一切都只是尝试,问题一定不少,切盼广大读者批评指正。

第一章 16世纪资本主义曙光下的西方·同一世纪东方中国和日本

1500年左右是世界近代史的开端。这首先是因为1500年以前的世界基本上处在闭塞的状态,新旧大陆之间更是互相隔绝的,只有到1500年左右完成地理大发现——哥伦布发现美洲、达·伽马开创绕过非洲南端的新航路、麦哲伦等绕世界一周——之后,这种状态才被打破,过去处于相对隔绝的各地区才开始建立了直接的联系。这是人类社会向全世界联为一体迈出的第一步。1500年是人类历史上的关键性年代。

以1500年为世界近代史的开端,也是因为只是从1500年左右地理大发现以后,西欧人走向海外,开始殖民征服,欧洲贸易才走出地中海的狭小范围而扩大到全世界,为新兴的资产阶级开辟了新的活动场所,从而促进了欧洲的封建生产方式迅速地向资本主义生产方式过渡,对世界其他地区的经济社会发展产生了极大的影响。

地理大发现并不是一个孤立的事件,与它同时或前后发生的,在西方还有两大运动,一个是文艺复兴运动(14—17世纪初),另一个是宗教改革运动(1520—1570年)。这三者之间是有联系的。地理大发现及宗教改革的发生都受到文艺复兴的影响。文艺复兴所表现出来的人文主义精神是一种为创造现世的幸福而奋斗的精神,而地理大发现就是在这种精神的鼓舞下完成的。文艺复兴也推动了宗教的改革:人文主义者之谴责天主教教会的黑暗腐败,为宗教改革派提供了攻击天主教的论据,人文主义者对《圣经》的原文及基督教的原始教义的研究,也为新教教义的形成开辟了道路。而文艺复兴、地理大发现及宗教改革,又各从不同的方面为资本主义生产方式鸣锣开道:地理大发现为资产阶级开辟了大显身手的广阔天地;文艺复兴向资产阶级注入了一种积极进取的精神力量;宗教改革为欧洲资产阶级推倒作为封建势力顽固堡垒的天主教会的统治提供了有力武器。

16世纪也是西欧民族国家形成和君主专制制度产生的时期,这二者都庇护了新生的、远非像后来那样强大的资本主义。

这样,1500—1600年在世界史上是取得重大成就的100年,在这100年中,西欧人在向海外扩张的同时,也在文化、思想、宗教及政治等领域内完成了重大的变革,而这些变革都象征着资本主义曙光的来临。西欧以东的许多国家,包括东欧诸国、西亚伊斯兰诸国、南亚印度、东亚中国和日本,在世界历史这一重大转折时期,都还不曾出现类似上述西方的变革。明代中国正由盛转衰,郑和西航不但后继无人,而且也不可能引发商业革命。印度莫卧儿帝国虽方兴未艾,地跨欧亚非的奥斯曼帝国虽正处于全盛期,但从它们的社会经济结构中还看不出新时代的征兆。

第一节　世界地区隔绝状态的突破·商业革命

哥伦布发现美洲,达·伽马开辟绕非洲到东方的新航路及麦哲伦等人之完成环球航行,是地理大发现的主要内容。紧随着地理大发现,发生了商业革命和西欧诸国的殖民扩张。这些划时代的大事,"使正在崩溃的封建社会内部的革命因素迅速发展"。①

一、地理大发现和商业革命的背景

地理大发现和商业革命的动因　　地理大发现和商业革命,是多种因素交错在一起促成的。

首先是经济上的动因。16世纪以前,欧洲早有与外部世界进行贸易的传统。欧洲需要外来的商品,比如欧洲人在饮食上离不开香料,而香料就是从东南亚运去的。欧洲对外贸易主要是对东方国家如中国、印度及东南亚诸国的贸易。这项贸易到13世纪末有很大的发展,从东方辗转输入的商品比12世纪初增长10倍,其中主要是香料(丁香、肉桂、胡椒等)、樟脑、檀香、丝绸、宝石、布匹等等。这些商品在欧洲市场上最受欢迎,价格昂贵。贩运这些商品,获利不止倍蓰。

但是,到15世纪中叶形势突然发生了变化。1453年,奥斯曼帝国的军队攻陷君士坦丁堡,占领巴尔干、小亚细亚及黑海北岸等地区,控制了东西方之间的通商要道。帝国军队不但肆意抢劫商旅,而且帝国当局还对过往商品课以重税。这实际上等于堵死了这一条重要的商路。结果,欧洲市场上的东方商品的价格猛涨。在这种情况下,西欧商人很自然地渴望另辟一条通往东方的商路。

对黄金的追求,是另一经济动因。1500年左右,欧洲商品货币关系日益发展,货币成了普遍的交换手段。封建贵族用货币购买奢侈品,农民也用货币交纳地租。商人和手工工场主需要更多的货币以便扩大经营,而黄金是最贵重的交换手段,有了它就有了一切,人人都渴望黄金。哥伦布对黄金着了迷,他说过:"黄金是一切商品中最宝贵的,黄金是财富,谁占有了黄金谁就能获得他在世上所需要的一切,同时也就取得把灵魂从炼狱中拯救出来,并使灵魂重享天堂之乐的手段。"自从《马可·波罗行记》在欧洲流传以来,欧洲人一直把东方,特别是中国看成是遍地黄金的人间天堂,所以到东方去实现黄金梦的人比比皆是。

---

① 《马克思恩格斯选集》第1卷,人民出版社1995年版,第273页。

其次,传播基督教是推动西欧人向海外发展的一种精神动力。基督教与欧亚其他广泛传播的宗教相比,更多地渗透着普救主义。它从一开始就以博爱人类为教旨,并以全人类的宗教自命,因而有一种强烈的使人人都接受基督教的要求。他们甚至相信,为了普及基督教,即使使用武力也在所不惜。这种近似好战的传教精神,在与几乎具有同一精神的穆斯林势力长期对峙中日益滋长。十字军的多次东侵,就是为这种精神所鼓舞。从中世纪以来,在西欧还流行一个传说:祭司王约翰是东方一个强有力的基督教君主。西欧的基督徒梦想和这位君王建立联盟,以便共同攻打穆斯林的势力。热心于航海事业的葡萄牙亨利王子的动机除了企图夺取香料贸易之外,便是与东方的祭司王约翰联盟,发动一次新十字军运动,传播基督福音于全世界。1500年前后完成地理大发现的航海家们从事海上冒险活动的动机之一,便是宏扬基督教于海外诸国。

第三,人文主义思想对西欧人向海外发展,也起了积极促进作用。按中世纪天主教的神学思想,人们最关心的不应是现世,而是来世,是死后上天堂。天主教还认为人生而有罪,但禁欲苦行,可以赎罪。文艺复兴运动扫荡了这种神学观念。人文主义者讴歌现世生活,相信人的力量,认为人应当通过自己的努力和发挥自己的才能来创造幸福。人文主义思潮实质上反映了资产阶级的个人进取精神和物质利益至上的价值观,是海外冒险事业的一种思想动力。

地理大发现和商业革命的条件

地理大发现和商业革命的发生,还因为具备了一定的客观条件。这些条件主要有:

第一,航海技术的改进。在1500年以前的300年间,欧洲船舶平均每艘的吨数增大四倍,载重量只有150~200吨的脆弱的单层甲板大帆船,让位于载重600~800吨的圆形船体的帆船。到13世纪已在船尾安装了舵,中国发明的罗盘针也已于12世纪末13世纪初由阿拉伯人传入欧洲,这大大提高了航行的效率。14世纪葡萄牙人改造了阿拉伯人的三角帆,因而加快了航行的速度。这样,船身增大了,速度加快了,操纵也更加灵便了。改进的帆船又减少100~200个划手,相应地减少了为这么多人载运的粮食,因而也更经济了。此外,1485年葡萄牙人第一次使用星盘,不久又为更廉价的象限仪所代替。这是确定经度所必需的仪器。早在14世纪西欧绘制地图的技术已相当发达了,开始出现标明海岸线及港口位置的航海图。在造船技术方面,葡萄牙人走在最前面,能建造多桅大船,在中间主桅上挂上更多的帆,适应不同的风向及海流。到1500年为止,西欧人已经能建造结构结实、船身更大的海船。强大的龙骨、坚实的肋骨、双橡木船壳板——这一切足以经受住重炮发射时的反跳。航海技术的改进,为地理大发现及西欧诸国的海外殖民扩张提供了有利的条件。

第二,海上武器和战术的进步。西欧诸国在海外扩张时期,之所以能所向无阻,征服一个个国家和地区,原因之一是"船坚炮利",有先进的海上作战的方法。在此以前,西欧在海战方面是落后的。当时的海战主要是甲板上的短兵相接。只有到15世纪,欧洲的战舰才装备大炮。这种所谓大炮仍是小型的,发射的石弹只有几盎司重,而不是几磅,它可以杀伤敌人,但不能伤害敌舰的舰体。因此这种小型炮的装备,并不能从根本上改变旧的海上战术。15世纪欧洲人在陆战中已使用大型大炮,这种大型大炮太笨重,无法把它运上军舰,更无法把它架设在军舰上发射炮弹。

16世纪20年代出现了转变:佛兰德斯和德国的冶金家发展了铸炮的技术,铸成的新型大炮有1.5~3.7米长,发射的圆石弹(后来是铁球),重22.7~27.2千克,在射程274米中能击破敌舰舰身。这种大炮可以安装在军舰上,操纵也容易,在新设计的军舰上多的可载40门。于是海战战术也发生了变化,从甲板上短兵相接过渡到用大炮轰击敌舰。海上武器和战术的进步,使处于海外扩张期间的西欧在海上占了优势,从而有可能控制联结各大洲的海洋。

第三,商业上的进步。这表现在以下几个方面:(1)采用复式簿记。1494年意大利数学家路卡·帕乔利发表一部关于簿记的著作,建议商人在进行一切交易时,都要在总账里记入两次,一次作为贷方,另一次是作为借方。这种记账方法使人们能在任何时候都可对于一项生意的财务状况了如指掌,也使经营者加强盈利意识。(2)银行业和信贷业的发展。意大利商业比较发达的城市,早在12世纪就使用简单的汇票,到1408年已出现银行,银行逐步扩大它的经营范围,包括储存、借贷、汇兑等有利资金流通的业务,这给商业活动带来了很大的便利。(3)观念上的改变。中世纪在基督教的影响下,人们普遍谴责谋利的行为,教会禁止放贷取利,认为这是"一个在上帝看来是可恶可厌的罪恶"。但是,随着商业的发展,到16世纪中叶法国法学家查理·杜莫林已经要求人们承认"温和的、可以接受的高利贷行为"。于是,以借贷取利的活动不再被视为不义,高利贷可以畅通无阻了,经商非贱业更是理所当然的了。(4)股份公司的出现。荷兰、英国及法国的东印度公司,还有利凡特公司、莫斯科公司以及哈德逊湾公司等等,都是股份公司。股份公司这个组织形式的产生,是商业上的重大变革,在这以前商人从事商业活动,是个人负责到底的,他们从投资、转运到各种买进、卖出等活动,都是亲预其事,合伙经营也是如此。股份公司则不同,它把投资与经营管理、商业活动分开,使投资者从经营管理的责任下解放出来,可以调动大量资金投入商业冒险事业。任何想把少量资金投于贸易事业的人都用不着自己操心,只是以认购股票的形式进行投资就可以了。股份公司在组织上逐渐趋于完备,一切管理事务都委托给通过选举产生的董事会,再由董事会选出可靠的人去管理经营业务。这种商业组织形式有利于把分散的资金集中起来,用于大规模的商业冒险事业,是动员经济力量从事海外贸易的最有效的工具。

商业上的这些进步给西欧的商业带来了活力,从而加强了西欧向海外殖民扩张的力量。

第四,专制政府的支持。西欧诸国中央集权的专制制度形成于15—16世纪。作为从封建国家向资产阶级国家过渡时期的政治上层建筑,专制制度与新兴资产阶级是有一定程度的联系的。专制制度的形成和维持,要靠资产阶级经济上的支持,同时资产阶级也需要专制政府保护它的经济利益。专制政府支持发现新航路,支持海上发展,用海军保护本国航运业及海外贸易,有时不惜为此发动战争。16世纪的英国女王伊丽莎白就是如此。她甚至投资于英国的海盗事业。而且,专制国家还可以调动社会上一切力量——经济活力、技术进步、新教徒的进取精神等等,把它们汇合成一个整体引向海外。西欧专制制度就这样成为向海外扩张的强有力的后盾。

在西欧国家中,在海上探险方面走在最前头的是伊比利亚半岛上的葡萄牙和西班牙两国。这是因为:

第一,两国都在大西洋沿岸,这个地理位置使它们先天地倾向于向海外发展。两个国家向海上发展的第一步是在15世纪先后攫取了距非洲西海岸不远的一字儿排开的四个群岛。葡萄牙占领了马德拉群岛、亚速尔群岛和佛得角群岛,西班牙占领了加那利群岛。这四个群岛不但在地理位置上有极大的战略价值,有可以泊船的港口,而且也有很大的经济价值,它们土地肥沃,盛产甘蔗、葡萄及木材。在得到这几个群岛作为海上据点之后,西、葡向海外发展更为便利。

第二,两个国家都掌握了航海技术,特别是葡萄牙。在这里,不能不提到葡萄牙的亨利王子,他的绰号是"航海家",他做了许多工作,为葡萄牙的航海事业铺平了道路。他的业绩在于:使水手及造船技术的传统经验与理论知识相结合,从而改进葡萄牙船舶的航海性能。亨利王子曾积极筹划绕过非洲到东方的航路,他派出一支又一支的探险队去勘察非洲西海岸。

第三,葡萄牙人与西班牙人的宗教热情特别强烈。这是在与伊斯兰教的斗争中形成的。他们过去长期处在外来穆斯林的统治和压迫之下,历时几个世纪的收复失地运动,把他们反对伊斯兰教的感情与虔信基督教的感情交织在一起,使他们宏扬基督教的信念更加强烈而坚定。这种信念是推动他们积极寻求东方新航路的一种精神动力。

二、地理大发现的过程

欧洲直通印度新航路的发现 最先探寻通往印度航路的是葡萄牙人。多年来,葡萄牙人不断派遣探险队沿非洲西海岸向南摸索到东方去的航路。当时欧洲尚未发明经线仪(到1760年才发明出来),所以在航海中无法测定经度。但是,用简单的方法可以测定纬度:根据中午太阳的倾斜度。早在1487年,当巴托洛缪·迪亚斯沿着非洲西海岸航行遇到大风时,他的船失去控制,随风向南飘去,一连13天不见陆地。当风力缓和下来时,迪亚斯让他的船向东方(因为他认为陆地是在东方)航行,但是不久他发现已经在不知不觉之间越过了非洲南端而进入印度洋了。由于船员筋疲力尽,乃掉船回去,在归途中他发现了非洲最南端的海角。迪亚斯回国后,葡萄牙王命名该海角为"好望角"。

继承迪亚斯事业的是达·伽马。他在1497年7月8日率领四艘海船从葡萄牙启航。他具备一个好的条件,就是已知道"好望角"的纬度(这是迪亚斯在发现好望角时测定和记录下来的)。他不是靠近海岸航行,而是远离海岸,这样既无浅滩之险,海风又吹得强烈而均匀。他在安全地到达预定的纬度(即与好望角相同的纬度)时,便朝正东方向驶去,终于绕过好望角,沿非洲东岸航行。1498年4月,船队进入今肯尼亚的马林迪,在这里雇了一个阿拉伯水手引航,横渡印度洋,于5月20日到达印度西海岸的卡利卡特(亦称科泽科德)。达·伽马在印度出卖他从葡萄牙带来的商品——小型物件及毛织品之后,便买进胡椒、肉桂等东方物品,在1499年9月返回葡萄牙。这批货的卖价,为这次航海费用的60倍。这是人类史上第一次完成从西欧绕非洲来到东方的航行,从而开创了东西方之间最短的海上航路。

当然,葡萄牙人开创这条新航路的目的是为了做买卖,所以他们决心垄断新航路上的全部贸易。为此,他们采取了野蛮的暴力手段。达·伽马曾在一次航行中洗劫了从麦加归来的非武装的阿拉伯商船。

哥伦布航抵新大陆

当葡萄牙人沿着非洲海岸向印度探航时,西班牙的航海家却朝着另一个方向前进。克利斯托弗·哥伦布(1451—1506)是意大利航海家,他在15世纪晚期一心一意想寻找到东方去的新航路,并为此制定了一个海上探险计划。他计划从西欧出发一直向西航行,目的地是东方的中国、日本及印度。当时人文主义者重新发现的古代希腊人关于大地是一个球形的学说,在西方已经为不少人所知晓,但是关于地球之大小及陆地、海洋的距离,尚在茫昧臆测和估计之中。哥伦布的这个计划是建立在对于地球距离的错误估计上面的。他所依据的估计有二:第一是马可·波罗对于亚洲东西两端之间的距离及对于日本与亚洲大陆之间的距离的估计(他估计为1 500英里),而这两个估计都是错误的,因为估计得过大;第二是托勒密对于地球周围长度的估计,而这个估计又过小。他由此得出错误的结论:从西欧经过大西洋到日本去的距离不足3 000英里,向西航行是西欧到亚洲去的捷径。而当时葡萄牙人根据精密的计算,正确地认为到东方去的最短途径是从西欧出发,绕非洲南端,然后折向东北方向航行。因此,当1484年哥伦布向葡萄牙王室提出他的航行计划时,遭到了拒绝。两年后,哥伦布出现在西班牙宫廷中,经过他的再三恳求,女王伊萨贝拉由于对于地理的无知,终于接受了他的计划,答应向他提供人力物力。这里出现一个既饶有兴味又耐人深思的历史"假若"的问题:幸亏哥伦布作了错误的估计,假若他估计正确的话,他一定不会向西航行,从而也就一定发现不了美洲新大陆。历史的客观后果,往往是出乎身当其事的历史人物的预料之外。

1492年8月3日,哥伦布率领三艘帆船,从西班牙的巴罗斯启航,船员中有有经验的水手和有能力的军官。9月6日离开加那利群岛,扬帆出海。幸而一路上都是顺风,航行得很顺利,但是一天一天、一周一周地过去,所见到的只是一望无际的波涛浩淼的大洋,连陆地的影子都看不到。水手们越来越不安。为了安慰大家,哥伦布向他们谎报了航行的距离。10月7日看到飞鸟了,但仍不见陆地,甚至连哥伦布自己也发愁了,因为按照他的计算,已经应该到达日本了。10月9日他向众人表示如果在三天内仍看不到陆地,就转回去。但是就在这几乎绝望的时刻,船上的守望者突然发现远远的水天相接处有一个黑点,黑点越来越大,原来是一个海岛(这属于巴哈马群岛),大家高兴得犹如绝处逢生,一同舍舟登岸。对于人类来说,这是一个关系到世界历史重大转折的时刻,因为发现了美洲新大陆,从而也就打开了新旧大陆之间不知经历了多少个世纪的闭塞。但是哥伦布到逝世前,一直相信这是亚洲的一个海岛,他将它命名为圣·萨尔瓦多,意为"救世主"。

哥伦布在离开圣·萨尔瓦多后,继续航行,来到古巴和伊斯帕尼奥拉岛(海地),然后返航回西班牙。这是他第一次航行。

西班牙君主热心支持哥伦布的航海事业,又拿出大量资金,帮助他继续进行远征。

1493年,哥伦布率领一支大舰队,又离开西班牙扬帆出海。这个舰队有三桅船、轻帆船和双桅船,总共17艘。参加远航的1 200人中,有教士、军人、工匠及农夫。舰队也运载一些农业用品(农具、种子、牲畜等)。这次航行的直接目的不是开辟新的贸易市场,也不是征服东方的王国,而是到伊斯帕尼奥拉岛上定居,建立一个既采矿又从事农业的殖民地,然后以这个殖民地为基地到中国及印度去。这一次到美洲后,伊斯帕尼奥拉殖民地是建立起来了,他当了第一任总督。但是这个殖民地始终没有兴旺起来,主要是因为哥伦布缺乏管理的才能,尽管他是一位杰出的航海家和探险家。1498年他又进行了第三次远航,当他到达伊斯帕尼奥拉时,这里发生骚乱,但是他没有用武力镇压,而是向举行骚乱的西班牙移民让步:把岛上的印第安人分给这些移民充当奴仆和庄园劳工。这种分派劳役制后来稍加修改,在西属西印度群岛普遍地建立起来。哥伦布虽然作了让步,心怀不满的西班牙人在回国后仍把他的统治说成是暴政。1499年,西班牙国王委派新的总督博瓦迪利亚去代替哥伦布。新总督上任后,把哥伦布遣送回国。但是国王不久又恢复了对他的信任,1502年又派他作第四次远征。他沿着美洲大陆进行探查,经过洪都拉斯和哥斯达黎加,但还是看不到中国的影子。在回西班牙后,他失去了西班牙王的信任,在1506年郁郁去世。

教皇子午线的划定

哥伦布和达·伽马的地理发现提出了关于新发现地区的主权归属问题。当时流行两种观念:第一,基督教国家有权力占领异教徒的国土;第二,教皇有权力决定尚未被基督教统治者所占领的土地的主权归属。早在1454年,教皇尼古拉五世就颁布一道敕书,把葡萄牙人在非洲海岸发现的领土送给葡萄牙人。

当哥伦布在第一次探险中发现美洲后回到西班牙时(当时他相信他所到达的地方就是印度),西班牙宫廷害怕葡萄牙和它争夺这个新发现的"印度",便要求教皇亚历山大六世承认西班牙对于这块土地的主权。1493年5月4日教皇确定亚速尔群岛和佛得角群岛以西100里格(约等于3英里)的子午线为分界线,并且把该线以西的一切土地都划归西班牙,该线以东的一切土地都划归葡萄牙。1494年,西、葡两国又缔结托得西拉斯条约,把这条线向西移动270里格。当时西班牙人认为自己在这个条约中占了便宜,相信到印度去的航路是在西方。但是实际上这条分界线使得葡萄牙人取得了绕非洲到印度去的航路上的所有据点。

麦哲伦的环球航行

葡萄牙人之独占绕非洲去东方的航路上的贸易及他们所获得的惊人的利润,推动欧洲其他国家的冒险家们寻求到东方去的其他航道。哥伦布寻找中国的美梦虽然连续破灭,但人们还是渴望向西航行到达亚洲。西班牙冒险家巴尔波阿的发现更加鼓舞了他们。巴尔波阿在达利安地峡(巴拿马)寻求黄金时,看到了另一个海洋(后来称为太平洋)。于是人们开始相信横渡这个海洋就可以到达东方。

因此,16世纪初,出现了想进行这个尝试的一批职业冒险家,大多数人是葡萄牙人或意大利人,其中有阿美利哥·维斯蒲西(意大利人)、卡波特父子(意大利人,后移居英国)及斐尔南多·麦哲伦(葡萄牙人)。但是其中只有麦哲伦发现了通过太平洋到亚洲去的航路。

麦哲伦是西班牙政府派出去的探险家。西班牙人对于葡萄牙垄断东西贸易(特别是贩运香料)一事垂涎三尺。他们声称托得西拉斯条约所定的分界线是围绕全球一周的,所以他们在派麦哲伦去探险时,是希望他能够在分界线的西班牙一侧找到生产香料的岛屿。

麦哲伦的远征是一个空前的壮举。他在1519年9月20日从西班牙圣卢卡尔港出发,一共有五艘船,每艘吨位约100吨。船队渡过大西洋,翌年3月抵达南美巴塔哥尼亚①。但是在这里停留期间船员发生哗变,麦哲伦勉强把它平息下去。5月中旬,一艘船在探航中沉没。10月,船队到达后来以麦哲伦命名的海峡。船队通过海峡时遇上了狂风暴雨,用一个多月时间才穿过海峡进入新的大洋。② 11月初,另一艘船离开船队驶返西班牙。麦哲伦率其余三艘船沿智利海岸航行,在到达北纬50度的地方折向西北前进。在以后的80天内只看到两座无人居住的荒岛。1521年3月6日到达一个海岛(可能是关岛),在岛上补充了食品。同月16日到达菲律宾。为了占领这块新发现的土地,麦哲伦干预了诸岛的内讧,他在攻打马克坦岛的战斗中,被当地人杀死。其余船员乘两艘船在当地水手的帮助下绕过婆罗洲(今印尼加里曼丹岛)北端抵婆罗乃(今文莱首府斯里巴加湾市),不久驶抵香料岛(今马鲁古群岛),这时已是1521年11月。他们在这里遇到了驻在当地的葡萄牙人的袭击,但仍得到了大量的香料,在新推选的船长第·卡诺率领下,经南印度洋驶向非洲南端。途中一艘船被葡萄牙人掠去,剩下的一艘船"维多利亚"号历尽艰险,绕过好望角,沿非洲西海岸驶返西班牙。1522年9月6日当该船回到圣卢卡尔港时,船员仅剩18人。但是船上运回的香料很值钱,足够抵付全程的费用。这是人类史上第一次绕全球一周的航行,历时三年。

不久,西班牙又派出一支探险队,它在1524年到达香料岛。当时葡萄牙人在这里的统治已经巩固。1529年西班牙与葡萄牙订立萨拉哥萨条约,西班牙放弃了对于香料岛的一切要求,葡萄牙则向西班牙交纳350 000杜卡(当时欧洲一种银币单位)作为交换条件,该条约还把分界线向东移15度(经度)。

三、近代早期的殖民征服

地理大发现只不过是伊比利亚人进行海外扩张的序幕,葡萄牙和西班牙很快就走上了殖民征服的道路,分别在东方和新大陆建立了各自的殖民帝国。

葡萄牙东方殖民帝国的建立

葡萄牙人从15世纪起就在非洲西海岸的几内亚、刚果、安哥拉等地设立了许多据点。16世纪初,葡萄牙又占领了东非海岸的莫桑比克、索法拉、基尔瓦等地,并把这些据点作为从西欧到达东方这条航线上的补给站。为了控制绕非洲到印度的航路,葡萄牙夺取了作为红海和波斯湾锁钥的索科特拉岛和霍尔木兹岛。1509年,葡萄牙人在阿拉伯海的第乌港附近击败了数量上占优势的穆斯林

---

① 据说麦哲伦航行至此,见当地人因脚裹兽皮走路而在雪地上留下很大的脚印,就称这个地方为巴塔哥尼亚,意为大足。今为阿根廷一地区之名。
② 即太平洋。因为当时天气晴朗,洋面平静,经几十天的平安航行后,船员们一致称这个大洋为El Mar Pacific,意即"和平之海",汉译为"太平洋"。

舰队,进而确立了印度洋上的海上霸权。为了控制印度而夺取卡利卡特的企图虽然失败了,但却于1510年攻占了果阿,建立自己在东方的殖民据点。接着入侵了锡兰(今斯里兰卡)。1511年,它控制了马六甲海峡,这是通往东南亚的交通咽喉。后来,葡萄牙人继续侵占了印度西海岸的第乌、达曼及孟买。此外,还在苏门答腊、爪哇、加里曼丹及摩鹿加群岛(今马鲁古群岛)建立商站。在中国又夺取澳门,作为经营东亚贸易的中心。

随着葡萄牙帝国在东方地位的确立,往日与印度进行贸易的阿拉伯商人和威尼斯商人的地位逐步下降。这个帝国由少数岛屿和散布于绕非洲去东方的航道上的沿海商埠组成,它们在战略上都是重要的据点。葡萄牙人依靠它们得以控制伸展到东半球的航路,保证了葡萄牙商船畅通无阻地往来于欧亚之间,在航路上每隔一定距离都有一个停泊处,以补充食物和修整船只。葡萄牙就这样成为垄断欧亚之间及中国、日本和菲律宾之间贸易的霸主。

为什么人口只有200万的葡萄牙人能够入侵有高度文明的、人力物力并不匮乏的亚洲诸国?原因有以下几点:第一,葡萄牙有强大的海军,特别是其战舰上的大炮及射击技术,是举世无敌的,能摧毁对方的舰只,这就使葡萄牙人能打败阿拉伯商人的势力,能够控制印度洋。第二,葡萄牙人征服的成功,也是由于利用印度内部的弱点。当葡萄牙人到来时,北印度正在被莫卧儿人征服,而莫卧儿人对商业又不感兴趣。而南印度,特别是马拉巴海岸则处在互相争夺不已的印度地方势力的控制之下。

但是葡萄牙人的力量也有其局限性,他们不擅长陆地作战(人力有限),因而未能征服印度次大陆,它们只能控制沿海据点。

葡萄牙人也插手美洲新大陆,它入侵美洲是在1500年。这一年葡萄牙国王派卡布拉尔率远征队准备去印度,但是途中在赤道海流的冲击下离开了航道,结果飘流到南美洲巴西登陆,于是巴西就成为葡萄牙的领地。

西班牙对中南美洲的殖民征服

西班牙在海外建立的殖民地,要比葡萄牙的殖民地大得多,其主要部分在美洲新大陆。新大陆盛产金银,与东方香料有同等或更大的价值,因此西班牙便把主要注意力集中到这里。以后,西班牙殖民势力向太平洋西南角的延伸是1564—1571年完成对菲律宾群岛的入侵和征服。

1500—1518年是对新大陆的探险时期,在这个时期,继西班牙人之后,西方各国派来的许多航海家在新大陆上到处探索。1519年,西班牙贵族出身的赫南多·科泰斯离开十年前已被征服的古巴,去远征北美大陆上的印第安人阿兹特克帝国,这就开始了大陆殖民地征服的时期。科泰斯1519年3月在离今韦腊克鲁斯不远的大陆海岸登陆,率领的队伍只有600人,携带少数小型炮及13支步枪,16匹马。为了表示决心,在登陆后他就凿沉了船只。

科泰斯十分阴险狡诈。在与印第安人进行一些战斗后,他就和与阿兹特克帝国为敌的印第安人部落达成协议,得到他们的种种帮助,如供应粮食及人力等等。同时,他又诱使阿兹特克"皇帝"接待他,允许他进入"帝国"首都。乘这位皇帝不备之际,科泰斯背信弃义地擒获了他,作为人质。于是他轻而易举地征服了这个帝国。但是他毁坏印第安人寺庙的行为激起了印第安人的愤慨,他们于1520年起义反抗。阿兹特克"皇帝"在战乱中被杀,科泰斯趁黑夜仓皇逃出首都。这次起义使他失去1/3的人力及大部分辎重。但是和他结盟的印第安人继续援助他,古巴也派来增援部队。数日后,他带领800名西班牙士兵,25 000名印第安人,与阿兹特克人进行了激烈的战斗。1521年8月,阿兹特克残余的守城者被迫投降,阿兹特克帝国就这样沦为西班牙的殖民地。

西班牙对于印加"帝国"的征服更为残忍恶毒。西班牙征服者的首领是弗兰西斯科·皮萨罗,他从西班牙国王取得了侵占巴拿马以南太平洋沿岸的权利,并且事先就被封为秘鲁的统治者。1531年,他和他的四个兄弟一道率领远征军入侵印加帝国。当时他只有180人,大炮2门,马27匹。1532年11月15日他的队伍到达卡贾马卡城。第二天印加的统治者阿塔华尔巴应皮萨罗的邀请前来赴会,后者却乘机抓住了这位手无寸铁的"皇帝",当场屠杀了"皇帝"的许多随从。这位"皇帝"被迫拿出大量赎金——22英尺长17英尺宽的一间屋子里堆满7英尺高的金银财宝。在夺取了这些财物后,皮萨罗背信弃义地杀死"皇帝"。在打败印第安人的抵抗后,皮萨罗进入"帝国"首都库斯科城大肆抢劫。这样,印加"帝国"也被西班牙人征服了。1535年,在海岸建立了利马城,作为秘鲁的首府。

科泰斯和皮萨罗的征服鼓舞了西班牙的许多冒险家,他们也都通过阴谋、暴行以及欺骗等手段在各地建立西班牙的统治。到1550年为止,西班牙已征服葡属巴西以外的整个南美、整个中美及北美一部分土地。1565年西班牙又征服了佛罗里达,在北美建立了第一个殖民地。

西班牙的征服者们多半是不通文墨的武人,他们恃强凌弱,在征服各地的过程中,作出种种伤天害理的事。在完成征服后,他们个个都成为各霸一方的统治者,形成群雄割据的局面。西班牙政府不能容忍长久的混乱局面,决定委派官吏到美洲接管各个地方政府,由此建立一个严密的多层次的统治机构,以加强对美洲殖民帝国的控制和榨取。

西班牙殖民帝国的最高机构是印度等地事务委员会,设在西班牙本国,由国王密切监督。该委员会负责任命殖民地官吏,对殖民地事务行使总的管辖权。在美洲殖民地置两个总督管区,一为新西班牙总督管区,它包括北美所有的西班牙领土、西印度群岛、委内瑞拉及东方的菲律宾,首府在墨西哥城;一为秘鲁总督管区,它包括南美的全部西班牙领土,首府在利马。两个总督管区的首脑就是总督，拥有管区内军事、行政和司法的最高权力。总督管区下又分设委员会管区，16世纪两总督区共有十个委员会管区。委员也由国内委派的律师担任。

土著印第安人是帝国的基本居民。在如何对待印第安人的问题上，出现了两种不同的意见。征服者及其后代主张实行以强迫印第安人劳动为基础的地方领主的统治。但是强大的天主教会出来反对，著名的多明我会的修道士拉斯·卡萨斯宣称印第安人也是国王的臣民，也应享有西班牙臣民的权利，欧洲人应该自食其力，不应靠印第安人的劳动生活。结果建立了一种折衷的制度：地方殖民当局有权向印第安人的村庄定期抽取贡税，并可在付给相应工资的条件下强迫印第安人服徭役。但是这个有偿徭役制不久变质。西班牙人在墨西哥及秘鲁区开办银矿，征发印第安人入矿劳动，实际等于奴隶。银矿中繁重的劳动，使印第安人成批地死去。但是银矿主却靠此发了大财，西班牙政府也得到了额外的财政收入，矿主向国王政府纳税的税率为产量的1/5。1500—1650年间从美洲流到西班牙的金银多得令人咋舌，有16 000吨白银，180吨黄金。

在西属殖民地上，畜牧业和农业也发展起来。大牧场使用印第安人劳动，这些印第安人实际上沦为农奴。大种植园生产单一农作物，使用的是从非洲贩运来的黑人奴隶。

西班牙一开始就对美洲殖民帝国实行杀鸡取卵的政策。它不像后来的英国，不知道怎样对北美殖民地实行那种有系统的榨取，也不知道怎样使殖民地成为宗主国的工业品市场和廉价原料供应地，而是一味贪婪地搜刮美洲的金银财富。当然，这种政策在某种程度上也是客观条件所决定的：一方面美洲有大量金银可采，另一方面西班牙国内的经济发展，还没有达到向殖民地提供工业品的水平。西班牙国内之缺少工业，与阶级结构有密切关系。贵族和高级教士只占全部人口的2%以下，但是所拥有的土地却占全国土地总数的95%~97%，并且享有免税的特权；占总人口95%的农民几乎都是无地的；占总人口3%的商人、下级牧师和自由职业者都够不上中等阶级，他们经济力量薄弱，社会地位低下，还不足以发挥新兴资产阶级在发展经济上的作用。商人一旦富有，所渴望的是取得地产，购买贵族头衔，借以分享贵族的特权，对投资工业则望而却步。美洲金银的大量涌入，对工业发展也起了消极甚至破坏作用：金银数量的激增造成通货膨胀，工资上涨，工业成本随之昂贵，产品因而无力在国际市场上竞争。这样，美洲金银的榨取，与国内工业的落后形成恶性循环。同时，精力充沛的西班牙人都奔向美洲去做发财梦，相应地忽视了发展国内工业。

西班牙国内工业落后，再加上它的航运业落后，结果导致荷、英两国经济势力向西属美洲殖民地的渗透。荷兰和英国这两个工业及航运业都日趋发达的国家，不但用自己的船只把自己的工业品向西属美洲殖民地输出，而且几乎垄断西属美洲工业品的进口，据统计这类进口约有90%是由荷、英两国商船运往的。

本来,西班牙法律禁止外国商人从事对西属美洲的贸易,这项贸易为塞维利亚的商人公会所独占。但是法律的屏障终于抵制不了荷、英两国的经济渗透力,结果在对美洲贸易中荷、英商人排挤了西班牙商人。塞维利亚商人公会也变为荷、英商人的代理人。

在殖民地贸易方面,西班牙之所以在同荷、英两国角逐中相形见绌,可以说,是自食掠夺美洲的恶果。其原因主要在于:西班牙对于美洲殖民地墨西哥及秘鲁的榨取,使西班牙获得很大的收入,因而无须对其半封建的、以土地为基础的贵族的经济和社会进行重新改组。在1600年以后,当欧洲的近代化国家正在对特权、好战的教会、以权谋私利、重视金银而忽视生产的倾向提出异议的时候,这些做法却在西班牙和西属美洲更加突出了。

四、商业革命

新航路的发现,对于欧洲经济生活产生了巨大影响。它首先引起了商业革命,表现为世界市场的扩大,流通商品种类的增多,商路贸易中心的转移。

新航路发现以后,世界上原来互相隔绝的地区沟通起来,这可以说是世界各地区之间联系加强的第一步。于是,欧洲和亚洲、非洲、美洲之间的贸易日益发展,世界市场扩大了。

世界市场的扩大使新的产品出现在各国市场上。特别值得注意的现象是美洲特产传播到欧亚大陆。美洲许多农产品是欧亚非诸国人民从未见过的。如玉米这一美洲特产,地理大发现后很快传到中国西南部、非洲及东南欧。马铃薯、烟草、可可等美洲特产,也传到亚欧非诸洲。非洲所产的咖啡传到欧美,成为人们生活中的必需品。

美洲农产品之传播到世界,增加了人类的食物供应,也因此促进了人口的增长。非洲人口的剧增(特别在西非),原因之一是美洲农作物的引进。

世界贸易的中心也转移了。由于美洲及新航路的发现,欧洲的贸易中心从地中海转移到大西洋沿岸。意大利的威尼斯、热那亚等商业城市衰落了,代之而起的是里斯本、塞维利亚等城市。稍后,北海两岸的港口更是后来居上,愈来愈占有海上贸易的中心地位。

地理大发现和随之而来的世界市场的扩大,也开阔了人类的眼界。地理知识不再囿于一个地区或一个大陆,整个地球的外形弄清楚了,接近真实的世界地图也制成了。在15世纪初葡萄牙人开始沿非洲西海岸南下探险之前,欧洲人只是对北非及中东有确切的知识。他们对于印度的了解就很模糊;关于中亚、东亚及撒哈拉以南的非洲,他们所知甚少。他们根本不知道有美洲及澳大利亚,更不用说南极了。

但是在地理大发现之后,人们对世界外貌的了解完全变了样。世界大部分地区的主要海岸线在不同的程度上被摸清了,如美洲的大西洋沿岸,南美的太平洋沿岸,非洲的整个轮廓以及南亚和东亚的海岸。在某些地区,欧洲人对于内陆也有所理解,如西班牙人和葡萄牙人熟悉了墨西哥、中美及南美的一部分。人类对世界海洋和陆地了解的加深和扩大,是世界日益联系为一个整体的必不可少的条件。

新航路开辟的另一个经济后果便是"价格革命"。美洲的白银大量涌进欧洲,引起通货膨胀及物价上涨,这在历史上称为"价格革命"。白银首先流进西班牙,再从西班牙流向热那亚,最后甚至流入奥斯曼帝国。在白银通过国际贸易渠道向东流动时,它所经过的地方必然发生下述现象:物价迅速上涨,货币贬值,出现伪币,投机活跃。

在一个世纪之内,西班牙的物价上升四倍以上。欧洲其他国家虽然没有达到这样程度,但是这个价格革命却打乱了传统的经济关系。从事商业的人发了大财,新兴资产阶级的经济力量愈益增长,有固定地租收入的封建地主的地位削弱了。这在英国成为推进圈地运动的重要动力之一。

在"价格革命"中,粮食上涨最为显著,生产粮食变得有利可图。这也是推动中欧(特别是东普鲁士)出现"再版农奴制"的重要原因之一。

但是,许多学者发现,"价格革命"的发生,也有其他原因,如人口增长比粮食产量增长的速度更快。

总之,地理大发现以及随之发生的商业革命和殖民扩张所造成的各种后果,集中到一点,便是资本势力的增长,一个新兴的拥有资本的阶级——资产阶级首先从西方登上历史舞台。西欧几个国家的银行家、商人和工场主的地位骎骎日上,他们注定要通过政治革命和工业革命,建立自己的政治经济的统治,由此加速西方社会经济的根本变革,并且影响整个世界。马克思指出:"在16世纪和17世纪,由于地理上的发现而在商业上发生的并迅速促进了商人资本发展的大革命,是促使封建生产方式向资本主义生产方式过渡的一个主要因素。世界市场的突然扩大,流通商品种类的增多,欧洲各国竭力想占有亚洲产品和美洲富源的竞争热,殖民制度——所有这一切对打破生产的封建束缚起了重大的作用。"①

第二节 文艺复兴

文艺复兴是14世纪中叶到17世纪初在欧洲发生的思想文化运动。这个运动意义重大,这不仅是因为在运动中天才辈出,灿若群星,他们创造出绚丽多彩

---

① 马克思:《资本论》第3卷,上册,人民出版社1975年版,第371~372页。

的文学、艺术作品,写出有重大影响的政治思想、哲学思想方面的著作,而且也因为它改变了人们对于生活的态度,从而适应了一个新的、初见曙光的资本主义时代。诚然,文艺复兴只限于社会上的少数英才——学者、文人和艺术家的活动,但是它所宣扬的思想不啻是向长期以来在基督教神学笼罩下陷于沉闷窒息的西欧社会送来的一股清新的气息,令人的精神为之一爽,并且把绝大部分有文化教养的人士从中世纪的昏睡中唤醒过来。

文艺复兴,从表面上看来,是欧洲思想文化界人士复兴希腊、罗马古典文化的运动。在他们心目中,古代希腊、罗马是欧洲历史上的黄金时代,在这个时代欧洲文化达到高度繁荣和高度完美的境界,但是到中世纪却衰落下来甚至湮灭了,中世纪的欧洲几乎成了文化沙漠。因此他们怀着一种复古的心情去挖掘古代遗产,力图恢复古典文化艺术,使之"再生"。这是"文艺复兴"一词的由来。

但是,文艺复兴并非对于古典文化的"亦步亦趋"的简单模仿,而在很大程度上是一种创新,是新兴资产阶级反封建斗争在意识形态上的反映。在14、15世纪,资本主义已经出现在意大利沿海城市,到16世纪又陆续出现在西欧其他国家。新生的资产阶级为了求得自身的发展,必须首先在思想上从中世纪的宗教神学的桎梏下解放出来。为此,他们便不得不借用作为基督教神学的对立物的、富有生活气息的、世俗的古典文化来表达自己的世界观和人生观。实际上,文艺复兴在许多方面超越了古典希腊、罗马的文化,这个时期产生的文学、艺术作品及政治、哲学著作都鲜明地表现出新的时代精神。

第一,重视现世生活,藐视关于来世或天堂的虚无缥缈的神话,因而追求物质幸福及肉欲上的满足,反对宗教禁欲主义。

第二,发挥人们的聪明才智及创造潜力,反对消极的、无所作为的人生态度。文艺复兴的一位作家亚尔伯蒂说:"人是能够从心所欲地改造自己的。"另一位作家彭塔诺说:"我创造了我自己。"这都表现出一种奋发有为的精神。

第三,在文学艺术上表达人的真实感情,反对虚伪造作。

第四,重视科学实验,反对先验论。

第五,强调发展个性,反对基督教之禁锢人性,因而在道德观念上要求放纵,反对自我克制;提倡所谓"公民道德",认为事业的成功及发财致富就是一种道德的行为。

第六,表现了乐观主义精神,反对悲观主义。伊拉斯谟表达了这种生活态度,他说:"我几乎愿意再年轻几岁,这是因为我相信在最近的将来一个黄金时代就要来临。"

第七,有一种求知欲和追根究底的探求的精神,对于一切事物都要研究个究竟,决不满足于一知半解。

这些特点概括起来,就是人文主义精神。人文主义是一种以人为中心,为创造现世的幸福而奋斗的乐观进取的精神。新兴的资产阶级就是在这种精神的指引下开拓和发展西方资本主义社会的。1500年前后完成的地理大发现,就是这种人文主义精神的外在表现。哥伦布和卡波特都是热那亚人,他们都出生在文艺复兴发源地的意大利。地理大发现与文艺复兴二者之间有内在的联系。

一、意大利的文艺复兴

文艺复兴滥觞于意大利,这并非偶然,因为资本主义萌芽最早出现在意大利。但是也必须看到:意大利之成为文艺复兴的发源地,还有其他原因。首先,意大利虽然还不是一个统一的国家,战争频仍,纷争不已,但在经济上呈现一种特有的繁荣。一些城市共和国商业和手工业十分发达,有雄厚的财力。这就为文学、艺术的发展提供了一个非常有利的物质环境。其次,定居于这些富裕城市中的,有不少博学多识的学者,对古代罗马文化深感兴趣。这些城市共和国的统治者和豪商巨贾,对来自各方的诗人、学者、艺术家,竞相延纳,加以庇护。这就使许多才智之士获得多方面的帮助:舒适的生活,优越的创作机会及条件,高层的社会交往,以及对作品的推许揄扬等等。佛罗伦萨的统治者科西摩·美第奇说过:"应该把这些有特殊天才的人们作为天上的神仙对待,而不应该把他们看成是驮畜。"科西摩的话代表了很多上层人物的看法。同时,意大利有一个独特的文化环境,在这里留下了不少古代罗马的建筑遗址,足以引人抒发思古之幽情。承袭罗马帝国东半壁的拜占廷这时在唤醒意大利人鉴赏古典希腊文化方面也起了独特的作用。14世纪初期开始的土耳其人的入侵,迫使拜占廷联合罗马教会,以争取西方的支援。因之,君士坦丁堡与意大利之间,使者、学者接触频繁,希腊语在意大利传播日广。意大利学者乔伐尼·奥里斯巴在1423年把238部希腊文手抄稿带回意大利。另一意大利人费列尔佛在君士坦丁堡从事七年的研究,收集了不少希腊文手抄稿,回意大利后又从事亚里士多德、普鲁塔克等著作的翻译。1453年土耳其人攻陷君士坦丁堡后,拜占廷学者西行讲学者络绎而至。对希腊古典著作及艺术的研究与鉴赏,在意大利更蔚然成风。

早期文艺复兴 早在14世纪,意大利的学术和文化的先驱已从事希腊罗马古典著作的研究,同时进行了新的创作,从而揭开文艺复兴的序幕。但丁(1265—1321)辉映于前,彼特拉克(1304—1374)和薄伽丘(1313—1375)接踵其后。他们的文学创作以及对中世纪长期沉埋在寺院中的希腊罗马古典著作抄稿的探讨,对推动意大利早期文艺复兴,有巨大影响。

在意大利文艺复兴早期文学创作中,最有代表性的便是但丁、彼特拉克和薄伽丘的作品。但丁的不朽名作是《神曲》,它采用梦幻文学的形式,通过对但丁幻游地狱、炼狱和天堂三界过程中所遇到的各类人物的描写,抨击教会的贪婪腐化和封建统治的黑暗残暴,歌颂自由的理性和求知的精神,要求思想解放和宽待异教。《神曲》在思想性和艺术性方面都达到了很高的水平。恩格斯说:"封建的中世纪的终结和现代资本主义纪元的开端,是以一位大人物为标志的。这位人物就是意大利人但丁,他是中世纪的最后一位诗人,同时又是新时代的最初一位诗人。"①

彼特拉克擅长十四行体的抒情诗。他的《歌集》歌颂了对恋人劳拉的爱情,摆脱了教会的禁欲主义的束缚,表现了人文主义者以个人幸福为中心的爱情观。彼特拉克反对意大利的割据状态,渴望祖国的统一。他还猛烈抨击罗马教廷,比之为"野蛮凶狠的庙堂"、"邪教徒的寺院"。彼得拉克创作的十四行诗成为欧洲诗歌中的一种重要体裁。

薄伽丘的代表作是短篇小说集《十日谈》。全书共包括100个故事,据作者说是佛罗伦萨的10名贵族青年男女因躲避黑死病到乡间别墅居住的10天内为了破除岑寂而讲的。故事中揭露和讽刺了天主教僧侣和封建贵族腐朽糜烂的生活,他们的卑鄙、虚伪和残暴,批判了封建社会的阶级不平等和男女不平等,赞美了现世生活和青年男女的爱情,描写了商人、手工业者的智慧和勇敢,反映了新兴市民阶级对禁欲主义的反抗。《十日谈》以其通俗的格调,传播了人文主义思想,有力地促进了欧洲小说的发展。

文艺复兴时期,意大利的艺术也充分表现了人文主义精神。乔托(1267—1337)是这一方面披荆斩棘的拓荒者。他第一个与神学思想支配下的艺术模式决裂,打破了中世纪的绘画传统,为近代现实主义绘画开辟了道路。帕多瓦的阿累那礼拜堂壁画是保存得最完整的乔托的作品,人物形象具有现实感,画面充满生气。他为佛罗伦萨金圣徒教堂绘制的《圣母像》,驰名至今,画面充满欢乐情调,圣母面容带有农家妇女的特征。乔托笔下的人物形象具有某种立体感,但从解剖学来看不够准确,色彩缺乏细致的层次,宗教气息仍很浓。这些缺陷很快地被意大利后起的艺术家们弥补了。鲍罗·马克塞洛创造了新的透视画原则。利用这个原则,意大利画家安托尼欧·波莱渥洛描绘出肌体逼真的男性裸体,给人以真实之美感。

15世纪早期,意大利在建筑方面也出现了大师。费利波·布鲁内列斯奇设计了圣·斯皮利托的大教堂的圆屋顶。列昂·阿尔贝蒂为一个富商装潢了桑他·玛利亚·诺威拉教会的正面建筑。阿尔贝蒂曾这样概括自己的工艺造诣:"所有的部分都达到和谐和协调的地步,增一分或减一分都只能造成损害。"

全盛期的文艺复兴

16世纪,意大利文艺复兴进入全盛时期。如果说14世纪意大利的文艺复兴只缺少了一个中心,而15世纪佛罗伦萨成为这样的中心的话,那么到16世纪初这个中心已转移

---

① 《马克思恩格斯选集》第1卷,人民出版社1995年版,第269页。

到罗马。这与教皇对于艺术的保护有很大关系。这个时期的教皇都热心于保护罗马帝国的遗迹,喜用壮丽的教堂及美轮美奂的宫殿来装点罗马城。为此,教会便不得不向世俗的爱好让步,向人文主义艺术家提供发挥才智的机会和条件。关于这点,19世纪英国的历史学家阿克顿勋爵写道:"意大利文艺复兴中的主要事实便是:[教皇与世俗的宗教批评者]之间的冲突是以容许新人的某种不敬神的精神进入僧侣统治集团为代价而得到避免。"

艺术家

全盛期文艺复兴的三位伟大代表都是艺术家,他们是达·芬奇、米开朗基罗和拉斐尔。

列奥纳多·达·芬奇(1452—1519)多才多艺,既是画家,又是数学家、力学家和工程师,身后留下了7 000多页手稿。达·芬奇绘画的代表作是壁画《最后的晚餐》。它取材于《新约》马太福音犹大出卖耶稣的传说,描绘了耶稣突然在餐桌上向门徒宣布"我实实在在告诉你们,你们之中有一个人要出卖我"这句话时各个门徒的姿态和表情。这幅画在构图和空间透视处理方面,可谓匠心独运。耶稣处于透视的焦点,自然成为统辖全画的中心人物。通过耶稣背后窗外景色的描绘,加强了画面的纵深感,处理光和影的技术臻于完美。达·芬奇的另一名作是肖像画《蒙娜·丽莎》。一个微有笑意的妇女端庄娴静,显示出一种自在、怡悦的心情。在运用明暗作为造型手段上,这幅画取得了很大的成功。

米开朗基罗(1475—1564)的成就标志着文艺复兴艺术的高峰。他一扫意大利宁静和精巧的艺术风格,所做雕像以豪放、刚健、雄伟的人体美为特征。他的大理石雕像《大卫》,塑造了一个舒展自如,昂然挺立,肌肉健实,巨人般的裸体青年形象,表现了古代英雄大卫即将投入战斗时的神情,以夸张的手法表现了大卫雄伟的体魄。后来,佛罗伦萨政府把大卫的雕像放在市政厅前,作为市民政治理想的象征。另一雕像《摩西》把一个古代犹太英雄塑造成半神半人的形象,表现出嫉恶如仇、无比英勇和刚强坚定的神态,被认为是近代雕刻的最高成就。米开朗基罗的绘画杰作有罗马西斯廷教堂天顶壁画《创世纪》和墙壁上的祭坛画《末日的审判》。《创世纪》包括9幅主体画,共塑造了300多个英雄式的人物,其中有的与《圣经》内容无关,表现了人的力量和善良,以及对邪恶势力的仇视。《末日的审判》也是取材于《圣经》,描绘世界末日来临时基督召集万民,善者升入天堂,恶者打入地狱的景象。全画共塑造了200多个巨人,均以现实生活中的人物为模特,表现了对人的讴歌的现实主义精神。

拉斐尔(1483—1520)是与米开朗基罗并世的著名画家和建筑家。他博采众家之长,融合了意大利艺术的精华,形成了秀美、典雅、和谐、明朗的艺术风格。他一生创作了300多幅作品,以所绘多幅圣母像为世著称,美术史上称为"画圣"。拉斐尔在他创作的几十幅圣母像中,以世俗的描写方法处理宗教题材,塑造的圣母纯朴善良、和蔼可亲,完全是欢乐的人间少妇形象,从而歌颂了普通女性的美，表现了世俗的理想。其中最著名的有《花园中的圣母》，以圣母侧身而坐，望着嬉戏的孩子为主要画面，线条柔和，形象优美。拉斐尔后期所绘祭坛画《西斯廷圣母》，以圣母怀抱天使降临人间为主题，表现了人民希望圣母下凡保护自己幸福生活的愿望。从1508年起，拉斐尔应教皇朱利叶斯二世的邀请，历时十年在梵蒂冈宫从事总名为《教廷成立及其巩固》的以教会史为题材的宏伟壁画创作。这批壁画分布在四个大厅，气势宏伟。其中《雅典学院》塑造了柏拉图、亚里士多德、苏格拉底、伊壁鸠鲁等古代著名哲学家聚集一堂进行讨论的场面。画的构图成功地运用了空间构成和透视的方法，画面协调集中，色彩丰富，为拉斐尔壁画中最优秀的作品。另一幅壁画《教义论争》（又称《圣礼之争》）描绘了出席圣礼仪式的各代教皇和高级僧侣。画为半圆形图，以两个弧形和远近法透视加深空间效果，画面层次分明，人物神采各异。拉斐尔对17和18世纪以后的古典主义产生了深远的影响。

　　如果对米开朗基罗和拉斐尔这两位艺术大师加以比较的话，拉斐尔的绘画不如米开朗基罗有深度，尽管它着色细腻，看起来很有魅力。两人各自所画的肖像也说明了这一点。拉斐尔肖像清晰的面庞，具有女性的阴柔美；米开朗基罗肖像的容貌带有皱纹，有凹凸不平的鼻子及表明意志坚定的颚部，表现出一个撼人心弦的，甚至是使人望而生畏的头部形象。米开朗基罗的全部作品都宏伟富丽，在构思及技巧上都是无疵可寻的，从而是崇高的、感人的。因此，他不愧为文艺复兴时期最伟大的、最有创造力的艺术大师。拉斐尔与他相比稍逊一筹。

　　提香（1490—1576）是另一与米开朗基罗并世的画家，也是文艺复兴时期威尼斯画派的杰出代表。这一画派崇尚色彩，而把线条放在次要的地位。提香是多产画家，一生创作了1 000多幅作品。《圣母升天》是他最有名的宗教画，全画分上、中、下三部分，描绘在众多教徒目睹下上帝和天使迎接圣母升天的奇迹。画中没有任何神秘色彩，圣母酷似一个世俗妇女，洋溢着人生欢乐的情调。16世纪20至30年代，提香在一系列以裸体女神的题材的作品中，表达了反对禁欲主义，歌颂人的内心美和女性美的特点，体现了人文主义精神。但由于这个时期提香主要是为上流社会创作，作品中享乐主义成分有所增长。

政治思想家

文艺复兴时期的意大利在政治思想上也大放异彩。16世纪是西欧封建主义开始瓦解和资本主义生产关系发展的时期，同时也是欧洲封建国家解体和民族国家形成的时期。君主专制政体在欧洲许多国家普遍出现，国家权力在一些国家高度地集中于君主之手。欧洲政治生活发生的这些变化必然地在政治思想领域内明显地反映出来。在意大利，马基雅维里的政治思想就反映了这个政治现实。

　　马基雅维里（1469—1527）出生在佛罗伦萨的一个律师家庭。他曾参加推翻美第奇家族的专制统治的起义。起义胜利后，他在新成立的佛罗伦萨共和政府中供职。1512年,美第奇家族重新上台掌政。他被逮捕,不久获释,乃归隐乡下,以著述自娱。他的名著《君主论》就是在1513年写就的。

《君主论》主要论为君之道,君主应具备哪些本领和条件,应该如何夺取政权和巩固政权。马基雅维里特别重视权术,主张一个君主为了达到自己的目的,可以不择手段,即使背信弃义,也在所不惜。他认为,争雄的办法有两种:一种是遵循法律,另一种是凭借暴力。前者是人的方法,后者是兽的方法。为君者必须二者兼擅。既然君主不能不懂得如何行若野兽,他就得效法狐狸和狮子,"既是能识别陷阱的狐狸,又是能威慑豺狼的狮子"。最能效法狐狸的人,得到最大的胜利。但人君的狐狸性格应巧妙地伪装起来,让臣民以为他具有种种美德。

在马基雅维里看来,政治归根结底是力量问题。为了达到某种政治目的,力量是不可缺少的。他说,即使你认为正义的一方真的战胜,那也是因为这一方拥有优势力量。他还认为在外交上也应该依靠实力,没有必要遵守信义和诺言。

他直言不讳地否认在政治上讲求道德。他举例说,伐伦丁诺公爵派一个残暴的官员去治理罗曼那,这个官员用严刑峻法恢复了全境的秩序。但后来公爵认为目的已经达到,为了平息人民的不满,便诿过于这个官员,把他处死,并暴尸于市场之上。

马基雅维里在《君主论》里把"强权政治"的理论发挥得淋漓尽致,把"道德"完全排除于政治之外。这与中国战国时代的韩非的法家理论相比,在反映时代的政治要求上真可谓异曲同工。韩非著书立论是为了韩国能在战国争雄中达到富国强兵的目的。马基雅维里著《君主论》之时,意大利正处于分裂状态,教会权力又凌驾于世俗政权之上,人们普遍要求在一个强有力的君主的领导下实现意大利的统一。然而,马基雅维里提倡政治权术及强权政治,在书中把资产阶级政治上贪婪、残暴的谋略暴露得淋漓尽致。

比马基雅维里稍晚的另一位意大利政治思想家是早期空想社会主义者康帕内拉。康帕内拉(1568—1639)出身于贫苦农民家庭,长期在修道院工作。1598年他组织了反对西班牙政治的秘密人民起义,因此被捕入狱,受尽酷刑。他在狱中写成《太阳城》一书,构想了空想社会主义制度。康帕内拉同莫尔一样,认为私有财产是一切社会邪恶的根源,必须彻底废除。书中的太阳城居民实行普遍的义务劳动,一切产品和财富均为公有,由公职人员分配。太阳城20岁以上的公民出席每月举行的民众大会,在会上每个人可以对国家官员的工作进行批评,大会有权提名和更换国家一般官员。太阳城的领导人是最高宗教祭司,称"太阳",是德才最高的人,为终生任职,由他指定接班人。《太阳城》提出劳动光荣,教育与劳动相结合的思想,主张对儿童进行普遍的社会教育,对全体人民进行严格的军事训练,以戒备敌人,保卫国家。但是,太阳城中民主制原则推行得不彻底,居民仍迷信宗教,相信灵魂不灭,实行人祭制度和公妻制,这些是康帕内拉学说中的糟粕。

二、西欧诸国的文艺复兴

15世纪后期,从意大利开始的文艺复兴运动逐渐传播到德国、英国、法国、西班牙、尼德兰等其他西欧国家。

伊拉斯谟 出生于鹿特丹的伊拉斯谟(1466—1536)是阿尔卑斯山以北富有影响的人文主义者。他精通希腊、拉丁古籍,但他不单单是一位古典学者,他的目的是以古典著作为津梁,去发掘圣经原文的本义及基督教的原始教义。他发现基督教的原始教义为中世纪的经院学者们曲解了,在教会的腐化中湮没了。伊拉斯谟编订的希腊文本《新约》圣经及其拉丁文新译,揭示并纠正了教会通用拉丁文本圣经中的许多错误,这就严重打击了教会解释教义的权威,在人们的思想上产生了深远影响。

1509年,伊拉斯谟写下了传世名作《愚颂》。他采用讽刺的手法,把"愚蠢"人格化,假"愚蠢"之口,对国王、教皇、主教、僧侣等的愚昧无知、贪婪欺诈、荒淫无耻进行了辛辣的嘲讽。他把那些自负的神学家,描写为满口尽讲些"污秽和野蛮的隐语切口并胡言乱语"的人,而僧侣们则是一些目不识丁的自封的"虔信者"。"当他们在教堂中像驴叫似地高声朗诵圣诗时,他们只记住它的词句,并不理解其意义,但是他们以为他们正是把最滑润的香油涂抹于上帝的耳上了。"《愚颂》对教会黑暗的揭露,有力地促进了路德派的宗教改革。

人文主义作家 在英、法、西班牙诸国的文艺复兴中,还产生了一批杰出的人文主义作家。

英国最早的人文主义作家是乔叟(1342—1400),他是英国资产阶级文学的先驱。乔叟出身于富有的市民家庭,主要作品为《坎特伯雷故事集》(1387—1400)。他以一批从伦敦到坎特伯雷去朝圣的香客的旅行为线索,写成24个短篇故事。这批香客中有骑士、侍从、地主、自耕农、贫苦农民、僧侣、修女、市民、商人、海员、大学生和手工业者等。作品生动地描写了他们的外表、举止和精神面貌,是14世纪英国社会的画卷。故事取材于民间传记和口头文学、骑士文学和宗教文学,有很大一部分以爱情和婚姻为题材。乔叟否定骑士式爱情,反对买卖婚姻,主张夫妻互敬互爱。故事讽刺了僧侣的虚伪,揭露教会对人民的压迫和金钱的罪恶,暴露了封建阶级尤其是教会的腐败,体现了反封建倾向和人文主义思想。乔叟的作品反映了市民的立场和情感,在人物塑造、叙事和语言运用等方面都表现了现实主义精神。他运用伦敦方言来写作,语言生动活泼,是英语的奠基人之一。

文艺复兴时期英国文学以戏剧的成就为最大。16世纪末,英国产生了几十个有成就的剧作家,其中以莎士比亚(1564—1616)最为杰出。莎士比亚出生于英格兰斯特拉福镇一个富裕市民家庭,20多岁来到伦敦,开始舞台演出和创作生活。他在20多年时间里写作了37个剧本、2首长诗和154首十四行诗。莎士比亚的剧作展示了16世纪至17世纪初广阔的社会景观,表现了社会各个阶层的世态。莎士比亚前后期作品的基调有所差别。17世纪开始前他的作品基调是乐观的,所写9部历史剧反映了英国民族国家的形成过程,表达了反对封建割据、拥护中央集权的君主专制制度,希望实现开明君主统治。这个时期的悲、喜剧更多地表现了人文主义者的理想。以"爱征服一切"为主题,悲剧《罗密欧与朱丽叶》反映了爱情理想与封建偏见的冲突,赞美了青年纯真的爱情。《威尼斯商人》则描写了旧式高利贷商人与新兴工商业资本家之间的矛盾。1601年至1607年为莎士比亚创作最辉煌的时期。这个时期英国王权同资产阶级的关系已趋于紧张,资产阶级受到封建势力压迫,但尚不成熟,表现出软弱性。这个时期莎士比亚作品以悲剧为主,是封建社会后期激烈的阶级斗争的反映,表现了人文主义理想与社会现实之间的矛盾。剧作《哈姆莱特》以12世纪丹麦史的一个复仇故事为主题。在悲剧的中心人物哈姆莱特身上注入了作者人文主义的理想,塑造了一个热爱人民也为人民爱戴的形象。作品揭露宫廷的仇杀,指出这是一个"整个时代脱榫"的问题,整个世界成了一座监狱,纵有重整乾坤的愿望,但已力不从心。这样一种悲剧的结局反映了人文主义者本身具有的软弱性。《李尔王》则描写了人文主义者向往的真正的爱、真诚理性和社会正义与权威的矛盾。

莎士比亚的十四行诗大都是写给他一个理想的情人的。他在表达爱情中流露出肯定生活,要求个性解放的反封建的资产阶级情感。莎士比亚的十四行诗在文体上比彼特拉克前进了一步,改变了意大利的格式,按四、四、四、二编排,发展了十四行诗这一外来形式。

法国作家拉伯雷(1494—1553)写有长篇小说《巨人传》共5部,1532年以后陆续出版。小说以法国民间故事中的高朗古杰、高康大和庞大固埃祖孙三代巨人国王为主角,通过描写他们游历的故事,用浪漫主义和极其夸张的手法来塑造这三位巨人,表现人文主义的理想。拉伯雷批判蒙昧主义和禁欲主义,抨击教会靠"人类的罪过"过活,嘲笑愚昧无知的僧侣全然不懂自己所诵念的经文。拉伯雷主张个性解放,通过教育解放人的力量,依靠知识巨人改造现实社会。《巨人传》在一定意义上也是教育史上的一部重要著作,它表述了新兴资产阶级的教育思想和原则。

塞万提斯(1547—1616)是文艺复兴时期西班牙杰出的现实主义作家,出身于没落贵族家庭,社会经历复杂。代表作为长篇小说《唐吉诃德》,以虚构的穷乡绅唐吉诃德和他的侍从桑丘·潘沙的游侠史,反映了16至17世纪初西班牙社会生活的各个方面。小说的主人公唐吉诃德是一个矛盾复杂的人物,梦想要按已经消逝的骑士传统行事,荒唐的行为却往往出于善良的动机。他自诩做骑士就应当侠义为怀,应当锄强扶弱。但当他奋全身之勇,横矛猛击,受其冲击的却只是臆想的而非现实的敌人。骑士制度已经过时,他却要坚守这个制度下骑士立身的准则,这就是唐吉诃德的悲剧。正是由于这样的悲剧,唐吉诃德的形象也就成为文学上一个理想脱离现实、落后于历史的典型概括。

政治思想家

西欧诸国文艺复兴中出现的重要政治思想家有博丹和莫尔。

博丹(1530—1596)是法国资产阶级政治思想家。他毕业于图鲁士大学,曾任省议会议员和三级会议中第三等级的代表,著有《国家论》(6卷)。他系统地提出了关于国家主权的理论,认为国家起源于家庭,众多的家庭为了共同的利益和防卫需要而最终结合起来,共同接受一个主权,即国家。他给国家下的定义是:"国家是主权力量对无数家庭及共同事务的公正处理",国家是民族利益的集合整体。他认为主权是国家最本质的特征,"主权是一个国家绝对的和客观的权力",主权不能分割,它具有不可转让性和永久性,凌驾于其他权力之上。在博丹的国家理论中,国家主权是作为一种脱离社会并凌驾于社会之上的统治力量而出现的。国家主权包括不经任何人同意颁布法律的权力,宣战、媾和与缔约的权力,赦免权以及官吏任命权。这种国家权力既与统治者的权力相区别,也与臣民的权力相区别。这样,国家概念完全抽象化了。他认为政权可以通过不同形式来建立,它可以属于国王和一院制议会,也可以属于国王和两院制议会。博丹把法治的原则纳入国家定义中,认为国家应按法律来治理。他认为主权只是在国家政权活动范围内才是无限制的,它不适用于那些由神祇法和自然法,以及私有财产决定的先于国家存在的关系。博丹的政治思想包含有反封建主义的内容,他在强调君主拥有一切权力的同时,又附带说明君主的权力是有限制的。博丹的国家主权思想反映了欧洲民族国家正在形成的现实。

16世纪的欧洲除了资产阶级政治思想外,还出现了最早批判和否定资本主义制度的政治学说,这便是以莫尔为代表的空想社会主义学说。

托马斯·莫尔(1478—1535)出生于伦敦富裕市民家庭,就学于牛津大学,后入林肯法学院。早年以律师为职业,后被选入议会下院。1510年担任伦敦市的副执行官,和人文主义者伊拉斯谟是挚友,受后者思想影响甚深。莫尔的代表作为《乌托邦》(1515年)。他在书中批判了英国现行的政治和社会制度,认为"它们不过是富人假借国家的名义并在国家的招牌之下,为追逐一己私利而进行的某种阴谋而已。"又全面批判了当代社会的种种弊端,认为私有财产是产生这些弊端的根源,而法律保护富人的利益,与正义毫无共同之处。莫尔在书中描绘了理想的社会制度"乌托邦"。乌托邦中实行生产资料公有,一切人都必须参加体力劳动,劳动时间不长,但可以保证得到一切必需品。社会实行民主政治,所有的公职人员都由人民选举产生,他们是人民的公仆,应当为人民利益工作并向人民报告工作。国家元首也由选举产生,重大问题由乌托邦全体居民讨论。这种社会结构的优点可以使居民具有崇高的道德品质,国家只需要很少的法律。莫尔同情劳动群众,在书中批判了封建社会和资本主义社会的罪恶,在思想史上第一次设想了共产主义蓝图。他成为空想社会主义的奠基人,却找不到实现这种理想的社会阶级力量和现实的途径。莫尔博学多才,1518年以后深受亨利八世的重任,先后担任了枢密顾问官、财政副大臣、下院议长和大法官。后因宗教改革问题与亨利八世发生严重分歧,被处死刑。

三、文艺复兴时期的科学

近代世界与古代和中世纪世界的重要区别之一,便是科学的重大作用。可以说,没有科学,便没有近代的世界。而科学就是在文艺复兴时期奠定基础的。

科学,特别是自然科学的发展,是人文主义精神的重要表现。因为人文主义意味着重视现世,重视发挥人的创造力,重视探索,重视实验科学。

中世纪的学者们把自己关在哲学神学的象牙之塔里,很少关心自然界和科学实验。他们只是把依靠抽象推理得出来的理论看做真理,而不管它与客观事实如何矛盾。这种倾向妨碍了自然科学的发展。但是中世纪的经院哲学有助于锻炼人的思维能力,客观上为16、17世纪自然科学的发展准备了条件。这正如P.S.艾伦所指出的,"在它的伟大的大师大阿尔伯特和托马斯·阿奎那下面,经院哲学被锻炼成一个能够理解一切知识和表现每一种精美的思想的工具;……而且,创造这个工具的头脑敏锐的人们,只要把他们的探讨延伸到自然科学,就会轻而易举地在几个世纪前就预料到近代的发现"。

天文学 这个时期天文学有了重大的发展。中世纪以来为人们所公认的是托勒密的理论:地球居中央不动,日月星辰都围绕地球运行。首先推翻这个理论的便是哥白尼。

哥白尼(1473—1543),是一位波兰教士。他在年轻的时候旅居意大利,接受了文艺复兴气氛的熏陶。他对天文学甚感兴趣,孜孜不倦地从事天文学研究。他很早就相信太阳处在宇宙中央,而地球则作双重运动,即每天自转一周和每年绕太阳公转,但他迟迟不肯公开发表。他终于在他的主要著作《天体运行论》中公开了这个理论,但是这部著作在他逝世那一年(1543)才出版。

哥白尼的这个发现引起了教会人士的震动,甚至新教领袖路德和加尔文也起来反对他。

在哥白尼逝世后,丹麦的天文学家泰寇·布剌(1546—1601)提出了折衷的观点,他在1577年宣称:太阳和月亮都环绕地球运行,但是各行星都环绕太阳运行。不过,他也作出了积极的贡献:他根据天文观测,发现了777个恒星,制定了一个恒星表。他也发现了一个新的彗星,从而推翻了托勒密的旧的宇宙观,因为这个彗星运行的轨道,正穿过了托勒密认为是不可能穿透的透明的水晶天体。他观察所得的资料,成为开普勒研究的根据。

开普勒(1571—1630)是德意志的学者,他本来是一位数学家,曾试图发现某种数学公式,借以解释自然界形形色色的现象,结果失败了。但是他靠锲而不舍的毅力,在天文学上却取得伟大成就。他在1609年发现了一条重要规律:行星沿椭圆轨道绕太阳运行,太阳居这个椭圆的一个焦点上。他发现的这一条规律纠正了哥白尼的不甚确切的理论,因为哥白尼认为行星是沿圆形轨道运行的。开普勒还发现物体围绕运转的那个中心,是一个物体,而不是一个空间点。

继承哥白尼和开普勒的理论并且加以发扬光大的便是意大利的伟大的科学家伽利略(1564—1642)。他接受了太阳中心体系,并且在这个基础上。通过观察和推论,在天文学和动力学方面完成了重要的发现。他在帕多瓦大学从事教学多年,颇受学生欢迎,讲课每有人满之患,学校特意为他提供设有2 000个座位的大教室。他兢兢业业地从事科学研究工作,1609年他自制了一个望远镜,借助于这个望远镜他发现了银河是千千万万颗单个的星球集合成的。他观察到金星的周期性的盈亏现象。这种现象哥白尼曾推论出来过,但是只有伽利略通过观察证实了它。伽利略也观察到月球及其他星辰的表面形态及斑点。伽利略之所以能够作出如上的观察,完全依靠他所制造的望远镜。这种望远镜是荷兰人李伯希在1608年发明的。

天文学上的这些新发现和新理论,促使关于人类在宇宙中的地位的观念发生了变化。在中世纪,人们普遍认为地球是宇宙的中心,而人类又是地球的主人,宇宙万物都是为了人类生活这个"目的"而由上帝创造出来的。但是,到哥白尼、开普勒和伽利略时代,天文学的新发现证明地球不过是围绕太阳运行的一颗小小的卫星,在无限大的宇宙空间,地球不过是沧海中之一粟,这就使生活在地球上的人类显得渺小多了。因此,"目的论"也就没有存在的余地了。这一点看来会有伤人类的自尊心,但是实际上却产生相反的效果,因为科学的辉煌成果,使人的自尊心复活了。

其他自然科学

在文艺复兴时期,解剖学也有很大的进展。比利时医生维萨里(1514—1564)是近代解剖学的奠基人,他多年从事人的尸体解剖,根据解剖详细记载了人体构造,纠正了古希腊学者盖伦解剖学中的许多错误,对于近代医学科学的发展起了很大的作用。17世纪初西班牙神学家塞维塔斯第一次发现了心肺之间的血液循环。但是,只有英国人哈维才创造了比较完善的血液循环的理论(1628年)。他根据实验研究,证实了动物体内的血液循环现象,阐明了心脏在血液循环中的作用:由于心脏的压力,血液才沿动脉流向全身,再沿静脉返回心脏,川流不息。

在其他科学方面也有了重大成果。吉尔伯特（1540—1603）在1600年发表了论磁体的巨著。雷文胡克（1632—1723）发现精细胞，又发现原生动物，即单细胞有机体，甚至发现了细菌。

数学也有重要发展。第一篇代数论文在1494年问世。1505年欧几里得几何学的拉丁文译本出现。魏德曼发明了正负符号。更重要的是卡丹在代数和几何学上作出的贡献。他的"Ars Magna"（伟大的艺术）在1545年问世，它首先讨论了三次方程式、四次方程式。维尔特和斯泰文两人首先使用小数点。

科学思想家

在自然科学发展的同时，也产生了几位卓越的科学思想家。

布鲁诺（1548—1600）是意大利唯物论和无神论者，是反对宗教蒙昧主义的伟大思想家。他早年攻读神学，获神学博士学位，后来接受了唯物主义思想和哥白尼的太阳中心说，怀疑基督教教义，因而被革除教籍，在瑞士、法国、英国和德国到处宣传唯物主义世界观。1593年他为宗教裁判所逮捕，1600年被活活烧死在罗马鲜花广场。布鲁诺热情地阐述和捍卫哥白尼的学说，提出宇宙无限性和统一性的新理论，认为宇宙无论在时间上还是空间上都是无限的，没有固定的中心，也没有界限。他提出了太阳和恒星绕轴运转的猜测。他认为真正的哲学应当依据科学的实验，抛弃经院哲学中那些僵死的定义，重视经验知识。布鲁诺有辩证法思想，他认为最大和最小是对立的统一。他强调物质和形式不可分割以及物质的不可创造性。但他没有彻底抛弃神的概念，相信自然界普遍存在灵魂的泛神论。

弗兰西斯·培根（1561—1626）是近代归纳法的创始人。他23岁就当选为英国下院议员，1617年任掌玺大臣，1618年当了大法官。晚年他专心致志从事著述。培根的重要著作有《崇学论》和《新工具》。他特别重视知识，说过"知识就是力量"的名言，认为人类借助科学发现和发明，就有驾驭自然的力量。他反对唯心主义和经院哲学，认为世界是物质的，由分子构成，并且是有规律地运动着的。但是同时他又提出"二重真理"论，把真理分成理性真理和启示真理，主张作为理性真理的科学与作为启示真理的神学互不干扰，这反映了他的唯物主义的不彻底性。

作为研究自然科学的方法，培根提出了归纳法。古代及中世纪的大多数学者在研究工作中采用了亚里士多德的方法。即演绎法。演绎法就是从一般到特殊的推理方法。以某种普遍原则作为前提，然后通过逻辑推理从这个前提引申出结论。滥用演绎法妨碍了科学的创造发明。培根提倡的归纳法，要求在制定一种普遍原理之前，必须小心认真地观察事实，然后从观察所得的材料中归纳出一条原则。培根的归纳法可以成为演绎法的重要补充，从而使科学方法臻于完善。

但是，培根瞧不起演绎法，也轻视数学，大概他以为数学的实验性较差。实际上，演绎法在科学工作中也有其重要作用。当一个假说必须验证时，从这个假说到某个能由观察来验证的结论，往往有一段漫长的演绎程序。这种演绎通常是数理推演，所以培根之低估演绎法和数学的作用，是错误的。

而且，培根的归纳法，由于对于假说的不够重视，也带有缺点。在培根看来，只是把观察所得的资料加以系统整理，正确的假说就会轻而易举地产生出来，但是事实上很难做到。一般来说，构想出假说，是科学工作中最难的部分。通常，有某种假说是搜集事实的必要的先决条件，因为在对事实的选择上，要求有某种方法确定事实是否与论题有关。离开这种东西，单单一大堆事实，会让人束手无策。

但是，不管怎样，培根的归纳法在科学史上占有重要地位。

勒内·笛卡儿（1596—1650）是法国人，他既是哲学家，又是物理学家、数学家和生理学家。他曾经在尼德兰、巴伐利亚、匈牙利的军队中服务，并且作为巴伐利亚的雇佣军参加过三十年战争。他善于思考和求索。他强调科学的目的在于"造福人类"，使人成为自然界的"主人和统治者"。他反对经院哲学，主张怀疑一切。但是他提出"我思故我在"的原则，认为不能怀疑以"思维"为其属性的、独立的"精神实体"的存在，并且论证了以"广延"为其属性的、独立的"物质实体"的存在。他主张以上两种实体都是"有限实体"，并且把二者并列，这说明在本体论上他是一个典型的二元论者。而且他还证明"无限实体"即上帝的存在，认为上帝是"有限实体"的创造者和终极的原因。但是，他终生坚持相信科学不应该依据于书本，而应依据对于事实的观察。他指着他即将解剖的一筐兔子告诉一位访问者说："这里便是我的书籍"。他的两部著作《方法论》（1637年）和《哲学原理》（1644年）阐明了科学方法。他继承和发扬了培根的理论，着重指出：只有依靠实验，才能取得新的知识。他指出：如果想了解人体的构造，不应该相信希波克拉底或其他希腊权威所说的话，而应该把兔子加以解剖，并且亲自用眼睛观察心脏和肺在什么地方。观察和思考是他提出来的新的科学方法的两大原则。

文艺复兴的历史意义

如果说地理大发现是人类向未知的物质世界的进军的话，那么文艺复兴则是人类向未知的精神世界的进军，是在精神世界中进行的探索。这个探索在文学、艺术、政治思想及自然科学领域内创造了丰硕的成果。

文艺复兴的重大历史意义在于它促使欧洲人从以神为中心过渡到以人为中心，在于唤起人的觉醒，使人们把关注的重点从来世转移到现世。它唤醒了人们的积极进取的精神、创造精神以及科学实验的精神，从而在精神方面为资本主义制度的确立开辟了道路。

必须看到,文艺复兴之所以发挥这样重大的作用,也是与欧洲印刷术的进步分不开的。大约在1450年左右,德意志的美因兹人约翰·古腾堡开始用活字版印刷书籍。1465年,另外两个德意志人瑞因海姆和帕纳兹在意大利创办一家活字版印刷厂。1470年还有三个德意志人在法国的索尔本建成一个活字版印刷厂。活字版印刷术在1477年传到伦敦,在1499年又传到马德里。在欧洲最早使用活字印刷术的是德意志人。但是活字版印刷术的发明权应该属于中国。据宋人沈括的《梦溪笔谈》记载,毕昇在宋代庆历年间发明活字排版,活字可以多次使用,既经济,又方便。显而易见,德意志的活字版印刷术是从中国传去的,尽管西方书刊一般对此避而不谈。采用活字版印刷术,既可以大量印书,又可以降低书价,对于普及文艺复兴时期的作品起了巨大作用。

文艺复兴在欧洲产生了不可忽视的重大影响,它在欧洲历史发展中占有重要地位。

第一,它把人们主要是有教养的人们从中世纪的基督教神学的桎梏下解放出来,发扬了为创造现世的幸福而奋斗的乐观进取的精神。资产阶级正是在这种精神的指引下创造近代资本主义世界的。

第二,虽然文艺复兴在哲学上成就不大,但是它摧毁了僵化死板的经院哲学体系,提倡科学方法和科学实验,这就为17、18及19世纪的自然科学的大发展打下了基础。

第三,文艺复兴时期创造出来的富有魅力的精湛的艺术品及文学杰作,成为人类艺术宝库中的无价瑰宝,永放光芒。

第四,文艺复兴为以后的思想进步扫清了道路。它之打破经院哲学的统一局面,使各种世俗哲学兴起,其中有英国的经验论唯物主义。它也推动了政治学说的发展,为后来的"自然权利学说"、"社会契约论"、"人民主权"以及"三权分立"等学说的产生提供了思想渊源。

然而,文艺复兴也不免有一些缺陷。首先,这个时期的艺术家、文人和学者们虽然大力表现和发扬人文主义精神,认识和揭露天主教会和教皇的腐朽、罪恶,但是他们还是乐于接受教皇及教会的保护和豢养,对教会势力抱和解的态度,而不愿走上宗教改革的道路。其次,大多数人文主义者把在古代受到维护的那些迷信落后的东西保留下来,如魔法、巫术和占星术等等。

第三节 宗教改革

一、宗教改革的背景

16世纪首先在德国爆发,随后迅速席卷西欧的宗教改革是一次大规模的、意义深刻的社会政治运动。它由新兴资产阶级所发动,得到广大农民和城市平民强有力的响应,个别国家的君主大力扶持,部分下级贵族也积极投入,对封建的天主教会展开了猛烈的冲击,促使天主教会发生分裂,涌现了反映资产阶级要求的基督教新教派。中世纪西欧的罗马天主教会是封建主阶级的精神统治工具,它给封建制度披上了神圣的外衣,为封建统治辩护;天主教会也是各国最有势力的封建领主,它拥有天主教世界地产的1/3;教会还是各国的特权组织,成了西欧国家实现政治统一的障碍。因此,"要想把每个国家的世俗的封建制度成功地各个击破,就必须先摧毁它的这个神圣的中心组织。"①16世纪的宗教改革实质上是早期资产阶级的反封建斗争,它为西欧资本主义因素的进一步发展开辟了道路。

天主教会的精神统治和"异端"分子的挑战

恩格斯指出:"中世纪的历史只知道一种形式的意识形态,即宗教和神学。"②这是针对西欧的情况作出的结论。中世纪西欧的整个文化思想领域受天主教的神学思想统治,以资产阶级为首的广大群众要求冲破封建神学思想体系的束缚,获得解放,这是16世纪宗教改革发生的根本原因。

基督教信仰的核心是"原罪"和"灵魂救赎"。所谓"原罪"就是认为人类的祖先犯了罪,人一生下来就有罪,是带着罪到这个世界上来的。由于人有罪,在基督教的原始教义中宣传说,是救世主耶稣的流血牺牲,才在上帝面前替人赎了罪,凡是信仰上帝,跟随耶稣的都能得救,获得死后永生。这种原始教义经过历代神学家的延伸和发挥,逐渐发展成为中世纪的天主教神学体系。在灵魂救赎的问题上,新约《圣经》记载的使徒保罗的"因信称义",强调个人内心信仰的作用,后来的神学家在个人信仰之外,又加上了参加神圣的宗教礼仪和行"善功",即所谓的"圣礼得救"、"善功赎罪"。圣礼有七种,又称七件圣事,其中最重要的是"洗礼"、"忏悔礼"和"圣餐礼"。"洗礼"是为洗刷掉人们生前所犯的罪过;"忏悔礼"是为使犯了罪而又愿意悔悟的人得到赦免;"圣餐礼"是共同吃面饼和喝葡萄酒,作为吃喝耶稣的身体和血液而和耶稣基督连成一体。至于"善功",其内容可以由教会作任何解释,13世纪最著名的神学家托马斯·阿奎那将善功论发展完善,规定为三个内容,即遵守《圣经》上记载的十条诫命;接受新约《福音书》上所说的基督的"劝勉",实行禁欲,过贫穷和独身的生活;履行"圣礼",它是使人获得上帝恩典的有效途径。人没有自救的能力,必须依靠上帝的恩典,如果没有上帝的恩典,绝无得救的可能。"圣礼"是把上帝的恩典传授给人们的必不可少的媒介。而"圣礼"是必须由教士主持的,天主教会把"圣礼"说得越神

---

① 《马克思恩格斯选集》第3卷,人民出版社1995年版,第705页。
② 《马克思恩格斯选集》第4卷,人民出版社1995年版,第235页。

圣、越重要,教会在拯救人的灵魂上作用就越大,教徒也随之越受教会的支配。中世纪西欧天主教会的权威就是靠帮助人们拯救灵魂而树立起来的。

中世纪西欧的天主教国家几乎人人信教,都是天主教徒,只有占人口极少数的犹太人除外。因此每个人从生到死都和天主教会发生密切关系,思想和行动都受教会的监督和支配。天主教会对广大群众施行了严密的精神统治。在一定意义上说,这种精神统治甚至比公开的政治统治还要厉害,它是一种潜在的、无形的压迫,使群众不知不觉地屈服于教会的权威,它甚至会置人于死地。

因此,天主教的神学思想常常遇到来自反对天主教正统教义的"异端"分子的攻击,首先发起挑战的是城市市民,而后是新兴的资产阶级,他们先后成为群众反对封建神学体系和教会的先锋。市民的挑战突出表现为12、13世纪法国南部的阿尔比派"异端"、14世纪英国的威克里夫运动和15世纪捷克的胡司运动。阿尔比派异端攻击天主教会组织,反对天主教的某些教义和仪式,不信来世,不信神职人员的权威。威克里夫也不承认神甫是教徒与上帝之间的中介,坚持《圣经》具有最高权威,是信仰的源泉,拒绝接受酒、饼是基督血肉之躯的化体说,并且提倡教士结婚等,得到市民的热烈支持,起来与教会对抗。威克里夫的许多主张后来传到捷克,被胡司所接受,广泛宣传,掀起了反教会的斗争。虽然"异端"分子都遭到无情的镇压,但是他们的活动产生了很大的影响,为16世纪的宗教改革作了准备。

罗马教廷的控制和各国实现教会民族化的开始

在西欧封建制度鼎盛时期,天主教会是巨大的国际中心,是封建统治的堡垒,它是凌驾于各国君主之上的权力,当统一的民族国家形成时,世俗君主和人民群众同教会的冲突便不可避免。

中世纪天主教会的最高统治机构是罗马教廷,由住在罗马的部分枢机主教、教士和法学家组成。它的首脑——教皇掌握行政大权,他颁布的命令任何人不得驳回,大主教、主教等神职由他任免,僧侣也归他管辖。最高立法机关是总委员会,在教皇的监督下制定教规,教规只有通过教皇批准才能生效。教皇还掌握了天主教世界的财权,各国教会每年要把收入的一部分上缴罗马教廷,供教皇支配,教皇领地的收入自然也归他掌管。教皇还是天主教世界的最高法官,接受各地的上诉,是各国之间纠纷的仲裁人。为了对付"异端"分子,教皇成立了"异端裁判所",分布在法国、意大利、西班牙等国,尤其是西班牙的异端裁判所以残酷镇压反对者闻名于世。

西欧各国的天主教会都直接受罗马教廷支配,是"国中之国"。大主教、主教、神甫和僧侣都不受当地政府管辖,拒绝向世俗政权效忠。教会的财产又享受免税特权。各国天主教会还设立法庭,不但审判犯罪的教士,而且也审理世俗教徒的某些案件。教皇有权向各国派出特使,以监督他的训令在各国执行的情况。

13世纪,当教皇的权势发展到顶峰时,他甚至可以肆意干涉各国的内政,可以为神圣罗马皇帝加冕,可以将皇帝或国王放逐,并且可以解除一国臣民对该国君主的效忠誓约,如果他认为某国的法律损害天主教会的利益,他也可以宣布该项法律无效,禁止人们服从。

但是,14、15世纪情况发生了变化,西欧的英、法、西班牙等国在城市经济发展、市民阶级成长的基础上先后形成为统一的民族国家。每一个民族国家都以共同的语言、共同的文字和共同的民族意识为其特色,并且出现以专制君主为核心加强中央集权的趋势。德意志虽然尚未统一为一个民族国家,它分裂成许多诸侯国,但是一些大诸侯国也都建立了君主制度,向集权的方向发展。在这种情况下,独立于世俗政权之外的天主教会就成为中央集权发展道路上的严重障碍,把教会置于王权的控制之下已成为时代的要求。这时的罗马教皇的权力在经历了"阿维农的囚禁"(在1307—1378年期间,教皇均为法国人,受法王控制,教廷被迫迁到法国南部的阿维农城)和"天主教会大分裂"(1378—1417)之后,逐渐走向衰落,就在教皇权衰落的同时,西欧各国开始摆脱教廷的控制,以实现教会的民族化。

14世纪中叶,英国颁布了教职选举规章和"王权侵害罪法",前者规定英国教士的选举不受教皇干涉,概由本国解决,后者则禁止人们把司法案件从英国带到罗马教廷上诉,否则按侵害王权罪论处。法国在15世纪中叶颁布了"实利准许法"等法规,在任命教职、解决司法纠纷和征税三个问题上限制教皇的权力。1516年法国国王同教皇缔结的"波伦亚协定"更明确地规定,国王有权任命本国教会的高级教职,有权向教士征税,只允许教皇保留在法国征收年捐的权利。西班牙国王斐迪南(1479—1516)于1482年通过同教皇签订的一项协定,夺取了高级教职的任命权;接着又以法令规定本国教会的法规必须得到国王批准才能颁布和执行;同时宣布教士也要纳税,剥夺了教会的免税特权。西欧国家为了彻底排除外来势力的干涉,建立完全独立的民族教会,必定会同罗马教廷展开更加深入的斗争。

教会的腐败、搜刮和群众不满情绪的增长

天主教会的腐败和搜刮,引起各阶级阶层的强烈不满,这是16世纪宗教改革爆发的直接原因。

中世纪西欧天主教会是一个庞大的经济实体,它拥有大量地产,是大大小小的封建剥削者中最大的一个,它向农民收取高额的封建地租。教会又向广大居民征收什一税。此外还有其他的苛捐,如赦罪费、法庭诉讼费等等。更有甚者罗马教会还利用权势和宗教迷信肆意敲诈,例如出卖赎罪券。1476年教皇颁布了一个法规,把购买赎罪券以帮助已死的亲人拯救在炼狱里的灵魂定为信条,为出卖赎罪券这种欺诈行为大开方便之门;又如提倡崇拜圣物,使展览和出卖圣物成

为一种勒索的手段;再如鬻卖神职、行贿受贿,这也是教廷发财致富的重要途径。买卖圣职的现象在教会中始终存在,16世纪达到了肆无忌惮的地步,设官不是为了宗教事务的需要,而是把它作为一种生财之道,教廷还为此成立了一个专门机构。据估计,1521年有2 000多个神职可以用金钱买到。

教会内部贿赂成风,教皇的选举与贿赂、争权夺利结成了不解之缘,几乎所有教皇都是靠贿赂枢机主教当选的。西克斯特四世(1471—1484在位)通过贿赂当选为教皇后,与佛罗伦萨美第奇家族的罗伦佐争夺权势和名利,为了达到自己的目的,甚至不惜采用暗杀手段,以致弄得声名狼藉。继任的教皇英诺森八世(1484—1492在位)同样是通过贿赂登位的,在位期间,他靠出卖神职所积累的财富多达百万。罗马教皇大都任人唯亲,任命自己的亲信为各国教会的首脑,西欧各国教会的肥缺多半落到教皇的宠幸手里,这些宠幸主要是意大利人。一些意大利人被任命为西欧国家的主教、大主教,但是本人却继续住在罗马,享受教士俸禄,过着奢华的生活。

以教皇为首的高级教士收入越多、越富有,生活越奢侈腐化,荒淫无度。作为教士本应遵守独身的规定,但是教皇英诺森八世据说就有八个私生子。教皇作恶多端,各级教士竞相效尤,有的甚至有过之而无不及。瑞士教会的一个主教把他管辖下的一个修女院的修女变为自己的情妇。巴黎圣母院的教士甚至把自己的住所变成了赌场。

总之,教会的欺诈和无耻的掠夺,负担最终落到了广大劳动群众身上,他们看到教会获得的大量财富不是用于宗教目的,而是被教士(特别是高级教士)用在追逐尘世的享乐上,因而感到无比愤慨,教士的种种丑闻又使天主教会威信扫地,他们对天主教会的不满情绪与日俱增。城市市民也不满教会的统治,这不仅是因为教会是封建制度的强大支柱,而且因为天主教的许多清规戒律对工商业的发展不利。世俗君主和贵族则觊觎教会的财产,出于个人利益的打算,也站到了反对天主教会的行列里来了。在这种形势下只要有人振臂高呼,即会掀起反对天主教会的斗争浪潮。

15世纪一个枢机主教出于维护教会的目的,曾提出忠告:"种种恶行引起了人们对于一切教会神职人员的仇恨,如果不予以纠正,我担心世俗人将效法胡司的先例,攻击教士的所作所为……"他预言如果德意志教会不立即加以改革,在波希米亚的异端被粉碎之后,另一个更为危险的异端会很快地兴起。他接着说:"因为他们将认为教士们是不可救药的,不想改正他们的恶行。在他们对于我们的改革失望之际,他们就要攻击我们。……剩下的一点点儿的对于神职人员的尊敬心理将一扫而光。他们将把这一切恶劣行为的责任加到罗马教廷身上,因为罗马教廷被认为是一切罪恶的根源,而它也未作出必要的改革。"著名学者胡登所写的一系列讽刺书信,嘲笑教士们的愚昧无知,不学无术,揭露罗马教廷掠夺德国①财富的种种手段。也有人认识到腐败的根源在于天主教的整个体系,包括教会组织及其神学和实践。他们反对教会现存的臃肿庞大的机构,希望精简机构,反对繁文缛节的宗教仪式,希望代之以《福音书》为根据的、更为简朴的宗教仪式,反对教士干预个人的信仰,主张依靠个人的虔诚。

宗教改革运动之发生,也得力于文艺复兴。首先,文艺复兴中的人文主义者通过文学、艺术及其他形式对天主教会的腐败现象揭露得淋漓尽致,为马丁·路德等宗教改革家提供了攻击天主教会的炮弹。其次,阿尔卑斯山以北的人文主义者研究了圣经的希腊文本,发掘出基督教的原始教义。这些原始教义,由于印刷术的推广而迅速地在文化阶层中传播,结果人们发现当代天主教会对于基督教教义所作的解释及天主教会的整套组织制度及仪式,与《福音书》中的记载大相悖谬。这就为宗教改革派提供了反对天主教会及实行改革的有力根据。

二、马丁·路德与德国宗教改革

宗教改革前夕的经济政治状况

宗教改革之所以首先爆发于德国,是由于德国存在特殊的经济政治情况。

15世纪末和16世纪初,德国经济有了显著的发展。封建经济仍占统治地位,但个别工业部门已经出现资本主义生产关系的因素,出现了分散型甚至少数集中型的手工工场。德国银矿开采和冶炼技术的进步尤其突出。从1460—1530年间,德国的银矿年产量增加5倍,最高年产量约300万盎司。商业也相当繁荣。德国位处欧洲商路中心,东西方新航路发现后,商路虽有转移,但从印度经过意大利运来的东方商品,仍需经由德国运往北欧。这时,出现了一些著名的银行家,富格尔家族在1564年已经拥有470万古尔登②的巨额资本。德国经济发展的主要障碍是它的分散性,全国没有形成统一的市场,大城市多半分布在边区,和外国的联系要比和本国的联系更为密切。

经济的分散性影响了政治的发展。与当时已经形成中央集权制的英、法不同,德国从中古以来形成的分裂割据局面依然存在。16世纪初的德国在名义上虽然是"神圣罗马帝国",但实际上内部分崩离析。在这块土地上有大大小小许多封建领主,其中有七个选侯、十几个大诸侯、200多个小诸侯以及上千个骑士。这些领主在自己的领地上俨然是独立的君主,他们有自己的行政组织、自己的军队、自己的法律和自己的货币。帝国领土上除了这些独立领地外,还有几个自由

---

① 德意志此时尚未统一为一个民族国家(经1870-1871年普法战争才实现统一),但在历史著述上亦通称德国。

② 16世纪德国金银币单位。

市。中央虽然有神圣罗马皇帝,但是他无权干预这些领主的内政。皇帝不是世袭的,而是由七个选侯选出的。中央除皇帝外,还设置一个帝国议会,它由七个选侯和一些诸侯、主教、修道院长及自由市代表组成。皇帝只有在帝国议会授权下,才能行动。皇帝及议会既无国库,又无军队,需要用款时向诸侯摊派。

德国在天主教世界是受罗马天主教会榨取最重的地区,也是劳动人民最受剥削的地区,因而是灾难最为深重的地区。德国的教会神职人员,从大主教、主教到最低级的神甫,都必须把收入的一部分上缴教皇。神职人员在上任的第一年必须把全年的薪金贡献给教皇。教会的其他收入也部分地流入教廷金库。罗马教廷利用德国的政治分裂,加重对德国的榨取。16世纪初,罗马教廷每年从德国榨取的财富达30万古尔登,这个数目比神圣罗马皇帝的年收入要高出好几倍,等于1497年皇帝所征的税额的21倍。而教廷从德国榨取的财富,归根结底都来自广大劳动人民的血汗。

德国劳动人民中的绝大多数是农民,而且少数农民仍处在农奴地位。一般说来,农民命运每况愈下。随着商品货币经济的发展,地主胃口更大了,他们加重了地租和劳役剥削。农民还要向教会缴纳什一税,要受商人的剥削和高利贷者的重利盘剥。可以说农民处在德国社会最底层,其灾难之深重是无法形容的。

这样,在德国,民族压迫、阶级压迫与宗教压迫交织在一起,这就是为什么宗教改革首先在德国爆发,德国宗教改革发展为大规模的农民战争的原因。

马丁·路德和宗教改革的开始

在德国宗教改革中,首先发难的是马丁·路德(1483—1546)。路德出身于富裕市民家庭,18岁进入爱尔福特大学攻读法律,信仰十分虔诚。1505年,他断然放弃学业,进了奥古斯丁修道院,当上了修道士,希望通过苦修,以求上帝赦免自己的罪。1510年他受修道院的差遣到罗马朝拜时,那里的世风恶浊及教廷的腐败,使他大失所望。他开始对教会的赎罪得救制度发生怀疑。

路德终于在《圣经》里找到了灵魂得救及赎免罪孽的方法。1512年,路德获神学博士学位,并被任命为维登堡修道院副院长和维登堡大学神学教授。他利用大学的图书馆潜心研读《圣经》。在钻研中,他发现天主教会的一整套制度及其神学理论和实践,远远背离了基督教的原始教义。他在《圣经》的《福音书》中看到了早期基督教会的民主、平等的精神,耳目为之一新。《福音书》告诉他:耶稣基督之死,业已代人类在上帝面前赎了罪,信徒只要相信耶稣,就可以得救。换言之,他从《圣经》中悟出了"信仰耶稣即可得救"的道理。具体说来,第一,人要想自己的灵魂得救,要依靠个人的虔诚的信仰,而不需要教会神职人员的干预。第二,信仰的唯一依据是《圣经》,而不是天主教会一手制定的神学。实际上,这就是否定教皇的权威,而肯定《圣经》的权威。

这样,在维登堡大学任教期间,路德已经在思想上否定了天主教神学的基本观念,否定了教皇的权威。1517年一个偶然事件推动他公开走上反抗的道路。

亚尔伯特是通过贿赂教皇的手段当上美因兹大主教的。贿赂使他欠下银行3万弗洛林的债,为了还债,他自愿充当教皇的代理人,负责替教皇兜售"赎罪券"。在销售"赎罪券"时,他到处宣扬:购买"赎罪券"的人,只要支付金钱,就可以被上帝赦免本人的罪以及已死亲属的灵魂的罪,死者的灵魂就立刻被从炼狱中拯救出来。消息传到路德耳中,他怒不可遏。1517年万圣节前夕(10月31日),他在维登堡的卡斯尔教堂大门上张贴了《九十五条论纲》。在《论纲》中痛斥出卖"赎罪券"的作法,并且提出了"信仰耶稣即可得救"的原则,反对用金钱赎罪的办法。他写道:"每一个基督教徒,只要感觉到自己真诚悔罪,就是不购买赎罪券,也同样可以得赦罪或全部免罪。""很显然,当钱币扔在钱柜中叮叮作响的时候,增加的只是利得心和贪欲心。至于代祷之是否有效,完全只能以上帝的意志为转移。"这实际上就是否认了教皇的神权。这个《论纲》是用拉丁文写的,但是很快地就被译成德文,其内容不胫而走,很快地传遍全德,并且引起了全民的讨论。这件事也很快地传到教皇利奥十世耳中。最初他感到这不过是小小的争吵,但是不久他就认识到问题很严重,下令把路德唤到罗马来,对这个《论纲》进行答辩。当时萨克森选侯腓特烈同情路德,他劝教皇不要追究此事。因此,教皇把这个问题暂时搁置起来。

1519年,路德在莱比锡参加了辩论会,他的对手是知名的天主教神学者艾克,此人在辩论中滔滔不绝地引证权威言论,其中包括教皇敕令、宗教会议的决议、早期基督教领袖的著述等等,想借此来压倒路德。他还恫吓路德说:路德的某些观点,特别是关于每个信徒都可以直接与上帝发生关系而无须教会作中介的论点,简直与一个世纪前被处死刑的异端分子约翰·胡司的观点一模一样。但是路德并未被他吓倒,他侃侃而谈,坚持认为宗教会议和教皇都会犯错误,并且指出罗马天主教会已经失去了神圣的权威。结果双方都愤愤离开会场。

此后路德埋头写文章和小册子来宣传自己的观点,以便赢得广大群众的支持。他在标题为《最神圣的圣餐论》的文章中把罗马天主教会关于圣餐中的面包和酒可以变成基督的肉和血的实体转化论驳得体无完肤。1520年8月他发表了《致德意志民族基督教贵族公开书》,在信中他痛斥罗马教廷对德意志的专横、掠夺,呼吁世俗君主建立不受罗马教廷控制的民族教会,企图以民族的世俗权威取代凌驾于国家之上的神权。他主张基督教贵族"应该发号施令,从此不准任何俸禄再落入罗马手中,并且以后一切委任都不得从罗马领受,所有的教士职位都应该脱离那暴虐的教皇,并且要恢复地方主教的职权";"应该规定,凡属俗世的事都不应该送到罗马判决,只应该由俗世当局处理"。这些内容的实质是使德意志民族从政治上、经济上、思想上彻底摆脱罗马教廷的控制。这是激发德国人民族感情的有力的控诉,产生了很大的影响。他在标题为《教会被囚于巴比伦》的小册子里有力地攻击圣礼制度,主张"即令没有圣礼,信心也能救人。"在另一篇文章《论基督徒的自由》中,路德全面论述了"因信称义"的宗教改革理论。他指出,人的获救,只在信仰。"上帝的道不是用什么行为,而是单因信才能领受爱慕的。因此,既然灵魂为它的生命与义所需要的只是信,那么,灵魂称义显然单是因信,而不是因任何行为"。这样,曾经是人类救赎中必不可少的教皇、教令、教律,面对信仰的权威,便都失去了存在的价值。这在当时可算是十分激烈的思想主张。

这时,路德的论著不仅传遍全德,而且也传到巴黎。天主教世界围绕他的宗教思想沸腾起来了。

在迟疑一个时期后,到1520年6月2日,教皇利奥十世终于发布了开除路德的天主教教籍的敕令。不过,这个敕令并没有把大门关死,它给路德留下60天的宽限,希望他能在60天内撤回他的《九十五条论纲》中的41条。但路德不为所动。在宽限期满那一天,维登堡的居民燃起篝火,路德当众把教皇的敕令付之一炬。

路德不但得到广大群众的支持,而且也得到萨克森选侯的保护。但是神圣罗马帝国皇帝并没有支持路德,因为他依靠天主教来维护自己在德国的皇帝地位。1521年4月他在沃姆斯召集了帝国议会,以便讨论如何处理路德的问题。皇帝的代表在会上宣读教皇颁布的关于开除路德教籍的敕令,并且要求帝国议会宣布把路德置于法律保护之外。但是议会并没有照办,而是召唤路德本人出席议会,以便由议会听取他自己的申诉。路德担心出席议会吉凶未卜,但他还是勇敢地应召赴会,当他进入沃姆斯市时,受到了全市居民的热烈欢迎。在全市形成了一种反对教皇而同情路德的气氛,甚至议会也受到感染。教皇代理人在写给教皇的信里也证实了这一点,他写到:"每一块石头和每一棵树都喊出'路德'的名字"。路德在议会席上义正辞严地为自己申辩,拒绝认错。当时在场的皇帝想逮捕他,但是他在群众的保护下安然离开了会场。

在沃姆斯会议后,路德便被萨克森选侯腓特烈保护起来,一个时期他在瓦特堡过着世俗的生活,留了长发,因为他不再是天主教修道士了。他仍孜孜不倦地写信或写文章,热心地宣传自己的教义。这个时期他还从事《圣经》的翻译,把它译成德文,所依据的是未被篡改的希伯来文及希腊文原本。他的德文《圣经》译本在德文发展史上占有重要地位,因为他在文章结构、词汇和文字表达等方面都有创新,为德文立下了规范,对于德文的发展起了巨大的作用。路德得到一位过去的方济各会修道士约翰·艾伯林的协助,这位朋友到处宣传说:罗马教廷有系统地抢劫德国,每年从德国榨取巨额的财富。艾伯林也写了许多小册子,攻击天主教会的各种表现,产生了较大的影响。

沃姆斯会议结束后不久,在维登堡及爱尔福特爆发了反对天主教会的起义,教堂遭到冲击,祭坛和教堂财宝被抢劫,绘画遭到破坏。与此同时,路德教义在德国北部、中部得到迅速传播。

路德派新教之得到传播,有以下几个原因:第一,它得到农民、工人和市民(中等阶级)的全面支持,因为这些阶级对天主教会恨之入骨。第二,它得到一心一意想攫取天主教会财产的世俗君主(大诸侯)的有力支持。第三,它也得到德国爱国主义者的同情,这些爱国主义者反对罗马教廷对于德国的掠夺和干预。第四,神圣罗马帝国皇帝虽然想扑灭新教运动,但是力不从心:对外战争及内政的棘手问题把他弄得焦头烂额,使得他不遑过问德国的宗教问题。第五,路德个人的主观条件也有助于新教的胜利。他学识渊博,既有雄辩的口才,又能写典雅的文章;他很敏感而又有坚强的毅力、非凡的胆识和气魄。这使他具备一个改革运动的领导人的特质。

三、德国农民战争·路德教派的确立

马丁·路德所领导的德国宗教改革在客观上有反封建的意义,因为他所反对的天主教会是封建统治的强大的支柱。而且,与僵化了的天主教神学不同,路德的新教容许个人在解释教义时有更大的自由,因而蕴藏着自由主义及个人主义因素,带有资产阶级倾向。

但是,路德的新教仍未完全摆脱中世纪经院思想的影响。第一,他从来没有认识到教会与国家分离的重要性,他把德意志君主和贵族看做是教会的天然的保护者。第二,他在经济问题上反对高利贷者收取利息的行为。第三,在国家问题上他接受了中世纪的观念,认为君主的权威是神授的,尽管他也承认君主的权力要从属于自然法。第四,他反对叛乱,他一贯强调人民服从政府的必要性。他说:"叛乱不是正当的,不管它如何合乎正义;它的结果从来都是损害大于利益。我支持而且将始终支持那些身受叛乱之害的人们,不管他们的事业如何违反正义;而且我将反对举行叛乱的人,即使他们的事业合乎正义,因为叛乱发生后必然造成损失和流血。"

当路德日益变成诸侯的奴仆时,广大的农民、平民就抛弃了他,而团结在宗教改革运动左翼领袖闵采尔的周围。

闵采尔(1490—1525)出生于一个小手工业者的家庭。他博学多闻,精通希腊文和希伯来文,曾在莱比锡攻读神学,获博士学位。1517年他开始追随路德,成为他的信徒,但是后来他的思想变得更为激进,不满意路德的保守态度,1520年他与路德分道扬镳。1521年他到布拉格,同波希米亚的胡司派建立了联系。1521年11月他写了《布拉格通告》,表达了他对教会及世俗封建主的憎恨。他宣称:上帝为世俗的生活提供了教义,因此不要用在天堂实现上帝的教义的说教来安慰世人。他主张在尘世实现人人平等,取消尘世的压迫和剥削。1522年,由于闵采尔的神学见解具有越来越强烈的政治性质,他被禁止在布拉格居留。以后,他到了图林根的阿尔斯特德城当神甫,在这里他开始对教会的"圣礼"进行改革,并进行反对罗马教廷的宣传。他的思想越来越激进,不仅抨击教士和僧侣,而且也反对诸侯、领主和城市贵族。与路德不同,他否认《圣经》是唯一无误的启示,认为信仰应主要根据圣灵"活的启示",它表现为人的理性。人人都有理性,也就都可以有神性,便都可以升入天国。这个天国不是在来世,而是要在现世建立。闵采尔的天国实际上是一个没有阶级差别,没有私有财产,没有压迫社会成员的国家政权的社会。1524年闵采尔在一份革命的小册子中宣称:"整个世界必须忍受一次大震荡,这是关于不敬上帝的人垮台而卑贱的人翻身的大事"。闵采尔在这里所说的"不敬上帝的人",是指诸侯、骑士、城市贵族和其他剥削者。闵采尔的革命态度遭到了马丁·路德的反对,后者把闵采尔看做死敌,诬蔑他是魔鬼的工具。闵采尔针锋相对,斥责路德向诸侯谄媚,是"维登堡的行尸走肉"。

　　为了躲避政府当局的追捕,闵采尔在1524年8月逃离阿尔斯特德,先后到了缪尔豪森、南德等地。所到之处他宣传自己的主张,在劳动群众中产生了很大的影响。正是在他的宣传鼓动下,德国在1524—1525年间爆发了规模宏大的农民战争,约有2/3的农民投入了斗争。

　　这次农民战争有三个中心:士瓦本、法兰克尼亚、萨克森和图林根。在士瓦本地区,早在1524年夏天,起义的农民就拒绝为领主服劳役。1525年3月,农民队伍扩大到三四万人。起义军领袖于3月初举行集会,通过了"十二条款"的纲领,要求废除农奴制和什一税,减轻劳役、地租和徭役,归还被领主侵占的森林和牧场等,但没有要求没收地主的土地。纲领带有妥协性,主要反映富裕农民的利益。士瓦本的农民军没有统一领导,纪律松弛,到4月底被诸侯的军队分别击溃。

　　1525年3月末,法兰克尼亚地区爆发了新的农民起义,规模很大,斗争激烈。许多城市的平民也参加了起义。1525年5月,起义军制订了"海尔布琅纲领",又名"帝国改革纲领"。纲领要求在德国建立一个强有力的中央政府,取消诸侯的一切同盟;统一度量衡和币制;取消商税、过境税、食品税以及其他苛捐杂税;允许农民赎买封建义务,等等。这个纲领反映了市民阶层的要求,带有资产阶级的性质,但这个纲领未能实现。到1525年6月,法兰克尼亚的农民起义也失败了。

　　萨克森和图林根的农民起义是德国农民战争的顶点,由闵采尔直接领导。1525年3月,缪尔豪森的平民和矿工推翻了城市贵族的统治,成立"永久会议"。随后,整个萨克森和图林根地区到处发生农民起义。4月底,诸侯的军队进攻缪尔豪森。闵采尔率领一支8 000人的队伍迎敌,但由于缺乏装备和训练,也缺少军事经验,到5月16日,农民军战败,闵采尔被俘并壮烈就义。

德国农民战争的火焰被扑灭了。农民起义只有在先进阶级的领导下,才能取得胜利,但16世纪的德国还没有这样一个先进阶级。平民不是一个独立的阶级,与现代无产阶级根本不同。市民阶级处在向资产阶级转化的过程中,具有软弱、动摇性。他们虽然参加了起义,但当农民战争发展到高潮时,就因畏惧人民而叛变了。代表新兴资产阶级宗教思想的路德的态度,便是很好的证明。1525年5月,路德在《反对杀人越货的农民暴徒》这本小册子里,号召无论是谁,只要力所能及,就应该把反叛者"戳碎、扼死、刺杀",像"打死疯狗一样"。他对起义农民采取了极度仇视的态度。

农民战争失败后,农民重新陷入领主的奴役之中,农奴制在德国死灰复燃。诸侯是唯一从农民战争失败中得到好处的集团。他们加强了对农民的剥削,并夺取了天主教会的财产。路德倡导的宗教改革因托庇于诸侯的保护,也成了他们手中的工具。中小贵族遭到削弱,城市的特权被剥夺。诸侯在政治、经济和宗教上的权势都大大加强,德国的分裂割据状态更为加剧了。

德国农民战争虽然失败了,但它沉重地打击了天主教会在德国的势力,从此天主教会再也不能恢复以前的地位。农民战争显示了农民群众的伟大力量,给后人留下了宝贵的教训。1856年4月16日,马克思在致恩格斯的信中写道:"德国的全部问题将取决于是否有可能由某种再版的农民战争来支持无产阶级革命。如果那样就太好了……"①无产阶级革命只有在农民的支持下才能取得胜利的工农联盟思想,是马克思主义革命理论的一个重要组成部分。

路德教派的确立

路德进行宗教改革后,一部分诸侯国已成为路德派新教国家。另一些诸侯鉴于宗教改革引起了农民起义,仍坚持旧的信仰。1529年,帝国议会在斯拜尔召开。由于会上天主教诸侯占优势,会议重申1521年沃姆斯会议反对异端的禁令。路德教派诸侯拒绝接受这个决定,并提出抗议,此后新教徒被称为"抗议者"。

路德派君主们在提出抗议书时,已作好战争准备。到1531年他们成立了一个互相保护的同盟。1546年终于爆发了路德派诸侯国与以皇帝为首的天主教诸侯国之间的战争。1555年,双方缔结了奥格斯堡和约,和约规定:诸侯有权决定其臣民的信仰,即所谓"教随国定"的原则;1552年以前为新教诸侯夺去的天主教会的财产,均应由其继续占有。路德派新教得到了正式承认。它主要限于德国北部,南部仍为天主教国家。

---

① 《马克思恩格斯选集》第4卷,人民出版社1995年版,第548页。

四、加尔文教与瑞士的宗教改革

继德国之后,瑞士也发生了宗教改革运动。在瑞士的宗教改革中,先后出现了两位领袖:一是慈温利,一是加尔文。

慈温利 乌尔利希·慈温利于1484年出生于瑞士的一个农民家庭。他曾先后就读于维也纳大学和巴塞尔大学,深受人文主义的影响。从1518年起,他在苏黎世教堂传教,明确地否认教皇是上帝的代表,宣布《圣经》是信仰的唯一根据。他反对斋戒,反对教士独身,反对礼敬圣像,更反对教皇在瑞士兜售赎罪券。慈温利的改革思想比路德更为激进。他把圣餐仅看做是对基督的追念,否认祝圣后的饼与酒具有神秘的力量;而路德则坚持圣餐的"临在说",即经祝圣后的饼与酒虽未化为基督的肉与血,但在信徒领受圣餐时,耶稣基督确实临在其中,与饼、酒溶合并存。他还摒弃路德对诸侯的依赖,主张教会实行共和制。

在慈温利的影响下,苏黎世及瑞士其他地区进行了宗教改革:用方言读《祈祷书》,取消圣像,解散修道院。教皇下令要求苏黎世地方当局制裁慈温利,但是地方当局不但拒绝执行这个命令,而且宣布脱离天主教会的统治,苏黎世及另外几个州都变成了新教州。另外一些州则坚持天主教信仰,反对宗教改革。双方不断发生冲突,终于导致1531年战争的爆发。慈温利阵亡。瑞士从此分裂为新教州与旧教州。

加尔文 16世纪30年代中期,瑞士宗教改革的中心转移到日内瓦,领袖是约翰·加尔文。加尔文于1509年出生于法国一个中产阶级家庭,曾就学于巴黎大学和奥尔良大学,受到人文主义和路德宗教思想的影响。为了逃避法国政府对新教徒的迫害,加尔文于1534年逃到巴塞尔,在这里埋头研究宗教理论。1536年他出版了《基督教原理》一书,此书吸收了慈温利和路德的观点,并陈述己见,提出了系统的新教神学理论,是宗教改革时期影响最大的一部著作。加尔文的著作还有《教义问答》、《论教会改革之必要》等。

在加尔文看来,《圣经》是按照上帝的授意写出来的。因此,《圣经》的权威是至高无上的,教会和国家的权威也只能来源于《圣经》。和路德一样,他认为"信仰耶稣即可免罪",人们要想得救,只能靠自己的笃信。但他比路德更为激进,提出了"预定论"(或称"先定论")的神学学说。加尔文说:"我们所谓的预定是指上帝以其永恒的旨意决定世界上每一个人所要成就的。永恒的生命为某些人已预定,对于另一些人,则是永罚。"上帝从创世纪以来,就把世人分成"选民"和"弃民",前者注定得救,后者注定沉沦。这是人的意志无法改变的。但是,按照加尔文的观点,这并不意味着基督徒可以对他们在世上的行为漠不关心,谁是"选民",谁是"弃民",可以通过上帝的呼召体现出来。人在现世生活中的成功与失败,就是"选民"和"弃民"的标志。这种"预定论"以宗教学说的形式,反映了资本主义原始积累时期的资产阶级意识形态。地理大发现以后,出现了世界市场的扩大,商业的剧烈竞争和早期的殖民扩张。新涌现出来的巨大的经济力量,使个人感到畏惧,不能不受它的支配。但另一方面,资产阶级竞相追求利润,人人都想发财致富。胜利者产生了优越感,增加了自信心,认为自己肯定是上帝的"选民",而那些失败者则无疑是"弃民"了。"预定论"鼓舞了新兴资产阶级的进取精神,因此恩格斯认为"加尔文的信条正适合当时资产阶级中最果敢大胆的分子的要求"[①],加尔文"以真正法国式的尖锐性突出了宗教改革的资产阶级性质"[②]。

日内瓦神权共和国

1536年,加尔文来到日内瓦,不久被驱逐出境。1541年,日内瓦支持宗教改革的一派掌权,加尔文重返日内瓦,主持改革大计,直到去世。这个时期他实际上成了日内瓦政治、宗教的最高领导人,政治大权及教会大权集于一身。他所编定的《教会法案》、《教理问答》,被确定为指导市民思想行动的规范,违反者要受法律制裁。

日内瓦的教会和政府组织都是按照加尔文的设想组织起来的。教会设立四种职务:长老、牧师、教师、执事。长老一般是富有的市民,由世俗信徒选出,负责监督每一个人的生活。牧师为神职人员,负责解释圣经,训练与审查预备牧师,并施行圣礼。教师负责学校的领导工作,宣教事业和讲授圣经。执事是由信徒选举产生的不脱产的协助长老和教师的教会管理人员,主管慈善机构,负责救济和医疗工作。教会的权威机构是长老会,或称宗教法庭,由长老12人(小议会推举2人、60人议会推举4人、大议会推举6人)和牧师5人组成。宗教法庭负责监督信徒的宗教生活和审理宗教案件,并找出应当采取的补救措施,每星期四举行一次例会。政权的最高机构是大议会和小议会,由市民选举产生。教会机构与政府机构虽有分工,前者负责宗教信仰与思想道德等精神生活,后者负责世俗事务,但实际上二者已结合成一体,不仅人员交叉,而且职责也难截然划分。日内瓦成了一个地地道道的神权共和国。

按照加尔文的主张,教会应当监督国家、社会和家庭,把社会本身改造为宗教团体的典型。从加尔文拟定的关于乡村的法规,可以看出对群众的控制严格到了何等的程度。法规规定:星期天,除某些人需要留在家里照顾孩子或家畜外,全家人都应去听布道。如果有人在布道开始以后才到会,则予以警告。仍不改正,罚款3苏。凡唱下流放荡的歌曲、跳舞者,监禁3天,然后送交议会。对酗酒、赌博、吵架、放高利贷的人,也有相应的处罚。生活节俭,被新兴资产阶级视

---

① 《马克思恩格斯选集》第3卷,人民出版社1995年版,第706页。
② 《马克思恩格斯选集》第4卷,人民出版社1995年版,第256页。

为一种美德。

加尔文一方面坚决反对天主教义和罗马教廷,但另一方面又迫害他所反对的教派和个人。凡不同意他的主张的人,或遭迫害,或被迫离开日内瓦。著名的西班牙人文主义者和解剖学家塞尔维特因批判《圣经》和三位一体说,竟被加尔文用火烤了两个钟头以后烧死。

加尔文教的教义适合新兴资产阶级的需要,因而在资本主义迅速发展的西欧国家得到广泛的传播。法国的胡格诺派教徒、英国和北美的清教徒、苏格兰的长老会教徒和荷兰的新教教派,都是加尔文派的教徒。恩格斯说:"当路德的宗教改革在德国已经蜕化并把德国引向灭亡的时候,加尔文的宗教改革却成了日内瓦、荷兰和苏格兰共和党人的旗帜,使荷兰摆脱了西班牙和德意志帝国的统治,并为英国发生的资产阶级革命的第二幕提供了意识形态的外衣"。①

五、英国的宗教改革

英国本来也是天主教国家,在德国宗教改革运动发生后不久,路德的教义就渗透到英国。1521年,剑桥大学成立一个秘密团体,专门研究路德的改革主张。参加者有丁达尔和巴恩斯等人。丁达尔不久流亡国外,把《圣经》译成英文,并且在英文注释中攻击罗马天主教会制度。英文《圣经》运回英国后,路德教在低级教士及城市商人中流传起来。

与此同时,在英国天主教会内部也出现了改革的要求。伦敦圣保罗大教堂的高级神职人员科雷特就是一个改革派,他反对信徒向牧师作秘密忏悔的做法,也反对教士独身的制度。《乌托邦》的作者莫尔也攻击修道院的腐败,认为修道士们饱食终日,无所事事,成为社会上的寄生虫。他要求提高教士的知识水平。

但是,在英国对天主教会构成最大威胁的是王权。英国王权在15世纪开始加强,特别是在1485年都铎王朝开始统治英国之后。亨利七世(1485—1509年在位)在中等阶级的支持下,制服了贵族势力和议会,大大加强了君主的地位,这意味着专制主义在英国取得初步的胜利。当他的儿子亨利八世(1509—1547年在位)即位时,专制主义遇到的唯一障碍便是天主教会。但是,亨利八世在位初期对罗马教皇奉命唯谨,竭力表现出一个虔诚的天主教徒的姿态。他毫不留情地镇压了路德派,并且亲自写书批判新教教义。因此,人们很难设想他会起来反抗罗马教廷并使英国教会与罗马天主教会一刀两断。

然而,一个偶然的因素成了导致英国君主与罗马教皇决裂的重要契机。亨利八世结婚后只生下一个公主,没有子嗣。16世纪20年代后期,王后凯瑟琳已无生育的希望,将来继承王位的,非那位公主莫属了。但是在英国历史上女主执

---

① 《马克思恩格斯选集》第4卷,人民出版社1995年版,第256页。

政尚无先例。于是离婚再娶以求子嗣成为亨利八世心目中的一件大事。他责成大臣沃尔西将离婚案上诉罗马教皇,希望被批准离婚。当时教皇克莱门特七世本想左袒英王,但是他慑于凯瑟琳的侄子神圣罗马帝国皇帝查理五世的威势,不敢贸然从事,只好拖延不办。当时英国新兴市民阶级和贵族都希望英国实行宗教改革,因为他们都垂涎教会的财产,而且市民阶级也迫切要求推翻天主教的统治以利于工商业的发展。亨利八世在市民和贵族的支持下,决定与罗马天主教廷决裂。他于1529年召集议会,讨论宗教改革问题。1530年下半年在枢密会议内形成了以托马斯·克伦威尔为首的改革集团。

1531年亨利八世向罗马天主教会开火:强迫英国教士支付巨额罚金,理由是他们违反了一项关于未得国王批准不许接待教皇使节的古老的法规。1532—1534年间,议会通过了"教士首年薪俸法"和"禁止税收上缴教廷法",要求英国主教的第一年薪俸、教区征收的什一税以及教会以各种名义征收的税,一律停止上缴罗马教廷,改为上缴英国国王。这样就大大增加了王室的财政收入。议会还同意英王有权任命英国主教而无需向教皇请示。不久,亨利八世就授意坎特伯雷大主教克兰默宣布解除国王与王后凯瑟琳的婚姻,并且认可国王与安娜·波琳结婚。此时,克莱门特七世正式否决了亨利八世与凯瑟琳离婚的要求,并以通奸罪开除了亨利八世的天主教教籍。

英国与罗马教廷的正式决裂发生在1534年。这一年议会通过"至尊法",宣布国王是"英国教会"①的唯一的、至高无上的首脑,拥有纠正错误、镇压异端和处理教会事务的一切权力。另一项法律宣布切断与教皇的一切来往,凡否认国王为英国教会的最高首脑者,均处以叛国罪。《乌托邦》的作者莫尔和罗切斯特主教约翰·费希尔由于继续坚信教皇权力至上而被处死。

1536年在克伦威尔的支持下,制定了"十条法规"。它只肯定了天主教的洗礼、忏悔和圣餐,否认了礼敬偶像、弥撒等天主教仪式,从而使英国教会接近路德教。1538年克伦威尔又发布"十七条指令",使英国教会国教化和国家机构化。1537年亨利八世还批准英文版《圣经》在英国发行。这在英国影响极大,因为英国人从此可以自由阅读《圣经》了。

在英国断绝与罗马教廷的联系之后,英国路德教派及其他教派又开始活跃起来,他们天真地相信英国已真的成为新教国家了。面对群众运动的复活,1539年年初,亨利八世的宗教思想又回潮了。他又回到天主教的立场上来,声称天主教的任何信条都是金科玉律,不能变更。他怂恿议会通过"取缔分歧意见六条款",肯定了天主教教义及实践中的主要部分,并且宣布以恐怖手段惩罚宗教不同意见者。结果,伦敦有500名市民因倾向改革而被捕。托马斯·克伦威尔由

---

① 被称为"安立甘教会"(The Anglican Church),通称"英国国教"。

于推行宗教改革政策,与亨利八世意见相左,在1540年6月以叛国罪被处死刑。据估计,亨利八世在位期间,因宗教问题而被处以极刑者达数千人之多。

然而,在英国宗教改革期间,亨利八世所实行的措施中,有一项措施对后世的影响甚大,那就是废除修道院制度。修道院中丑闻与弊端层出不穷,久已为人们所诟病。而且,僧侣、修道士们对英国教会脱离罗马教廷一事一般都抱反对态度,他们继续效忠于教皇。但是,亨利八世决定向修道院开火,主要是出于经济上的考虑。由于过惯了挥霍浪费的生活,亨利八世经常处于财政拮据状态,他发现解散修道院及没收修道院的地产,可以解决财政困难。1536年他终于开始行动,下令解散376所修道院。到1539年他又下令封闭大修道院200所,勒令修道士还俗,发给生活津贴,并且没收修道院的全部土地。对于没收来的土地,亨利八世将一部分归王家所有,一部分赏赐给自己的亲信及大贵族,一部分在市场上抛售。被抛售的土地都落到大资产阶级手中。呢绒商人理查德·格拉善一次用1 173镑购得约克郡三座修道院的土地。获得修道院土地的人们形成了一个反对恢复天主教的既得利益集团。

亨利八世的儿子爱德华六世在位期间(1547—1553),政府为英国教会制定的教义条文带有明显的新教性质。拉丁文的《祈祷书》都译成英文。被当做是赎罪仪式的圣餐取消了。

但是,爱德华六世短命而且无后,死后由亨利八世的公主玛丽·都铎嗣位(1553—1558)。玛丽本人是一个虔诚的天主教徒,她废除父亲及异母弟在位时期的宗教立法,恢复了英国教会对罗马教廷的隶属关系。为了表明在英国恢复天主教的决心,她又与天主教顽固派西班牙国王菲利普二世结婚。玛丽女王以极其残酷的手段惩罚新教徒,在她在位期间,有300名新教教徒被处死,大主教克兰默竟被处以火刑。她因此而有"血腥的玛丽"之称。

玛丽与菲利普二世无后,在女王死后,王位传给她的异母妹妹伊丽莎白。伊丽莎白在位(1558—1603)期间,英国教会在教义及实践方面最后固定下来。根据议会的一项法案,又断绝了英国教会与罗马天主教会的关系,并且再一次把英国教会置于王权的控制之下。1563年议会制定的《三十九项信条》规定了英国教会的教义,把《圣经》定为信仰的唯一准则,坚持"信仰耶稣即可免罪"的原则。玛丽在位时任职的主教们几乎都拒绝承认这个变革,因而或被下狱,或被流放。但是伊丽莎白女王并没有取消主教制,她又任命了一批新主教。

伊丽莎白女王采取严酷的措施去强迫所有的英国人都遵从她在宗教上的这些决定。信奉天主教者,处以死刑。成立宗教法庭,专门审判异教徒。

六、天主教会的反宗教改革运动

席卷中欧、西欧的宗教改革运动是近代资产阶级革命的序幕,在宗教改革中产生的新教各派在不同程度上都具有资本主义的政治和社会内涵:在教义上都蕴含一种资本主义精神,在组织上有共和主义色彩。而且在宗教改革中出现的极端的教派甚至超出了资产阶级思想范畴,而提出了新社会的理想,成为近代共产主义的先驱。

然而,天主教会不甘心失败,发动了反宗教改革运动。在1545年到1565年间,天主教会代表在特兰托召开多次会议,着手革除天主教内部的弊端:如停止兜售赎罪券,不再增加教会神职薪俸,加强对神职人员的监督等等。

但是在信仰问题上,天主教会对新教各派寸步不让。它宣布所有的新教为异端,罗马天主教会的教条和仪式全部正确无误,教皇是最高权威,惟有教会有权解释圣经,教徒只有靠教会神甫施行"圣礼"才能得救。同时,异端裁判所加紧活动,对异教徒实行恐怖。它们也执行书刊检查的任务。

在天主教会反宗教改革运动中,1534年成立的耶稣会起了重大作用。耶稣会的创始人为西班牙贵族军官伊格纳修·罗耀拉(1491—1556),他网罗西班牙贵族为其主要成员。耶稣会仿照军队形式组成,强调绝对服从。它的宗旨是重振罗马教会,重树教皇的权威,并且扩大天主教的影响。为了这个目的,耶稣会会员展开积极的活动,特别是到东亚、非洲及美洲传教。他们修建教堂、创建学校,在欧洲他们不穿僧衣,与俗人交往,深入社会各阶层特别是上层社会中进行活动,用潜移默化的手段施加思想影响。有时为了达到目的,甚至采取暗杀手段,其目标是欧洲新教的君主,如1594年在法国阴谋暗杀亨利四世。也有少数耶稣会会员到中国进行传教活动。在德国境内,耶稣会会员致力于团结统一天主教各派势力,以对付路德派势力,因而在南德为天主教恢复了大片地区。

第四节 欧洲诸国专制制度的形成·尼德兰革命

欧洲君主专制制度是从封建国家向资产阶级国家转变过程中出现的一种政治形态,它产生于特定的历史时期。16世纪,由于资本主义生产关系日益发展,开始了资本的原始积累过程,欧洲的封建制度逐渐进入危机。这个时期,封建贵族阶级趋于没落,资产阶级兴起,两个阶级势均力敌,力量均不足以压倒对方,在他们的相互对抗和同敌对阶级的冲突中,君主充当了仲裁者和保护者的角色,从而取得了他们的支持,确立了专制统治。

君主专制制度的特征是国王个人专权,他依据"君权神授"说,把立法、行政、司法权集于一身,并且依靠官僚制度和常备军,对全国实行集权统治。

专制王权本质上属于封建性质,但它是在新兴资产阶级的支持下,粉碎了地方割据势力之后逐渐树立起来的。中世纪的封建割据状态意味着贵族之间无休止的战争和社会秩序的混乱,不利于工商业的发展,因此新兴资产阶级也乐意使用财力支持君主去与封建势力作斗争,结果建立了以民族为基础的君主国。封建政府为了维持常备军和庞大的官僚机构,不得不采取措施奖励工商业发展的重商主义政策和殖民扩张活动,这在客观上对处于幼稚状态的资本主义经济起了扶植和保护作用。君主是全国最大的封建土地所有者,是封建阶级利益的代言人。他虽然采取严厉措施打击封建割据势力,使贵族丧失独立地位,但他处处维护这个阶级的特权和封建秩序。当资产阶级的势力进一步发展起来之后,必然与专制王权彻底决裂。

这个时期形成君主专制制度的国家有法国、英国、西班牙和俄国。由于各国的具体情况不同,专制统治的方式各具不同的特点,君主权力所能达到的限度也有差别。

一、法国专制制度的形成

16世纪经济的发展 16世纪,法国的封建母体中已经孕育了资本主义关系的幼芽,在商品经济迅速发展的基础上,南部的朗格多克,西部的诺曼底、布列塔尼、波亚图和缅因,北部的毕卡尔迪等地区,在毛织、麻织和丝织业中出现了分散或混合形式的手工工场。地理大发现后,法国沿大西洋海岸的港口通过西班牙发展了对美洲的贸易。在地中海区,根据1535年的法土通商和友好条约,又发展了对土耳其的贸易。由于国内外贸易的不断发展,涌现了一批诸如里昂、马赛等繁盛的商业城市。里昂1520年人口近7万,主要进口生丝,出口麻、毛、丝织品。1569年登记在册的大小商人共552个,买卖高度集中在约10个最大的商号手中。马赛人口从16世纪20年代的15 000人发展到80年代的35 000人。主要发展对土耳其的贸易,输出纺织品,输入香料、药材、棉花、五倍子和皮革制品。1570—1573年是它的商业最兴旺的年代,港口税的年收入由1570年以前的7 000至8 000里佛尔增至1573年的19 000里佛尔。巴黎成为欧洲最大的城市之一,人口达30万。

随着工商业的发展,新兴的商人资产阶级成为重要的阶级力量。法国原始积累的特点是国债制度和包税制度的早期发展,1522年,政府开始发放有息公债券,资产阶级购买公债,把钱贷给国家,依靠放债攫取利润。或者是包征间接税,预先把税款付给国家,然后获得向居民征税的权利,从征税中渔利。在政治上,资产阶级的代表人物通过购买官职,以法律家和官僚的身份参加到政府机构里去。因此商人资产阶级与王权保持密切的关系。

法国仍旧是一个封建农业国,人口的90%以上从事农耕。14、15世纪农奴制趋于瓦解,大部分农民成为人身自由的世袭佃户,他们除了向地主缴纳货币地租和提供某些劳役以外,还需要向国家缴纳各种苛捐杂税,向教会缴纳什一税。沉重的赋税负担,再加上高利贷盘剥,促使农民阶级发生分化,破产的农民部分流入城市,成为失业流浪者。马克思指出,对农民的剥夺在法国是按不同于英国的方式进行的,"在法兰西,剥夺是以另外的方式完成的,但1566年的穆兰敕令和1656年的敕令相当于英格兰的济贫法。"①

专制制度的形成

由于"价格革命",贵族地主的固定地租收入下降,许多人因陷入债务而出卖土地。但在政治上他们仍然拥有特权,有的担任中央或地方的重要官职,领受优厚的年俸,贵族的爵位世袭,他们大都要求加强专制王权,以保持高官厚禄,镇压农民的反抗,维持封建统治。但是那些在地方上拥有实力的封建贵族仍然抱有恢复割据局面的企图,因此法国君主专制制度的形成经历了一个曲折过程。

15世纪中叶,英法百年战争结束,奠定了法国统一的民族国家的基础,接着,法王路易十一(1461—1483年在位)打败了勃艮第公爵大胆查理,消灭了勃艮第公国,进一步扫除了中央集权的障碍。到法兰西斯一世(1515—1547年在位)统治时,王权比较强大,三级会议长期停止召开。法兰西斯一世设立的御前会议掌握着行政管理大权,重大问题由他本人和近臣决策。他下令剥夺男爵的司法审判权,削弱贵族而加强王权。他又下令取消仍然保有自治权的那些城市的独立地位,削弱地方势力而加强中央。法兰西斯一世还着手创设常备军,以之作为王权的靠山。在中世纪的西欧,各国的天主教会是一个特权组织,是"国中之国"。随着王权的加强,政治的统一,从15世纪起,法国教会开始摆脱罗马教廷的控制,实现教会民族化。1516年,法兰西斯一世又同罗马教皇利奥十世签订了波伦亚条约。根据这个条约,国王有权任命教会的高级教职,有权向圣职界征税。结果教会的收入大部分归入国库,教会名义上从属罗马教廷,实际上却受制于国王,成为专制统治的工具。1539年,法兰西斯下令国家法令使用法语,不得使用教会惯用的拉丁文。

法兰西斯一世也实行了符合资产阶级利益的政策,他禁止法兰德斯、意大利和西班牙的毛织品进口,为法国商人取得在土耳其贸易的特惠权,从而保护了法国的工商业。他还部分地取消了国内关卡,开始统一度量衡,促进了全国市场的形成。

掠夺意大利的战争

为了巩固法国在地中海区的商业地位,为了占领意大利领土,法国君主利用意大利政治上的分裂和各邦之间的纷争,侵略和掠夺意大利。德国皇帝对意大利也有领土野心,他支持意大利各邦的诸侯反对法国,为此,法王与德皇展开了长期的争夺战。战争从1494年开始,一直延续到1559年,以缔结卡托·坎布累齐和约告终,法国收复加来港,占领洛林的麦茨、土尔和凡尔登城。但是侵占意大利领土的目的没有达

---

① 马克思:《资本论》第1卷,下册,人民出版社1975年版,第790页注197。

到,加之长期的战争耗费了国家大量的人力、物力和财力,大大削弱了王权。在意大利战争之后,法国又陷入了长达30余年的在宗教外衣掩盖下的封建混战,使专制统治一度发生严重危机。

胡格诺战争

早在16世纪20年代,加尔文教便开始在法国传播,部分贵族、资产阶级分子和农民、手工业者、雇工接受了加尔文教思想,要求改革天主教会。法国南部有野心的大封建贵族也信奉加尔文教,企图利用宗教改革运动来达到夺取教会地产的目的,并且与专制君主对抗,梦想恢复往日的独立地位。加尔文教在法国称为胡格诺教。胡格诺教徒人数迅速增加。1559年,他们举行第一次全国会议时,只有15个教派代表出席。两年后举行第二次大会时,出席代表达2 000多人。北方有分裂倾向的大封建贵族则仍信天主教,他们与王室关系密切,因此打着"保护王权,保护天主教信仰"的旗号,反对南方的胡格诺教贵族。南北两个封建集团的矛盾由教派冲突酿成争夺王权的战争,史称胡格诺战争(1562—1598)。战争中两派互相残杀,在1572年的圣巴托罗缪节(8月23日)晚上,天主教徒在王太后的策划下,在巴黎一地就屠杀了2 000多名胡格诺教徒,激起了胡格诺派的强烈反抗,战争比前期更加残酷。胡格诺派在南方建立了胡格诺联邦,这实际上是一个贵族共和国。天主教贵族则在北方建立了"天主教神圣同盟",使全国陷于分裂混乱状态。在混战中,天主教集团首领吉斯·亨利和国王亨利三世先后被刺死,胡格诺集团首领波旁·亨利于1589年即王位,称亨利四世(1589—1610),开始了法国波旁王朝的统治。此后,战争又继续了一个时期。长期的封建混战给人民带来了巨大的灾难,在战争中,封建贵族的军队大肆抢劫和蹂躏,破坏庄稼。同时,战争加重了人民的捐税负担,农民和平民开始大规模暴动,亨利四世的军队费了很大力气才把起义镇压下去。被长期内战削弱了的封建贵族集团,慑于人民起义的威力,彼此妥协,迅速投向国王。1593年亨利四世改信天主教,次年加冕成为全国公认的国王,战争遂告结束。1598年亨利四世颁布南特敕令,宣布天主教为国教,但是也让胡格诺教徒享宗教信仰自由,并且有权担任国家官职。为了保证胡格诺派贵族的权利,敕令又允许他们维持25 000人的兵力和保留若干个堡寨。巴黎高等法院还由天主教徒和胡格诺教徒担任法官,共同处理宗教争端。胡格诺教在法国取得了合法地位。

长达一个多世纪的国内外战争,使法国经济受到严重摧残,国家财政濒于破产。亨利四世为了巩固统治,采取措施鼓励发展农业,降低农民的直接税,扶植工商业,给工场手工业发放补助金,提倡技术改良,实行保护关税政策,成立贸易公司,大力发展对外贸易。经过一个时期的恢复,法国经济开始高涨,国王的势力重新抬头。

二、英国都铎王朝的专制制度

手工工场的发展和对外贸易的增长

1485—1603年是英国都铎王朝统治时期。这个时期英国社会发生剧烈变革,封建制度解体,资本主义因素迅速发展,为此后英国超越其他欧洲国家,发展成为一个资本主义工业强国奠定了基础,政治上与此相适应的是君主专制制度的确立。

英国工业中资本主义的发展,首推呢绒业。英国的呢绒不仅供本国需要,而且在欧洲有广阔的市场,是英国最重要的出口商品,出口最多的1565年,达134 055匹,占全国出口总值的81.6%。在呢绒主要产地的农村,分散形式的手工工场迅速地发展起来了。除毛纺织业外,采矿、制革、酿酒、金属冶炼和加工、建筑、造船等也是重要的手工行业。16世纪70年代以后,其中的采煤业、炼铁业、造船业生产突飞猛进。这些部门的生产技术比较复杂,生产过程已有了明显的分工,而且需要集中一定的劳动人手,因此生产一般按集中的手工工场方式进行。16世纪末工业中已开始使用煤作燃料。在国内工业发展的基础上,对外贸易也取得显著进展。16世纪前期的特点是贸易量上的增长,掀起了以呢绒输出为中心的对外贸易高潮。后期的特点是贸易范围空前扩大,英国的商业和海上势力迅速扩张,贸易公司纷纷建立,比较重要的是莫斯科公司(1554年)、东地公司(1579年)、利凡特公司(1581年)、几内亚公司(1588年)和东印度公司(1600年)。到16世纪末17世纪初,英国商人的足迹已越出西欧及其邻近地区的范围,同北欧、东欧、近东、北非和远东诸地区诸国家的商人直接交易。这个时期的商业扩张是同地理发现、海上劫掠、殖民占领紧密地结合在一起,它揭开了英国海外殖民扩张的序幕。

圈地运动

农业上资本主义渗透的现象更为突出,它和圈地运动有极大关系。从15世纪末开始,英国农村发生了一个以"圈地"为外形的大变革。由于圈地现象越来越普遍,影响越来越大,逐渐形成为一个圈地运动。16世纪的圈地运动是英国历史上整个圈地过程的第一阶段,从根本上说,它是由农奴制的瓦解和农村商品经济的长期发展促成的,而本国和欧洲大陆一些地区与国家毛纺织业的发展则起了直接的推动作用。由于国内外市场上对羊毛的需要激增,羊毛价格上涨,急于发财的地主便利用手中特权侵占荒地和公地,用栅栏和沟渠圈围起来,建立大牧羊场;有的地主将自领地直接改为牧场,赶走大部分农民;有的则当出租地租约期满后,用提高地租的办法迫使农民放弃续租,甚至强迫农民退佃,然后将土地大片出租给牧场主经营。16世纪后期,随着人口的增加,粮价上涨,有的被圈的土地又改为农场,同时继续扩大圈地。在圈地过程中,土地关系、农业经营方式和耕作制度都发生了变革。圈地运动推动了英国封建农业经济向资本主义农业转变,资本主义性质的租地、农场制产生和发展起来了,从而大大提高了生产力。

社会结构的变化

资本主义在工农业中的发展使英国社会结构发生了变化,这个变化的最大特征是旧贵族的衰落和新贵族的兴起。旧贵族一般固守传统的经营方式,靠征收封建地租过奢侈生活。他们既无法与新经济竞争,又受到16世纪中叶以后的价格革命影响,实际收入不断下降,经济上入不敷出,不得不出卖土地,逐渐衰落下去,于是在英国出现了普遍的贵族危机。在旧贵族经济衰落的同时,新贵族在它的近旁诞生了。农村中的农场主和租地农业场主是新贵族阶层的重要组成部分,他们当中的一部分人来源于乡绅,还有市民和从自耕农中分化出来的成员。在圈地浪潮中,他们或者是通过契约关系向大贵族租入更多的土地,或者是通过圈地和买地扩大土地的占有。其中有的人采用新方法雇工经营,创办资本主义性质的农场和牧场,有的则通过土地买卖致富。土地对他们来说,已经不是用来剥削传统的封建地租,而是作为谋取资本主义利润的手段。因此他们已经不是原来意义上的封建贵族,而是资产阶级化了的新贵族。圈地运动也引起了农民阶级的分化,在少数人致富的同时,有大批小农失去了土地,沦为工业或农业雇工,有的被迫乞食流浪。这样,16世纪的英国社会便出现了新的阶级结构和由此产生的新的阶级矛盾,并且出现了农民流浪这个新的社会问题。

血腥立法和凯特起义

在国内,都铎王朝为了维护封建统治秩序,对广大劳动人民实行高压政策。政府颁布了一系列"血腥立法",迫害在圈地运动中被抛出的失业流浪者,对他们施行鞭打、烙印、割耳和降为奴隶等刑罚,甚至处死。"血腥立法"最充分地体现了封建专制王权的阶级本质。16世纪英国劳工的生活状况也是不堪忍受的,政府颁布劳工立法,把工人的工资强制地压低到有利于企业主赚钱的界限内。由于价格革命的影响,工人的实际工资下降,但是压低工资的法令仍然有效。处在都铎王朝专制统治下的工农群众不断反抗,1536年林肯郡和约克郡的农民首先暴动,此后反抗斗争接连不断,其中以1549年由小贵族凯特兄弟领导的诺福克郡农民起义规模和影响最大,起义波及全郡,攻下了郡首府诺里季城,城内工人、帮工、学徒、破产行东响应,壮大了起义的声势,击溃了一支1 200人的政府军,但是起义最后还是被镇压下去了。农民起义虽然屡遭失败,但有重大的意义,它沉重地打击了封建统治阶级,一定程度上遏制了圈地的狂潮。农民以武装斗争的方式维护了自己对土地的权利,使农村中保留了许多自耕农,这些自耕农成了17世纪资产阶级革命中新模范军的主力。

专制统治·宗教改革

都铎王朝从第一个君主——亨利七世(1485—1509年在位)开始,实行专制统治。亨利七世即位初年,国内局势不稳,冒充约克家族后裔的旧贵族先后三次起来争夺王位,他们的行动得到一部分人的支持,不服从地方官统治的情况更普遍。亨利七世对封建割据势力采取断然措施,下令禁止旧贵族蓄养家兵,解散封建家臣团,摧毁他们的城堡,消除旧贵族反叛王权的后患。在中央,国王选择亲信充当顾问官,不久又成立枢密院,枢密院受国王操纵,有权制定法令,并掌握最高司法权。由枢密官主持的"星室法庭"严厉惩治那些不效忠国王,甚至阴谋叛乱的贵族。1540年枢密院和星室法庭有了明显的分工,前者成了一个固定的最高行政机构,后者则是司法组织。英国专制制度的特点是国王把新贵族和城市资产阶级作为主要的依靠力量,亨利七世的继承人亨利八世(1509—1547年在位)、伊丽莎白一世(1558—1603年在位)大都从他们当中选任枢密院议员,把旧贵族排斥于这个最有权力的机构之外。重要的枢密官同时也是国务大臣,对都铎王朝的政策发生很大的影响。地方各郡仍归治安法官管理,权力有所扩大。治安法官虽然没有薪俸,却是地方的实际统治者,由枢密院在地方乡绅中选任,执行枢密院规定的政策,可以处理司法案件,逮捕和审判犯人,镇压骚动和叛乱,并且有权规定工资和物价,审核行会章程,制定学徒制度规则等等,协助中央加强对地方的统治。都铎王朝时期的英国议会不但没有停止活动,它的作用反而得到强化,为王权服务。主要由新贵族和资产阶级代表组成的议会下院,在王朝统治的大部分时间里总是无条件地批准国王提出的法令。世袭贵族由于得到国王大量封地,由他们组成的上院对国王也俯首听命。

为了加强王权,使教会成为封建统治的支柱,亨利八世开始改革教会。英国的宗教改革是自上而下进行的,1533年亨利八世公开和罗马教皇决裂,下令禁止向教廷缴纳岁贡。1534年议会通过了"至尊法案",宣布国王是英国教会唯一的最高首脑,对一切宗教事务具有最高的权力,可以任命教会的各种教职,决定教义,并将宗教法庭改为国王法庭,由国王来审判教徒,镇压"异端",改革教会,不承认罗马教廷的最高权力。改革后的教会称为英国国教。这样,国教便成了都铎王朝实行专制统治的工具。英国议会又以原罗马控制的天主教会腐化为理由,于1536—1539年通过了解散修道院并没收其全部财产的法令。被没收的土地和原属修道院的房产,尽归国王所有,朝廷里的一些大臣、宠幸和地方上的支持者都受到了亨利八世的赏赐。约有2/3的教会土地被抛入市场,转到了新贵族和资产阶级手中,结果既充实了国库,又使贵族和资产阶级从中得利,他们因此更加拥护王权。

重商主义和反对西班牙的斗争

都铎王朝为了增强国力,在经济上推行重商主义政策。首先限制羊毛原料和粮食出口,同时限制制成品进口,以保护本国工业的发展。又给这个时期纷纷兴起的贸易公司颁发特许状,允许垄断特定地区的贸易。政府还大力发展航海业和军需工业,奖励造船,并建立强大的海军。1560年,英国实行新币制,以金币取代银币,有效地抑制了物价上涨之势,恢复了货币的信用。1566年,英国伦敦皇家交易所成立,为东印度公司的前身。1568年伊丽莎白女王特许成立皇家矿业公司和金属开采与冶炼公司,主要开采铜矿和菱锌矿,并授予私人生产硫磺和硝石的专利权,积极制造大炮,改变过去军需品生产仰赖外国的状况。

伊丽莎白女王统治时期,英国对其劲敌西班牙展开了长达半个世纪的斗争。16世纪的西班牙几乎独占了美洲,垄断了对美洲殖民地的贸易,掌握了欧美之间的制海权,它在殖民地掠夺的财富为英国统治者所垂涎,它在海上的横行无忌,引起了英国人的不满。西班牙还是一个炽热信仰天主教的国家,它的国王对同罗马教廷断绝了关系并崇奉国教的英国怀有憎恨情绪,双方存在宗教分歧。因此,英国这时在外交上把西班牙作为主要的攻击目标。从16世纪60年代起,英国海盗在大西洋上经常劫夺西班牙殖民地和从殖民地运回金银的船只,以此作为打击西班牙的重要手段。同时伊丽莎白女王和贵族、资产阶级也把这种海上抢劫、走私和向美洲贩卖黑奴的活动视为发财致富的有效途径。英国政府为了进一步削弱西班牙的国力,还支持西班牙的属地尼德兰的革命。而西班牙为了报复,派遣外交官和间谍暗中支持英国国内反都铎王朝的天主教势力,企图谋害伊丽莎白,颠覆现政府。80年代斗争达到了白热化程度,终于在1588年爆发了英西大海战,西班牙的"无敌舰队"在英吉利海峡被彻底打败,海上实力受重创。英国初步夺得了大西洋航线的控制权,为向美洲扩张开辟了道路,从此英国的殖民侵略势力逐渐向美洲渗透。

三、俄国留里克王朝专制制度的巩固

16世纪的社会经济 15世纪是俄国历史发展中的重要转折时期,在这个时期里,国家最后摆脱了蒙古人的统治,取得独立。就在反抗蒙古人统治的斗争中,以莫斯科公国为核心,奠定了国家统一的基础。进入16世纪以后,莫斯科大公瓦西里三世(1505—1533年在位)继承了前任大公统一国家的政策,先后将普斯科夫和梁赞并入了公国的版图(1510年和1521年),又恢复了被立陶宛占领的斯摩棱斯克(1514年),最后完成了领土的统一,与此同时,国家也初步实现中央集权化。

国家的统一和中央集权制度的形成有利于社会经济的发展。从15世纪中叶起,俄国城市经济发展迅速,到16世纪已经有220种手工行业,其中最突出的是采掘、木材加工、制革和制陶行业。由于商品生产和商品交换的发展,各地经济联系日益加强,在经济发展中地区孤立开始被打破,莫斯科逐渐形成为全国的经济中心。对外贸易也发展起来了,向南同伊朗、中亚,向西同英国等西欧国家建立了商业联系。但是这时俄国商品经济的发展还很不充分,与同时期的英、

法、尼德兰等国家和地区相比,俄国的工商业是落后的。在农业方面,15、16世纪生产稳步增长。三圃制广泛推行,随着向边远地区移民垦荒,耕地面积扩大。城市的发展和西欧经济发达国家对粮食和原料的需要不断增长,刺激了俄国的农业生产。当时贵族地主的土地大部分已租佃给个体农民耕种,农民的生产物除了主要以实物地租的形式缴纳给主人以外,勉强自给,所剩有限,他们同市场的联系十分薄弱。为了保证获得成批的商品粮和大麻、亚麻一类的经济作物,贵族地主不断扩大自营地,将分散在农民手中的耕地收回,于是在俄国出现了"夺地"现象。结果俄国中部地区农民的耕地16世纪末比16世纪中期减少了一倍到一倍半,在诺夫哥罗德和普斯科夫两地,每个农户平均占有的耕地由4~5俄亩减少到1~1.5俄亩。随之而来的是扩大劳役地租,从15世纪末开始,政府用立法手段把农民束缚在土地上,1497年的法典规定农民只准在每年的一定时间里,即犹利节(11月26日)前后各一星期离开主人,在以后的法典中再次重申,并规定了更多的限制条件,从而保证了贵族地主有足够的劳动力。因此,当西欧国家,如英国和尼德兰开始向资本主义过渡的时候,俄国却加强了对农民的奴役,从此农奴制度逐步确立起来。

沙皇专制制度的确立

俄国的中央集权制度是在国内市场联系比较薄弱,资本主义尚未萌芽的条件下形成的,16世纪初仍然不稳固。在实现领土统一的过程中,原来各公国的王公贵族虽然被莫斯科大公打败,表示臣服,然而实际上还享有许多特权,由这样一些人组成的"贵族委员会"把持了政权,大公要受委员会的牵制,不征得它的同意,既不能颁布法令,也不能处理重大的司法纠纷和外交事务。伊凡三世虽然采取过一些强化中央权力的措施,但是未能从根本上削弱大贵族的分立势力。瓦西里三世死后,伊凡四世(1533—1584年在位)即位,年仅三岁,由母后叶琳娜·格林斯卡娅摄政。她镇压了两个皇叔的叛乱,将政权牢牢掌握在手中。1538年摄政王突然死去,"大贵族委员会"发动政变,政权经过几次转手,以前有利于中央集权的措施被废除,封建割据局面重新出现。1547年1月已经成年的伊凡四世亲政,改称沙皇,迎娶罗曼诺夫家族的阿娜斯塔西娅为妻。就在这一年,莫斯科和全国各地发生人民起义,先后被沙皇镇压了下去。各地相继发生的起义,表明阶级矛盾日趋尖锐,统治阶级的各个阶层要求政府采取坚决措施维护国内秩序。1549年年初,伊凡四世召集"重臣会议",会上一致认为必须实行改革,以肃清封建割据的流毒。接着伊凡四世又召开有大小贵族、高级教士、高级官员和商人代表参加的"缙绅会议",在会上发表改革宣言,提出社会和政治改革纲领,并且宣布编纂新法典。新法典于1550年颁布,规定将司法审判权和行政治理权进一步集于中央。从1549年到1555年,伊凡四世根据法典精神改组中央国家机关,设立分掌各部行政事务的衙门,组成政府的官僚机构,彻底废除旧机关,并且限制大贵族和教士的课税特权。地方上则废除总督制,由中小贵族和富裕阶层中选出的地方官和法官管理行政和司法事务。在军事改革方面,新颁布的"兵役条例"规定,无论大贵族的世袭领地或中小贵族的封地在服军役方面一视同仁,都按土地面积的多少提供一定数量全副武装的骑兵,取消了大贵族的军事特权,中小贵族在服军役方面取得了平等权利。

16世纪50年代的改革加强了沙皇的中央政权,但是大贵族仍然保持相当的实力,他们伺机背叛沙皇,甚至投降外敌。伊凡四世一方面用酷刑、流放甚至绞刑来打击大贵族的反叛行为,另一方面推行"特辖领地制",企图彻底铲除贵族分立势力的根基。他将全国土地划分为特辖区和普通区两部分,中央地区和南方部分地区被定为特辖区,约占全国土地面积的一半,由沙皇直接管理。特辖区内原属大贵族的世袭领地一律改为王室领地,分封给为沙皇服役的中小贵族。其余远离中央的边陲地区则被定为普通区,由贵族组成的"杜马"管理,凡在特辖区被没收了世袭领地的贵族,可以在普通区获得土地作为补偿。为了对付大贵族的反抗,伊凡四世又从中小贵族中挑选了1 000人组成"特辖军团",那些反对特辖领地制的大贵族均受到了残酷的镇压。伊凡四世因此获得了"恐怖的"伊凡这个称号(即伊凡雷帝)。特辖领地制的推行,大大削弱了大贵族的经济和政治力量,而沙皇的专制统治则在中小贵族和城市富裕阶层的支持下巩固了起来。

对外扩张

在对外关系方面,16世纪期间,俄国主要推行扩张政策,其目标一是通过陆地蚕食逐步扩大领土,二是争夺出海口。伊凡四世首先将扩张的矛头指向伏尔加河中下游的各蒙古汗国。1552年出兵15万,攻打喀山汗国,经激战后于同年10月攻陷喀山城,城内男子全部遭到屠杀,妇孺被俘,财物被抢劫一空。之后,战争又延续了一个时期,汗国才最后被征服。接着在1556年灭掉阿斯特拉罕汗国。又进而占领诺该汗国。至此,整个伏尔加河流域和乌拉尔山脉以西地区尽入俄国版图,为进一步入侵中亚、高加索和西伯利亚开辟了道路。

俄国对西伯利亚的军事扩张开始于1581年9月,到1584年征服了乌拉尔山脉以东的蒙古人汗国,随后(1586—1594)在那里建立了秋明、托博尔斯克、别列佐沃、塔拉和苏尔古特等军事城镇,作为进一步侵占西伯利亚的据点。大约半个世纪之后,俄国的势力向东一直延伸到太平洋海岸。

为了夺取波罗的海沿岸地区和出海口,伊凡四世发动了立窝尼亚战争。1558年4万俄国军队从北部攻入立窝尼亚,占领了芬兰湾南岸的要塞那尔瓦和捷尔普特港。1560年俄军又从中部进攻,占领了立窝尼亚大片领土。俄国的入侵引起波罗的海沿岸国家瑞典、波兰、立陶宛等国出兵干涉,瑞典占领了爱沙尼亚北部地区,立窝尼亚其余部分受立陶宛公国控制,争夺立窝尼亚的战争遂演变为国际战争。1562年伊凡四世亲率8万大军从南部进攻立陶宛,并占领了波洛茨克。波兰和立陶宛为了合力抗俄,于1569年在卢布林会议上宣布正式合并为波兰-立陶宛王国。波兰-立陶宛国王同瑞典、土耳其结盟之后,于1579年进攻俄军,夺回波洛茨克,并且进入俄国国境。1581年波兰-立陶宛军队包围普斯科夫,同时,瑞典也在北方发动进攻,占领纳尔瓦,并进击卡累利亚。由于俄军连遭失败,加之国内贵族骚动,局势混乱,伊凡四世被迫于1582年同波兰签订10年休战条约,双方都放弃所占的领土。1583年又同瑞典缔结停战协定,波罗的海沿岸的科波利耶、雅姆、伊凡格勒和芬兰湾沿岸的全部土地归属瑞典,战争就此结束。结果俄国不但没有夺得出海口,反而丧失了波罗的海沿岸部分土地。

农民处境的恶化和波洛特尼科夫起义

延续了25年的立窝尼亚战争给人民带来了深重的灾难,造成土地荒芜,野草丛生。政府为了筹措军费不断增税,贵族地主也竭力加重封建剥削,压榨农民,任意提高租额,使广大人民群众尤其是农民和农奴负担异常沉重,无法维持生计,有的被迫流浪、乞讨。伊凡四世晚年和他的儿子费奥多尔统治(1584—1598年在位)初年,俄国农村呈现一片萧条景象,中部和西部地区情况最严重。农民为了逃避赋税和饥荒,大批涌进南部和东南部未开垦的地区,伊凡四世为了解决贵族地主土地上因劳动力不足而造成的困难,在1581年颁布"禁年"令,禁止农民在禁年的犹利节期间迁徙。从1581年到1586年是禁年令的有效期,经过一个短时期的间歇,从1590年到1595年禁年令再次生效。此后,禁止农民自由迁徙实际上成了永久性的规定,农民仅有的一点合法权利也被剥夺了。为了制定更加严格的赋税制,1592—1593年政府重新调查土地和人口,编制地产清册,农民一经登记属于某个贵族地主,就永远成为他的农奴,从此不得离开主人。1597年政府又颁布禁止农奴逃亡的法令,规定自该年起前五年之内逃亡的农奴必须返回原住地,主人对出走的农奴有追捕的权利。以上法令巩固了农奴对领主的人身依附关系,领主对农奴的占有获得了法律上的确认。

16世纪末17世纪初,俄国政局动荡,危机四伏。1598年沙皇费奥多尔死,无嗣,留里克王朝告终。缙绅会议选举皇叔鲍里斯·戈都诺夫为沙皇(1598—1605年在位)。由于传闻鲍里斯·戈都诺夫密谋杀害伊凡四世的儿子和合法继承人季米特里·伊凡诺维奇,引起贵族不满,他们勾结外敌,图谋颠覆沙皇政权,给外国武装干涉提供了可乘之机。1604年波兰国王出兵支持一个自命为伊凡四世皇子的俄国人季米特里占领莫斯科,自立为沙皇。伪季米特里同波兰贵族女子结婚,执行有利于波兰贵族的政策,引起了俄国各阶层的不满。1606年5月大贵族在莫斯科发动兵变,得到群众支持,推翻了伪季米特里的统治,大贵族夺取了政权,推举瓦西里·叔伊斯基为沙皇(1606—1610年在位)。就在叔伊斯基统治时期,俄国各地农民纷纷起义,其中规模最大的是波洛特尼科夫领导的起义。1606年夏,波洛特尼科夫在西南部的普迪夫尔城征集起义军,7月向莫斯科进发,沿途城乡居民积极响应。起义军在克罗梅和卡卢加城下打败了沙皇的军队,10月包围首都莫斯科。这时起义军已发展到约10万人,以考杰尔村为大本营。由于起义军中成分复杂,卷入起义的小贵族在战斗的关键时刻投降沙皇。12月2日,起义军在考杰尔村附近被打败,波洛特尼科夫向卡卢加退却,在那里顽强抵抗沙皇军队的围攻。1607年5月,在摩尔多瓦人和玛里人的支援下获得胜利。起义军从卡卢加转移到土拉城,在那里与伊凡·高尔察克领导的另一支起义军汇合,又坚持斗争达四个月之久。最后,沙皇军队在乌帕河筑坝,截流灌城,守城的起义军粮尽弹绝,不得不停止抵抗,领袖被捕遇害,起义最后失败。

罗曼诺夫王朝的建立

波兰封建贵族趁俄国发生农民战争的机会,策划武装侵略俄国。他们推出第二个伪季米特里,由他率领的波兰贵族军队进入俄国,1608年10月兵临莫斯科城下,屯兵于近郊的土希诺村,自称沙皇。与此同时,波兰军队从西部入侵,控制了伏尔加河中上游大部分地区。当地居民奋力抗击波兰军,但是沙皇叔伊斯基不依靠群众,却在1609年2月同瑞典缔结同盟,请求瑞典派援军。这无异于引狼入室,结果使俄国大片领土被波兰军和瑞典军占领,叔伊斯基也随之倒台,皇位空缺,波兰军队占领莫斯科。在俄国面临被瓜分和灭亡的危急关头,人民群众和爱国贵族、将领挺身而出,反抗侵略者。他们组织民军,收复部分被占领土,并且在1612年10月从波兰军手中夺回莫斯科城。民军领导人在1613年2月召集缙绅会议,选举国家首脑。大贵族米哈伊尔·罗曼诺夫当选为沙皇(1613—1645年在位),俄国从此开始了罗曼诺夫王朝的统治(1613—1917)。

四、西班牙的专制制度

工商业的发展

西班牙于15世纪末实现统一后,逐渐强大了起来。国王拥有4万人的常备军,于1492年收复阿拉伯人在西班牙占领的最后一个据点格拉纳达,结束了长达七个多世纪的"收复失地运动"。1516年国王斐迪南二世死,无嗣,由外孙哈布斯堡家族的查理继承西班牙王位,称查理一世(1516—1556年在位)。不久,查理一世又兼任"神圣罗马帝国"皇帝(1519年当选,称查理五世),除西班牙外,还统治意大利的一部分(南意大利的那不勒斯、西西里岛和萨丁岛)、尼德兰、法兰西-孔德、帝国本部和广大的美洲殖民地,包括南美洲大部分,中美洲、佛罗里达、古巴以及亚洲的菲律宾群岛。西班牙拥有欧洲最强大的海军和舰队,控制了欧美之间的大西洋水域,成为16世纪欧洲的强国之一。

西班牙的工业在16世纪有了很大的发展,在某些工业部门中已经出现了资本主义性质的手工工场。西班牙山区盛产羊毛,毛纺织业成为重要的手工行业。以塞维利亚为中心的大西洋贸易促进了手工业尤其是毛纺织业的发展,塞维利亚已成为呢绒工业的中心。70年代又涌现了新的生产基地,塞哥维亚年产呢绒13 000匹,科尔多瓦的年产量为15 000匹。瓦伦西亚、萨拉哥撒、巴塞罗那和其他城市的四郊也有发达的呢绒工业。此外,托勒多城的丝织、造船、制革、制帽等行业也很兴盛,尤其是它所生产的武器远近驰名,部分供出口。

在商业上主要发展同美洲殖民地的贸易。16世纪期间,贸易额迅速增长,首先是墨西哥的萨卡特卡斯和秘鲁的波托西生产的白银,源源流入西班牙,1511—1515年5年间共运入白银价值20万比索,1586—1590年间达350万比索。同时又运入咖啡、可可、烟草和甘蔗等物。塞维利亚的地位越来越重要,它将美洲的产品运销欧洲各地,并且输出本国生产的酒、木材和橄榄油。这个城市的人口16世纪30年代时为5万,90年代发展到13万。西班牙又向北欧输出羊毛,主要运入尼德兰,1570年仅桑坦德一地就出口羊毛17 000包。西班牙同地中海其他国家特别是同意大利和法国的贸易也很活跃。尽管16世纪西班牙的工商业有明显的发展,但比英国、法国和尼德兰等西欧国家和地区还是落后,工业的规模不大,产品有限,对外贸易几乎年年入超,只得用白银来弥补。国内贸易也不发达,国家统一后,内部经济的发展仍然保持地区的分散性,加之受到专制政府掠夺政策的摧残,工业中的资本主义幼芽无法获得进一步发展。

农业的落后

西班牙的农业十分落后,没有发生像英国和其他欧洲经济发达地区那样的农业变革,农村仍然受封建生产关系的严重束缚。西班牙农业的主要部门是牧羊业,由于西欧毛纺织业的发展,对羊毛的需求量增加,在卡斯提尔高原与安达卢西亚绿色平原之间的贵族牧羊主结成强大的联盟,称"麦斯塔",每年驱赶二三百万头羊沿着固定的路线流动放牧,生产大批羊毛。政府把牧羊业作为国库收入的重要来源,极力扶植麦斯塔,用立法的形式给麦斯塔以夺取农民土地的权利。1489年,国王下令,麦斯塔可以按需要使用村社的牧场。1501年的法令又规定,麦斯塔放牧达一个季节的土地,若原租户不提出抗议,麦斯塔即获得永久的租佃权。麦斯塔还依仗政府的支持和纵容,让流动羊群肆意毁坏农民耕地的篱笆。再加上租税的不断增加,严重影响粮食生产,也使农民生活日趋恶化,而麦斯塔却因出口羊毛获得巨大收益。由于历史原因,16世纪的西班牙农村各地经济发展水平不同,农民的状况也有差异。卡斯提尔地区由于商品货币关系的发展,大多数农民以缴纳货币地租为条件,世袭使用僧俗封建主的土地,并且获得一定的自由,有权离开土地。但是农民的分化使他们当中的许多人成为雇农,或者四处漂泊,成为乞丐和流浪者。比较落后的阿拉冈仍然保持残酷的农奴制。加泰洛尼亚的农民则通过起义争得了赎买自由的权利,但赎金往往很高,因此仍保留着农奴制的残余。

王权的加强

西班牙是在反抗阿拉伯人的"收复失地运动"中逐渐统一起来的,统一后的西班牙是一个中央集权的君主国,但是各省区仍然保持一定的独立性,王权并不巩固。由于在收复失地运动中需要依靠城市同盟和骑士团的支持,国王不得不给予封建贵族和城市种种特权。直到 16 世纪初,贵族、教士和城市上层分子组成的等级议会仍然保持很大的权力,可以处理当地重大事务,表决征税议案,并且有审议王位废立的大权。除卡斯提尔议会外,还有阿拉冈、加泰洛尼亚和纳瓦尔三个地区性的议会,均享有自主权。国王查理一世继承了"神圣罗马帝国"皇位后,企图树立欧洲霸权。法国国王法兰西斯一世是他的劲敌,从 1521—1544 年,查理一世同法兰西斯一世展开了争夺意大利半岛统治权的斗争,又不断同德国新教诸侯作战。对内则竭力加强专制统治。查理自幼生长在尼德兰,他将大批尼德兰籍的亲信安插在宫廷和教会的重要职位上,排斥西班牙贵族,又肆意践踏各省区和城市的自治权。他横征暴敛,并向城市强制贷款,激起了各阶层普遍不满,反对查理一世专制统治的斗争终于发展为托勒多、塞哥维亚等卡斯提尔城市公社起义,要求给城市以自治权。查理一世调集军队,将起义镇压下去,接着彻底剥夺城市的自由,等级议会的权力也被大大削弱,王权因此得以加强。

腓力二世的反动统治

1556 年查理一世退位,神圣罗马帝国皇位由他的弟弟斐迪南继承,西班牙及其美洲殖民地和尼德兰交由他的儿子腓力统治,称腓力二世(1556—1598 年在位)。腓力二世是一个愚钝的、眼光狭窄的暴君,又是一个狂热的天主教徒,他对西班牙实行极权统治,利用宗教裁判所残酷迫害新教徒。那些对专制制度稍有不满,加以反抗的人,也被他加上"异端"的罪名予以镇压,被他处死在火刑柱上的人不计其数。经济上则竭泽而渔,在他统治期间,西班牙政府的赋税极其沉重,从 1556 年到 1584 年税额增加了一倍。然而国王宫廷的消费两倍于岁入,又要缴付战费,入不敷出,政府被迫大量举债。一方面无限制地推行国债,然后宣布国家破产,在 1557、1560、1575 和 1596 年连续颁布破产令,拒绝偿还债款,造成国内经济生活混乱。另一方面向国外银行家借贷,用土地和矿产资源作为抵押,使国家财政受到意大利和德国银行家的控制,经济上加深了对外国银行家和商人的依赖。16 世纪中叶开始的欧洲"价格革命",在西班牙表现得比任何其他国家都更为猛烈,物价上涨最早,也最快,到 16 世纪末,物价提高了 4~5 倍。政府对工业既不保护,也不鼓励支持,西班牙的产品一般质量低劣,价格又昂贵,根本无法同外国竞争,既丧失了国外市场,也丧失了国内市场。政府为了满足贵族和富裕市民的要求,鼓励奢侈品和手工业品的输入,造成金银源源外流,并且摧毁了本国的企业。以上种种原因促使 16 世纪后期西班牙的经济逐渐走向衰落,接着进入了一个长时期的经济萧条时期。

在外交上,腓力二世继续奉行霸权政策。1571年同威尼斯和教皇结盟,在勒盼多之役大败土耳其舰队,遏制了土耳其对西地中海区的进攻。1580年西班牙又用武力兼并了葡萄牙王国及其海外殖民地,把它的霸业推向了顶峰。但是在1588年,当它的"无敌舰队"进攻英国时,却遭到英国海军毁灭性的打击,海上势力从此一蹶不振。同时出兵干涉法国的内战又以失败告终。就在腓力二世统治期间,西班牙的属地尼德兰从1566年起爆发了革命,尼德兰北部行省脱离西班牙而独立,这对西班牙是沉重的一击,国力大受削弱。17世纪以后,西班牙便丧失了大国地位。

五、尼德兰革命

资本主义生产的发展　尼德兰是荷兰文"低地"一词的直译,指莱茵河、马斯河、些尔德河下游和北海沿岸一带地势低洼的地区,约当今天的荷兰、比利时、卢森堡和法国的东北部。中世纪初期,尼德兰是法兰克人王国的一部分,法兰克人王国分裂后,它分属于德意志皇帝和法兰西国王。到15世纪,其大部分领地并入了勃艮第公国。从16世纪初开始,尼德兰又因联姻和继承关系归属于西班牙,受西班牙哈布斯堡家族统治。这时的尼德兰实际上是由一些封建公国和伯国组成的联邦,有中央集权制的政府机构,为首的是由西班牙国王任命的总督,下设国务会议、财政会议和枢密会议,同时还设有中央的三级会议和各省的三级会议。作为一个统一国家的机构渐趋完善,但是其主权经常受到西班牙专制王权的侵犯。

16世纪的尼德兰是欧洲经济最繁荣和人口最稠密的地区,封建制度解体和资本主义因素发展迅速。在17个省区中,北部的荷兰、西兰和南部的佛兰德斯、布拉奔工商业最发达。与同时期欧洲其他国家相比,尼德兰都市化的程度最高,它拥有相当数量的城镇,荷兰省人口的半数是城市居民,佛兰德斯和布拉奔的城市居民也占33%至40%。毛织和麻织业是尼德兰中世纪以来传统的手工行业,莱顿和纳尔登等城是北部重要的纺织中心,莱顿城在1500至1530年期间,平均年产毛呢25 000匹,纳尔登城也年产万匹以上。南部的阿拉斯、圣奥梅尔、杜埃、里尔、根特、伊普、布鲁日城精纺毛呢的生产曾经盛极一时,它的原料和产品销售都依赖国外市场。由于英国限制羊毛出口,使它的生产一度受到严重影响,后来使用西班牙的长羊毛经过精梳织成的"新毛织物"的生产,又迅速地发展了起来。除纺织业外,北部以造船、航海和捕鱼业著称。南部这时兴起的制糖、制皂、印刷和冶金业也达到了较高的水平。手工工场制在各行业中广泛发展,逐渐取代行会作坊的生产,以毛纺织业最突出。阿姆斯特丹、密德尔堡、符利辛根、发隆西纳和蒙斯等都出现了集中形式的呢绒手工工场,洪得斯霍特城的工场规模尤其大,大大提高了生产率。这里所生产的新织物——哔叽由16世纪30年代平均每年3万多匹,增至60年代的9万多匹。此外,还有分散和混合形式的手工工场。其他行业如捕鱼业也按资本主义方式经营,商人和企业主集资组织大捕鱼公司,建造船只,雇用水手和渔夫为他们工作,仅阿姆斯特丹一地,每年驶出渔船上千艘,获得了巨额利润。

商业的发展,首推佛兰德斯的安特卫普,它是当时欧洲最重要的贸易集散中心和金融信贷业的中心。有不少满载美洲金银和商品的西班牙船首先在这里停泊,然后将货物转运欧洲各地,欧洲各国的出口商品也大都在这里转口。安特卫普城的港口可同时停泊大小船只2 000多艘,街上每日往来的外商达5 000~6 000人。各国的金融家、大商人在城内交易所大厦都设立了办事处,从事证券交易和投机买卖。安特卫普也是南部的经济中心。北部最大的城市是阿姆斯特丹,它的海运业和捕鱼业十分发达,拥有强大的海上舰队,同英国、波罗的海沿岸各国和俄国保持活跃的贸易关系,与西班牙的联系则比较少。

在农村,南北经济发达的省份土地关系发生了深刻变化,农奴制早已废除。在北部的荷兰和西兰,大部分耕地已转入富商和大资产阶级手中,他们或者直接经营农场、牧场,或者以短期租佃的方式将土地分租给为数众多的自由农耕种,收取货币地租。有的封建主也采取新方式经营土地,成为新贵族。这些省区农业商品化的程度较高,已出现了商品农业区,生产大量的粮食、亚麻、茜草染料和畜产品供应城市的需要,牲畜、奶油和干酪等还供出口。南部的佛兰德斯和布拉奔,封建关系已为各种半资本主义的租佃关系所取代,也出现了一些资本主义农场。但是南部有相当部分地区经济发展比较落后,封建主仍然掌握着大部分土地,与土地所有权相联系的种种封建特权还保留着,农民没有完全摆脱封建依附关系。边远地区封建农奴制还很牢固。

阶级关系的变化

16世纪尼德兰经济的发展引起阶级关系的变化。中世纪的市民阶级正在向资产阶级转化,手工工场主和一般商人,还有代表他们利益的知识分子比较激进,他们要求推翻封建专制统治,建立资本主义制度。这个要求往往以加尔文教派的教义和组织形式表现出来,并对城市贫民、小资产阶级和农民有较大的影响。在日后反对西班牙统治的斗争中,他们和人民群众形成暂时的联合,并且起领导作用。但是,那些富裕的大商人资产阶级,特别是同西班牙有经济联系的南方富商则比较保守,他们虽然反对专制统治的某些措施,但是还没有发展到对抗的程度,因而对西班牙采取妥协态度。贵族阶级处在分化当中,逐渐分裂为资产阶级化的新贵族和顽固保持封建关系与特权的旧贵族两部分,后者同城市行会上层人物和城市贵族残余势力结合,构成尼德兰封建反动势力的支柱,是日后革命的对象。尼德兰的农民身受贵族、教会、高利贷者和资本主义包买商的重重剥削,处境日益恶化,不断破产,有的人被剥夺了土地,变成流浪者。政府又颁布立法来迫害他们,规定流浪者要受到鞭打、烙印，或者被罚在船上服苦役。工场或农场雇工工资微薄，日工时长达12至14小时，生活也很困苦，女工和童工的状况更加悲惨。农民和雇工因不堪忍受压迫而经常反抗，他们同是尼德兰革命的主要动力。再浸礼派①在他们中广泛传播。

西班牙的专制统治

由于尼德兰是16世纪欧洲经济最发达的地区，几乎掌握了对西属殖民地的全部贸易以及西班牙大部分对外贸易和金融业务；同时西班牙在推行欧洲霸权政策中，尼德兰又具有十分重要的战略地位，因此西班牙国王查理一世对尼德兰加以严密控制，实行专制统治。他任命的尼德兰总督拥有最高的行政、司法、财政权力，任意破坏各省区和城市的特权，无休止地横征暴敛，西班牙国库年收入为500万佛罗林（荷兰银币），其中约有一半来自尼德兰。又设立宗教裁判所，残酷迫害新教徒，根据1550年的敕令，凡"异端"处死刑，并被没收财产，藏匿与帮助异端的人与异端分子同罪，人们把这个敕令称为"血腥敕令"。西班牙的经济掠夺扼杀了尼德兰的资本主义工商业，并使广大群众破产。西班牙人总督所推行的专制暴政带有民族压迫的性质，它压抑了资产阶级的发展，劳动群众也深受其害。1514—1535年，荷兰、弗里斯兰、上伊塞尔等省的再浸礼派掀起暴动。1539—1540年，根特城也爆发起义。到西班牙王腓力二世统治时，尼德兰资产阶级和广大群众同西班牙专制统治者的矛盾终于发展为资产阶级革命。

腓力二世即位后，继续执行高压政策。他向尼德兰增派军队，任命他的姐姐玛格丽特为尼德兰总督，由主教格伦维尔辅政，全部权力落入了以他们为首的国务会议一小撮成员手中，尼德兰原有的自治权丧失殆尽。他们又利用天主教作为专制统治的工具，增加宗教裁判官的数目，下令各级政权都要严厉执行惩治异端教徒的法令。在经济上推行了使尼德兰遭受致命打击的措施：1557年的西班牙国家破产令颁布后，赖债不还；又禁止尼德兰商人进入美洲殖民地经商；1560年还宣布提高西班牙羊毛的进口税额。结果造成尼德兰信贷系统混乱，银行家破产，商业萎缩，呢绒手工工场倒闭，繁荣的尼德兰顿时陷入经济萧条的局面。这一切，严重触犯了资产阶级和部分贵族的利益，工人面临失业挨饿，农民的生活也暗无天日，腓力二世施行的新政策便成为尼德兰革命的导火线。

革命的爆发

60年代初，人民群众反对西班牙专制统治的斗争最初表现为教派活动。加尔文教和再浸礼教组织到处出现，成千上万人聚集在城郊，传播新教思想，有的手持武器捣毁宗教裁判所的火刑柱，甚至打开监狱大门，释放被监禁的加尔文教徒。政府的镇压更加激起群众的反

---

① 再浸礼派（Anabaptists）是宗教改革运动中的激进派。他们遵循慈温利的主张，认为婴儿不应受到罪的惩罚。因此婴儿洗礼是渎神的形式。他们主张唯成年受洗方为有效。

抗,在尼德兰造成了革命的形势。

在群众斗争的推动下,与资产阶级利益相关的贵族激进派也行动起来了。他们以奥兰治的威廉亲王、埃格蒙特伯爵和荷恩上将为首,组成"贵族同盟",于1566年4月向玛格丽特总督呈递请愿书,要求废除"血腥敕令",撤出西班牙驻军,罢免格伦维尔的职务,召开三级会议讨论尼德兰的政治形势,同时也向腓力二世表示效忠。西班牙政府拒绝让步,贵族便与资产阶级商讨对策,正在这时爆发了人民起义。

1566年8月11日,大规模的起义首先在佛兰德斯的一些工业城市发生,以天主教会作为主要的打击目标。群众冲进教堂和修道院,以工具作武器,捣毁圣像和遗骨,没收教会财产。起义来势迅猛,几周内就波及布拉奔、荷兰、西兰、弗里斯兰等12个省区,参加者达数万人,被毁教堂和修道院达5 500座,并焚烧了一些债据和契约。这次起义在历史上被称为"破坏圣像运动",它实际上是革命的开端。

但是,群众运动的发展,使贵族和部分资产阶级感到害怕,开始动摇。以奥兰治亲王威廉为首的一批贵族反对派于是同政府谈判,订立协议,竭力平息这场风暴。8月23日,女总督宣布废除宗教裁判所,对贵族的反叛行为不予追究,允许加尔文教徒在指定的地点传道和祈祷。接着贵族和资产阶级退出运动,起义被镇压。然而政府当局的让步只是一种缓兵之计,不久,腓力二世改派阿尔伐公爵为总督,带领一支18 000人的讨伐队进入尼德兰,采用残暴手段对付群众,成立新法庭——"除暴委员会",扬言要把居民作为异教徒斩尽杀绝,一时间竟使整个尼德兰变成了屠场。据记载,处死约8 000人,连埃格蒙特伯爵和荷恩上将也不能幸免,资产阶级首领安特卫普市长凡·斯特拉连亦被送上了绞刑台。为使金钱不断流入西班牙,1571年阿尔伐颁布新的课税令,规定征收财产税1%,土地转卖税5%,商品交易税10%。新税令的执行使尼德兰的经济面临总崩溃。阿尔伐下令处死几个停业的小业主,悬首示众,用恐怖手段勒令开业。阿尔伐的血腥统治和掠夺政策迫使10万商人、农民和手工业者逃亡国外,奥兰治亲王和他的亲信则逃往德国寻求外援,企图重新聚集力量,打回尼德兰。奥兰治亲王的活动使他实际上成为尼德兰资产阶级意志的执行者,从而得到社会各个阶层的支持。1568年,他组织了3万雇佣兵,从北方进攻弗里斯兰,以后又多次进军,但因未发动和依靠人民群众,几次进攻都为阿尔伐所败。

游击战争和北方起义

当贵族逃亡国外的时候,工人、农民、手工业者和一部分革命的资产阶级分子,对阿尔伐的恐怖政策展开了武装斗争。南方的农民和平民进入佛兰德斯森林,组成森林游击队,袭击西班牙军队。北方的渔民、水手和码头工则组成称作"海上乞丐"的游击队,在沿海一带袭击西班牙的船队和据点,使西班牙在南北方的统治都受到牵制。革命在深入发展中。

1572年4月1日,海上游击队攻占了西兰省的布里尔城,成为北方各省普遍起义的信号。接着符利辛根取得独立。5月下旬,须德海的门户恩克豪森城人民暴动,逮捕了市长,掌握了市政委员会,那里停泊着阿尔伐下令建造的大批军舰,舰上满载弹药和大炮,全部被缴获。荷兰和西兰省各城市大都爆发了起义,城郊农民组织自卫队,打击西班牙的军队,拒缴什一税和服劳役,荷兰和西兰首先从西班牙的统治下解放出来了。这时,组织在加尔文教团体中的资产阶级分子迅速建立军队,领导起义群众,建立城市政权。就在这年的7月,召开各省代表大会,讨论成立联合政权的问题。许多城市起义的胜利,都是在内部发动和奥兰治亲王的军队外部策应的情况下取得的,奥兰治亲王遂被资产阶级和贵族推举为荷兰、西兰总督。到1573年底,弗里斯兰、乌特勒支、上伊塞尔、该尔德兰等省继荷兰、西兰之后,宣布独立,北方事实上已脱离西班牙,成为一个独立的国家,奥兰治亲王成为各省公认的总督。阿尔伐的军队倾全力反扑,北方军民结合,英勇战斗,在哈连姆、莱顿、阿克马尔和蒙斯等城的保卫战中取得胜利。腓力二世撤换了总督,改变了统治策略,都未能挽回在北方的败局。

南方的斗争和根特协定

北方的胜利推动了南方的斗争。1576年9月4日,布鲁塞尔城首先爆发起义。奥兰治亲王党指挥的民军在城内平民的支持下,攻占了国务委员会大厦,西班牙在南方的统治被推翻,政权转入三级会议手中,革命的中心也由北方转移到南方。南方的情况比较复杂,天主教会和封建贵族的势力比较强大,大商业资产阶级在经济上又同西班牙有密切联系。最初南方革命的主动权就是掌握在大资产阶级和有反西班牙情绪的贵族手中,他们既要争取独立,又不愿同腓力二世彻底决裂,既拥护新教,而又与天主教会有千丝万缕的联系。在占领布鲁塞尔以后,同年10月,南北双方在根特城召开全尼德兰的三级会议。会上北方代表劝告南方采取更加坚决的行动脱离西班牙,但不被南方大资产阶级和贵族接受。只是在会议期间,安特卫普城发生西班牙士兵暴动,杀死市民8 000多人,又大肆抢劫,这才促成南方同北方达成协议,宣布恢复尼德兰的统一和各城市原有的特权,废除阿尔伐颁布的一切法令,这个协议被称为"根特协定"。这是一个保守的协定,它没有提出尼德兰独立、宗教信仰自由和消灭封建土地所有制的问题。接着,南方的三级会议同西班牙派来的新总督唐·胡安谈判,签署了"永久敕令",承认唐·胡安为全尼德兰的总督,企图中止革命。激进资产阶级和人民群众对此强烈不满,1577年秋,布鲁塞尔城爆发了新的起义,捣毁了贵族的市政局,组成"十八人委员会",掌握了城市政权,佛兰德斯和布拉奔两省的大城市纷纷仿效。十八人委员会逮捕天主教和贵族阴谋集团的首领,没收教产,并修筑工事,储备弹药,把教堂的钟改铸成大炮,准备用武力保卫城市政权。与此同时,自发的农民运动也席卷了南方各省。

南北分裂和联省共和国的成立

1578年年初,西班牙的新任总督亚历山大·法内塞率军反扑,在占布鲁大败三级会议的军队。南方的封建贵族和反动的天主教徒趁机活动,迅速倒向西班牙。1579年1月6日,阿尔土瓦和海诺特两省的叛乱贵族成立"阿拉斯同盟",撕毁根特协定,奉腓力二世为合法统治者。贵族与西班牙势力结合,改变了南方革命与反革命的力量对比,城市革命政权先后被逐个击破。到1585年安特卫普城陷落,南方的革命最后失败,西班牙政府又重新掌握了南方的政权。尼德兰南方后来形成为比利时和卢森堡两个国家。

尼德兰革命在南方节节失败的同时,在北方却取得了完全的胜利。"阿拉斯同盟"的建立破坏了根特协定,南北宣告分裂。1579年1月23日,北方各省,包括荷兰、西兰、乌特勒支、弗里斯兰、该尔德兰、上伊塞尔、德伦特、格罗林根和南方的部分城市采取了针锋相对的行动。他们的代表在乌特勒支城集会结盟,宣告永不分裂,是为"乌特勒支同盟"。同盟以各省代表组成的三级会议为最高权力机关,议定征税、宣战、缔结和约和颁布根本法等一切重大事宜由三级会议以多数票决定,并规定统一的货币和度量衡。同盟的协议奠定了北方共和国的政治基础。1581年7月26日,奥兰治亲王在海牙召集联合省代表大会,宣布废黜腓力二世,正式脱离西班牙而独立,成立联省共和国,简称荷兰共和国。1584年,奥兰治亲王被腓力二世派人刺死。法内塞的军队接着向北部进攻,但是屡遭联省军挫败。联省军进而占领了佛兰德斯和布拉奔省的北部地区。这时的欧洲形势有利于联省共和国的巩固。1588年,西班牙的"无敌舰队"惨败于英国海军,1589—1598年,西班牙对法国胡格诺战争的干涉又以失败告终,国力大受削弱,而联省共和国却得到英法的有力支援。至此,西班牙已无力扑灭尼德兰革命,不得不在1609年4月同荷兰签订为期12年的休战协定,事实上承认共和国独立。欧洲三十年战争后,在1648年的威斯特伐利亚和约中,荷兰联省共和国正式得到国际承认。

尼德兰革命是以反对西班牙专制统治的民族独立运动为表现形式的资产阶级革命,也是人类历史上第一次成功的资产阶级革命,在欧洲建立了第一个资产阶级共和国,为资本主义的发展开辟了道路。这次革命以加尔文教为旗帜,以城市平民和农民为主力,资产阶级和新贵族的联盟在革命中起了领导作用。但是资本主义手工工场时期的资产阶级还不成熟,尤其是南方的大资产阶级和新贵族在经济上对西班牙还有一定的依赖,因此在斗争中软弱动摇,甚至投降背叛,不能领导革命成功。北部的革命也有一定的不彻底性,革命后,政权掌握在富商和贵族寡头手中,政治上还保留了君主制的某些特点,总督形同国君,职位由奥兰治的威廉家族世袭,连激进资产阶级也没有获得充分的民主和言论自由。这种情况使共和国的改革难于顺利进行,工业资本主义的发展也受到一定限制。荷兰经济的繁荣仅是昙花一现,17世纪后期开始走向衰落。

第五节　16世纪的中国和日本

16世纪,当欧洲西北角的一隅之地率先跨入资本主义的门槛时,东亚的中国和日本仍停滞在封建社会,裹足不前。中国明皇朝自中叶以后,由盛转衰。但封建地主阶级为了维护自己的统治和利益,对人民加强了镇压和剥削,并继续实行"重本抑末"的政策,打击工商业,刚刚滋生的资本主义幼芽还未来得及成长便被扭曲了。日本则在经历了大名割据、长期混战之后,才形成了织田信长和丰臣秀吉的统一政权。这是封建秩序和权力在日本全国范围内的更新和强化。这个统一政权的基础仍然是农本经济。一度繁荣的自由城市逐渐消失,代之而起的是受到严格控制的城下町。在这历史的转折关头,世界近代史上西方先进、东方落后的局面开始出现了。

一、明代中国专制统治的强化

宦官专政与内阁纷争

1500—1600年,相当于中国的明弘治、正德、嘉靖、隆庆、万历诸朝。在这一百年间,明王朝由盛转衰,呈现了危机的征兆。

在政治上,封建统治集团日益腐朽,出现了宦官专政与内阁纷争的局面。在中国封建专制政治的发展过程中,明代皇权极重。明太祖废宰相,并严禁宦官干政,皇帝"自操威柄"。如同历代的情况一样,明初诸帝尚能勤政图治,但到中叶以后,皇帝或深居宫中,或巡游四方,耽于享受,倦于政事。世宗、神宗都20余年不视朝,群臣罕见皇帝的颜色。朝廷遇事委之于近侍太监,而司礼监职权最重,遂操政柄。宦官擅权者,最著名的有王振、刘瑾和魏忠贤等人。他们通过东、西厂等特务组织,残酷地迫害人民和不附己的官吏。例如,正德三年(1508年),提督西厂太监谷大用分遣官校远出侦事。江南民吴登显等三家于端午竞渡龙舟,特务竟诬陷为擅造龙舟,抄没其家。"自是偏州下邑,见华衣怒马、京师语音,辄相惊告,官司密贿之,人不贴席矣"。明王朝还派出太监充当"矿监"、"税监",以收税的名义到全国各地进行掠夺。在万历的8年间(1597—1605),这些阉官向朝廷进缴的白银有300万两。他们所中饱的还不知有多少。"税监"到处私设关卡,任意勒索商贾。万历年间,"税监"孙隆在苏州盘剥机户,织机1张,税银3钱。

宦官贪污纳贿,搜刮民财,聚敛的财富达到了骇人听闻的地步。刘瑾籍没时,其家有"黄金250万两、银5 000万两,其他珍宝无算"。太监王振家有金银

60余库,珊瑚高六七尺者20余株。

明王朝封建专制统治的腐朽,也表现在各派政治势力在内阁中的斗争。明太祖罢宰相不设,政务归六部长官(尚书),另设大学士数人,充当皇帝的秘书,阶秩仅正五品。仁宗、宣宗时,开始由六部尚书兼大学士,"阁职渐崇"。英宗时,"阁权益重"。世宗鉴于武宗时宦官专权的教训,便抬高内阁的地位,阁臣的班次在六部之上,并确定"首辅",主持内阁。首辅位尊权重,成为各派官僚集中争夺的对象。例如世宗朝,夏言任首辅时,严嵩阴窥其位,终借故攻倒夏言,坐上首辅的交椅,专权达21年之久。严嵩晚年失宠于皇帝,又被徐阶攻倒,籍没其家时,竟有黄金30万两、白银200万两,其他珍宝器物无数。此后,徐阶、高拱、张居正迭为首辅,都是用权术取代前任,而自己又中了后任的圈套。

但不论是宦官,还是权相,都不过是皇帝的爪牙而已。权倾一时,自比周公摄政的张居正,仍不得不刻意交欢于大太监冯保,并通过冯保求得神宗生母李太后的恩庇。"立皇帝"刘瑾,似乎与"坐皇帝"朱厚照敌体了,但"坐皇帝"一发怒,认为"奴果反"时,便把他杀掉了。中国封建社会晚期极重的皇权,是严重阻碍社会进步的反动力量。

土地兼并与农民起义

明朝自中期以后,皇帝和地主各阶层剧烈地兼并农民的土地,造成了严重的社会危机。首先,皇帝带头掠夺民田,广设皇庄。孝宗弘治二年(1489年),京畿以内皇庄有5处,共占地12 800余顷。武宗正德七年(1512年)皇庄增到30多处。正德十六年(1521年),皇庄共占地200 919顷之多。亲王也大量霸占农民土地。正德时,江西宁王宸濠夺民田以万计,擅杀平民不下千数。嘉靖时,景王戴圳"越界夺民产为庄田",占地竟达数万顷之多。官僚、乡绅也不择手段兼并大片土地。曾当过首辅的徐阶在苏松平原占田24万亩,手下佃户几万人。奸相严嵩"广市良田,遍于江西数郡",又广置"良田美宅于南京、扬州,无虑数十所"。这种现象可以用下面两句话概括:"公私田庄逾乡跨邑,小民恒产岁朘月削"。土地兼并的结果,使社会矛盾日益尖锐。

赋税、徭役和地租也不断加重。从正统元年到成化年间,江南农民所纳田赋增加3倍。明初规定,垦荒地"永不起科",但是自宣德年间起也开始向垦荒地征收田赋。随着土地兼并而出现的赋役不均,加重了农民的痛苦。"富者田连阡陌,坐享兼并之利,无公家私粒之需;贫者虽无立锥之地,而税额如故,未免缧绁追并之苦"。官僚豪绅通常都隐瞒土地,把应该缴纳的田赋转嫁到农民身上。徭役之重,也使农民叫苦。按明政府规定,有田地的官吏当然免役,而"两榜乡绅,无论官阶及田之多寡,决无金役之事"。就连富商巨贾,也是"力役不及"。因而各种差役都落在了百姓身上,以致"孤寡老幼皆不免差,空闲人户亦令出银,故一里之中,甲无一户之闲,十年之内,人无一岁之息"。地租很高,一般占农民收成的 50%以上,最高达 80%以上。农民也是高利贷盘剥的对象。吕征在《实政录》中记载道:"近见佃户缺食,便向主家称贷,轻则加三,重则加五,谷花始收,当场扣取。勤劳一年,依然冻馁"。

土地兼并,赋税、徭役及地租的加重,使农民陷于水深火热之中。为了逃避赋税、徭役、地租的追呼敲扑,不但失去土地的农民,甚至有土地的农民,也不得不背井离乡,沦为到处漂泊的流民。成化时期,是流民逃亡的高潮,仅北直隶顺天八府,流民就达 263 000 多户,72 万余口。

更多的农民则铤而走险,掀起武装反抗斗争。正统以后,全国农民起义此伏彼起,规模越来越大。正统时,有叶宗留、邓茂七领导的浙闽赣山区的农民起义,成化时有刘通、李原领导的郧阳山区的农民起义,正德年间有杨虎、刘六、刘七领导的农民起义。社会矛盾的日益加深,最后发展为推翻明王朝的明末农民大起义。

资本主义萌芽的产生及其发展缓慢的原因

16 世纪左右的嘉靖、万历时期,中国封建社会内部产生了资本主义萌芽。在不少部门中,出现了资本主义性质的生产单位,其中以纺织业最为明显,陶瓷、榨油、矿冶等行业中,也有所表现。分布的地区主要在江南及东南沿海。苏州的纺织业相当发达,从事丝织业的机户有数千人,织工就更多了。据《苏州府志》记载:"郡城之东,皆习织业。织文曰缎,方空曰纱。工匠各有专能,匠有常主,计日受值。有他故,则唤无主之匠代之,曰唤代。无主者,黎明立桥以待。缎工立花桥,纱工立广化寺桥。以车纺丝者曰车匠,立濂溪坊。什百为群,延颈而望,粥后散归。若机房工作减,此辈衣食无所矣。"上面所说的缎工、纱工、车匠都是出卖劳动力的工人,受雇于"机户",被他们剥削,但没有人身依附关系。"得业则生,失业则死"。机工和机户在生产中的相互关系,是"机户出资,机工出力"。

但是,明代中后期的资本主义萌芽只是在局部地区,在少数部门中稀疏地出现,发展十分缓慢,带有很大的局限性。这是由于:第一,商品经济虽然较前有所发展,但自给自足的自然经济仍占主导地位。商业的发展很不平衡,北方比江南和东南地区要落后得多。第二,封建的生产关系仍是占主导地位的生产方式。农业上,除自耕农民的个体经济外,大部分属于封建地主经济。手工业方面,占优势的是农村家庭手工业生产、各种类型的小商品生产和封建政府的官办工场生产。与它们相比,资本主义的手工业显得十分微弱。第三,封建王朝的重农抑商政策,摧残了刚刚萌芽的资本主义生产关系。《松窗梦语》载:"各处商人所过关津,或勒令卸车泊舟,搜检囊匣者有之;或高估价值,多索钞贯者有之。所至关津既已税矣,而市易之处,又复税之。夫以一货物当一税课,有羡余,有常例,巡拦之需索,吏胥之乾没,不胜其扰,复两税之,贾人而得不重困乎?"明王朝还用低价收购、任意派索等办法,剥削工商业者。至于形形色色的禁令,则是摧残工商业的更为严厉的手段。例如,封建统治者认为"开矿必当聚众,众聚必当妨乱",故严申矿禁。据《天下郡国利病书》载,明代中后期山东四府(济南府、兖州府、青州府、登州府)封闭的各种矿洞,就有锡矿洞2处、银矿洞64处、铅矿洞9处、金矿洞6处。

明代的海外贸易、海禁政策和西方殖民者的对华侵略

明代的对外贸易,有官私两种。明朝初年,官府控制的朝贡贸易占主要地位。中、后期,则以私人海外贸易为主。

16世纪,中国的商品经济已经有相当的发展。西人东来,更扩大了世界市场。在这种内外因素的刺激下,中国的私人海外贸易以空前的规模发展起来。嘉靖年间,"漳闽之人,与蕃舶夷商贸贩方物,往来络绎于海上","虽重以充军处死之条,尚犹结党成风,造舡出海,私相贸易,恬无畏忌。"嘉靖二十三年至二十六年(1544—1547),中国海商私贩日本途中,遇风漂到朝鲜而被李氏王朝送还者,"前后共千人之上"。

但是,明王朝自太祖时起,就厉行海禁政策,"片板不许下海"。永乐年间,郑和七下西洋,虽为世界航海史上的盛举,但终属于弘扬封建帝国声威的性质。而且,永乐皇帝只让郑和进行官方的朝贡贸易,并不许本国商人出海从事私人贸易。此后,从宣宗到武宗诸帝,都一再严申前禁。世宗遵祖宗成宪,于嘉靖四年(1525)下诏:"行浙福二省巡按官,查海舡但双桅者即捕之,所载即非番物,以番物论,俱发戍边卫。"嘉靖十二年(1533),复命兵部"亟檄浙福两广各官,督兵防剿。一切违禁大船尽数毁之。自后沿海军民私与贼市,其邻居不举者连坐。"总之,明王朝满足于自给自足的自然经济,而视海外贸易为无足轻重的事情。它对"海外四方诸夷"所抱的态度是:"得其地不足以供给,得其民不足以使令。"不仅如此,它还怕私人海外贸易引起勾结"倭寇"侵扰的后果,危害自己的统治。

明王朝之厉行海禁政策,引起了以海盗商人为主的沿海人民的激烈反抗。海上贸易集团,因"严禁商道,不通商人,失其生理,于是转而为寇",是即"海盗商人"。海禁政策还打击了东南沿海各省的农民和渔民。他们"资衣食于海",因海禁太严,失去生计,也就"相率入海为盗"。这样,16世纪为患中国东南沿海的"寇",其主体已非来自日本的"倭",而是违反海禁与倭勾结的中国人。嘉靖时期的"倭患",与明代早期不同,实际上是"倭居十三,而中国叛逆居十七也。"由于戚继光等爱国将领的努力,倭寇终被扑灭,但明朝的一些官吏也从此认识到:海禁既不能消灭私人海上贸易,也不能根绝倭寇。"片板不许下海,艨艟巨舰反蔽江而来,寸货不许入番,子女玉帛恒满载而去。"于是,一些有远见的官吏主张开放海禁。隆庆元年(1567),根据福建巡抚都御史涂泽民的建议,"准贩东西二洋"。此后,私人海外贸易有了相当的发展,但政府在船只数目、贸易地点

等方面仍有种种限制。明王朝的重开海禁,并非从根本上改变了过去的政策,而是为了防止大规模反海禁斗争的再起,所谓"于通之之中,申禁之之法"。

就在中国封建王朝厉行海禁的同时,西方殖民者纷纷东来,开始了对中国的侵略和掠夺。最先来到东方海域的是葡萄牙人。正德六年(1511),葡萄牙武力侵占了满剌加(马六甲),控制海上通道,阻断了中国与南洋各国的贸易。随后,葡萄牙以满剌加为基地,进一步侵掠中国。嘉靖三十二年(1553),葡萄牙殖民者谎称商船遇到风暴,借口晾晒货物,遂上岸定居。三十六年(1557),葡萄牙殖民者竟于澳门私自扩充居地,设官管理,非法占据澳门,使澳门成为西方殖民者侵略中国最早的一个据点。继葡萄牙人之后,西班牙殖民者于嘉靖四十四年(1565)占领吕宋(菲律宾),作为在东方进行贸易的根据地。天启六年(1626),他们又占据了台湾北部的基隆和淡水。万历九年(1581),荷兰独立,从此与西班牙展开了争夺海上霸权的斗争。万历四十七年(1619),荷兰侵占爪哇,崇祯十五年(1642),打败盘踞在台湾北部的西班牙殖民者,全部占领了台湾。

上述西欧诸国的海上贸易和殖民活动,得到了本国政府的大力支持。西欧各国王权实行的是重商主义政策,而中国的封建专制皇权则恰恰相反,实行的是"重农抑商"政策。大明皇朝的统治者对世界形势懵然无知,当葡萄牙人进入印度的果阿、第乌和中国的澳门时,他们仍处之泰然,丝毫没有感到这就是处于重大转折中的西方殖民力量伸入东方的第一个触角。中国的私人海外贸易既然得不到政府的保护而未能充分发展,也就不能通过海外贸易而积累足够的货币资本,促进资本主义萌芽的成长,这是中国从16世纪起落后于西方的又一个重要原因。

文化与科技

在16世纪的中国思想界,最有影响的是王守仁(1472—1528)和李贽(1527—1602)。

王守仁发展了陆九渊的主观唯心主义哲学,用以对抗客观唯心主义的程朱理学。他提倡"致良知"和"知行合一"论。所谓"良知",即"天理",是先天就具备的。但人又有"私欲",蒙蔽了"良知",故要"去私欲,存天理"。这实质上就是要人们自觉地遵守三纲五常的封建统治秩序。如何才能"致良知"呢?王守仁提出了"知行合一"的学说。他说"我今说个知行合一,正要人晓得一念发动处便即是行了。"这就是要人们把任何不符合"天理",亦即任何不利于封建统治的欲念,都消灭在萌发之中,王守仁的思想虽然就总体而言是主观唯心主义的,但也有其积极的一面。王学包涵了某些否定旧权威的意蕴。王守仁认为"吾心良知"是"圣人"与"愚夫愚妇"共同具有的。因此王学隐约地含有思想解放的因素,成为明末发展起来的市民意识的前驱。

李贽是明清之际反封建启蒙思想的先驱。他敢于打破千百年来对孔子的迷信,公开宣称不能以"孔子之是非为是非"。李贽反对宋明理学家鼓吹的"去人欲,存天理"的说教,明确主张"穿衣吃饭,即是人伦物理",应该把物质生活作为道德的基础。他还进一步提出"人必有私",应该使"天下之民,各遂其生,各获其所望"。对不同个性的人,李贽主张"因材""并育","各从所好,各骋所长"。李贽反对封建束缚、朦胧地要求平等和发展个性的思想,反映了中国资本主义萌芽时期中小地主和工商业者的利益和愿望,具有一定的进步性。由于李贽敢于否定孔子的权威,抨击道学的虚伪,明政府以"惑世诬民"的罪名,把他下狱。李贽愤而自尽。

明代也是中国通俗小说的鼎盛时期。吴承恩的《西游记》,佚名作者的《金瓶梅》,以及冯梦龙的《喻世明言》、《警世通言》、《醒世恒言》等,都是流传甚广、脍炙人口的杰作。

随着生产的发展,明代后期出现了几部很有价值的科技著作。李时珍(1518—1593)所著《本草纲目》,共52卷,收录了药物1 892种、药方11 096个,其中大量材料是其他文献上记载过的,但也有许多材料,是他亲自考察得来的。《本草纲目》是药物学的巨著,几百年来对国内有很大的影响,并被译成多种外国文字。

徐光启(1562—1633)著《农政全书》,共60卷,在他死后由他人加工刊行。全书对有关农业生产的问题,都有所论述,而以水利和荒政所占的篇幅最多。书中收集了历代的有关文献,也有一部分是他实验的心得。这是一部集我国古代农学大成的巨著。

二、16世纪封建统治重建中的日本

"战国"时代的政治概况　16世纪是日本从封建割据开始走向统一,重建封建秩序的时期。1467年,日本因守护大名争夺权势而发生"应仁之乱",战争延续了十年之久。在战争中室町幕府的权威丧失殆尽,名存实亡。随后100年间,日本出现了群雄割据、封建混战的局面,这就是日本历史上所称的"战国"时代,这种分裂的状况直到16世纪中叶才开始改变。在这个时期里,西欧国家封建关系趋于瓦解,资本主义萌芽,而日本在国家初步实现统一之后,封建统治却进一步强化,这是日本这个时期历史发展的主要特征。

战国时期,由幕府任命、代表幕府统治地方的守护大名在长期混战中互相厮杀,同时又受到农民起义的打击,力量大大削弱,以致完全衰落下去。地方武士、领主在乱世中趁机扩大势力,拥兵自立,把霸占的一城、一地、一国或数国变为独立王国,一个新的地方割据势力,即战国大名随之崛起。这个时期,日本实际受众多的战国大名的统治,中央政府徒具虚名,日本几乎陷入无政府状态。然而战国大名在领国内的统治是有成效的,他们在下属领主中推行家臣团制度,只要小领主表示臣服,便被收编为家臣,战国大名和家臣结成主从关系。大名保护家臣的土地占有,对有功者还予以赏赐,家臣领有的土地变成了大名的直辖领地。家臣则以武力支持大名,他们平时集中住在大名的城下町,随时听候调遣,战时为大名出兵作战,成为大名的军事骨干力量。家臣实际上是一批新兴的武士地主,他们被组编成一个不同层次的团体,其上层人物都是大名的亲属或亲信,上层和下层的一般成员之间也结成主从隶属关系,后者对前者拥有绝对的权威,大名也主要依靠这部分人在政治、军事和经济上统治领国。

为了加强对下级封建领主的控制,防范他们的反抗,一些领国大名还制定了家法,将君主与臣属的关系和臣属应遵守的规定用法律手段固定下来。家法的主要内容有禁止领有地的买卖和转移;实行长子继承制;家臣的婚姻和财产的继承必须得到君主的认可;家臣之间不得相争;违犯家法者处以重刑。这时国家是分裂的,但战国大名在各自的领国内保持了相当程度的稳定。

16世纪40年代葡萄牙人初到日本,向日本输入火枪,传播天主教。火药武器的采用,使日本在军事方面发生很大变化,以前的军队是由使用剑和矛的武士骑兵组成,广泛使用火枪之后,被称为"足轻"的步兵便占据了主要地位。步兵来源于农民,被征集的农民脱离了农业而成为职业兵,武士阶层就是由他们来补充的。火枪火炮的运用,无论对大名巩固在领国的地位,还是对日后日本封建统治的不断强化,均产生很大的影响。

农工商业和城市的发展

战国大名为了加强对领国的统治,战胜竞争对手,进而统治全国,大都重视发展经济,以增强自己的实力。在农业上统一租税,废除苛捐,开垦荒地,扩大农田,兴修水利,采用新技术,使粮食的单位面积产量显著提高,并且广泛种植经济作物。农业生产的发展为手工业、商业和城市的发展奠定了基础。在工商业方面,战国大名宣布废除行会组织——"座"的垄断特权,免除工商业者的户税、徭役和关税,允许营业自由,开放市场。这些政策吸引了农村手工业者大批进入城镇,彻底摆脱对农业的依赖,促进了城镇经济的发展。16世纪前期,日本涌现了一批自治市,较大的有九州的平户和长崎等,原有的城市例如堺市也获得进一步发展,堺市人口超过5万,京都甚至多达10万,工商业相当繁荣。日本主要的手工制品有纺织品、瓷器、漆器、剑戟、酒和农具。这个时期的对外贸易也很发达,同中国、朝鲜、琉球、菲律宾和印尼等亚洲国家有广泛的贸易往来。输出刀剑和金、银、铜等原料,还有瓷器、漆器、扇子、屏风等手工艺品。输入棉花、糖、玻璃、生丝以及丝绸、锦缎等高级纺织物。随着城市商品货币经济的发展,各地区联系加强,实现国家统一的经济条件基本具备。

但是,战国大名发展经济的政策只不过是一种富国强兵的手段,他们需要商业和手工业为集中住在城下町的武士家臣团提供军需品和生活用品,为各级封建领主提供供享受的高级消费品,市场上流通的人民生产和生活必需品与之相比数量较少。大名允许市民获得一定的经营自由和城市自治权,最终是为了强化领国的武力统治,因此营业自由和城市自治的时间是短暂的,程度也有限。对工商业的控制直接关系到大名领国制的维持,战国大名在巩固领国统治的过程中,逐渐把工商业者集中到他们的城下町,城下町起初主要是大名的政治和军事中心,这时这些地区的附近聚集了日益增多的工商业住户,经济迅速发展起来。16世纪后期,城下町的数目不断增加,一度繁荣的自由市却逐渐消失,或者是城下町化。此后,城市手工业尤其是同战争有关的手工行业便受到大名的御用机构统制。大名还培植了一批御用商人,通过他们控制商品流通,把一般商人纳入到他们的直接统治之下。这样,城市经济便完全从属于大名领国的军事和政治,城下町成了强化封建统治的工具。由于城市和重要的生产部门都掌握在大封建主手中,城市市民的成长受到压制,它的上层人物还对封建势力有很强的依附性,以致力量软弱,不能像西欧国家那样成为实现国家统一的政治势力,这就决定了日本在重新统一中必须依靠武士地主,走武力兼并的道路。

织田信长和丰臣秀吉重新统一日本

经过长期混战,从16世纪中叶起日本逐步实现地域的统一。在兼并战争中,尾张国的一个中等封建主织田信长(1534—1582)以名古屋为根据地向外扩张,逐渐压倒其他战国大名,奠定了日本统一的基础。

织田信长主要的打击对象是战国大名和形成割据势力的佛教寺院,在地域上首先以占领近畿和关东地区为主要目标,为此必须夺取近畿与关东之间的尾张、三河和远江三个领国。1559年织田信长把尾张国控制在手,1560年又抓住有利战机,以2 000骑兵突袭远江国的今川氏,杀死主将今川义元,占领了远江国。接着,同三河国大名德川氏结盟,议定德川家康向东发展,织田信长则向西发展。由于德川氏牵制了东方之敌,织田信长出兵进展神速,于1567年消灭了尾张国的近邻美浓国,得到天皇和幕府的支持,他挟持天皇和幕府以号令天下。1568年亲率5万大军出征,势如破竹,在打败伊势、近江之敌之后,进驻京都,横扫畿内5国(和泉、摄津、山城、大和、河内),把势力伸展到日本的心脏地带。70年代初,织田信长派兵围攻积极参加内战的大寺院、大神社,摧毁了京都附近许多佛教寺社,并且残酷地镇压一向宗农民起义。1573年织田信长废掉了室町幕府的末代将军,室町幕府最后灭亡。这时全国已有一半地区在织田信长的控制之下。但是,1582年织田信长受到叛变家臣的围攻,寡不敌众,被迫自杀身亡,他的统一事业遂由丰臣秀吉(1582—1598年执政)继承并最后完成。

丰臣秀吉是织田信长的部将,受织田信长重用,在后期的统一战争中负责经略西国,屡建战功。织田信长死时,他正在进攻西南部的大名,闻讯后回军京都,消灭叛将,继承织田信长的地位。这就引起了织田信长诸子和势力强大的家臣的不满,内战爆发,他们当中有的被丰臣秀吉打败,有的通过和谈与丰臣秀吉达成共处的协议。1586年丰臣秀吉任太政大臣,打着天皇的旗号,继续进行征服战争,至1590年基本完成了统一日本的大业。

丰臣秀吉强化封建统治的措施

继织田信长之后,丰臣秀吉采取了一系列措施恢复封建秩序,巩固中央政权,强化封建统治,主要有以下几个方面:

建立和加强中央政府机构。织田信长在以武力平定诸大名国的同时,已经开始建立中央政权,他在安土山筑城,建起了空前宏伟壮丽的天守阁,有五层七重,既是政厅也是宫殿。丰臣秀吉在进一步统一日本过程中,另在大阪筑城,规模更大,形成为新的统治中心。接着着手加强中央政府机构,1585年设立"五奉行",由前田玄以管理京都市政、皇室、寺社;长束正家负责财政;浅野长政、石田三成、增田长盛三人则管理行政、司法和丈量土地。平时分工负责,遇大事则五人合议,妥善裁决。1591年又设置"五大老",做"五奉行"的顾问,由德川家康等五人组成。后来又设"三中老",由中村一氏等三人组成,以协调"五奉行"和"三中老"的关系。

加强对各地大名的控制。在征服战争中,丰臣秀吉没收了战败大名的部分土地,把它分赐给亲信部下,削弱地方大名而加强拥护自己的势力。又把各地大名的家属送到京都、大阪作为变相的人质,牵制大名,防止他们造反。借联姻结盟在战国时代是一种普遍现象,这时规定不经许可大名不得彼此结亲,以防范他们联合起来反抗中央。丰臣秀吉还通过在全国范围内丈量土地使自己成为全国土地的实际支配者,取消了地方豪强的土地所有权,然后再以"恩赐地"的形式将土地重新分配给大名、领主,使他们成为自己的家臣,又要求受地者宣誓效忠,从而和他们建立紧密的主从关系。丰臣秀吉甚至常常以种种借口没收或变更大名的领地,转换大名所在的地区。

采取各种手段加强对农民的剥削和统治,这是丰臣秀吉封建政权的根本政策。织田信长统治末期,已在他管辖的地区大规模实行压迫农民的措施,丰臣秀吉继续贯彻,最重要的是"检地"即调查和丈量土地。规定用统一标准丈量,每块土地的面积以曲尺6尺3寸(约191厘米)的平方为一步,300步为一亩,10亩为一段,10段为一町。实行"一地一作人"制度,规定父子和亲属不得同居,必须单独立户。丈量土地后给每个耕作者发新地照,各村都建立检地账。耕地按肥瘠分为四等,按等课赋。全国各地的年贡都要以实物缴纳,折成稻米的石数,统一石数的升、斗。确定实际耕作者——小农为年贡的承担者。通过"检地"农民获得了稳固的耕作权,保护了小农经济。"检地"的最终目的在于有效地征收年贡,最大限度地榨取农民,农民所缴纳的年贡达到收成的2/3。法令规定农民必须永久居住在村庄,不得改从他业。并把农民编成五人组或十人组,形成连环保,一家有罪共同受罚。由于长期以来国内战乱,农民手中掌握了大量武器,构成对统治阶级的巨大威胁,法令规定农民不准佩刀,要求各地大名收缴农民的武器,防止农民暴动。

丰臣秀吉对工商业的发展给予一定程度的鼓励和支持,废除关卡,铸造"天正大判"、"天正小判"等货币,以京都为标准统一度量衡,以利商业的发展。丰臣秀吉一方面给工商业者以免除地租等特权,另一方面对他们又加以严格控制,规定必须服从他的统治。

以上种种措施的执行,使日本已经动摇了的封建秩序又重新得到恢复和加强。

丰臣秀吉发动侵朝战争及其失败

丰臣秀吉对外扩张,企图征服朝鲜,入主中国,称霸亚洲。早在1578年他就曾经说过:"图朝鲜,窥视中华,此乃臣之素志"。当他完成了国内统一之后,紧接着在1592年发布出征令,调集18万陆、海军侵略朝鲜。4月12日,日军在釜山登陆,然后进击庆长、金海。两月间相继攻占了开城、京城(后为汉城,今首尔)、西京(今平壤),朝鲜大片领土沦陷。朝鲜国王李昖在爱国臣民抗倭热潮的推动下,虽已退至中朝边境的义州(今新义州),仍然坚持抗战,继续募兵,同时要求中国援助。朝鲜海军在爱国将领李舜臣统率下与日军进行过两次海战,重创了日本海军精锐部队,打乱了丰臣秀吉"水陆并进"的部署,牵制了他的陆军北进。中国明朝廷派李如松等将领,率5万余大军与朝鲜军并肩作战,收复了西京、开城、京城和南半岛大部分地区。日军退守釜山,被迫议和。日方佯装接受朝中提出的"勒倭尽归巢"、"既封不与贡"、"誓无犯朝鲜"三个条件,实际准备再犯。

1597年2月丰臣秀吉又出动陆军14万入侵朝鲜。由于士气不振,8个月才抵达京城附近。明朝廷再次派兵援朝,中朝联军共创日本陆军,取得决定性胜利。1598年8月丰臣秀吉因侵朝战争失败抑郁而死。日军在全线撤军时,遭到朝中联合舰队的致命打击,海军几乎全部被歼灭。

长达七年的侵朝战争给朝鲜人民带来了深重的灾难,人口锐减,土地荒芜,横尸遍野,饥民相食。中国援朝也付出了沉重的代价。但是这场战争也表现了朝中两国人民不畏强暴、英勇抗敌的民族气概。丰臣秀吉发动侵略战争及其失败加剧了国内矛盾,农民拒纳军粮,士兵和民伕哗变、逃亡,上层贵族倾轧。丰臣秀吉死后,部将德川家康趁机夺取政权,于1603年自立为征夷大将军,在江户设立幕府,日本开始了德川幕府(江户幕府)的统治(1603—1867)。

第二章　17世纪迄工业革命前的东西方世界

17世纪至18世纪中叶是欧洲资本主义大工业的准备时期。这个时期欧洲大陆虽然呻吟在封建专制制度的压迫下,但是封建专制制度阻碍不了经济前进的步伐,资本主义性质的手工工场在各国有不同程度的发展。

17世纪40年代在英国爆发的革命有力地打击了英国的封建势力,1688—1689年的"光荣革命"确立了君主立宪制度,这就为英国工业革命准备了一个良好的政治环境。

这个时期西欧列强加紧掠夺海外殖民地,原始积累过程加速了,西欧首先是英国,已接近工业革命的门槛。

与此相反,从社会发展的总趋势看,这个时期东方各国已陷入停滞状态。

西方先进,东方落后的局面正是在这期间确定下来的。

第一节　17世纪英国革命·1689—1742年的英国

一、革命前的英国

革命前,从表面上看,英国仍然是一个农业国,全国人口大多数住在农村。不过,与欧洲大陆诸国不同,英国经济发展的特点是资本主义很早就开始渗入到农业中。这主要是圈地运动造成的。15世纪末开始的大规模圈地运动,到17世纪上期仍在进行。圈地把大批农民从土地上赶走,这些丧失了生产资料的农民,成了被迫出卖劳动力的雇佣劳动者,为以后资本主义的发展提供了劳动力市场,是资本原始积累的主要因素之一。同时,圈地运动的过程又是英国许多资本主义性质的农场出现的过程。农业市场也随之迅速扩大。这就促使英国的封建农业向资本主义农业过渡,并为以后的工业发展提供了原料和市场。

为了适应迅速扩大的农业市场,当时的人采取了一系列改进农业的措施,如采用新的农作物耕作方法、耕作技术,改良肥料和扩大耕地面积等。革命前夕,英国各地区已呈现出各具特色的农业经济区。

从16世纪到17世纪初,英国的新老工业部门都在迅速地发展。东北部的煤矿,发展尤其迅速。在工业发展过程中,产生了一些大规模的企业。当时开采一个煤矿,需要上千镑资金,同时大规模的企业还需要众多的劳动力,纽卡斯尔的煤矿就有500~1 000工人。铁的生产,也有较大的增长。不过,不能过分夸大

16—17世纪英国工业的发展水平,因为在工业革命之前,英国的工业仍处于手工工场阶段。而且,直到17世纪初,英国全国的经济基础仍然是农业。即使是工业,其主要原料也来源于农业,而工业产品主要也是为了农民的直接消费。

在革命前的100多年中,英国国内外的商品贸易也有了很大的发展。在对外贸易方面,出口的商品也不再是以羊毛等原料为主,而是越来越多地出口制成品,特别是呢绒,成了出口商品的大宗。而伦敦又是呢绒出口的最重要的中心。原来英国的出口贸易受到汉萨同盟商人的控制,到16世纪末,英国商人将汉萨同盟①的商人排挤了出去,把对外贸易掌握在自己手中。为了发展对外贸易,成立了许多股份贸易公司。最初它们由一些商人自愿共同出资,装备从事长途航行的船只以进行海外贸易,后来发展为领有政府的正式特许状,获得了特权和专卖权。这些公司的贸易范围包括:波罗的海沿岸各国、地中海沿岸,美洲英属殖民地,东方的印度及"香料群岛"印度尼西亚。

革命前英国的社会等级

1801年英国第一次人口调查之前,全国人口数字缺乏精确统计。近年来学者的研究表明,从15世纪末到17世纪中叶,人口增长的趋势比较明显,17世纪中叶以后的100年中,人口数字基本稳定。据估计,17世纪中叶英格兰人口将近530万人,整个不列颠人口大约为700万人。

由于资本主义关系的不断发展,在英国的贵族中,除旧的封建贵族外,还分化出了一个与资本主义有密切联系的新贵族阶层。新贵族按照资本主义方式经营农业,剥削雇佣的农业工人,或将土地租给农业资本家,坐收资本主义的地租。有些人还兼营工商业。新贵族主要是从乡绅转变而成的,但也有一部分大商人由于购买土地而加入了新贵族的行列。新贵族的地产事实上已不是封建性的财产,而是资产阶级性的财产。他们与资产阶级在经济上利益一致,因而在革命中结成同盟,共同反对封建王党。

新兴的资产阶级包括城市中的工、商业资本家、手工工场主以及农村中从事资本主义经营的租地农业家。他们受到封建制度的种种束缚,因而革命要求也较强烈。大商人和高利贷资本家是资产阶级的上层,他们向王室包税,对贵族放债,并参加独占贸易,与统治阶级有较密切的联系,构成了资产阶级中的保守集团。

农民在17世纪初仍占全国居民的大多数,其基本群众是自由农和公簿持有农。自由农须向地主缴纳一定的贡赋,但拥有自己的土地。公簿持有农在农民中人数最多,是从封建时代的农奴转化而来的,他们除向地主缴纳固定地租外,

---

① 汉萨同盟是德意志北部的城市和海外贸易集团建立的、维护本身商业利益的组织,成立于13世纪,结束于1669年。

还须担负其他封建义务。他们迫切要求废除封建制度,使耕种的份地真正成为自己的财产。农民是资产阶级革命中的主力军。

在手工工场中劳动的雇佣工人,生活十分贫困,备受剥削,也是革命中的一支重要力量。

专制君主制的衰落·清教思想的兴起

英国的专制君主政体也像其他国家一样,有其发展、鼎盛到衰落的过程。16世纪中叶是英国的封建君主专制最强固的时期。在玫瑰战争之后,封建大贵族已在内战中两败俱伤,无力从事反抗国王政权的斗争。资产阶级羽翼未丰,为了发展自己的经济,需要依靠强有力的中央政权。至于英国的议会,虽然基本未停止过活动,但直到16世纪90年代之前,议会实际上始终与国王政府保持一致,只起政府下属机构的作用。所以在这段时期,英国的封建君主专制政体比较巩固。

但到了16世纪末和17世纪初,情况已发生变化,资产阶级和从事资本主义经营的新贵族在经济上日益壮大,不再甘心忍受专制君主制对他们的横征暴敛和种种限制。他们同专制君主的矛盾日益上升。同时,随着英国经济中资本主义因素的成长和社会阶级关系的分化,封建君主专制也逐渐丧失了它的统治基础。对此,17世纪中叶英国的思想家哈林顿说道:正像一个人到了一定的时候必然会死亡一样,君主专制政体到了一定的时候,也必然会崩溃。

17世纪的英国革命也有它的思想动力,但它主要是通过宗教形式即清教来表达的。清教产生于16世纪后半期。日益成长起来的资产阶级和新贵族逐渐感到维护封建专制统治的英国国教不利于他们的发展,要求消除国教中天主教的残余因素,简化教会的仪式和活动,从而他们的主张被称做清教。清教徒抨击封建贵族、僧侣的奢侈浪费和道德败坏,提倡过严肃、"勤劳"的生活,这实际上反映了新兴资产阶级追求利润和积累资本的生活理想。16世纪末,在清教中形成了两个主要派别,即长老派和独立派。长老派要求废除主教职位而以教徒自己选出的长老组成宗教会议,管理教会。独立派则要求每一个宗教团体都独立自治,按照大多数教徒的意见管理。

斯图亚特王朝初期的君主统治

1603年伊丽莎白女王去世,苏格兰的詹姆斯六世即位英国国王,是为詹姆斯一世。在政治上,詹姆斯一世是个君权神授论者。1610年4月,他在向议会讲话时说:"除了上帝,国王不对任何人负责"。在财政问题上,詹姆斯一世的政府遇到很大困难。他企图用增加税收的办法来解决,但这触犯了资产阶级和贵族的利益,产生了尖锐的矛盾。

1625年詹姆斯一世去世,其子查理一世即位。这时,由于资本主义经济的迅速增长,社会阶级关系发生了更大的变动。那些在经济上成长起来的阶级,不仅在经济上要求继续增加财富,而且提出了强烈的政治要求;那些在经济变动中日趋衰落的阶级,竭力挣扎,以图保持自己原有的地位;至于那些广大的社会中、下层人民,他们平日任人宰割,这时在整个形势动荡不宁的环境下,也空前活跃起来,积极展开斗争。在此基础上,政治领域中渐渐出现了一些新的观念和组织形式,议会中出现了一个不定型的反对派。在思想领域,表现在清教形式中的激进思想,影响更不断扩大。同时,英国国家制度也有其独特之点,这主要表现在英国的军事警察制度和财政制度方面。英国是一个岛国,平时不需强大的陆军来加以保卫,所以英国没有常备军,也没有正规的警察人员。因而英国的专制君主制就缺少有组织的武装力量作为支柱,这和欧洲大陆的一些国家有很大的不同。在财政制度方面,英国国王的固定收入主要只有两项:王室的土地收入和关税收入,其余都是一些临时性的收入。从16世纪末以来,政府即经常入不敷出,不得不借贷,到查理一世时已是债台高筑。国王于是借助于议会补助金来解决日益严重的财政困难。所谓议会补助金,即由议会通过征收的特殊捐税。正是在这个问题上,首先爆发了国王与议会之间的矛盾。

权利请愿书·矛盾的尖锐化

议会在税务问题上与国王的矛盾日趋尖锐,国王既无法从议会所通过的正常税收中得到足够的金钱以从事对外战争及其他用途,就实行"强迫借贷",即不经议会通过而任意征收捐税,凡拒绝交纳者,便加以迫害。结果在1627年3月发生了"五爵士案件",五个爵士因拒绝交纳"强迫借贷"而被捕。

议会对查理一世的行为甚为愤慨,为了表示抗议,在1628年通过了"权利请愿书",这个文件规定:国王不经议会同意不得征收捐税,不出示具体罪证不得任意捕人,和平时期不能随意实行军事法,不得任意在居民家中驻军等。查理一世为了获得议会对他的金钱补助,勉强批准了"权利请愿书",但随后又任意对之加以曲解,并继续不经议会同意而征税。当议会号召人民拒绝交税时,查理即将议会解散。

从1629年3月查理一世将议会解散到1640年4月议会重新召开,其间11年为无议会的国王个人统治时期。查理本来企图用解散议会来压制议会对他的反抗,但此举反而更加刺激了原有反抗情绪的增强。尽管查理继续对反对派领导人进行迫害并对书刊进行严格检查,但群众的反抗浪潮却不断高涨起来。到1636年间,英国各地出版了各种内容的书籍和小册子。其内容之激烈,数量之多,超过了以往任何时期,还有一些人从荷兰偷运一些关于清教内容的小册子到英国来散发。

1637年6月,清教徒威廉·普林尼、伯顿和巴斯特威克被捕,并被当众鞭打、带枷示众。但当6月30日他们被带往威斯敏斯特时,沿途跟随了许多同情的群众,他们在路上撒满鲜花和芳草。群众的反抗情绪更加高涨。有些对政权不满的清教徒,为了寻找信仰自由,逃往美洲殖民地。从1603年到1640年迁到海外去的清教徒达6万人。

在人心浮动、社会动荡的环境下,查理在1635年强迫人民都要交纳原来只向沿海城市征收的"船税",拒交船税的运动在全国蔓延开来。1639年政府收到的船税,只达到应交的20%。

苏格兰人起义·革命形势成熟

在英国国内政治矛盾已极端紧张的气氛中,由于查理一世在苏格兰所推行的倒行逆施政策,爆发了苏格兰人的起义,终于使查理一世走投无路,不得不结束个人统治而召开议会。

苏格兰虽然自1603年以后与英国共有一个国王,但它仍然是一个独立的王国,有自己的独立议会和教会组织。但是查理一世根据劳德大主教的建议,强迫苏格兰人接受英国的祈祷书,对反对者严加迫害。1634年当发现一个苏格兰的勋爵有一份反对采用新祈祷书的请愿书时,即下令以叛国罪加以逮捕。苏格兰人为了进行反抗,选出了一个常设代表团,并起草了一个"民族公约",公约宣称他们不接受新的宗教法规和新的祈祷书。随后"公约派"组织了一支军队,1639年这支军队攻入了英国国境。

面对这样的局面,查理一世为了筹措军费去抵抗苏格兰人,不得不在1640年4月13日下令召集已停开了11年的议会。但这届议会召开之后,非但拒绝通过国王所需经费的议案,反而提出了议会应该享有的权利等问题。查理一世在气恼之下,在5月初又将它解散。这届议会存在不到一个月,史称"短期议会"。

苏格兰的起义不断扩大,公约派的军队在纽伯恩击败了查理一世的军队,随后占领了纽卡斯尔。在英国伦敦及许多地区发生了骚乱。伦敦有1万多人签名递交请愿书,要求召开议会。1640年9月,查理一世在约克召开了一个贵族"大委员会",参加会议的贵族也要求召开议会。查理一世无力抵御苏格兰人的进攻,于10月间在里朋同苏格兰人订立了停战协定。协定规定查理一世的政府每天应交付苏格兰人850镑费用。另外,须交给苏格兰人30万镑赔偿费。但即使这笔费用,查理也无法筹措。他不得不在1640年11月3日重新召开议会,这届议会以后断断续续存在到1653年,史称"长期议会"。

"长期议会"召开后,成了反对以查理一世为首的封建王党的领导中心,一般将它作为英国革命的开始。

二、革命的开始与第一次内战

长期议会开始阶段的活动

1640年10月,在群众运动如火如荼的环境下,长期议会进行了选举。许多著名的反对王党的人士如皮姆、汉普顿以及其他一些刚被解散的短期议会的议员都当选了,而那些王党候选人则纷纷落选。对此,当时的人说:"选举是在极为激动的情况下在全国进行的。忧伤而沮丧的宫廷,已无法对选举施加影响。"

不过,这些当选的议员,其中大多数人虽然对查理一世的政府抱着怨愤不满的态度,但是他们并无彻底的反封建的决心。这是因为就议员的社会成分来说,不但上院议员全是贵族,而且下院的500多个议员中,大多数也是贵族出身。其中只有70名资产阶级议员,而他们中有不少人还是垄断专卖权的所有者,与王党的关系非常密切。有少数态度比较坚决的共和主义者,他们力单势孤,没有组织,无法发挥作用。所以在革命刚开始的时候,以查理一世为首的封建王党,气焰仍十分嚣张,他们不但蛮横地拒绝议会里一切关于改革的要求,而且屡次企图迫害反对派的领导人。王党的阴谋之所以未能得逞,革命之所以一步一步向前发展,主要是依靠了城乡劳动群众,特别是伦敦市内及郊区的下层人民的斗争。这一情况,首先反映在斯特拉福审判案上。

斯特拉福伯爵是国王的宠臣,1639年曾带兵北上企图阻止苏格兰军队的进攻,是人民最痛恨的反动首脑人物之一。长期议会召开以后不久,下院议员皮姆等人就已提出审判斯特拉福的案件,然而却遭到王党分子的一再阻挠。1641年4月21日下院讨论审判斯特拉福案件时,500多个议员中,只有263人出席。伦敦市内中、下层人民对此甚为愤慨,万余人签名递交请愿书,要求将斯特拉福作为"臭名昭彰的罪犯"处以极刑。迫于群众的正义呼声,下院以204票对59票通过"褫夺公权法",判斯特拉福以死刑。但上院拒绝批准这一判决,后来在群众的压力下才通过了这个议案。

按当时制度,议案必须经国王批准方能生效。查理一世想尽办法,企图拯救斯特拉福,后来群众冲到了国王的住处白厅,国王及其周围的人,惶恐万状,最后不得不在5月10日签署了关于斯特拉福的死刑判决案。5月12日斯特拉福被带到断头台处决时,聚观的群众达20万人,这是到那时为止英国从未有过的盛大的群众聚集的场面。

此外,议会从召开到1641年春夏之间,还取得了其他一系列胜利。另一个为群众所痛恨的反动人物劳德大主教,也被逮捕囚禁于伦敦塔监狱(1645年被处死)。国王被迫签署了"三年法案",根据这个法案,议会必须定期召开,每两届议会之间的间隔时间不得超过三年。另一法案规定,国王非经议会同意,不能解散或中断议会。取消了封建专制机构"星室法庭"、"北方委员会"、"威尔士委员会"以及审判宗教案件的特权法庭"最高法庭"。宣布以后非经议会同意不得征收捐税,并从监狱中无罪释放普林尼和1638年因传播清教书籍而被判刑的清教活动家李尔本等人。

长期议会在它的活动初期,在广大群众的推动和支持下所取得的这些成就,以法律的形式限制了封建的专制王权,初步树立起议会在国家政治生活中具有最高权力的原则,也就是立宪君主制的原则。这在当时具有革命改造的进步意义。

长期议会议员的政治分化

议会所取得的上述胜利,在很大程度上是靠了城乡中、下层人民的积极斗争才取得的,反动分子劳德大主教也说:"凡当下议院有什么议案要提出并认为上议院会坚决拒绝或国王不会同意的时候,渐渐地暴民们就会来到议会,高呼他们所要提出的这个或那个要求……"。但是,议会里有些议员对越来越猛烈的群众运动却心怀戒惧。他们在取得了一些胜利之后,已心满意足,不敢再把革命推向前进。所以从1641年夏初起,在下议院的议员中,就发生了意见分歧。这在讨论废除主教制的"根枝请愿书"和"大抗议书"时反映了出来。

英国国教中的主教制,是封建专制制度的强有力的支柱,伦敦市民及其他各地的人民早就要求将它"连根带枝"地一齐废除。然而1641年5月当议会把这个问题提出讨论时,却遭到许多议员的激烈反对。议员瓦勒认为,主教制可以作为防范人民的外围堡垒,不能废除。经过激烈争论,这个议案在下院以微弱多数通过,但上院拒绝批准(后来到1646年1月主教制才被废除)。

当1641年秋、冬间,议会里讨论"大抗议书"时,议员间的政治分化更明显地表露了出来。"大抗议书"是革命开始阶段议会的纲领性文件,全文共204条。它列举了查理一世在无议会统治时期滥用职权的行为,要求工商自由,成立长老派教会组织,政府应对议会负责等。内容温和,语气谦恭,但许多议员对之却激烈反对。从1641年10月20日起,争论数日,仍无结果。10月22日表决时,议会里的斗争更趋激烈,直到午夜,才以159票对148票的微弱多数通过。接着当讨论是否将"大抗议书"刊印散发的时候,议员们更是情绪激动,有人在头上挥舞着帽子,有人甚至拔出了刀剑。

引起议会中议员产生政治分化的原因是城乡中、下层人民自发的反封建斗争。除了上述伦敦等城市中的人民斗争之外,在全国各地特别是东部和西南部各郡的农民运动也如火如荼地到处蔓延开来。据当时上院公报等不完全的资料,仅反圈地的农民运动就发生了15起。农民成百上千地夺取被贵族强占的公社土地,砍伐地主的森林,拒绝向地主交纳地租。有时起义的农民甚至攻入城市。在这样的情况下,有些议员就把注意力主要放在如何镇压农民起义上去了。1641年,议会中已开始讨论这一问题。6月19日上院公布了禁止破坏土地私有权的法令。法令还要求各地政府严惩"所有的暴乱和非法集会"。根据不完全统计,从1640年到1643年,上院(当时起最高法院作用)一共处理了农民运动的"主犯"246人,其中5人是妇女。

但是,当时整个政治斗争的形势是:王党势力仍非常强大,反王党的资产阶级和贵族立足未稳。他们中许多人的政治经济要求远未满足。在防止王党反扑,继续同王党作斗争中,除了依靠城乡中、下层人民,别无他途。1642 年 1 月的逮捕五议员事件,再次显示了中、下层人民的力量。

查理眼见议会里议员分歧越来越大,很多议员动摇不定,就将反对派为首的皮姆、汉普顿等五人逮捕。但当查理一世率领武装卫士到议院时,皮姆等人已事先得到消息,躲到了伦敦城区。查理一世率领卫队赶到伦敦城区时,城区数千手工业者及平民武装起来,挡住了查理一世的去路。伦敦市内及郊区南渥克的水手、脚夫及附近的白金汉郡、肯特郡的农民也集结队伍开到伦敦。一周以后,他们簇拥着皮姆等五人,堂哉皇哉地回到了下院。这样,中、下层劳动群众已成了首都的真正主人,查理一世无计可施,于 1642 年 1 月 10 日离开了伦敦。

内战的爆发:第一次内战的第一阶段

查理一世离开伦敦后,于当年秋天到了北方;在他周围集结了一批王党分子。这批人在 1642 年 8 月 22 日黄昏时分在诺丁汉的卡塞尔山顶升起了王党的军旗,宣布讨伐议会叛乱分子,从此开始了内战。

内战开始后,英国从地区上分为两个敌对阵营。一个是北部和西北部,这里是王党的势力范围。另一个是包括伦敦在内的东南部地区,这里为议会所控制。王党所控制的西北部地区,经济比较落后,封建经济占优势。王党在这个地区的社会支柱是封建贵族。议会所控制的东南部地区,资本主义经济较发达,议会在这个地区主要依靠资产阶级、中小贵族和城乡下层人民。所以内战开始后,虽然两个敌对阵营表面上是以地区划分的,但实际上它的划分基础是社会阶级的不同。

内战刚开始时,从双方拥有的客观条件看,议会占绝对的优势。经济上,议会占据人口稠密、经济发达的东南部各郡,而且占据了首都,有原来的一套政府机构可加运用,并可继续进行固定的赋税征收。而王党的占领区则比较贫瘠,军队的供给只能靠王室的收入,大封建主的赠款和向地方上勒索的捐献,所以很快财源就枯竭了,不得不派一大部分军队去征收钱粮,以至军纪废弛,怨声载道。在军队数量上,战争刚开始时,议会的武装民兵远远超过了王党的军队,而且海军也站在议会方面,许多重要港口都处于议会控制之下。

但是在内战开始后的初期阶段(1642—1644),议会军却遭到一连串的失败。1642 年 10 月 23 日在埃吉山双方进行了一次胜负不分的战斗,随后王党军队占据了牛津,把牛津作为大本营,威胁伦敦。同时,王党分子还占据了北部的 5 个郡和西南部的威尔士。到 1643 年底,全国有 3/5 地区处于王党占领之下。

议会军在内战初期的失利,主要是由于议会阵营的领导人物的妥协动摇态度所造成的。内战初期,在议会阵营的领导人物中,以对战争的不同态度可分为三个派别。一个是主战派;一个是主和派;第三派是主战派中的右翼,这派人虽然主张继续同国王战斗,但是态度却不坚决,他们希望能在国王承认议会权利的条件下同国王言和。这一派人大约有30~40人,他们的领导人是皮姆和汉普顿。皮姆等人利用主战派和主和派的矛盾,掌握了领导权,在他们的领导下,执行着半心半意的战斗。直到皮姆去世之后,由于国内军事和政治形势的发展,领导权才转移到主战派手中。

议会同苏格兰人在1643年9月签订了一份"神圣的同盟和公约",根据这个条约,苏格兰军队于1644年1月越过边界攻入英国。7月2日,苏格兰的军队与托马斯·费尔法克斯所领导的军队以及曼彻斯特和克伦威尔领导的东部联盟的军队所组成的联军,在马斯顿荒原之战中,击败了王党。但由于缺乏统一指挥,未能乘胜追击,坐失战机。而由埃赛克斯伯爵指挥的一支议会军,却在西南地区被王党击溃。

在议会军的高级领导人中,除了埃赛克斯和曼彻斯特等昏庸无能的人之外,也有一些人,鉴于严酷的军事战斗现实,不得不采取坚决有效的措施,来加强议会军的战斗力。作为中等贵族和资产阶级利益代表的独立派领导人克伦威尔,就认识到了这一点。他为了吸收那些具有反对封建王党决心的人到军队中来,很注意从农村中那些笃信清教的中、下层农民中招募士兵,还任命了一些下层社会出身的人担任中下级军官。克伦威尔的这支军队,作战勇敢,纪律严明,在战斗中连战连捷。1644年在马斯顿荒原之战胜利后,被人称为"铁军"。

群众运动的高涨·第一次内战的第二阶段

在内战初期阶段暴露出来的问题已表明,议会军如要避免失败,取得胜利,必须改组军队,把具有反封建斗争积极性的中、下层人民吸收到军队当中来。然而,议会军的高级领导人以及议会里的保守分子却不愿这样做。他们害怕群众武装起来之后,会不受他们的控制。在1644年11月一次军事会议上,克伦威尔指责曼彻斯特在战斗中作战不力,贻误战机时,曼彻斯特为他的行为辩护说:"如果我们把国王打败99次,他仍然是国王,在他之后,他的子孙也仍然是国王。但是,如果国王只打败我们一次,我们就将统统被绞死,我们的子孙将变为奴隶。"就在这些上层人物不愿将内战坚决进行下去时,城乡群众自发独立的斗争却蓬勃地发展起来。

人民反封建斗争的独立性的增长的一种突出表现,是要求自由、民主的出版物和小册子的大量出现。据估计,仅1645年全国就出版了722种出版物,英国人民通过这些出版物所迸发出来的精神焕发景象,引起当时诗人弥尔顿的热烈欢呼:"我好像看到一个高傲的强大的民族,像从沉睡中醒来的巨人,摇撼着他那沉重的锁链,奋然站立了起来。"群众运动的另一表现是各种摆脱官方宗教的独立教派如雨后春笋一般发展起来,仅伦敦一地就产生了80多个不同教派的圣会。这些教派的领导人中许多是下层手工工人。这段时期群众运动在农村中的主要表现形式是西南部各郡发生的"棒民"运动。"棒民"总共约10万人左右，它的领导成分比较复杂，但基本群众是农民，他们手执棍棒，揭竿而起，故称"棒民"。他们自称既不支持议会，也不支持国王，而是走中间道路。他们为了保卫自己的"自由与财产"，实行联防互保。

"棒民"之所以宣称他们走"中间"道路，是他们既反对王党，也对议会不满的反映。作为一种社会运动，它在当时的客观作用，不仅打击并遏制了这一地区王党的气焰，而且也迫使议会不得不赶快采取措施，以争取群众，打败王党。

1644年12月9日克伦威尔在议会发言要求改组军队，他警告说："如果军队不按照新的方式进行改组，如果战争不更加坚决地进行，那么人民就不愿再忍受下去而要强迫议会订立耻辱的和约了。"这样，议会才不得不在1645年初决定改组军队，通过了"克己法"。法案规定，议会两院的议员，必须放弃他们同时担任议会或军事职务当中的一项职务。那些担任军队高级领导的议员，如埃赛克斯、曼彻斯特和瓦勒等人，都解除了军职。总司令改由费尔法克斯担任，而实际权力则掌握在副司令克伦威尔手里。

改组后的议会军称"新模范军"，主要自由耕农和手工业者组成，纪律严明，战斗情绪旺盛。在中、下级军官中，也有一些是由于军功和能力而擢升的。这支军队在战场上取得了一连串的胜利。在1645年6月14日纳斯比战役中彻底击败了王党军队。1646年6月攻占了王党的大本营牛津，第一次内战即以议会军的胜利而结束。

三、两次内战之间的政治斗争

第一次内战后英国国内形势

第一次内战结束后，英国国内经济衰败，满目疮痍。1646年又发生了旱灾，农业歉收，但议会里的上层掌权人物，不但不采取措施改善人民生活，反而趁机搜刮，致使粮食等日用必需品的价格猛涨。即使一般人民的常用食品如燕麦、黑麦、豌豆等的售价，也成倍上升。本来生活就已困难的劳动群众，更沦于饥寒交迫的境地。40年代时，英国的贫民人数达50万人左右。特别是那些靠工资为生的人，由于工资的增加远赶不上物价上涨的速度，生活更为困苦。这段时期，人民所负担的赋税也不断增加。在内战时期，议会支出的最大一笔费用是军费，仅1646年3月到1647年3月，军队从国库中支取的薪饷即达118万镑之多。议会为了筹集这笔费用，除了以高额利息向官商大贾借贷之外，又加重向居民征收消费税。不但税额不断增加，而且课征的项目也日益扩大。许多日用必需品如食盐、纸张等都要征税。自1643—1646年间，一般的乡绅，要将1/4的收入作为赋税交纳。

这次革命中的一个主要问题就是土地问题。1643年3月的法令规定，把那些反对议会并直接、间接支持国王的"破坏分子"的土地加以扣押,后又颁布法令将这部分被扣押的土地出卖。但被出卖的土地大部分落入资产阶级和新贵族之手。例如有名的大富豪约翰·华莱斯顿即曾利用职权以8 000镑的价格把伦敦附近几处原属于伦敦主教的地产购为己有。

从革命开始以来,原先属于国王、封建大贵族和教会的土地,大批转入大资产阶级和上层新贵族之手。议会于1646年2月24日又颁布法令,废除了原来的监护法庭,解除了土地所有者对国王所负担的封建义务,因而这批新的土地所有者的地产,就成了享有充分自由支配权的资产阶级地产。但是农民们负担的封建义务,非但没有减轻,反而比以前增多了。同时,议会还暂时停止了关于禁止圈地的立法,并通过多次决议,镇压反对圈地的农民骚动。这使资产阶级和新贵族更加明目张胆地进行圈地,把农民从土地上赶走。

在政治上,自从1640年11月长期议会召开后,议会越来越发挥最高政权的作用。当第一次内战以王党的失败告终时,议会实际上成了英国国内唯一的最高政权机关,变成了临时政府。而在这个政权中掌握大权的是长老派人士。长老派利用他们在议会中的统治地位,竭力把其他代表中、小资产阶级利益的政治派别排挤出应享的政治权利之外。如在选举权问题上,他们仍实行革命前的规定,即只有年收入达40先令以上的自由产业所有者才有选举权。全国大多数人在政治上处于无权地位。

长老派在政治上的统治地位,更因其在宗教上的独占地位而得到加强。自从1643年9月议会同苏格兰人订立了"神圣的同盟和公约"以来,长老派成了英国占统治地位的宗教派别。1644年12月召集的一次宗教会议上,规定长老会的教义为全国人民一律尊奉的宗教信仰。议会中当权的长老派上层人物,利用权力对于那些不愿尊奉长老派的人士不断施行迫害,他们这种限制和迫害人民信仰自由的行为,引起了强烈反抗。因为自从革命开始以来,人民争取政治、经济自由的斗争是和争取思想、信仰自由的斗争密切结合在一起进行的。正像诗人弥尔顿在这个时期所写的那样:"在所有的自由之中,首先给我以按照良心自由地去认识、发表言论和讨论问题的自由。"广大中、下层人民争取信仰、言论、思想自由的斗争蓬勃向前发展,与当权的长老派的矛盾日趋激烈。

综上所述,在1646年第一次内战结束后,封建王党已被打倒,但胜利的果实却为以长老派为代表的大资产阶级和新贵族所攫取,中、下层人民在经济、政治、宗教信仰和思想言论上仍处于被压迫的地位,于是广大的中、下层人民反对长老派的斗争上升为主要矛盾。革命潮流发生了波折,出现了曲折复杂的斗争形势。

长老派同独立派之间的斗争

两次内战之间(1646—1648)英国国内的政治斗争主要是在三个政治派别之间展开的。它们是代表大资产阶级和上层新贵族利益的长老派;代表中等贵族和资产阶级利益的独立派;代表社会中下层人民利益的平等派。

第一次内战以王党的失败而告结束后,议会成了国内唯一的最高政权机关,在议会里掌权的长老派,为了独吞胜利的果实,便企图解散和他们意见不一致的军队,以消除军队对他们的威胁。在议会里长老派议员丹济尔·胡尔斯等人以减轻人民的赋税为借口,在1647年3月提议将军队解散,而且拒绝补发在战争期间欠发给士兵的薪饷,并把独立派的军官召到议会来,要求他们采取措施来使士兵收回关于补发欠饷和抚恤阵亡将士遗孀的要求。这个建议被通过了。

军队里的士兵群众和中、下级军官对议会的这一措施反应强烈,但一部分高级军官却态度暧昧。克伦威尔犹豫不决,他一方面害怕军队解散后,独立派军官将失去其依靠的力量,但同时他又害怕士兵政治积极性的增强,失去控制。当高级军官还在动摇犹豫的时候,士兵自发的斗争已在迅速发展。在伦敦的平等派对议会里长老派的不满情绪也十分强烈。平等派是在第一次内战结束后出现的。1646年7月,李尔本等三人起草了一份名为《千万公民的抗议书》,提出人民应在法律上一律平等,国家的最高主权应该属于人民,并要求取消国王和上议院。这个文件的发表,意味着平等派已形成为一个独立的政治派别。平等派在伦敦等城市的手工业者、平民和农村的手工业者中有许多信徒,新模范军中的绝大多数士兵都是平等派的忠实拥护者。1647年3—5月间,平等派曾五次到议会去请愿,提出他们的切身要求。李尔本还写文章对长老派进行猛烈抨击。平等派的著作传播到军队以后,得到士兵热烈的响应。他们已不再限于讨论补发欠饷等经济问题,而是讨论起国家大事和政治问题了。他们感到独立派高级军官已不再能代表他们的利益,因而产生了建立自己的独立团体和组织的要求。1647年4月末5月初首先在思想比较激进的8个骑兵团中选举出了代表士兵的"鼓动员",并成立了"鼓动员委员会",随后在许多连队中也建立了同样的组织。有一些具有平等派思想的中、下级军官也加入了士兵的行列。

士兵"鼓动员委员会"成为团结和领导士兵的核心组织,同时也是联系军队以外的,特别是伦敦的平等派人士的纽带。于是这股代表城乡中、下层人民利益的政治力量开始迅速壮大起来。他们不仅与议会里的长老派相对抗,而且逐渐摆脱了独立派高级军官对他们的控制。

1647年6月,在鼓动员的促使下,骑兵掌旗官乔埃斯率500名骑兵到囚禁国王的赫姆比城堡,把国王劫持过来,押到军队大本营所在地纽马克特,切断了长老派同国王的联系。

在严峻的形势下,士兵鼓动员公开警告克伦威尔,如果他不立刻前来领导他们的话,他们将不顾他而单独前进。克伦威尔权衡利害,不得不赶快表示他和大多数军官愿意站到士兵方面来。

但克伦威尔随即采取措施,把士兵群众置于他的控制之下。他成立了一个

"全军会议",由所有的高级军官和每团两个军官代表和两个士兵代表(鼓动员)组成,作为讨论全军重大问题的机构。在6月5日召开的全军会议上,通过了"军队的庄严协约",宣称军队的要求如得不到保证,军队将永不解散。6月14日的全军会议又通过致议会的"军队声明",表示军队并不是为任何专制权力服务的雇佣军,而是为了保卫人民的正当权利和自由。声明还表示反对一切专横、暴行和压迫,并要求解散现存的议会。

"军队声明"是由独立派军官艾尔顿起草的,但它的内容却贯穿了平等派主权在民的思想。从4月底士兵委员会的建立到6月中旬"军队声明"的发表,说明军队的性质已不再是单纯进行战争的工具,而是提出独立的政治纲领和要求的政治团体了。军队已变成长老派控制下的议会之外的由独立派领导的第二个政治中心,其斗争矛头直指长老派控制的议会。

军队里的士兵要求将军队开进伦敦,采取坚决措施来反对议会中长老派的倒行逆施,但克伦威尔等高级军官一再推诿,他们害怕士兵政治独立性的增强,会使他们难以驾驭。7月16日在雷丁召开的一次军队会议上,围绕军队是否开进伦敦的问题,克伦威尔与艾尔顿等高级军官和平等派的鼓动员发生了争吵。但在伦敦城内,7月26日、27日发生了长老派煽动的反对独立派的骚动。在危急的局势下,克伦威尔无法再压抑士兵进军伦敦的强烈要求,军队于8月6日开进了伦敦,平息了伦敦反独立派的骚乱。反动的长老派议员如胡尔斯、斯泰普尔顿等人纷纷逃散。

至此,议会(长老派)同军队(独立派)的斗争,就以军队的胜利而告结束。

独立派与平等派的斗争

军队开进伦敦,驱散了议会中反动的长老派议员之后,国家最高政权便转到独立派手中。这时摆在独立派面前的任务是如何把长老派未完成的改造国家,建立新制度的任务担当起来。但在这个问题上,独立派的高级军官和平等派领导下的士兵群众的观念却大不相同。独立派高级军官与平等派士兵围绕这个问题展开了斗争。

独立派设计的关于未来国家政治制度的方案,反映在他们所拟订的"建议纲目"中,其基本内容是建立一个立宪君主制度:国王的地位仍保留,但应受到议会的限制。议会仍由两院组成,上院即贵族院仍保留,下院的议员由有财产资格的人选出,另外设立一个对议会负责的国务会议,负责行政事务。

独立派高级军官拿这个"建议纲目"在1647年8月底开始同国王谈判。以克伦威尔为首的独立派高级军官企图与国王和谈的行为,受到平等派的猛烈抨击。平等派领导的士兵们既然觉察到克伦威尔等高级军官不可信任,就自觉地要把改造国家的任务担当起来。10月15日,他们着手拟订了一个关于改造国家政治和社会经济制度的纲领文献"军队事业",以与军官们拟订的"建议纲目"

相对抗。"军队事业"的中心内容是:国家一切权力的源泉是人民,要求实行成年男子的普选权,取消上议院,停止圈地,以前夺取的公社土地应归还农民,废除专卖权和什一税。

独立派高级军官与平等派鼓动员围绕着"建议纲目"和"军队事业"展开了激烈的争论。争论的中心问题是关于国王和上议院是否仍旧保留,是否实行成年男子普选权等。

以克伦威尔为首的独立派高级军官,为了防止平等派的思想进一步在社会上传播,提议召开"全军会议"来讨论上述文件,企图用这种手段压制平等派的改造国家制度的方案。

平等派得到关于召开"全军会议"的消息后,为了准备在会上同高级军官进行辩论,就在10月下旬拟订了一个更为激进的纲领文献"人民公约"。该"公约"要求立刻解散现在的议会,以后进行选举时,全国的选区要按照居民人口的多少重新加以分配。国家的最高权力机关应属于由人民选举产生的下院。人民应享有信仰自由,任何权力也不能进行干涉。这里所谓的"任何权力"实际上包括下议院在内。这就是说,包括下议院在内的任何权力机关都不能干涉人民的信仰自由。这充分体现了平等的人民是国家最高权力源泉的思想。"人民公约"还规定不准强迫人民服兵役和从事战争。所有的人,不论其地位、官职、财产和出身的不同,都应服从统一的法律。

为了解决双方的分歧,1647年10月28日起到11月8日,在伦敦城外的普特尼教堂召开了"全军会议"。在会上,以克伦威尔、艾尔顿为首的独立派高级军官和平等派的代表,围绕着关于未来国家制度等一系列重大问题进行了激烈的争论,这就是历史上有名的"普特尼辩论"。从思想斗争的角度看,这次辩论是英国革命中意义最重大的事件。

独立派高级军官的主要发言人有克伦威尔、艾尔顿等人;平等派的代表有雷因波洛、赛克斯比、魏尔德曼等人。克伦威尔在发言中反对对国家制度作太大的变动。他说,在考虑宪法草案时,首先要考虑的是"这个民族的人民的精神和气质是否准备接受它并与之一道前进",而"人民公约"所宣布的那些原则,对英国来说变动太大,实现起来是非常困难的。平等派的代表雷因波洛反驳说,如果我们害怕困难的话,就不会起而反对国王,进行战斗了。"即使在你面前是死,而你的身后和左右都是大海,但如果你确信你的事业是正义的话,我想你必然会义无反顾地将这事业贯彻下去的"。上述的发言表明,独立派害怕局势进一步变动,要求革命停止下来,平等派则不满于当时的状况,要求把革命继续下去。

以后的会议在辩论到实质问题时,双方的分歧主要围绕着两个问题:选举权和国家最高政权的形式。

关于选举权,平等派坚决主张生而为英国人的全体居民,都应该享有选举权。雷因波洛在发言中说:"最贫穷的人和最高贵的人都是在英国过活的,……严格地说,最贫穷的人如果在这个政府统治下没有任何发言权的话,他就没有服从政府的义务"。独立派反对普选权的原则,认为它将会造成对私有财产的威胁。他们的代表李启上校说:英国没有财产的人和有财产的人数目是 5∶1,"如果主人和仆人都成为平等的选举人,那么,很清楚,那些在这个王国没有财产的人将会从他们的利益出发去选举那些没有财产的人……将会制订出一种法律,将会使资产和地产平等"。对此,平等派的代表又进行了激烈的反驳。双方争执不下。

关于国家最高政权问题,平等派的雷因波洛、赛克斯比、魏尔德曼等人在发言中坚决反对国王和上院的统治。他们认为由人民选举产生的下院应比国王和上院享有更大的权力。克伦威尔和艾尔顿等独立派高级军官则百般为国王和上院的权力辩护,艾尔顿说:"由国王和贵族统治的政府……是世界上最公正的政府。"

连续一个多星期的辩论,双方针锋相对,互不相让。但是,当克伦威尔等高级军官在同平等派在谈判桌上争论的时候,他们另一方面却在布置圈套准备以武力打击对方。

克伦威尔在一切准备就绪后,在 11 月 8 日的会议上攻击"人民公约"中关于普选权的主张将会导致无政府状态,因而提议"全军会议"休会。军官和鼓动员都回到自己的团队去。一周以后,军队领导人费尔法克斯、克伦威尔下令军队分三部分分别进行检阅,企图借机镇压士兵中日益高涨的民主要求。平等派也意识到斗争的严重性,他们也想趁机发动士兵起义,强行通过"人民公约"。于是双方的斗争就由会场转向了战场。

军事检阅前夕,独立派高级军官以总司令费尔法克斯的名义发表了一个宣言,宣言一方面表示愿意接受鼓动员以前提出的一些要求,但另一方面却又以加强军事纪律相威胁。而平等派的领导人,虽然也向各团队的士兵呼吁,要他们团结起来,共同与"贵人"(高级军官)们作斗争,但并未作切实有效的工作。

11 月 15 日军事检阅首先在魏尔地方的灌木林原野进行。检阅时,除了奉命前来的 4 个骑兵团和 3 个步兵团之外,平等派所领导的另外两个团也不顾命令而径自前来。但由于平等派事先未作必要的组织工作,也没有行动计划,所以当克伦威尔拔剑策马,将为首者逮捕时,士兵未能起而反抗。结果对肇事者进行军法审判,并判处其中 3 人死刑,用掷骰子的办法,挑出士兵阿诺尔德,当场在队前由行刑班枪决。平等派就这样被镇压下去了。几天之后,克伦威尔在议会中以表功的姿态报告灌木林原野事件的经过,并向议会保证说,军队极为平静和驯服。对此,议会向克伦威尔表示感谢。

平等派之所以失败,最主要的原因,是他们在斗争中忽略了一个至关重要的问题,即组织力量和领导权问题。平等派奔走呼号,高唱原则,但对现实的权力等物质力量却没有高度重视,而独立派高级军官克伦威尔等人,虽然在争论原则问题时,也表示出公允和商量的姿态,但对领导权却牢牢抓住,寸步不让。当他们一步一步布置圈套,准备就绪之后,就运用领导的权威,把缺乏组织的平等派轻而易举地镇压下去了。

独立派与平等派的重新联合

正当独立派与平等派互相激烈斗争的时候,封建王党却暗中加强活动,伺机卷土重来。从1647年10月起,处在监管状态下的国王查理一世秘密地同苏格兰的封建主勾结,企图借助苏格兰人的力量,恢复他的统治地位。11月11日夜里,查理一世从监管他的汉普顿宫逃到了怀特岛。在这里,他继续同苏格兰的使者秘密来往。

此时,平等派虽在灌木林原野遭到镇压,受到了巨大的挫折,但是他们并没有丧失斗争的决心。当他们听到国王逃跑的消息时,他们对一再与国王勾结的克伦威尔更加痛恨。他们在1647年冬和1648年初加强了活动,发表言论,出版小册子。由于平等派的积极宣传活动,他们的影响迅速增长,而克伦威尔等高级军官的威信却逐渐下降。

克伦威尔等独立派高级军官本来一直想同查理一世谈判,希望国王在接受他们的条件下复位。然而,当时查理一世认为苏格兰封建主和长老派对他提出的条件更适合于他的要求,所以一直不愿接受克伦威尔的条件。对这一点,克伦威尔也逐渐认识清楚了。特别是11月21日克伦威尔截获了国王给王后的一封密信——"马鞍书信",查理一世在信中明白表示,他宁愿得到苏格兰人的支持,也绝不会接受克伦威尔的条件。这时克伦威尔才不得不打消同国王进一步谈判的计划。他后来对此说道:"当发现我们不大可能从国王那里得到任何可以忍受的条件时,我们立刻决定要使他毁灭。"

克伦威尔之所以不愿同国王继续来往,另一个重要原因是,他这种行为在士兵群众和广大的中、下层人民中引起了强烈的不满,他不得不考虑这样下去可能导致的危险。11月底,当国王的使者贝克莱到军队找克伦威尔谈判时,克伦威尔避而不见。

在上述的情况下,克伦威尔等高级军官的政治态度在11月下旬的几天之内就发生了突然的转变。原来一再为国王辩护,抨击平等派关于废除王权的主张,这时却一变为拒绝同国王谈判,进而同意审判国王,与平等派采取同一立场了。在12月24日在温莎的祈祷会上,克伦威尔、艾尔顿等"以非常激动和悲伤的心情祈祷着"。最后决定:"国王应该作为有罪的人加以处决。"独立派高级军官,不得不回过头来与平等派重新联合。在1647年12月21日的军队会议上,克伦威尔将以前参加灌木林原野事件的平等派军官全部释放。到1648年4月29日在温莎举行军官会议时,平等派的军官以及以前的一些平等派鼓动员都参加了。在这次会议上,一致决定把查理一世作为血腥的罪犯、使国家受痛苦的罪魁祸首而加以审判。

从1647年底到1648年初,国内局势日趋紧张,第二次内战已不可避免。1647年12月26日,查理一世同苏格兰的使者在怀特岛订立的秘密协约规定,苏格兰人派军队前来帮助查理一世恢复王位,解散现存的英国议会和军队,而查理一世则答应在英国全国推行苏格兰人所信奉的长老派宗教。这个协约用铅裹了起来,埋在地下,但到1648年初,消息渐渐传出,国内有些地区的王党分子蠢蠢欲动,内战的阴影已笼罩在英国的上空。

四、第二次内战和共和国的建立

第二次内战和王党的失败

1648年春,王党分子在南威尔士、肯特和艾赛克斯等地发动叛乱,开始了第二次内战。在英格兰北部,8月间由汉密尔顿公爵率领的苏格兰军队攻入英国边境,同那里的王党分子共同行动。但恢复了团结的议会军奋勇战斗,各地的中、下层人民主动积极打击王党分子。在克伦威尔领导下的军队,7月间已将南威尔士的王党叛乱敉平;8月在普雷斯顿的三天战斗中,克伦威尔切断了汉密尔顿公爵率领的苏格兰军队同苏格兰的联系,并予以彻底歼灭。8月31日,王党在东南方的最后根据地科尔切斯特投降,第二次内战在短短几个月内就以王党的彻底失败而结束。

普莱德清洗

第二次内战期间,虽然军队里的士兵群众和一部分军官对查理一世为首的王党挑起内战、企图复辟的行为十分愤慨,但议会里面的长老派仍然企图同国王谈判,使国王在接受他们的条件后复位。议会的这种活动更引起军队士兵和社会中、下层人士的不满,他们纷纷向议会递交请愿书,要求审判国王,把国王作为内战祸首来惩处。军队在前线消灭了王党的叛乱后,回军途中,军官举行会议通过了一项"军队抗议书",谴责议会里一些议员们同国王谈判的行为,要求将议会解散,成立审判国王的法庭,废除君主制等。但议会对此不加理会,11月15日通过决议,准备接受查理一世的要求,准许他回到伦敦。于是军队决定在12月2日第二次进军伦敦,同时派人到怀特岛将查理一世押解到赫斯特城堡,以断绝议会同国王的来往。这时群众的革命热情空前高涨,平等派的威望大增,但军队里高级军官与平等派鼓动员之间在一些重大问题上的分歧依然存在。12月初艾尔顿等高级军官和平等派的领导人在白厅进行了一次辩论,即"白厅辩论",双方在宪法基本原则、宗教宽容等问题上,仍然分歧很大。

军队进入伦敦后,下院的许多议员仍坚持继续同国王谈判的立场,并于12

月5日以129票对83票通过了同国王谈判的决议。军队对此当然不能容忍。12月6日,普莱德上校和格雷勋爵率军队占领了议会的各个出入口。普莱德手中拿了一份议员的名单宣布那些不准进入议会的议员的名字,次日继续进行清洗,约有186名议员被从议会清洗了出去。另有大约200个议员自愿退出议会(这部分议员,在1649年2月以后,约有100人回到议会),这就是历史上所谓的"普莱德清洗"。此后议会里剩下的议员大约有200人左右,被称为"残余议会"。在残余议会里,长老派大势已去,独立派占据统治地位。

英吉利共和国的建立

"普莱德清洗"之后,议会继续讨论审判国王的问题。12月28日,"残余议会"通过了把查理一世作为背叛国家、内战祸首、破坏法律和英国人民自由的罪犯进行审判的决议。然而,根据当时的规定,法律在经过下院通过之后,须经上院同意才能生效。此时上院只剩下16个议员,他们一致否决了关于审判国王的议案。在此情况下,下院在1649年1月4日通过了一项决议,指出国家的任何法律的最高源泉都是人民,因而人民选举产生的下院应成为国家的最高政权机关,下院的决议可不经上院和国王的批准而生效。随后下院又于1月6日通过了成立审判国王的最高法庭。这个特别最高法庭由135人组成,其中包括议会议员、法学家、高级军官、伦敦市议会的议员等,庭长为法学家布拉德绍。

布拉德绍在1月20日审判开始时历数国王的罪状,他指出:国王本来应该根据法律为人民利益而工作,但查理一世却企图攫取无限的权力,对人民施行暴政,挑起内战,对英国人民犯下严重罪行。但是有些最高法庭的成员不赞成审判国王,更不赞成判国王以死刑。在群众的坚决要求下,1月30日查理一世在白厅前被斩首,判决书上写明他的罪状是:"暴君、叛徒、杀人犯和我国善良人民的公敌"。

2月至3月间,下院正式通过废除国王政权和上议院的决议,并且颁布了相应的法律。此时,英国事实上已成为一个没有国王的共和国了。到了5月19日,议会又通过了一个正式的文件,宣布英国为共和国。文件说:"英国的人民和所有隶属于它的领土和地区上的人民,都是并将由此构成、缔造、建立和团结成为一个共和国和自由邦,都将由这个民族的最高权力,即议会中的人民代表和他们所任命为人民谋福利的官员所统治,而不需要任何国王和贵族院"。同时,根据2月份议会的决议,成立了一个由41人组成的国务会议。国务会议的成员中,大部分都是独立派的领导人,其中31人为议会议员,所以在英吉利共和国的最高政权机关和立法机关中,掌权的实际上都是独立派资产阶级和新贵族。

1649年英吉利共和国的建立,标志着英国革命发展的顶峰。从1640年革命开始,到1649年共和国建立,其间经过两次内战和激烈的政治斗争,革命得以不断向前发展,而在革命发展过程中起主要推动作用的是城乡广大的中、下层人民和军队中受平等派领导的士兵群众。然而,革命的民主改造的进程,并未由于共和国的建立而继续下去。相反,共和国建立后,以克伦威尔为首的独立派掌握了政权,他们镇压民主进步力量,使革命从此走上了回头路。

共和国成立后的国内局势

经过了两次内战和长期的社会动荡之后建立起来的英吉利共和国,面临着经济困难的局面,但是以克伦威尔为首的独立派领导人并未采取实际措施来改善人民的生活状况,反而继续增加赋税,这就使中、下层人民的生活更加困难,引起他们的强烈不满。在共和国成立之前,已经逐渐在政治上觉醒起来的广大群众,感到共和国领导实施的一些政策并未使他们的政治地位和经济状况得到改善,因而继续展开斗争,以争取政治、经济权利。这主要表现在平等派的更加积极、广泛的活动上。

1649年2月底,平等派领导人李尔本发表了小册子《揭露英国的新枷锁》,对共和国的领导人进行激烈的抨击,要求限制议会的权力,保证人民享有最高主权,实行言论、出版自由,同时还提出了一些实际的经济要求,如取消什一税、消费税,取消垄断专利公司等,以改善人民的物质生活。到了3月底,李尔本又发表了《揭露英国的新枷锁》的第二部分,进一步揭露一些"贵人"(指高级军官)和议会里一些议员,谴责他们口口声声要为人民谋福利,实际上都是在争权夺利。

议会的领导人看到李尔本的小册子后,立即对之进行迫害,将李尔本和与他共同执笔的伍尔文、奥弗顿、普林斯等一起逮捕,囚禁于伦敦塔监狱中。

李尔本等人被囚禁后毫不屈服,于4月14日在监狱里发表宣言,为平等派的事业辩护,又于5月1日共同起草发表了第三个文本的"人民公约"。在这个文件中,要求将现存的议会在1649年8月之前解散,以后议会每年改选一次,停止征收消费税和什一税,改为征收所得税。从这些内容来看,它是共和国成立之前,平等派从1647年秋天同独立派激烈斗争以来一贯为之奋斗的思想的继续。

平等派起义

像往常一样,平等派的影响在军队士兵中最为强烈。士兵对共和国当权者的不满情绪不断增长。以克伦威尔为首的独立派高级军官,在士兵群情汹涌的情况下,害怕士兵发生骚乱,就以爱尔兰发生天主教徒叛乱为借口,把一部分军队派去征讨爱尔兰,另外的一些军队则被调往别的地区,离开了伦敦。调令下达之后,士兵们意识到这是高级军官打击士兵群众的阴谋,表示不服。4月间,在部分士兵中发生了骚动。4月23日,总司令费尔法克斯命令把一个反抗情绪甚为强烈的骑兵团调出伦敦,但士兵拒不奉命。次日,费尔法克斯再度下令,并以将严惩不服从者相威胁,但士兵仍不为所动。费尔法克斯和克伦威尔于是下令将为首的15名士兵逮捕,送到白厅进行军事审判,判处其中6人死刑。但后来,克伦威尔害怕此举将引起军队的更大骚动,遂将其中5人赦免,仅将一名士兵洛克叶枪决。

除伦敦外,在全国其他城市、农村以及其他团队的士兵中间,在1649年春不断发生反政府的事件。5月1日,平等派的新文本"人民公约"发表之后,在伦敦和其他地区都得到士兵和一般群众的热烈响应。这时平等派的领导人李尔本、伍尔文、奥弗顿、普林斯等人仍被囚禁在伦敦塔监狱中,伦敦市民成群结队前往议会并将之包围,要求释放李尔本等人。同时,伦敦的市民和艾赛克斯的人民还不断向议会递送请愿书,对议会不但不关心人民的疾苦反而对人民进行迫害的行为表示愤慨。

自士兵洛克叶被枪杀后,军队里许多团队都在酝酿更大规模的抗议行动。在牛津、怀特、白金汉等郡,都发生了部队拒绝服从上级军官命令,不肯开赴爱尔兰的起义事件。起义原来是分散、自发进行的,但后来各起义部队之间建立了联系,各团队约定一齐向牛津郡的班伯里集中。会合起来的各团队的起义,由平等派士兵威廉·陶普逊统一指挥。然而,原定的会合计划因组织不善而未能实现。费尔法克斯和克伦威尔听到士兵起义的消息后,立刻率领大批部队赶来。起义的团队准备不及,仓猝应战,结果在贝尔福特被克伦威尔的军队击溃,400人被俘,其中3人被就地枪决。起义的领导者、平等派士兵陶普逊也在5月17日的战斗中牺牲。

5月25日,当克伦威尔等率军以凯旋的姿态回到伦敦时,伦敦的富豪和上层社会人士对他们表示热烈欢迎。议会通过了一个专门的决议,决定在6月7日举行一次感恩祈祷和庆功宴会。这一天伦敦的富豪们纵情欢乐,狂欢豪饮。伦敦城区的大资产阶级还特地亲自到费尔法克斯和克伦威尔的家中,向他们赠送黄金制成的贵重器皿。这些人物中许多都是过去的长老派。他们原来是独立派克伦威尔等人的敌人,此时为了镇压平等派而重新走到一起来了。平等派作为一个有组织的力量,从此退出了政治舞台。

平等派对1646年到1649年之间的英国革命起了巨大的推动作用。从1646年第一次内战结束到1649年共和国的建立,革命的不断发展前进,主要都是由平等派所代表的社会中、下层人民所推动的。1649年英吉利共和国所采取的一系列革命民主措施,在很大程度上也应归功于他们。当平等派被镇压下去以后,李尔本在那个惨痛的日子里,仍充满自豪和信心地写道:"不论以后我们会怎样,我们坚信,后代的人将会由于我们的努力而得到好处。"1685年,一个以前的平等派理查德·伦勃德,当他因参与一个反政府事件被捕并被送到断头台时,他再一次用坚定的口气表达了平等派的信念:"我相信,没有任何一个人生来就是被上帝所选中去骑在别人头上;因为没有任何人生下来到这个世界的时候,就在自己身上背了一付马鞍;没有任何人可以鞭打他,役使他!"这段话,凝结了平等派不屈不挠为之奋斗的思想,同时也是留给后世的遗言。

平等派的思想产生了深远的影响。18世纪末,当英国国内政治斗争激化之时,平等派的思想再度成为鼓舞民主派人士进行战斗的武器,"伦敦通讯会社"把平等派的小册子拿来重新印发。当美国独立战争、法国革命和20世纪俄国革命的时候,平等派的思想和言论曾多次被引用。特别是当19世纪中叶英国发生宪章运动的时候,平等派为之不懈奋斗的思想,又一次被用更明确、有力的方式提了出来。

掘土派运动

当平等派于1649年春在英国各地积极开展活动并进行起义的时候,另一股代表城乡最下层群众利益和愿望的运动,也在伦敦附近展开。这就是自称为"真正平等派"的掘土派运动。掘土派运动开始于1649年4月,这时在温斯坦莱和艾维拉德领导下,约有二三十人集合在伦敦附近萨里郡的圣·乔治山上,占领了那里的公有地和荒地,进行集体开垦、耕种,并号召其余的人都来参加他们的队伍。他们的号召在肯特郡、白金汉郡、北安普顿郡等地得到广泛响应,人数迅速增加。这引起了当地地主和政府的惊慌,地主组织武装破坏了他们的垦殖区,政府也派军队前来强制赶走他们。到了1650年春天,他们的垦殖活动即告停止,掘土派运动衰落下去了。

掘土派的思想在温斯坦莱的著作中流传了下来。温斯坦莱是兰开夏人,曾在伦敦当过布商,后来破产当了雇工。他在《自由法典》等著作中,阐述了掘土派的空想共产主义理论。他认为,社会上一切罪恶的根源是土地私有制;贫富悬殊,专制暴政及战争杀伐等罪恶的根源都是土地私有制。在英国,古代时期,土地本来是公有的,但自从诺曼征服后,征服者威廉将他侵占的土地分给他的随从归为私有,从而使英国人民变成了无地的农奴。现在封建王党在内战中被击败,应该把原来属于人民的土地归还给人民,由人民共同所有、共同耕种。温斯坦莱认为在未来的理想社会里,土地属于公共所有,人民都组织在公社里,"共同劳动,共同吃饭"。但是他不主张用暴力去实现这一理想。他有时把希望寄托在统治者身上,有时又诉诸人类的理智。

掘土派同时还披上了神秘的宗教外衣。整个来说,掘土派运动反映了英国当时社会最贫穷的阶层的人民的思想和愿望。不过,当时的英国刚刚从封建社会向资本主义过渡,掘土派的关于消灭私有制的要求,不但引起贵族资产阶级的敌视,而且在社会的中、下层人民中,大多数人对此也无法理解和接受。难怪平等派曾表示要和他们划清界限。

从思想史的发展角度来看,温斯坦莱的思想可能受到了空想社会主义者托马斯·莫尔的影响,而他的思想后来又对激进主义者威廉·葛德文等人产生了影响。所以,温斯坦莱的思想是整个英国的空想社会主义发展链条中的一个环节。

征服爱尔兰和苏格兰

以克伦威尔为首的独立派在镇压了平等派和掘土派后,实际上就把他们在革命中所依赖的基础消灭掉了。共和国也丧失了它的社会阶级支柱。这时,克伦威尔为了巩固他的统治,以防止中、下层人民的反抗,就重新与过去的敌人即右翼长老派相联合。随后,克伦威尔又发动了征讨爱尔兰和苏格兰的战争,在战争过程中,原来作为革命工具的军队,性质逐渐发生了变化,它成了以后克伦威尔建立军事独裁制度的支柱。

爱尔兰早在1641年10月就开始了反英起义,起义是在天主教旗帜下进行的。1649年,克伦威尔在镇压平等派运动后,决定远征爱尔兰。8月,克伦威尔率军在都柏林登陆,9月攻占了都柏林北部的港口德罗赫达,将2 500名守军及全城和平居民,包括老弱妇孺全部屠杀,接着又在10月占领了威克斯福德,再次进行血腥的屠杀。这两次血洗屠城事件,后来在爱尔兰人民中长久留下了恐怖的回忆。

克伦威尔把爱尔兰沿海一带城市完全占领后,就把继续征服爱尔兰的任务交给他的部下,自己又率军去征讨苏格兰。这时,查理一世的长子查理·斯图亚特,即后来的查理二世,已同苏格兰的长老派集团订立协议,把苏格兰作为他反攻英国、进行复辟的基地。但苏格兰内部意见分歧很大,这就使克伦威尔能够轻易地将他们的军队击败。1650年9月3日,克伦威尔率领的3 000名英军在顿巴尔将11 000人的苏格兰军队彻底击败。到1651年春,查理·斯图亚特又在苏格兰组织了一支新的军队,并攻入了英国境内。克伦威尔当时正在苏格兰指挥作战,闻讯即挥师南下进行追击。1651年9月3日,在顿巴尔战役整整一年之后,在伍斯特把查理·斯图亚特的军队击溃。

这样,克伦威尔对爱尔兰和苏格兰的征讨均以胜利而结束。以后,爱尔兰的土地被英国占领军没收,大部都落入英国高级军官之手。克伦威尔等人都成了爱尔兰的大土地所有者。本来还给英军士兵一种债券,作为以后领取土地之用。但许多士兵因缺乏现款,将债券折价出售,债券也落入军官之手。虽然如此,士兵们由于得到债券,逐渐变质,失去了原来的革命精神。至于苏格兰,在克伦威尔击溃苏格兰军队之后,1654年下令将苏格兰合并于英国,苏格兰的议会被取消,另在英国议会里给苏格兰代表30个席位。

英荷战争

英吉利共和国的当权者,在巩固了政权并在征讨爱尔兰、苏格兰取得胜利之后,不再满足于在国内取得的成就,而开始将目光投向海外,力争在海上贸易中占据优势地位。这时,在英国向海外商业扩张的道路上,主要的敌人是荷兰。荷兰的航运业十分发达,荷兰商人甚至垄断了对英国海外殖民地的贸易,从中获利甚厚。英吉利共和国的领导者,为了同荷兰争夺海上贸易的优势,于1651年颁布了一个"航海条例"。条例规定:凡从欧洲运到英国的货物，必须由英国船只或原商品生产国的船只运送；凡是从亚洲、非洲、美洲运送到英国、爱尔兰以及英国各殖民地的货物，必须由英国船只或英国有关殖民地的船只运送；英国各港口的渔业进出口以及英国国境沿海的商业，应完全由英国船只运送。"航海条例"颁布之后，荷兰的海上航运业受到了很大打击。荷兰要求英国废除它，遭到英国拒绝，双方在1652年开始了战争。在布莱克领导下的英国海军，击败了荷兰的舰队。1654年4月荷兰不得不与英国订立威斯敏斯特条约，承认英国的"航海条例"，英国的海上贸易优势地位得以确立。

克伦威尔护国公制的建立

当国内外的敌人都被镇压或打倒之后，克伦威尔的权势进一步增强。然而，社会上的不满情绪仍未平息。平等派的思想仍以隐蔽的宗教形式继续在暗中传播。即使在议会里，"普莱德清洗"之后，长老派议员虽然已被驱逐出去，独立派议员在"残余议会"里占了多数，但仍有少数激进的议员不甘驯服，有时发表各种指责克伦威尔政策的言论。总之，在共和国成立以后的三四年里，以克伦威尔为首的独立派尽管在军事、政治上取得不少胜利，然而国内矛盾仍然错综复杂。为了进一步巩固自己的统治地位，克伦威尔等人感到有必要集中权力，用强力消灭不满和分裂因素。于是，在1653年4月，克伦威尔将不很驯服的"残余议会"解散；另外在7月4号召开了一个"小议会"（又称"贝尔朋议会"，得名于议会中一个有名的议员贝尔朋）。克伦威尔原希望"小议会"能成为他的驯服工具，但一些激进派议员仍不断提出社会经济改革要求，并要求对穷人进行救济，释放因欠债而遭囚禁的人等。克伦威尔和一些高级军官对之施加压力，并利用议员中激进派和温和派的矛盾，由一部分温和派议员在1653年12月12日提议"自动退职"。"小议会"就这样在召开以后几个月解散了。

随后，由高级军官组成的军官会议拟订了一个新的宪法草案"施政文件"，根据这个文件，成立护国公制度。12月16日宣布克伦威尔为终身护国公。护国公制的实质是军事专政。形式上护国公的权力受到国务会议的限制，但"施政文件"规定，当国务会议的委员缺额而需要补充人员时，护国公有决定人选之权；同时还规定，议会的法案必须经过护国公的批准才能生效。所以护国公的权力实际上超过了议会和国务会议。在护国公制下面，行政权和立法权都集中在护国公一人手里，而担任护国公的克伦威尔又是军队的总司令，掌握着最高军事指挥权，它和君主制实际上并无区别。护国公的主要职能无非是防止并镇压中、下层人民的不满和反抗，同时也起着防范刚刚被推翻的封建王党分子的阴谋叛乱的作用。

本来，根据"施政文件"，在护国公制度下，立法权应由护国公和一院制的议会共同行使。但是在1654年9月的第一届议会开会时，有些议员提出要求审查"施政文件"的有关规定，以便限制护国公的权力。克伦威尔大怒，声称议会无权规定护国公究竟应享哪些权力,随后将这届议会解散。1655年3月,发生了一次保王党人叛乱,克伦威尔在镇压了这次叛乱之后,以防止王党叛乱为借口,加强统治,将全国划分为11个军区,每个军区由一个总督领导,民政权和军权全都集中在总督手里。

  护国公制作为一种军事专制制度,实质上与君主制已无多大差别,但议会里有些议员对此仍不满足,要求恢复公开的君主制。1657年5月25日,他们向克伦威尔呈上一份"恭顺的请愿和建议书",正式建议恢复国王的职位和上院,由克伦威尔担任国王,并由他来直接任命议会里的议员。由于高级军官对这一建议表示反对,克伦威尔未敢贸然接受国王的称号,但对建议中的其他内容却表示同意。1658年克伦威尔解散刚刚召集起来的议会,实行个人专断独裁。但在这年9月3日,他因患疟疾不治而逝世。

五、斯图亚特王朝复辟和1688年"光荣革命"

1660年君主制复辟

  克伦威尔死后,他的儿子理查德·克伦威尔继位为护国公。理查德性格懦弱,无法平抑他父亲生前即已积存下来的各种矛盾。在军队里,高级军官们都对理查德只亲近文职人员,冷淡、疏远高级军官感到不满,遂计划推举另一个将军来担任军队总司令。在中、下级军官中,平等派的激进思想影响一直未曾消退。克伦威尔当上形同君主的护国公,并把这个职位传给儿子的行径,与中、下级军官中的民主共和观念大相径庭。普通士兵也都感到他们为之奋斗追求的神圣原则被出卖了。

  在1659年1—4月议会召开之际,在国内出版了大量小册子,其中很多的内容是反对护国公的,同时也将矛头指向军队中的高级将领。这些小册子的作者从共和主义的思想出发,认为"昔日美好事业"被出卖了。在这种环境下,那些被克伦威尔驱逐出"残余议会"的议员积极活动,把本来就含混不清的概念"昔日美好事业",硬同他们自己联系起来,"昔日美好事业"变成了"昔日的旧议会"的同义语。高级军官兰伯特与这些议员联合起来,在5月7日恢复"残余议会",并赋予它最高权力。理查德被迫退位。但是当议会企图把军队置于它的控制之下时,却被军队强迫解散。在一片混乱的情况下,新贵族和大资产阶级认为只有恢复君主统治,才能稳定社会秩序,避免出现新的人民运动。于是,原来被废黜了的一些国务委员会的成员要求当时正率军驻扎在苏格兰的蒙克将军南下恢复秩序。1660年2月3日蒙克的军队进抵伦敦。4月25日召集了一个保守的议会。议会决定政权应该属于"国王、贵族和平民",并决定派人到荷兰去同查理一世的儿子查理谈判复辟君主制问题。查理在蒙克授意之下,已在4月4日于荷兰的不列达发表了一个"不列达宣言",宣布在内战期间被没收的王党和教会的土地不予变更,停止实行宗教迫害,除了直接处死查理一世的人以外,对其他反对过国王政府的人一律不予追究。5月25日查理回到了英国。

复辟时期的政治、经济状况·辉格派和托利派的出现

1660年5月查理登上王位,称查理二世,开始了复辟时期。复辟后首先颁布了一个赦免法案,赦免过去反对过国王政府的人,但57人除外,他们中大部分是"弑君犯",并将其中30人判处死刑,实际上11人被处决。克伦威尔和艾尔顿已经去世,仍然把他们的头颅砍下,悬挂在议会大厅之上。其余许多在"王位空悬"时期通过法律手续制订的措施,都保留了下来。

复辟时期,封建王党妄图恢复革命前的状态,但20年来,在英国的社会经济中资本主义因素已不可逆转地发展起来。这段历史时期,实际上是英国资本原始积累的重要发展阶段。几乎在所有经济部门中,资本主义关系都有了巨大的增长。随着资本主义的增长,资产阶级势力不断壮大,他们不断提出要求,对复辟政府的许多措施表示不满。1679年议会选举时,反对查理二世政府的反对派在议会中占了多数。反对派议员在议会中提出了一个"人身保护法"。该法案规定,对每个被逮捕的人,在逮捕之前应先公布他的罪状,被捕的人有权要求立刻按照法律进行审讯。这个法案在议会下院通过后,遭到上院否决,但下院继续坚持,三次否决,三次通过,终于使"人身保护法"成为法律。在英国,人身保护法起源于13世纪,原来目的就是要求将一个人拘留送交法庭时,在一定时期内必须说明拘留的理由。到了亨利七世时,此条例又被用来保护个人不受任意囚禁。这次议会所以再次正式制订并通过"人身保护法",其直接起因是,1676年查理二世的枢密会议以发表叛乱性的言论为由而将一个人囚禁起来,既不准交保释放,也不将之交付法庭正式审判。议会中具有反对情绪的议员就在1679年通过上述法案。这一法案虽然仍存在一些漏洞和不足,但对限制统治阶级人物的胡作非为和任意迫害行为却起了积极作用。当查理二世不满一个乡绅在议会辩论中的发言时,却不能任意加以逮捕而只好雇佣了一个刺客去撕裂这个人的鼻子。后来这个刺客被判处"褫夺公权",查理二世也不得不表示同意。

在1679—1681年召开的一届议会中,对查理二世的弟弟詹姆斯公爵(即后来的詹姆斯二世)是否有权继承王位的问题,产生了尖锐的意见分歧。有些议员认为信奉天主教的詹姆斯公爵无权继承王位,他们提出了一个"排斥法案",主张将詹姆斯公爵排斥在继承权之外。这一批人,被他们的政敌起了一个绰号,即"辉格派"。"辉格"一词源于苏格兰的盖尔语,原意为盗马贼。在英国革命时期,有人用它来作为对长老派的称呼。而主张詹姆斯公爵有继承王位权利的人,反对通过"排斥法案",这批议员,也被他们的政敌起了一个绰号,即"托利派"。"托利"一词,起源于爱尔兰语,原意为不法之徒。"辉格派"和"托利派"两派之间的分歧,反映了当时英国社会不同的阶级利益和政治观点。辉格派主要反映

金融资本家、大商人及一部分土地所有者的利益,他们主张限制王权;托利派主要反映大土地所有者和英国国教高层僧侣的利益,他们主张加强王权。

1688年"光荣革命"

1685年查理二世去世,他的弟弟詹姆斯继位,是为詹姆斯二世。詹姆斯在17世纪70年代已转信罗马天主教,他是一个傲慢而狂热的人,1685年刚一即位,立刻就决定要给天主教徒以信仰自由和平等的公民权利。但是英国自16世纪宗教改革以来,反天主教的传统一直很强烈,而且曾制订了反天主教的法律,如在16世纪和17世纪初制订的刑法条例,规定如天主教徒不到英国国教的礼拜堂去作礼拜,就要受处罚。查理二世制订的"宣誓条例",规定严格禁止罗马天主教徒担任公职。但是詹姆斯二世不顾这些规定,任命罗马天主教徒担任军事领导,随后又任命罗马天主教徒担任政府部门的重要官职,并到教会和大学任职。1687年4月4日詹姆斯二世发布一个宽容宣言,给予包括罗马天主教徒在内的所有基督教徒以信教自由。当他在1688年4月27日发布第二个宽容宣言后,他又下令要求英国国教的主教们在各主教区的教坛上宣读这个宣言。此举引起了英国国教领袖们的强烈不满,坎特伯雷大主教威廉·桑克洛夫特和另外6个主教要求詹姆斯二世收回成命。英国社会其他各阶层人士包括辉格派和托利派在内也大都反对詹姆斯二世的决定。詹姆斯二世对主教们的抗命甚为愤怒,下令将这个案件交给陪审团审理,陪审团宣告主教们无罪。当人们庆幸这个消息之际,却传来了信奉罗马天主教的詹姆斯二世的第二个妻子生了一个儿子的消息。这样,原来人们认为詹姆斯二世死后,他的信奉新教的女儿将继位的希望破灭了,于是人们决定采取行动。包括伦敦主教在内的几个著名人物发送了一封密信给在荷兰的信奉新教的詹姆斯二世的女儿玛丽和女婿奥伦治的威廉,邀请他们到英国来保护英国的"宗教、自由和财产"。对奥伦治的威廉来说,他主要关心的是如何能为他的妻子玛丽和他自己争夺英国的王位继承权,同时他也认为他入主英国可以防止英国同法国结盟以共同反对荷兰,因而接受了邀请,并宣称詹姆斯二世的第二个妻子所生的儿子是冒充的。1688年11月,威廉率军1万多人在德文郡的托尔湾登陆,直趋伦敦。

詹姆斯二世听说威廉率军前来攻打英国时,召集了大批军队。但当威廉的军队登陆后,他却未到前方去指挥军队,而是在伦敦企图平息公众对他的不满。但是这时伦敦一片混乱,在众叛亲离的状态下,詹姆斯二世在12月10日离开伦敦逃往法国。

在议会上、下两院共同召开的全体会议上,决议请威廉和他的妻子玛丽共同统治英国,同时向他们提出了一个"权利宣言",要求国王以后未经议会同意不能停止任何法律的效力,不经议会同意不能征收赋税,今后任何天主教徒不能担任英国国王,任何国王不能与罗马天主教徒结婚等。威廉接受了这些要求,即英国王位,是为威廉三世。1689 年 10 月,议会通过了"权利宣言"并制订为法律,是为"权利法案"。

1688 年的政变被英国历史学家称为"光荣革命"。英国以后逐步建立起了立宪君主制的原则。同时,在这次事件中,资产阶级与大土地所有者达成了妥协。以后,虽然政权仍然属于大土地所有者,但是他们却不得不实行有利于资本主义发展的政策。

英国革命的历史意义

在 17 世纪的英国革命中,资产阶级和与资本主义有联系的贵族,在城乡中、下层人民的广泛积极的支持和推动下,推翻了封建专制君主制,为资本主义的政治、经济制度的发展开辟了道路。此后,英国的资本主义得以更快地向前发展。18 世纪后半期,英国在世界上首先发生工业革命,到 19 世纪中叶成为世界上经济最发达的国家,号称"世界工厂"。

英国革命的意义并不局限于本国范围之内,它对全欧洲都产生了重要影响。马克思写道:"1648 年革命和 1789 年革命,并不是英国的革命和法国的革命;这是欧洲范围的革命。……它们宣告了欧洲新社会的政治制度。……这两次革命不仅反映了它们发生的地区即英法两国的要求,而且在更大的程度上反映了当时整个世界的要求。"[①]

六、17 世纪英国文化、思想的发展

17 世纪在整个欧洲都发生了封建制度的危机。英国革命就是在这一危机的环境下爆发的;它本身也就是这一危机的一种最重要的反映。随着封建制度的瓦解,在思想领域也发生了重大变化。原来在中世纪时在思想领域中占统治地位的是万世一统的绝对观念和以信仰为基础的原则。在政治上则是君权神授,统治与服从永不变易的枷锁,束缚着人们的头脑。但是这些思想原则,此时已发生动摇,理性主义的思想开始萌发滋长。英国革命开始后,现实社会的封建君主专制土崩瓦解,那些在此基础上形成的思想信仰也就随之受到抨击。当政治斗争风起云涌之际,各色各样的思想流派和理论,也如雨后春笋一般蓬勃发展起来。在 1640 年至 1660 年之间,每天平均有 3 种出版物出版,特别在 1642 年至 1649 年两次内战期间出版的最多。各种社会阶层和政治派别都纷纷提出自己的社会经济要求和解释,并制订出自己的理论体系。长老派、独立派、平等派以及后来的掘土派,都为自己的利益和观点而奔走呼号、互相斗争。1649 年英吉利共和国建立,以克伦威尔为首的代表中等贵族和资产阶级利益的独立派垄断了政权,其余各政治派别分别遭到镇压。当克伦威尔的护国公军事专政制度

---

① 《马克思恩格斯选集》第 1 卷,人民出版社 1995 年版,第 318 页。

建立后,为了钳制舆论,又恢复了书报检查制度,只有资产阶级、贵族的思想得以公开传播并继续发展,而平等派的主权在民、天赋人权,和掘土派的原始共产主义思想则受到扼杀,只能潜入于神秘的宗教形式中,以隐蔽的扭曲了的形式绵延流传。

1660年君主制复辟后,君主专制的思想虽一度企图死灰复燃,然而它终究敌不过代表社会上具有强大力量的资产阶级和新贵族并已经过长期磨炼、锻造的资产阶级思想体系。1688年"光荣革命"后,资产阶级和新贵族联合起来挫败了专制势力的代表者,建立了立宪君主制度,这就为他们的思想和理论体系提供了物质力量的保证,经过一个世纪的发展锻炼的资产阶级思想体系更臻完善成熟了。

资产阶级思想在下列几个著名思想家的著作中,得到充分的表现。

约翰·米尔顿(1608—1674)

出身于伦敦一个公证人家庭,年轻时受到人文主义教育。毕业于剑桥大学,爱好科学和诗歌。在革命爆发之前,他已写了大量诗歌和政论文,把矛头指向作为封建专制制度精神支柱的英国国教主教制。

1644年,当议会中掌权的长老派恢复已被革命废除的书报检查制,以钳制人民的思想和舆论时,米尔顿对此痛加抨击。他写了致议会的呼吁书《论出版自由》,要求出版自由,把一切门户都打开,让阳光照射到每一个角落;让每一个人都可以自由地思想,并把他的想法带到阳光之下。他认为言论自由是维护建立在理智和正义基础上的共和制度的必要条件。他引证圣经,说"真理在圣经中被比作一泓泉水,如果不经常流动,就会干涸成一个传统与形式的泥潭。"他还说,"杀人只是杀死了一个理性的动物","而禁止好书则是扼杀了理性本身"。米尔顿的这部著作,不仅在当时,而且对以后资产阶级争取民主自由的斗争,都起了很大鼓舞作用。1905年俄国革命时,它被译成俄文,作为抨击沙皇政府扼杀言论自由的武器。

1649年底莱登大学的神学教授萨尔玛修写了《为国王查理一世辩护》的小册子,号召各国君主联合起来帮助英国恢复君主制度。英吉利共和国的领导人请米尔顿对这本著作加以驳斥,为此米尔顿写了他的最重要的政论作品之一《为英国人民声辩》,1651年用拉丁文发表。米尔顿在文中坚持人民的主权应该高于国王的权利,当一个国王变为暴君时,人民即不能再对他负有效忠的责任。后来为了回答那些攻击此文的人,米尔顿又在1654年发表了第二篇《为英国人民声辩》。

1649年米尔顿被任命为共和国拉丁文秘书,其职务是用拉丁文处理外交事务。但实际上他是共和国的最重要的思想家。1652年米尔顿双目失明,但仍依靠助手,继续工作。

王朝复辟后,他的书被焚毁,并被逮捕,由于双目失明,才免于一死。以后,他停止政治活动,转而从事文学创作,用口授由女儿笔录的方式写了一些诗篇和悲剧,以《失乐园》最为著名。此诗1667年问世,内容取自旧约圣经中关于撒旦反抗上帝,被忠于上帝的天使击败,赶出天堂,堕入地狱的故事。诗中把上帝描绘成为一个暴君而撒旦则是爱好自由,具有反抗精神的人。诗的内容实际上反映了著者对复辟王党的愤慨之情,撒旦对上帝的反抗具有议会同国王斗争的色彩。

詹姆斯·哈林顿(1611—1677)

出身于一个乡绅家庭,青年时期受过良好的教育,并曾多次到国外旅行。他本人深受当时科学发展的影响,希望能通过历史研究找到现实的政治理论。他认为从历史上看,当政治权力和财产权相一致的时候,政府的统治就可能是稳固的,但是当这种平衡被破坏后,政府就只有靠武力才能建立起来,这样的政府不可能牢固。在英国,以前的政府是建立在国王、贵族、人民之间的平衡之上的,但在当时,土地已从国王和贵族手里转到人民(哈林顿所谓的"人民"实际是指非贵族的有财产的人)手中,经济平衡被打破了,内战就是由此而产生的,内战必然使那些已掌握了经济权力的人也掌握政治权力。这一变革过程是无法逆转的,即使发生复辟也无法逆转。

哈林顿研究问题的方法,是采用培根的实证法,即对事实先进行收集、观察,然后进行分析、综合,最后应用到实践中去,由实践来检验这种理论是否正确。从这个角度去出发,哈林顿在研究政治时,先研究人类历史的事实经验,他说:"任何一个人,除非他是历史家或旅行家,否则他就不可能成为一个政治家。因为,只有当他知道什么必然会发生,什么可能会发生,才能成为一个政治家。"

哈林顿的思想在一生中经过几次转变。1639年他从国外旅行回国后,曾到查理一世的宫廷任职。1642年内战爆发后,他依附于议会,但当第一次内战结束,查理一世做了俘虏后,他却又去当查理的侍从。后来战事再起,这一希望破灭。在共和国时期,哈林顿的思想又发生了变化,成了共和主义者,并写了《大洋共和国》(1656年)一书。书中关于政治权力与经济权力相平衡的理论,对后世美国的托马斯·杰斐逊总统等产生了影响。

七、1689—1742年的英国

君主立宪制的建立

光荣革命以前,除革命时期(1640—1660)外,英国国王不但享有行政和司法大权,而且时常侵犯议会的立法大权及财权。国王颁布的行政命令,由他所任命的大臣来执行。这些大臣全由国王选任,在政治上不能有独立的意志,同时他们也只对国王一个人负责,不必考虑议会的意见。议会无权直接对国家的行政事务进行干涉,议员只能讨论国王所颁布的命令。但是"光荣革命"之后,这一情况发生了很大变化。以辉格派和托利派为代表的资产阶级和土地贵族,联合一致赶走了国王詹姆斯二世,后虽由威廉三世和玛丽即王位,但实际权力则掌握在这两个政治派别领导人的手中。于是以两派为核心的资产阶级和土地贵族就利用当时的形势,尽量扩大自己的政治、经济势力。他们利用自己所控制的议会,通过一系列法案来限制王权,而把实际权力逐渐转移到议会手中,形成了议会权力超过王权,国王"统而不治"的立宪君主制体制。

对新即位的国王威廉三世和玛丽来说,他们取得王位是靠了议会里的辉格派和托利派的力量,所以对两派的要求不得不表示同意。而且"光荣革命"是在反对国王詹姆斯二世暴政的口号下进行的,在社会上和政治界,限制专制王权成为符合人民的普遍要求和光明正大的事。所以当议会里提出限制王权的议案时,很容易就通过了。

议会除了通过前述的"权利法案"之外,1689年还制订了"叛乱法案",规定平时国王必须经过议会同意才能征集和维持军队,而且这支军队只能保持一年。这一法案通过后,每年重申一次,以免国王破坏。议会对王室预算的金额和用途也作了规定,限制它的范围。同年,在宗教问题上,还给予不信国教的新教徒以一定程度的宽容。为了防止国王排斥议会而独断专行,保证国会能经常定期召开,议会在1694年制订了一个"三年法案"。法案规定,每三年必须召开一次议会,每届议会的任期不得超过三年。1695年正式废除了"书报检查法案",使出版事业有了较大的自由,这对英国学术思想的发展具有重大意义。此后英国未再恢复书报检查,从法律上保障了出版、言论的自由。

议会在1701年通过的"嗣位法",在立宪君主制度的建立过程中具有重要意义。法案规定,威廉三世死后,王位应传给詹姆斯二世的第二个女儿安妮。由于安妮没有直接继承人,在她之后,王位应传给斯图亚特王朝的远亲,德国的汉诺威选帝侯。这样就杜绝了斯图亚特王朝占有英国王位的野心。同时法案还规定英国王位不能传给天主教徒,凡英国国王必须参加英国国教会;直接依附于国王的人,不能担任下议院的议员;国王所作的一切决定和政府的命令,必须由同意该项决定的枢密院的成员,即政府的大臣签署才能生效。此外,法案还规定,以后法官的任免权不再属于国王而属于议会;以后凡议会谴责、定罪的人,国王都不能任意赦免等。所有上述这些措施,都对王权作了具体的限制,并把包括国王继承权等重大问题掌握在议会手里,这就确立了议会高于王权,司法权独立于王权的原则,从而奠定了资产阶级所一向向往和追求的立宪君主制度的基础。法案中所规定的一条,即任何国王所作的决定或政府的法令必须由同意该法案的政府大臣签署,实际上巧妙地包含了限制王权的作用。因为根据英国中世纪以来的一条政治原则,即"国王不能犯错误",使得历代的统治君主都可恣意妄为而不致因"犯错误"而被追究责任。现在这一法案中的规定对"国王不能犯错误"有了新的解释:国王的错误应由签署该项决定的大臣负责,这样,就有了追究国王责任的法律根据。同时,这一决定也使得一个负责签署国王决定的大臣,在签署该项决定时,不得不首先考虑该项决定是否合法、合理和它可能引起的后果,从而限制了国王的胡作非为。

内阁制的形成 在英国,中世纪早期有一个由大贵族和高级僧侣组成的"大议会",协助国王治理国事。后来,"大议会"逐渐将其职能转交给大约由20人组成的枢密会议了。枢密会议的成员协助国王制订政策,并向国王提出建议。但是它的成员越来越多,工作起来很不灵便,不能有效地发挥作用。到了查理二世和詹姆斯二世时,枢密会议的一些工作,已交给了它的下属的一些委员会来担负,同时在枢密会议里也形成了一个非正式的小集团,他们活动方便,议事切实、具体,国王的许多建议往往来自这些人。而原来的枢密会议,久而久之变成了徒有虚名的机构。

到威廉三世和安妮女王时,国王经常与这个小集团在一起开会,以征求他们对一些政治问题,特别是外交问题的意见。因为这种会议经常是在一个秘密的小房间(Cabinet)中举行,所以人们就把这个会议称为内阁会议,意即在小的密室中举行的会议。不过,直到1714年以前,内阁还不是一个法定的组织,它只是少数主要大臣参加的一种会议。在他们之中,也无所谓"首相"之称。同时,安妮女王虽然经常参加内阁会议,但不过是为了表示她对这个会议的重视和支持而已,她对内阁会议所讨论的问题,从不加以实质性的干涉。

到了汉诺威王朝时,乔治一世和乔治二世以外国人的身份入主英国,对英国的情况不甚了解,无法对许多政治问题发表中肯的意见,而且他们不懂英语,在内阁会议上也无法和内阁会议的成员讨论问题、交流意见。乔治一世甚至把出席会议当成了负担,不愿参加。在内阁会议中掌权的辉格派利用这一情况,慢慢疏远国王,把实权揽在自己手里。久而久之,国王不出席会议成了惯例,内阁只需在会后把讨论情况通知国王。而国王在1714年以后,从来也没有否决过内阁会议的决定。

在国王不出席的情况下,内阁会议在开会时需要有人来主持会议,并把意见归纳、集中,以便向国王汇报。国王为了便于了解内阁会议的讨论情况,也需要这样一个人物,于是就渐渐在内阁会议中出现了一个地位较突出的领导人。但最初,这个人物并不叫"首相"。所谓首相的名称是后来才出现的,而且在安妮女王时代,人们有时称呼首相时,使用的是复数"首相们",即统指那些地位重要的大臣。

1714年起,辉格党长期在英国掌权,它的领导人沃波尔在内阁会议中总揽一切,地位突出,实际上起了首相的作用。不过这时他被政敌称为"首相",还含有讥讽的意味,即讽刺他不适当地突出自己,压倒别的同僚,违反了大家共同遵守的原则。同时,在沃波尔时代,他也从来没有组织过内阁,也没有在下议院领导过一个多数派。在1742年他下台时,他的同僚也并未因此而一起解职。这就是说,后世的首相的全部职能,还处于发展过程中,尚未完全定型。

王权的衰落·议会权力的增长

在中世纪时,人们信奉君权神授的理论。英国的议会尽管基本上是一直存在的,但是革命前,议会不过是国王政府的附属机构,它实际上只是国王政府的传声筒,不敢对国王的决定表示异议。但是当君主专制政体发生危机时,议会同君主的关系也发生了变化。1628年的"权利请愿书"和17世纪40年代初议会所通过的许多法案,都对君主的权力作了种种限制。内战期中,专制君主制度受到沉重打击。1649年国王被送上了断头台。虽然以后君主制复辟,但查理二世不是像通常的国王一样自然继承王位的,而是在议会决议和他发布"布列达宣言"的前提下,有条件地登上王位的。1688年"光荣革命"后,国王是被议会"邀请"前来的。国王权力的来源已不是上帝而是议会了。所以在"光荣革命"后,议会通过一系列法案来限制国王的权力,国王都只得同意。1696年和1707年议会又通过法令,规定当国王去世的时候,议会仍应继续开会,枢密会议和民政的、军事的官员仍应留在自己的职位上6个月,除非继任的国王将其解职。这些都说明,经过将近100年的曲折复杂的斗争和王位的几次被推翻和再扶植起来,君主神圣不可侵犯的原则再也恢复不起来了。而在政治领域中,君权衰落、议会权力的增长则是这段时期一个总的发展趋势。

在人们的思想观念上,对一些政治行为也有不同的评价。在中世纪时,如果对国王不忠或不服从,那将被看做是大逆不道的行为。即使对自己的上级领主不服从,也被看做是不忠行为。这反映了中世纪人际关系上的人身依附关系。但这一观念在革命前后的数十年中,不断变化。1628年"权利请愿书"指出,对国王的不忠,并不就是对公共事业的不忠。1649年在判处国王查理一世的死刑时,罪名是"暴君、叛徒、杀人犯和我国善良人民的公敌",国王的地位已降低到国家和人民之下。经过"光荣革命"的事件,国王被赶走,新国王在种种条件限制下登上王位,于是在人们的思想里,判断一个人的政治行为,已经不是看他们对国王个人的态度,而是看他们对国家的态度了。

议会除了用法律的、政治的手段来削弱国王的权力外,还力图通过控制财政权来限制国王的不正当行为。1688年以后,国王的收入主要是继承下来的王室的岁收,这笔款项每年约有70万镑,虽然比克伦威尔护公时期增加了约7倍,但为了应付国王宫廷和民政管理的费用,仍不够宽裕。如果遇有特殊需要,更感拮据。而国王在需要别的款项时,必须经过特殊的手续才能拨付。从1690年起,议会对政府的经费都规定了专门的用途,不能随意挪用。同时还设立了一个委员会来审查政府的开支。到安妮女王在位的末期,财政部每年要造预算送交议会审查,已成为惯例。

在外交事务上。当威廉三世即位之初,由于他既是荷兰的统治者,也是英国的统治者,在外交场合既可代表英国,也可代表荷兰进行活动,有很多便利。同时他对外交事务也比较熟悉,所以许多外事政策都由威廉三世自己制订。但在17世纪末,威廉三世在外交上遭到一连串挫折,议会于是发出了不满呼声。1701年"嗣位法"作了一条规定:英国人不能由于一个外国国王的利益而卷入一场战争去保卫不属于英国的领土。这一规定,限制了威廉三世在外交上的活动范围。这时,即使在外交政策上,如果得不到议会的同意,国王也是一筹莫展。

议会选举状况

在17世纪末至18世纪中期这段历史时期,英国的议会选举仍实行相沿已久的选举制度。选区不是按照各地区人口数量而平均划分的,选举权在各地区也不一样。一般而言,自由产业所有者年收入在40先令以上的人才能有选举权。但也有大约12个选区,包括威斯敏斯特选区在内,实行与成年男子普选权相近的选举制。不过,尽管选举权在各地区有所不同,但一般都不是充分自由的。由于选举是在公开方式下进行的,所以普通的选民很容易受到他们的上级的影响。特别是当时议会享有巨大权力,所以许多有权有势的人,想尽办法通过选举当选议员。贿买选民之事非常普遍,而且贿买的价格不断上升。1689年,贵族萨缪尔·裴皮在哈威斯地方为了当选议员,用去了贿买费8镑6先令8便士。但到1727年时,艾格蒙特伯爵为了获得议员席位,竟用去了900镑。有时,议员的席位甚至公开标价,给那些最有钱的高官显贵或富商巨贾用钱来换取政治地位。乔治一世(1714—1727年在位)时,一个议员席位标价为1 500镑,后来价格不断上升。到乔治二世(1727—1760年在位)时,涨到了2 000镑。那些从印度回来的"纳博布",即靠掠夺印度人而发财的大富豪,变成了购买这些议员席位的主顾。那些有权势的富翁们,不仅自己通过贿买来得到议员席位,而且通过贿买来控制别的议员席位的选举,从而在议会里安插自己的人。在18世纪中叶,有192个议员席位的选举,实际上为大约106个有权势的人物所操纵。

各个选区的议员名额的分配也很不合理。有的选区人口多但是议员名额比较少,有的选区人口少,却分配了较多的议员名额。这是因为议员席位的分配,仍旧按照旧有的传统,结果就出现了许多不合理的现象。在萨里郡的加通地区,有的地方只有六间房子,一个居民,但该地区仍有选举一个议员的席位分配名额。这一地区的地主就把这个议员席位的选举完全控制在自己手里。

辉格派的政治优势

在17世纪末至18世纪初,虽然存在辉格派和托利派的名称,但是它们并不是现代意义的政党,只是两个不定型的派别,代表两种不同的政治倾向,在政治上并无原则性的分歧。

原来辉格派反对詹姆斯二世有继承权,而托利派则赞成詹姆斯二世继承王位。但经过几十年之后,政治形势发生了变化,两个政治派别的政治态度也发生了一定程度的改变。辉格派对君主的态度已不再抱着完全否定的态度,因为经过"光荣革命"后的一系列立法,君主的权力已受到种种限制。而托利派也逐渐改变了坚持拥护专制君主制的立场,因为它们几次恢复旧王朝的企图都遭到了大多数人的反对而失败。1715 年他们支持"老王位觊觎者"即所谓詹姆斯三世企图复辟斯图亚特王朝的行动,但遭到惨败。这一行为,在托利派内部也很不得人心。到 1745 年,"小王位觊觎者",即在苏格兰的查理王子企图发动叛乱,进行复辟活动时,只有极少数右派托利派参加。

虽然在政治上,辉格派和托利派并无原则性分歧,但是他们在租税政策和外交政策上却意见不一,都希望在这些领域内制订符合自己派别利益的政策。同时两派在争夺议会席位和政府官职,利用政治地位来增加权势和财富方面,也存在着矛盾。

在议会里,有时是辉格派,有时是托利派占多数。威廉三世发现,当一个派别在议会中占多数时,最好任命这个派别的成员担任内阁大臣,以免议会和内阁互相掣肘。1694 年,辉格派在议会里占了多数,所以就任命辉格派的人当大臣。以后辉格派在议会长期占据多数,从 1714 年到 1761 年,他们一直执掌政权,在政治上占据着优势。

辉格派长期在政治上占有优势地位,是由下列一些原因造成的:首先,辉格派的政策在农村中得到了大地主的支持,城市里的商业资产阶级也拥护辉格派的国债制度和保护关税政策。其次,辉格派利用他们掌握政权的机会,制订了一些有利于自己的政策,保证了在议会选举中能够获胜。如 1707 年的法案规定,如果一个议员获得领取政府薪金的职务,那么他就得失去议员的资格。不过,如果他在补缺选举中继续当选,则仍可以继续当议员。表面上,这个法案的目的是使议会议员不能够同时担任政府官员,以免受政府的影响,实际上,由于辉格派当时的政治、经济力量,使辉格派的议员在补缺选举中重新当选并无困难。另外,1710 年的法案规定,各郡的议员必须拥有每年收入 600 镑以上的人才能当选;城市里则每年收入达 300 镑以上的人才能当选。这是指纳税以后的收入,实际数字比这还大。那些拥护托利派的乡绅,很少人收入超过 600 镑,而在城市中,资产阶级大部分都是辉格派的信徒。这两个法案都有利于辉格派在议会选举中取得胜利。最后,辉格派一向以拥护信奉新教的国王而受到社会各阶层人士普遍欢迎,也因此受到乔治一世和乔治二世的信任。而托利派则因为他们曾参与了两次觊觎王位者的阴谋复辟活动而声名狼藉。

当辉格派在政治上长期处于优势地位期间,他们的领导人罗伯特·沃波尔也长期(1721—1742)担任政治上的重要职务。沃波尔出身于诺福克郡的一个地主家庭,1701年当选为议会议员并参加了辉格派。1714年辉格派在大选中获胜后,次年他被任命为财政大臣,不久解职,但于1721年重新被任命为财政大臣。在桑德兰去世后,又被任命为第一财政大臣。当时的财政大臣的地位非常重要,因为内外政策、国家一切大事以及议会的选举等,都与财政有密切关系,掌握了财政权就是掌握了国家政治生活的命脉。所以在当时的内阁大臣中,财政大臣总是处于首要的地位,也就是首席大臣。在沃波尔担任财政大臣期间,人们有时直接称他为"首相",意指他的地位在各大臣中在重要性和权力等方面都处于首要的地位。事实上,沃波尔是英国历史上的第一个内阁首相。他虽然是由国王任命的,但他的权力实际上来自下院中辉格派的支持。在他的内阁中,大臣们都依附于他,尽管他们名义上也是由国王任命的。

沃波尔掌权后,实行了一系列财政经济政策,使英国经济出现了繁荣局面。为了促进农业发展和工商业繁荣,奖励谷物和农产品出口,他对许多出口商品免征关税,同时对英国工厂所需要的一些原料产品减低关税,甚至免收进口税。而对那些可能与本国产品相竞争的产品则禁止进口。从1723年起,对茶叶、咖啡、可可等征收消费税,以防止走私。为了照顾地主的利益,他不但不增收土地税,反而予以适当降低。1733年,沃波尔制订消费税法案,打算进一步对烟、酒开征消费税,以增加财政收入,应付政府日益增加的开支,这时却引起了全国各阶层的一致反对。他们害怕以后如果对其他日用必需品都征收消费税,势将影响他们的生活水平。沃波尔见群情激奋,赶忙将消费税法撤回。

1742年2月,沃波尔辞职,他的执政时间长达20年之久。

第二节 欧洲大陆的封建专制制度

一、典型的封建专制主义国家——法国

波旁王朝早期的法国

正当专制制度在英国从高峰跌落,陷入危机并最终走向灭亡的时候,它在欧洲大陆却得到巩固与加强,而在法国发展得最充分。

亨利四世(1589—1610年在位)登位后,采取措施加强国家的统一,巩固国王的权力。他压制高等法院的独立倾向,竭力控制省、市行政机构,开始把行政命令直接下达给由国王委任的各省监督官而不是省长。到17世纪初,他已经平定了地方大领主的反叛,使法国专制制度基本定型。

亨利四世将财政问题交给苏利公爵处理。苏利是个有才能的理财家,他很快平衡了收支,甚至使国库略有盈余。他鼓励生产,发展农业,认为"耕地和牧

场是生活的两大源泉"。他减轻农民的赋税,引进排干沼泽技术,扩大耕种面积。农学家奥利维尔·德·塞尔根据国王的命令写了《农书》一书,广泛传播农业知识。亨利四世甚至宣称他要让法国农民"每个星期天锅里有一只鸡",这使他受到农民的欢迎。他还奖励工商业,发展蚕桑,创办法国丝织业,鼓励开办各种工场,筑桥修路,发展贸易,建立海外贸易公司,使法国在17世纪初重新成为经济强国。

为加强专制统治和增加收入,亨利四世还实行卖官制,中等阶级人家因经商、放债、包税、投机等发了财,就用金钱买官。买官的人出身低微,社会地位不巩固,处处仰国王的鼻息行事,依靠国王的恩宠过日子。亨利四世还让当官的人每年缴纳官职税,其数额为官职售价的1/60,任何人只要定期缴纳官职税,官职就可以世代相传。这样,就造成一个完全听命于国王的官僚集团,有利于国王的统治,而且增加了国库的收入。但其长期的后果却是把发了财,因而证明是最有能力从事经济活动的人排斥于经济领域之外,这是因为,在法国当官就可能成为贵族,而一旦成为贵族,就不能再进行任何经济活动了。尽管如此,卖官制度却有助于国王与城市中等阶级结成同盟,而这正是专制王权的基础。

波旁王朝时期,派往各省的监督官逐渐由选自中等阶级出身的人担任,而正是他们控制着地方行政权。御前会议主要由花钱买爵位的"穿袍贵族"组成,而在世袭的"佩剑贵族"眼里,他们只是发横财的"资产阶级"暴发户而已。由于专制王权促进了民族统一和自立,保护了民族工商业,建立民族市场,在其初出现时是有利于资本主义发展的,因此得到正在形成的资产阶级的拥护。

在波旁王朝统治下,中世纪土地分封制度已基本解体了。尽管贵族豪强仍保有自己的"扈从",而这些人也都对主人效忠尽职,在主人召唤时甚至拿起武器反叛朝廷,但他们与主人之间已不是分封与被分封的关系了,因为他们不从主人那里领受封地。维系等级制度的往往是亲族关系,一个大领主、大贵族的三亲六戚都可能是他的"臣下",而这种宗族关系可以追溯到第七代。为大贵族服务的缙绅也都有自己的手下人,由此而构成一座类似于中世纪分封制度的等级金字塔,但构成金字塔基础的土地分封制事实上已不再存在。

贵族和缙绅为保持自己的身份,除收取地租外不从事其他任何经济活动,否则他们就失去免税的特权。但他们中很少有人能单靠土地的收益来维持生活,因此缙绅们时常出售土地,而收买土地的多是有钱的商人、官员或富裕农民。17世纪初,大部分中小领地已落入资产阶级或富农之手,只有大地产还留在大贵族手中。领地上的劳役义务已名存实亡,在有些地方连劳役的主人是谁也搞不清楚。资产阶级收买土地后,像过去的封建领主一样向农民收取地租,而有限期地出租土地给农民这种土地经营形式也逐渐取代了纳赋永佃地(即可以世袭的纳赋土地,纳赋额往往几代人不变)。

缙绅阶级没落最甚的地区,也是资本主义工商业最发达的地区。而在经济落后地区,缙绅的势力仍然很大。但资产阶级在购买土地后,他自己也逐渐变成本地乡绅,可能有一天,他会最终放弃他赖以发家的工商业,而去买一个低级官职。新官员的儿子可能用家族的积蓄买一个可以成为贵族的官衔,如朝廷书记官或高等法院推事等等,不久,他就取得贵族封号。新贵族的儿子可能去参军,买下一个步兵连,从而与老贵族平起平坐,当起真正的贵族来。但这时,由于他不能再从事经济活动了,家族的衰落也从此开始。过真正的贵族生活开销巨大,会耗尽家族的财产,也许有一天它也像老贵族一样不得不出售土地,于是法国的贵族就以六七代为一个周期循环更替。1789年存在的法国贵族世家中,有一大半发家于17世纪初。

为了防止家族的中落,有不少贵族服侍宫廷,得到王室青睐,取得大量赏赐。这种动机为路易十四靠奢靡的宫廷生活笼络贵族、从而建立最专横的专制制度提供了可能性。

17世纪时,多数农民有人身自由,已不再是农奴。有些农民持有纳赋永佃地,向领主交纳贡赋,但同时又可以自由地处置永佃地,例如出租甚至出售;有些则承租按期限出租的土地,交纳货币地租。地租一般是对分制,租金占收成的一半或更多。此外,农民还要向国家交纳捐税,其中包括直接税(财产税、人头税)和间接税(盐税、烟草税、葡萄酒税等),以及向教会交纳什一税。沉重的负担落在农民身上,他们不仅养活游手好闲的贵族、教士,而且还支撑着整个国家的财政大厦。每逢灾年,大量小农破产,商人和官员则从中渔利,乘机收购地产。波旁王朝早期曾多次爆发农民起义,但是这些农民起义由于难以克服的农民阶级狭隘分散的弱点,都一一被王朝镇压下去。

分散的手工工场在农村已相当普遍,在北部的纺织工业中更为发展。商人们把原料和工具分发给广大地区的农民,由他们在家中生产,交出成品,领取工资。这种制度使资本主义雇佣方式渗入到农村,农民为纳清贡赋、贴补家用,不得不从事家庭副业,接受商业资产者的剥削。但总的来说,这种情况在沿海及工商业发达的地区比较流行,内地及经济落后地区则少见。

在城市,商人和政府官员控制一切。市政事务或者由国王任命的市长管理,或者由选举产生的地方官行使职权。不过选举很不民主。例如在巴黎以北不远的博韦市,市政会由一个选举团选出,其中商人和官员握有21张选票,工人只握有10票。因此,从1600—1655年,116个当选的地方官中有84个是商人,历届市长除二人外都是商人出身。博韦主教握有该地的主要司法及警事权,主教庄园法官还确定工人的工资,将其压在最低水平上。城市工人生活十分困苦,每逢灾年更难度日。各城市工人曾发动过许多暴动,反抗雇主及地方官,但都被资产阶级自卫团镇压下去;不过当王国政府赋税太高、抽取过甚时,资产阶级又暗中鼓励工人造反。

人民的反抗时常威胁专制政府的统治,但在这个阶段,专制王权还能维护国家的统一和民族的对外利益,因此仍能够存在并继续发展。

1610年亨利四世被刺后,贵族的分裂活动重新兴起,宗教战争也再度爆发。1610—1624年,法国再次陷入内乱之中。1624年,路易十三(1610—1643年在位)任命红衣主教黎塞留(1585—1642)为首席大臣。黎塞留执行"国家利益至上"的政策,把国王和国家视为一体。他把加强绝对君主专制和把法国建成欧洲最强国视为两项基本国策,使用高压手段治理国家。在他的领导下,贵族叛乱和宗教冲突再次敉平,工商业有所发展,专制王权得到巩固,法国恢复了在欧洲的重要地位。从1642年12月到1643年5月间,黎塞留和路易十三先后死去,王位留给了不到5岁的路易十四。

投石党运动

路易十四(1643—1715年在位)登位之初,母后安娜摄政,红衣主教马萨林任首席大臣。贵族们抓住这个时机发动新的叛乱,这次事件在历史上称为"投石党运动"(1648—1653),取名于当时巴黎街头儿童恶作剧的玩具——投石器。

投石党运动起初并不是贵族们的分裂运动,而是资产者、城市贫民和农民联合起来反对专制制度的人民运动。马萨林是黎塞留的信徒,他忠实地执行黎塞留的政策,致力于发展王权和雄霸欧洲两大事业。为此,他横征暴敛,开征新税,人头税在10年中提高了25%,甚至运货进巴黎也要征收进城税。沉重的捐税引起商人、手工业者和农民的不满,而马萨林及其僚属则借此发财,中饱私囊。1648年5月,马萨林恢复曾一度停征的"官职税",引起花钱买官的资产者们严重反感。他们以巴黎高等法院的法官为代言人,开始公开反抗。高等法院作出决议,要求对一切新征税款及财政法令进行审查登记;撤销王国政府派驻各省的监督官;不说明理由不得逮捕任何人,且被捕者须在24小时内交由法庭审判;禁止包收人头税,惩办包税人,豁免欠缴税款等等。这些要求不仅反映了资产者的政治愿望和经济利益,而且在一定程度上表达了劳动人民的心声,因而得到人民群众的拥护。巴黎高等法院向来有登记或拒绝国王法令的权力,因此资产者团结在高等法院周围,向国王的专制提出挑战。当时正值英国革命如火如荼、议会胜利已成定局时,巴黎的反抗受英国鼓舞,法国的专制制度一度陷入危险的境地。

最高法院的行动得到各阶层支持,巴黎人民武装起来修筑街垒,迫使马萨林释放了被捕的法官。王室于1648年8月和1649年1月两度逃离巴黎,武装的人民控制了首都。这时,大贵族看出这是削弱王权、发展自己势力的极好机会,于是纷纷站出来反对国王,并领导本省的运动,贵族逐渐控制了运动的领导权。2月底,巴黎人民武装进逼高等法院,威胁到富有者的财产权。这使高等法院与政府妥协,3月,资产者和马萨林签订了和约,人民被压制下去,王室回到巴黎。

但各省贵族的叛乱继续发展,大贵族以孔代亲王为首,在各地与王军作战。另一些贵族则站在政府一边。很显然,法国有可能回到亨利四世以前那种长期混战的局面中去。同时,西班牙军队也攻破了法国的边境,一度离巴黎只有几十公里路。1652年,孔代粉碎了王国军队,进入巴黎,但贵族与人民的分歧立刻就暴露了,一队队巴黎武装市民沿街而行,高喊"不要国王!不要王公!自由万岁!"人民要求的是彻底推翻封建制度,贵族的领导权开始动摇。这时,王军包围了巴黎;10月,孔代弃城而逃,路易十四重返京城。为时五年的投石党运动终于失败。反叛的贵族首领孔代后来投靠西班牙,率领西班牙军入侵法国。战争一直进行到1657年,最后法国取得胜利。

投石党运动从资产者和人民反抗封建专制开始,后来发展成贵族的叛乱,并导致严重的外敌入侵。这个过程说明,推翻专制制度的历史条件在法国还不具备,专制制度在客观上仍起着维护国家统一和抵御外敌入侵的作用。正因为如此,当英国的资产者和贵族结成同盟推翻专制制度时,法国的专制制度却继续发展,终于达到它的最高阶段。

路易十四和"朕即国家"

路易十四的童年在动乱中度过,他深感绝对的权力是多么重要。1661年马萨林去世,他在遗嘱中传授黎塞留的教诲:国王要大权独揽。路易亲政以后,决心实践绝对君权制的理论,在他执政的54年中(1661—1715),把国王的权力发展到顶峰。

路易十四为王权至上制造理论根据。他曾说:"为了百姓本身的利益,国君应当使他们无条件服从。只有当全部权力完全集中在唯一的国君手里时,臣民的幸福和安谧才有保障……臣民没有权利,只有义务。"也就是说,人民只有服从,才能得到"幸福"。主教博絮埃也竭力为专制王权作辩护,他说:"一切权力都是上帝的",国王充当"上帝的臣子和他在世上的代理人。"因此,国王无需对人民负责,而只要对上帝负责。这就是"君权神授"的理论。为了强调王权至上,路易十四曾说过:"朕即国家"。此语包含着两层意思:一是国王即国家,二是反国王即反国家。由此,国王便达到了神格化的高度,成了至高无上的权威。

为彻底制服贵族,路易十四一方面实行高压,取消巴黎高等法院对国王敕令的指摘权,拒绝召开王国三级会议,对敢于反叛的外省贵族无情镇压;另一方面,他在离巴黎15公里的凡尔赛建造新的宫殿,其金碧辉煌、庄严宏大为欧洲之冠。他把各地大贵族都宣召进宫,让他们侍奉王室。公爵、侯爵等纷纷充当王室的御衣官、车马官等等,仅国王的伯母一人,就经常有200名贵族跟随左右。谁经常在国王前后露面,谁就能得到巨额赏赐,飞黄腾达;谁不常在宫中出现,国王就会以"我不认识他"为托辞,使他从此丧失晋升的机会。每天,他都在宫中安排各种祝宴庆会,让无聊的贵族在声色犬马中消磨时日,同时也耗尽他们的钱财。入夜,几千支蜡烛把凡尔赛宫中的镜厅照得雪亮,使人仿佛置身于仙境。这种怀柔政策比战场上的征服更加有效,千百年来不肯驯服的贵族在路易十四的软刀子下俯首帖耳。

路易十四亲理朝政。他每天按时在书房里办公,听取汇报,批发公文,像办公室的职员那样恪尽职守,热心于他所谓的"国王的职业"。他的亲信大臣都是中等阶级出身而新近获得贵族封号的人,因此在各方面都对国王的恩宠感激涕零,甘愿充当专制王权的驯服工具。路易十四将高级幕僚组织在几个御前会议里,而以"最高会议"作为最高决策机关。在"最高会议"上,大臣可以各抒己见,但作出决定的是国王自己。他自己亲任政府首脑而不任命首相,由此而直接控制了中央的最高行政权。

为了加强中央集权,路易十四向各省派驻"司法、警察和财政监督官"。当时,法国存在着40个省、135个大主教、主教管区和若干个所谓的"国家省"(即自治区)。各行政区划都有不同的行政体制,地方分离倾向相当严重。针对这种情况,路易十四实行了地方行政的改革。一方面保留各行政区原有的机构如省长、省三级议会等,但另一方面抽去其实权,将"监督官"置于地方长官之上,使其总揽当地财、政、警、军一切大权。这样,路易十四就建立了从中央到地方的完整的集权制国家体制,将所有权力牢牢地控制在国王一人手里。

路易十四维护其政权的主要工具是军队。他亲政后,着力整顿军备,扩充兵源,引进新式武器和先进技术,将陆军从亲政之初的72 000人扩充到18世纪初的约40万人,他还创建了强大的海军,将各种船舰总数由30艘增加到近千艘(包括商船与军舰)。路易十四对军队建制及指挥系统进行了一系列改革,使中央对各省军队取得直接调度权,从而在发生对外战争或国内叛乱时能迅速动用军队。后来路易十四在迫害胡格诺教徒和镇压农民起义及卡米扎尔①起义时都动用了军队,军队成为专制统治的有力支柱。

路易十四还靠警察手段维持统治。全国各地布满密探,专门窥探不满人士的活动。被当局视为敌对分子的人不经审判就被关进牢狱,而一进监牢就不知何年何月才能获得自由。国王还使用"密札"迫害异己分子,这是一种盖有国王印章及签字的空白信件,持有"密札"的达官贵人可以任意填上反对者的名字,将其投入监狱。有时,权贵利用"密札"以报私仇,造成人人自危的恐怖气氛。巴士底狱是专门关押政治犯的场所,它成为法国专制制度的象征。

思想控制也是专制统治的重要组成部分。为做到"思想统一",路易十四要求全国臣民一律信奉天主教。起先,他还能容忍不同信仰的存在;后来,他派遣

---

① 意即"短衫党",这次起义是胡格诺教徒最大的一次武装起义,历时三年(1701—1704)。

军队进驻胡格诺教徒的家舍,怂恿其胡作非为,给胡格诺教徒造成极大骚扰,从而迫使一部分人改信天主教。1685年,路易十四认为时机成熟,就宣布废除南特敕令,公开进行宗教迫害,致使20万胡格诺教徒背井离乡,流亡国外;没有流亡的则被投入监狱,或是罚做苦工,到大桡船上当划橹手。胡格诺教徒中大部分是有经营才能的中等阶级或手艺精湛的工匠,他们的流亡使法国丧失大量技术人才,在以后很长时期内影响法国的经济发展。路易十四时期实行严格的思想禁锢,任何人发表不同的意见都会受到迫害,正直的知识分子只敢在轻松的小诗中借题讽喻,印刷所只准印《圣经》或官方文件。在专制制度下,思想自由是没有的。

路易十四通过这些手段牢牢地控制了政权,他被人阿谀地奉承为"太阳王"。

科尔伯的重商主义和"太阳王"的殒命

路易十四统治之初,把经济问题交给科尔伯(1619—1683)处理,为此专门给他设立一个新的官职——财政总监。在路易十四的亲信大臣中,只有科尔伯是商人出身,他的父亲是兰斯的一个呢绒商,他从小就学做生意,对商业问题特别感兴趣。在他的倡导下,法国执行重商主义政策。重商主义认为:一个国家金银越多,国家就越富,国力就越强,因此必须努力增加出口,减少进口,促使外国金银流向本国。为此目的,科尔伯实行了保护关税,对外国工业品和进港船只课以重税,以阻碍商品进口;同时,又努力发展本国工商业,鼓励出口。在这方面他制定了双重方针。一是发展商业,在国内疏通运河,改进道路,清除地方关卡,建立统一的市场;在国外拓展外贸,成立东印度公司、西印度公司等贸易垄断公司,努力扩展殖民地,取得了美洲的加拿大、路易斯安那、圭亚那、西印度群岛的一部分、非洲的塞内加尔、马达加斯加、印度的本地治里等,作为母国的原料供应地和商品倾销地,以此增加法国的财富。二是发展工业,奖励生产,以减少对外国消费品的依赖,从而达到限制金银外流的目的。科尔伯协助开办了45家手工工场,使大型集中的手工工场达到113家。这些"皇家工场"得到优惠待遇,不仅有国家贷款,而且取得专利权。它们生产质地优良的工艺品,如地毯、锦缎、丝绒、水晶玻璃等等,可以在欧洲市场上畅销无阻,为法国换回了大量金银。科尔伯为这些工场硬性规定了产品规格,认为这样才能保证商品质量。法国工业以生产奢侈品为主,其目的就是打开欧洲的宫廷市场并阻止本国贵族购买外国消费品。

但重商主义也有严重缺点。当重商主义政策在法国初见成效后,其他国家也起而仿效,于是引起严重的商业竞争和殖民地争夺,导致18世纪一系列商业战争。政府对商品规格的限定阻碍了技术创新并最终不利于生产发展,而国家为某种目的对某些部门实行的优惠政策也破坏了各经济部门间的自然平衡。尽管如此，重商主义在当时仍促进了法国工商业的发展。1675年科尔伯使国家预算达到收支平衡，法国又恢复了苏利任财政大臣时的繁荣。但科尔伯死后，他的重商主义成果多数都付诸东流。手工工场大部分倒闭了，无法维持；殖民地贸易时断时续，收益不大；财政赤字上升，国库逐年亏空。

路易十四统治后期被专制的权力冲昏了头脑，他一改亲政初期励精图治、克勤克俭的作风，转而执行炫耀国威的侵略政策。由于经济的发展和有利的国际形势，法国成为欧洲举足轻重的国家。这时，路易十四认为"太阳王"的威力已经"无远弗届"，他可以为所欲为了。从1688到1715年，他把法国拖入几乎连续不断的战争中，长期与整个欧洲为敌。其结果是花光了科尔伯多年攒下的积蓄，弄得民不聊生，国库空虚。1693—1694年，当奥格斯堡同盟战争正在进行时，法国发生历史上罕见的大饥荒，饿死人口不计其数；1709—1710年正值西班牙王位继承战争进行之时，一次更大的饥荒造成更严重的后果。路易十四的侵略战争并没有给法国带来光荣，只是满足了路易十四好大喜功的欲望而已。一个人的专制最终把国家弄得民穷财尽，1715年路易十四死时，国债高达25亿里弗，①相当于国库16年的总收入。法国大约有1/10居民沦为乞丐，以乞讨为生。

路易十五与法国封建专制制度的危机

专制制度把法国推向灾难的边缘，到路易十五（1715—1774年在位）时，专制制度自身也陷入全面的危机。

1716年，政府收入只有7 000万里弗，而支出却高达23 000万里弗，还有25亿里弗的国债，国库显然面临破产。

在路易十五统治时期，政府始终摆脱不了这种财政危机。当时，国家的收入全靠第三等级纳税，税务的主要负担落在农民头上。农民在封建地主的敲骨吸髓的压榨下已经榨不出更多的油水了，而享有特权的第一、第二等级却顽固地维护特权，不肯分担国家赋税，这就形成越是贫穷纳税负担越重，越是富裕越不纳税的不合理局面。加之，政府在非战争年代的开支中，有1/3是支付给特权阶层的闲职薪金，例如为国王掌管尿壶的官员年薪也有2万里弗。这就更加重了政府的财政负担。整个18世纪，统治阶级中一些有远见的人多次试图改革税制，取消特权，削减闲职，但在特权阶层的顽强抵抗下一一失败。政府也曾数度想整顿吏治，清除贪污，节俭开支，增加收入，但做起来又总是虎头蛇尾，毫无效果。例如1716年一次就逮捕贪官污吏、投机商人等1 500人，按法院判决应罚款共2亿里弗，结果多数人都获得赦免，政府只收到1 500万里弗。实际上，专制制度的存在基础就是特权阶层，要想叫专制政府自己触犯

---

① 法国古代货币单位，相当于一古斤（380~550克不等）银的价格。

特权,无异于与虎谋皮。

贵族在路易十四时期养成穷奢极欲之风,挥金如土,致使本来就十分拮据的贵族之家更加入不敷出。18世纪下半叶,他们着手恢复早已被人忘记的封建捐税和劳役,企图从农民身上榨取更多的血汗,出现所谓的"封建反动"。法国贵族从来不像英国乡绅那样致力于土地经营和农业改进,因此农业组织形式和技术水平长期落后,生产力极其低下。此外,政府还逐年增加税收,1715年至1789年政府征收的直接税(土地税、人头税等)增加了67%,而间接税在18世纪增加了两倍。这些都加剧了农民与封建统治阶级的矛盾。

对外战争的失败更加重了专制制度的危机,在18世纪欧洲各国争夺霸权和海外殖民地的战争中,法国始终处于劣势,路易十四时雄霸欧洲的局面一去不复返了。特别是在七年战争中,法国几乎失尽了在海外的一切殖民地,专制政府再也不能以法兰西民族的代表自居了。

在所有这些危机之上,又加上统治集团本身的腐朽无能。路易十五是一个耽于享乐的昏庸之主,据说他曾说过:"我死后哪管它洪水滔天。"他喜欢打猎,生活荒唐,对国事却毫无兴趣。他追逐情妇,给她们加上贵妇封号。其中的两个——蓬帕杜尔侯爵夫人和杜巴里伯爵夫人曾对他施加过巨大的影响,在权势最大时甚至可以左右朝政、影响官员的委派和政策的制定。在国王的影响之下,整个统治阶级也都荒淫腐朽。贵族和贵妇都有自己的情妇和情夫,下流书刊在上流社会流行。奥尔尼公爵夫人曾经说:"这些年轻人不相信上帝,也不相信魔鬼,他们把不敬神和堕落行为视为高贵的美德。"所有这些都说明,专制制度的肌体已经腐烂透顶,统治阶级已没有能力继续统治下去了。

在这种情况下,新的思想逐渐产生和传播,为专制制度的灭亡敲响了丧钟。这就是18世纪法国的启蒙运动。启蒙运动最早产生在知识分子中间。当时,巴黎和外省都出现许多思想团体,即所谓"学院"。这些学院组织聚会,倡导讨论,还颁发各种学院奖,表彰有建树的新思想。贵族夫人和有钱的资产阶级妇女主持各种"沙龙",在这里,甚至贵族和达官贵人都自由地批判现实,而不怕有警察在暗中监视。对"旧制度"的抨击已成为风气,流行于社会各阶层之间。正是在这种背景下,产生了像伏尔泰、孟德斯鸠、卢梭、狄德罗和百科全书派这样一批伟大的启蒙思想家①。

专制政府对启蒙思想进行无情的压制。许多思想家的著作遭到禁止,他们的书只能在国外印刷,在国内偷偷地流传。有时,高等法院下令焚烧思想家的著作,比如伏尔泰的书就曾遭到这样的命运。但先进思想的传播是阻挡不住的,它不仅受到人民欢迎,而且被有远见的政府官员所保护。负责书刊检查的出版局

---

① 详见本节五:"西欧的启蒙运动"。

长马尔泽尔布就曾保护过百科全书,使其免遭焚毁厄运。

二、分崩离析与经济落后的德意志

三十年战争　到17世纪初,德意志仍处于分崩离析的状态。诸侯与诸侯之间,诸侯与皇帝之间的斗争,无时或已。在宗教改革后,诸侯分为新教和天主教两大阵营。在德国的七大选侯中,勃兰登堡、巴拉丁和萨克森三大选侯是新教徒;而波希米亚国王、科伦大主教等四大选侯为天主教徒。皇帝也是天主教徒,他的世袭领地——奥地利大公国则成为耶稣会会员活动的根据地。新教诸侯与旧教诸侯之间的斗争是围绕教产问题展开的,因为旧教诸侯抱着嫉妒的心情反对新教诸侯在宗教改革中夺取天主教会的土地财产。新教诸侯由于把天主教会的土地没收过来据为己有,也由于把路德派教会置于自己的控制之下,势力大大增强,因而比以往有更大的独立性。但是皇帝不甘心于自己的有名无实的国家元首的地位,他一心一意想加强帝国的中央权力,削弱诸侯权力。皇帝与新教诸侯之间,中央集权势力与诸侯割据势力之间的斗争在17世纪前期的德意志政治生活中占主导地位。在这个斗争中,天主教诸侯是跟着皇帝走的。

欧洲列强也插手于德意志内部的斗争。西班牙是天主教国家,而且它的君主和神圣罗马帝国皇帝都属于哈布斯堡家族,所以西班牙支持德国的天主教皇帝及旧教诸侯。另一方面,法、英、荷诸国则支持新教诸侯,因为它们不但希望维持德国的封建割据的局面,而且也觊觎德国的土地。

1608年皇帝指使天主教徒巴伐利亚公爵派兵夺取新教自由市多纳沃特。并且在该市恢复了天主教。这一事件导致了"新教同盟"的成立,巴拉丁选侯是其领袖。天主教诸侯也在第二年成立"天主教联盟",以巴伐利亚公爵为其领袖。支持"新教同盟"的有英国、法国和荷兰。支持"天主教联盟"的是皇帝、罗马教皇及西班牙。欧洲列强的介入,使得德国问题更加复杂化,使德国内部的矛盾扩大为国际冲突,使宗教的矛盾演变为各国君主争权夺利,扩疆拓土的冲突。战争终于在1618年爆发了,这便是三十年战争。

三十年战争爆发的直接原因,是由于皇帝马提亚(1612—1619年在位)企图巩固他在波希米亚的权势。早在1526年,波希米亚就重新并入神圣罗马帝国,国王由哈布斯堡家族成员担任,可是这个国家仍保有较大的自治权,议会和新教教会继续存在。1618年波希米亚王位空缺,马提亚安置他的亲戚、狂热的天主教徒斐迪南公爵担任国王。波希米亚的贵族反对这样做,因为他们大多为加尔文教教徒,恐怕斐迪南一旦即位,会失去他们的特权和宗教信仰的自由。于是,一些波希米亚贵族冲入皇帝在布拉格的驻跸地,按照波希米亚惩罚叛徒的古老习俗,将皇帝的两个使者从窗口掷了出去。"掷出窗外事件"是引发三十年战争的导火线。

三十年战争的过程可以分为四个阶段：波希米亚时期（1618—1625），丹麦时期（1625—1629），瑞典时期（1630—1635），瑞典-法国时期（1635—1648）。

"掷出窗外事件"发生之后，波希米亚组成以图伦伯爵为首的临时政府，再度摆脱哈布斯堡家族的统治。1619年，布拉格议会推举巴拉丁选侯腓特烈五世为国王。同年，斐迪南登基为神圣罗马帝国皇帝，被称为斐迪南二世。他外倚西班牙，内靠天主教同盟，举兵讨伐波希米亚。腓特烈原来希望得到他岳父英国国王詹姆士一世和新教同盟的援助，结果都落了空。前者相反与西班牙结盟，后者的一些成员因为嫉视巴拉丁选侯的势力强大，采取了"中立"态度，这就使军事上本来就薄弱的腓特烈遭受失败。1620年11月，由梯里①率领的天主教同盟军队在布拉格近郊白山战役中击败波希米亚军队，西班牙军队也占领了巴拉丁。腓特烈出逃荷兰，其领地巴拉丁和选侯爵位都转归巴伐利亚公爵。斐迪南二世兼任波希米亚国王，约有一半的波希米亚贵族的土地被没收，转入天主教教会和德意志军人手中。波希米亚开始重新天主教化，新教被禁止，并宣布德语为国语。

斐迪南二世重蹈查理五世的故辙镇压新教，1621年新教同盟被解散。这样一来，不仅德意志新教诸侯心生畏惧，即使远在北欧的新教国家也大为惶恐。丹麦国王克利斯汀四世（1588—1648年在位）出面声援德意志新教。他同时又是神圣罗马帝国北部一个邦——荷尔施泰因的公爵，急欲在北德扩张他的势力。1625年，在英国、荷兰的支持下，克里斯汀四世率领丹麦军队进入德国，北德新教诸侯相继依附，于是德国内部的战争就转变为国际战争。斐迪南二世利用波希米亚贵族瓦伦斯坦组织的雇佣军同丹麦对抗。1626年，瓦伦斯坦的军队和由梯里率领的天主教同盟的军队，打败了丹麦和新教诸侯的联军。丹麦国王被迫于1629年签订《吕贝克和约》，保证以后不再干涉德国的事务。

皇帝再度胜利，使得反宗教改革的浪潮泛滥于德国。1629年皇帝颁布了《归还敕令》，规定所有自1552年以来世俗化的教会领地一律归还给天主教教会。这涉及2个大主教管区，12个主教管区，100多处以前属于修道院的领地。恐怖席卷了所有新教诸邦，已有百年历史的整个宗教改革运动似乎将遭到覆灭。

地处斯堪的那维亚半岛的瑞典，以崇信新教与掌握波罗的海制海权为立国之本。国王古斯塔夫·阿道尔夫担心皇帝的政策和哈布斯堡的霸权会影响瑞典成为北欧最大的强国。1630年，在法国的大力资助下，阿道尔夫率领瑞典军队进入德国，萨克森、勃兰登堡等北德新教诸侯先后归附。次年，瑞典军队在莱比

---

① 约翰·策尔克拉斯·梯里（1559—1632），三十年战争期间任天主教联盟军统帅，1630年升任神圣罗马帝国军队统帅。

锡附近打败天主教同盟军队,直捣巴伐利亚,继而向奥地利进军。皇帝在危急之际,重新起用已被撤职的瓦伦斯坦,任其为统帅。1632年11月在吕岑会战中,瑞典军队取得胜利,但瑞典国王阵亡。瓦伦斯坦为了保存自己的实力,同瑞典进行和谈,引起天主教诸侯的不满,皇帝再次撤销他的职务。不久瓦伦斯坦被暗杀。瑞典军在取得胜利后,军纪松弛。1634年9月,在诺德林根附近被奥地利和西班牙联军击败,一直退到波罗的海沿岸。随后,萨克森和勃兰登堡倒戈,瑞典无力再战。

1635年5月,萨克森与皇帝缔结《布拉格和约》。和约规定:除萨克森选侯所统率的一部分军队外,所有军队都置于皇帝直接控制之下;诸侯所成立的同盟一律解散;战争期间占领对方的领土相互归还等。德意志其他新教各邦都赞同这个和约,撤回了他们对瑞典的支持。皇帝还通过宣布大赦新教诸侯和取消归还敕令,来减轻新教教徒的忧虑。参战的各邦又互相和解了,德国的内战似乎已接近尾声。实际上,三十年战争还远未结束。起来反对和破坏布拉格和约的倒不是德国新教诸侯,而是法国。黎塞留这位天主教红衣主教,终于公开地断然"支持"德国新教教徒,法国决定直接参战。

法国参加战争的目的,不仅想压服奥地利的哈布斯堡家族,更主要地想给西班牙哈布斯堡家族在欧洲的霸权以严厉的打击。法国先同瑞典结盟,并取得荷兰的支持,因为西班牙与荷兰之间的战火早在1621年重又燃起。1635年5月,法国向西班牙宣战,自三十年战争发生后,西班牙哈布斯堡家族一直在有力地援助它的奥地利亲属,所以向西班牙宣战同向皇帝宣战完全一样。站在法国和瑞典方面的,还有萨伏依、威尼斯和匈牙利等,站在西班牙方面的则是皇帝和德国的一些诸侯。战场主要在德国境内,但战争同时也在法国、西班牙、西属尼德兰和意大利进行。

战争开始后,双方蹂躏所占领的对方地区,掠夺和杀戮居民。1636—1637年,西班牙军队曾先后自北方和南方攻入法国。到40年代战争优势转到法国和瑞典方面来。1640年,在法国的支持下,1580年被西班牙兼并的葡萄牙爆发反抗西班牙统治的起义,取得胜利,恢复了国家的独立。1642年,黎塞留去世,马萨林担任法国首相,继续执行黎塞留的对外政策。1643年春,法军在洛可瓦会战中大败西班牙军。与此同时,瑞典军在莱比锡附近击败皇帝军队后,继续南下,法军自西东进,两军于1645年春会师巴伐利亚。支持皇帝的诸侯在失去西班牙的援助之后,已经无力再战。1648年,法军在隆斯附近歼灭西奥联军,瑞典军队攻克布拉格,战火在回到30年前爆发的地点后戛然而止。这时瑞典军中传染病流行,法国对英国资产阶级革命的发展深感不安,它们虽取得军事优势,也不得不同意停战。

从1643年起,交战双方便开始了和谈。因为法国和瑞典争论不已,谈判分别在威斯特伐利亚的两个城市举行。在奥斯那布吕克参加谈判的是皇帝、瑞典、德意志新教诸侯和自由市代表。在闵斯特参加谈判的是皇帝、法国、西班牙和德国天主教诸侯的代表。由于谈判期间双方的军事行动并没有停止,军事形势的变化不时影响双方力量的对比,因此各方面的要求与和谈的条款发生过多次变化,直到1648年10月才达成协议,缔结了两个和约。因为上述两个会议地点都在威斯特伐利亚,合称为《威斯特伐利亚和约》。

和约的主要内容是:法国取得阿尔萨斯(斯特拉斯堡除外),并肯定了它早先取得的麦茨、图尔和凡尔登三个主教管区归它所有。瑞典则获得不来梅和费尔登的主教管区以及波美拉尼亚的西半部,包括什切青城在内。在德国内部,几个强大的诸侯都获得新领土,勃兰登堡得到波美拉尼亚东部和马德堡大主教管区等地;萨克森合并了鲁沙提亚;巴伐利亚得到上巴拉丁,仍保有选帝侯的地位,腓特烈之子继承下巴拉丁,列为帝国的第八选帝侯。和约确定了荷兰的独立地位,承认了瑞士脱离帝国而独立,承认帝国诸侯有独立的外交权力,皇帝不得干涉诸侯内政,帝国的重要事务如立法、课税、征兵、宣战、媾和等,必须由帝国议会决定。和约还规定加尔文教可享受与路德教同样的权利;在帝国法庭中,天主教和新教的法官各占相等的人数。

威斯特伐利亚和约沉重地打击了哈布斯堡家族,德意志的分裂进一步加深,神圣罗马帝国更陷入分崩离析的境地。西班牙也大为削弱,从此法国在国际事务中占据主导地位。和约划定欧洲大陆各国的国界,开创了国际会议解决国际问题的先例。和约承认天主教与新教享有同等的权利,打破了罗马教皇神权下的世界主权论,使以后解决国际争端开始摆脱神权的束缚。

经济落后 · "农奴制第二版"

在中世纪,德意志曾经是东西方商业的要道,商贾往来,在经济上富庶繁荣。但是,君士坦丁堡的陷落和新航路的开辟,使东西方商业要道转到大西洋沿岸。尼德兰和英国的商人逐渐取代了汉萨同盟的地位,于是许多中世纪繁盛的城市衰落了。三十年战争的破坏和德意志分裂局面的形成,进一步促成了德意志经济的落后。

几乎与经济呈衰落之势的同时,德意志又恢复了农奴制。本来德意志的农奴制在13世纪就开始瓦解了,农奴逐渐摆脱农奴地位而变为自由的农民。但是到16世纪,他们又开始下降到农奴的地位,农奴制又卷土重来,有的地主趁农民缴不起地租的机会,把农民的份地收归己有。有的地主在农民流入城市时,把闲置的份地收归己有。这种剥夺农民土地的行为令人想起英国的圈地运动。但是与圈地运动不同的是:第一,德意志地主一般不剥夺农民的全部土地,而只夺取一部分,还留下一部分供农民使用。第二,德意志地主不是驱逐农民,而是把他们留在土地上,迫使他们为自己服劳役。

三十年战争又进一步推进了农民农奴化的过程,有更多的农民变为农奴。在三十年战争中,德意志及有 1/3 的耕地变成荆棘丛生的荒野,地主们往往把这些荒芜的土地收回。此外,战争使许多农民破产:他们失去劳动工具、家畜、肥料及种子等等,地主便利用农民的这种困难,收回农民的一部分份地,然后把这些农民变为农奴,强迫他们服劳役。农奴制的恢复,史称"农奴制第二版"。

"农奴制第二版"在北德及东北德表现得最为突出,如勃兰登堡、普鲁士、波美拉尼亚、梅克伦堡及西里西亚等地便是农奴制盛行的地区。在这些地区,农奴制采取最残酷的形式,农奴每周全部时间都在地主土地上劳作,他们只能利用夜晚的时间耕种自己的份地。地主往往用监工,手执鞭子,监督农奴劳动。农奴被剥夺了大部分自由:他们不能学习手艺,不经地主同意不能结婚。农奴也常常被出卖、出借或被典当出去,甚至在地主的赌场中被输掉。每一个地主都身兼地方法官或警察长,农民落到被地主任意宰割的地步。

只是在西南、西部及西北德意志还保存着自由农民。但是即使在这些地区,自由农民所受的剥削也是相当沉重的,地主强迫他们缴纳数量很高的实物地租或货币地租,而且他们有时也必须向地主提供一定的劳役地租。

那么,为什么在西欧资本主义方兴未艾之际,在德意志却出现了"农奴制第二版"的历史倒退现象?经过德国及东欧国家学者的多年研究,认为有两个原因:第一,16、17 世纪西欧资本主义有了很大发展,城市人口随之猛增,因之对粮食的需求猛增,世界市场上的粮价也随之猛涨。在这种情况下,德意志地主有经营粮食生产的强烈要求。同时,由于德国经济落后,地主不知资本主义生产方式为何物,为了经营粮食生产,他们只能在古老的农奴制中找到出路。第二,德国地主贵族在地方上拥有很大的权势,他们可以任意摆布农民;同时德国的市民阶级力量薄弱,他们无力去支持农民反抗地主恢复农奴制的横霸行为。

农奴制的存在,对于德意志的工业资本主义的发展起了很大的抑制作用。因为农奴制不仅由于把农民固着在土地上而堵塞了劳动力的来源,而且也限制了工业品国内市场的扩大。

奥地利君主国

在分崩离析的德意志,有两个邦占重要地位,那就是奥地利和普鲁士。

奥地利位于德意志东南隅,在德语中是"东方国"的意思。其境内物产丰富,气候适宜,农牧业发达,采矿、冶金业一向比较先进。此外,它又是欧洲南来北往的交通枢纽,从古罗马以来就是南北商货的重要集散地。它境内还有多瑙河横贯,又是东西欧的连接地。由于这些原因,它在德意志诸邦中一向经济发达。

中世纪早期,奥地利曾是东法兰克王国的一个边区,神圣罗马帝国建立后,帝国政府在这里派驻边区行政长官,开始了巴奔堡家族长达 270 年的统治

（976—1246）。1156 年，奥地利升格为公爵领地，统治者获得邦君的特权。后来，巴奔堡家族的势力逐渐扩大到邻近的施蒂里亚、克赖因等地区，成为东南德意志一个强大的诸侯。1246 年巴奔堡家族谱系中断，奥地利曾一度落入北方的波希米亚王室手中。但在 1278 年，当选为神圣罗马帝国皇帝的哈布斯堡伯爵鲁道夫（1273—1291 年在位）经过几年激战后从波希米亚国王手中夺得奥地利，并把它作为自己家族的世袭领地。此后，哈布斯堡家族一直统治着奥地利，直到第一次世界大战结束。

哈布斯堡家族在以后几个世纪又陆续取得克恩腾、蒂罗尔等地，使其直接统治下的领土大致相当于今天的奥地利的领土。1396 年，首次召开了一个奥地利邦议会，这表明奥地利开始作为一个国家实体出现在历史舞台上。1452 年以后，哈布斯堡家族一直被推选为帝国皇帝，这又进一步扩大了他们的势力。由于巧妙的联姻、外交手段，再加上以强大的武力为后盾，奥地利哈布斯堡家族于 1526 年获得波希米亚、摩拉维亚、西里西亚和匈牙利的大片领土，这样，奥地利成了帝国内部最强大的邦。

从马克西米连一世（1493—1519 年在位）起，奥地利就开始发展中央集权。15 世纪末在各领地设置隶属中央的行政机构，叫做"政府"或"执政府"。马克西米连一世还在维也纳设立了管理所有领地的中央行政机构，如枢密院（负责行政和司法）、宫廷财务署、宫廷司法处等等。他的孙子斐迪南一世（1556—1564 年在位）进一步发展君主专制制度：枢密院成了君主召集宫廷显贵商议政事、制定政策的最高决策机关；宫廷办公厅发展成管理世袭领地的执行机关。斐迪南一世还在各领地建立隶属于宫廷财务署的财务局，负责税收工作；在中央建立负责国家防卫的宫廷军机处。由于这些改革，奥地利在 16 世纪初已成为欧洲最早实行君主专制的国家之一。

尽管如此，每一块领地却始终具有相对的独立性，都只服从哈布斯堡君主个人的统治。各领地都有自己的等级会议，不承认与其他领地同属一个国家。哈布斯堡家族统治者在不同领地分别具有公爵、伯爵或国王等不同的头衔，以此资格向各领地派驻代表进行统治。但这些代表必须是本地贵族，每一个领地都是一个半自治的实体。因此，尽管集权化已经开始，但诸领地还没有完全融合成一体。

在所有这些领地中，波希米亚和匈牙利的地位最特殊。波希米亚当时是神圣罗马帝国境内唯一的王国，境内包括摩拉维亚边区和西里西亚公爵领地等广阔地域，居民多为捷克人，属西斯拉夫人的一个支系。波希米亚有其自己的历史传统，14 世纪还爆发过反对天主教的胡司战争。民族和宗教的不同使它对奥地利具有很大的离心力，1526 年它承认哈布斯堡家族的统治权后，仍保有自己的王国议会和各附属邦的等级会议，并保留着改革后的新教教会。根据波希米亚宪法，王国议会是无限制的立法机构，国王由它选出，国王只有在议会支持下才能行使君主权，还必须尊重波希米亚宪法。后来哈布斯堡家族的统治者违背诺言，不尊重波希米亚的自治权和宗教权，终于导致三十年战争的爆发。三十年战争后，捷克贵族被没收土地，天主教成为强制性的信仰，波希米亚的自治地位丧失了，成了哈布斯堡家族的"世袭领地"。等级议会不再有选举国王的权利，波希米亚事务处也从布拉格迁到维也纳。这样，民族矛盾和宗教矛盾就更尖锐了。

匈牙利王国于公元 1000 年建国，居民是马札尔人，境内还居住着许多南斯拉夫人，属地包括特兰斯瓦尼亚、克罗地亚、波斯尼亚、达尔马提亚等。匈牙利信奉基督教，长期以来实行西欧的土地分封制，文化上受德意志影响，地理上又与德意志毗邻，因此与德意志有密切的联系，一度还受到卢森堡家族的统治。从 14 世纪末起，匈牙利在土耳其的扩张面前首当其冲，不得不与德意志结成更密切的关系。1526 年土耳其在莫哈奇大战中击溃匈牙利军队，以后匈牙利便三分天下，西部承认了奥地利哈布斯堡家族的统治权，选举斐迪南一世为国王①。这以后，奥地利就与土耳其长期争夺匈牙利，直到 1699 年才把整个匈牙利置于它的统治下。尽管如此，匈牙利却从来没有并入神圣罗马帝国，它保留着在帝国之外的独特地位。匈牙利也有自己的议会，贵族地方势力特别大。

总之，哈布斯堡家族统治下的奥地利君主国尚未完全形成统一，而是共戴同一君主的领地共同体。

奥地利的"开明专制"

三十年战争结束后，德意志的分裂局面已经形成，但是奥地利却逐渐上升为强国。通过一系列战争，哈布斯堡家族直接统治的地区，到 18 世纪初已扩张到现在南斯拉夫北部及意大利北部，并且从西班牙手中夺取了尼德兰南部。奥地利已成为幅员广阔的多民族的帝国。

在对外扩张的同时，奥地利的经济也有所发展。早在 17 世纪，奥地利就出现了资本主义性质的分散的手工工场；到 18 世纪它又发展为集中的手工工场。波希米亚是奥地利工业最先进的地区。

但是，这个多民族的庞大帝国内部却是矛盾重重。

在波希米亚，民族压迫是和阶级压迫交织在一起的。在三十年战争结束后，曾反对哈布斯堡王朝的捷克中、小贵族都被逐出国门，或者被没收土地。这些土地都落到日耳曼人（奥地利人属于日耳曼人）手中，这些日耳曼人都成了剥削当地农民的地主。而且，奥地利统治者无情地摧残斯拉夫人的民族文化，以德语为波希米亚的官方语言。

在匈牙利，当地的贵族地主与奥地利统治集团勾结在一起共同压迫人民。

---

① 南部被土耳其占领，东部的特兰斯瓦尼亚半独立，依附土耳其。

奥地利派来的官吏对匈牙利人横征暴敛,并且粗暴地推行日耳曼化政策,以德语为匈牙利的官方语言。

到17世纪后半期,奥地利帝国境内也强化了农奴制。在捷克、匈牙利、克罗地亚及下奥地利的某些地区盛行以被束缚在土地上的农民的强迫劳动为基础的大地主经济。地主残酷地剥削农奴,任意增加劳役时间(在波希米亚甚至达到每周六天)。农民不得到封建主的允许不能结婚,不能随便迁居。他们还承担很沉重的军税(国税)及什一税(教会税)。庄园主不仅收取封建地租,而且担任国家收税人,从中渔利。他们还操纵市场,强迫农民按照他们规定的价格,贱卖农产品而贵买生活用品,而且垄断磨坊,向农民收取使用费。

地主和农民之间的阶级矛盾有时激化为农民的反抗斗争。在17、18世纪,波希米亚的农民运动几乎一直没有间断。在匈牙利,1677—1685年乔科里领导的农民起义及1703—1711年拉科齐领导的农民起义也是农民对于地主的野蛮剥削的有力回答。

专制政府与贵族封建主也有矛盾。长期的对外战争和不断扩大的行政官僚机构,使国库愈益入不敷出,但是大小贵族却竭力维护自己的免税特权,这意味着国库收入的减少。

1740—1748年发生奥地利王位继承战争,奥地利在战争中失败。这促使帝国政府在18世纪下半期致力于改革。在奥地利,这些改革是在女皇玛丽亚·特利萨及其子约瑟夫二世在位期间进行的,其主要内容有以下几个方面:

第一,实行土地改革。玛丽亚·特利萨(1740—1780)在1771年和1775年颁布法令,宣布减少农民劳役地租及代役租的数量,劳役固定为每周3天,每天10小时,并且减少农民为地主拉车运输的义务,同时宣布取消皇室领地上的农奴制度。

约瑟夫二世(1780—1790)在这方面更前进了一步。他于1781年宣布波希米亚、摩拉维亚和奥地利帝国其他地区的农奴为自由人。此后,他们可以自由结婚,有权利自由地离开地主的庄园,并且可以选择任何职业。但是,留在地主庄园上的农民如果继续使用地主的份地,必须照旧为地主服劳役,并且缴纳其他贡赋。

奥地利统治者之所以决定采取这个重要措施,是由于考虑到:封建贡赋过重,农民无力负担国税,也无力按时应征入伍。同时,这样做也可以缓和农民反对地主的斗争,有利于巩固地主对农民的剥削。

第二,实行教会的改革。1773年宣布解散耶稣会,还开始审查奥地利与罗马教廷的关系。约瑟夫二世在位时下令解散大约400座富裕的天主教修道院,没收其财产为国有,并且要求天主教主教向君主而不是向教皇宣誓效忠。1781年颁布宗教宽容令,宣布天主教以外的其他基督教各派都享受合法的地位,各派教徒与天主教徒享受同等的公民权利。

第三,限制地主。为了增强国库收入,也为了缓和农民与地主的矛盾,玛丽亚·特利萨下令取消了地主担任国家收税人的权利,限制领主裁判权。

第四,约瑟夫二世为了奖励工商业,实行保护关税;成立国家工场,以增加国家收入。

但是在实行这些改革措施的同时,专制政府也采取加强中央集权及专制统治的措施。玛丽亚·特利萨看到普鲁士之所以屡次在对外战争中取得胜利,是由于普鲁士实行中央集权,所以她着手改革国家组织。她在维也纳成立"公共及宫廷事务督导部"作为管理所有领地行政和财务的最高机构。各领地都建立直属这个机构的"代办与财务处",基层又有"县公署"。这样,建立起一个从中央到基层的行政管理系统,有效地排挤了地方贵族势力。1761年,为协调中央各机构的工作,又成立最高咨询指导机关"国务会议",将宫廷事务部、宫廷审计处、宫廷财务署、宫廷军机处、最高司法处等都置于它之下。所有这些改革都是在考尼茨公爵(1711—1794)指导下进行的,他于1753年起担任首相。由于这些改革,完全的中央集权制建立起来了。但改革措施只限于在奥地利和波希米亚所属地区实行,匈牙利和尼德兰仍旧保留了旧封建机构。玛丽亚·特利萨的儿子约瑟夫二世继续推行中央集权的措施,他的主要改革是把原来彼此分离的相邻各领地合并起来,成立跨领地的地方政府。例如,施蒂里亚、克恩腾和克赖因就置于一个共同的奥地利地方政府之下,其他领地也经历了相同的改组。

为加强对人民的控制,帝国政府建立警察制度,并建立严格的书报检查制度以控制舆论。在司法方面,实行司法和行政分离的原则,颁布刑法典,虽然废止了刑讯逼供,却规定了严厉的监禁、苦役和惩罚制度。在军事方面仿照普鲁士实行募兵制,建立常备军,兵力到80年代达到27万。

这些改革都是在所谓"开明专制"的招牌下进行的。"开明专制"是欧洲一些落后国家的君主玩弄的政治花样,在表面上是按照法国启蒙思想家所提出的一些主张进行改革,而实质上这些改革只是触动了封建专制主义统治的皮毛,而没有破坏它的基础。而且,这些改革还有其他致命的弱点:君主操之过急,单凭强迫命令,缺乏深入细致的工作和充分的酝酿准备。因此,奥地利的这些改革收效甚微。约瑟夫二世逝世后,在改革中本身利益受到侵犯的封建贵族把这些改革措施都推翻了,奥地利又恢复到改革以前的状态。

普鲁士的兴起与"普鲁士精神"

在德意志诸邦中,唯一能与奥地利相抗衡的力量是普鲁士。

普鲁士是德意志诸国中领土最广、力量最强、地位最为重要的国家之一,从17世纪起,它一直影响着整个德意志的历史。

普鲁士国家是靠不断扩张领土而发展起来的。普鲁士的统治者是霍亨索伦家族。

早在 10 世纪,霍亨索伦家族就统治了瑞士北方的索伦山上一个城堡。到 12 世纪,这个家族的代表又成为纽伦堡城的城主。1415 年这个家族的代表腓特烈一世从神圣罗马皇帝那里取得了勃兰登堡领地和选侯的称号。勃兰登堡位于德意志东北边境,经常与邻近的斯拉夫人发生战争,因而它的军队取得了丰富的军事经验。在 16 世纪宗教改革中,勃兰登堡选侯接受了路德教,并且攫取了天主教教会的土地财产,由是勃兰登堡遂成为一个重要的新教国家。到 16 世纪初,选侯约翰·西吉斯蒙德以他妻子的名义取得了莱茵河下游的克列夫兹公爵领地和马尔克、拉文斯堡两个侯爵领地。1618 年选侯又取得了波兰的附庸国——东普鲁士,因而他就从勃兰登堡选侯一跃而成为勃兰登堡-普鲁士选侯。为了取得东普鲁士,他不惜向波兰国王称臣纳贡。三十年战争结束时(1648 年),选侯腓特烈·威廉兼并了东部波美拉尼亚及威悉河流域和易北河流域的几个小领地。同一年,他又趁波兰新王即位的机会,摆脱了对波兰的臣属关系。到 1701 年,选侯腓特烈一世又以参加西班牙王位继承战争为条件,从神圣罗马帝国皇帝那里取得了普鲁士国王的称号。由是,勃兰登堡-普鲁士选侯就变成普鲁士国王。在七年战争中,普鲁士又从奥地利夺取了西里西亚。1772 年瓜分波兰时,又分到西普鲁士(格但斯克和托伦除外),这样就把勃兰登堡和东普鲁士连接起来。勃兰登堡原来领地的面积仅有 23 751 平方公里,到 1772 年,普鲁士王国的领土就增加到 194 891 平方公里了。

普鲁士之崛起,是有其经济前提的。正是在 17 世纪以后经济繁荣的基础上,这个国家才能强盛起来。普鲁士经济繁荣的原因有二:

第一,勃兰登堡的地理位置对经济发展有利。贸易航路之从地中海转移到大西洋沿岸,虽然引起整个德意志经济衰落及停滞,但是却促进了勃兰登堡的经济繁荣。贸易航路的转移,使南德和中德的个别地区不得不向北海海岸寻找贸易出口,而勃兰登堡就成为必经之路。

第二,霍亨索伦王朝实行的保护工商业的政策促进了普鲁士经济的发展。为了增加财政收入,早在选侯腓特烈·威廉在位时期(1640—1688)就开始奖励工商业发展。1685 年法国政府取消南特敕令后,胡格诺教徒纷纷逃往国外。腓特烈·威廉下令收容法国流亡者并给予优待。至 1703 年大约有 2 万名法国胡格诺教徒和 13 000 名其他国家的新教徒定居勃兰登堡。他们主要是手艺高强的手工业者和能干的商人,因而把资本和技术带到这里。这些新来的移民建立了毛织和棉织手工工场,对丝进行加工,并生产天鹅绒、蜡烛、绢带等物品。但是在农奴制存在的条件下,自由劳动力来源非常有限。为了解决劳动力问题,腓特烈·威廉利用刑事犯及狱囚、流浪汉以及乞丐充当新工业的劳动力。其孙腓特烈·威廉一世(1713—1740 年在位)继续实行这个政策,他特别奖励军事工业,如毛呢工业。

普鲁士由小而大,由弱而强,还因为它推行军国主义政策。大选侯腓特烈·威廉即位时正值三十年战争,勃兰登堡被瑞典军占领。他亲身体会到军队为立国之本,因此他决定向瑞典学习,建立一支常备军。1653年,他与容克①贵族达成协议:允许容克对农民行使警察权和裁判权;容克则同意选侯征收"军事税",以便创立常备军。在这个协议中,选侯也同意让容克担任常备军的军官。从此以后,容克就与普鲁士军队结成不解之缘。从腓特烈·威廉以来,普鲁士国家就变成一架强大的军事机器。到腓特烈·威廉一世在位时期,普鲁士军队的数目几乎增加了一倍,达85 460人,相当于全国居民的4%。在全欧,普鲁士在人口方面占第13位,但是其军队的人数却占第4位。国家财政收入的3/4都用在军事上。在军队中实行盲目服从,容克出身的军官可以任意鞭挞士卒,有些士卒往往因不堪军官的虐待而自杀。平时军纪甚严,但是一到战时,军官却纵容士兵烧杀掠夺。

普鲁士的军国主义是与容克阶级紧密相联的。容克阶级积极支持军国主义政策,这是因为这个政策给他们带来许多利益:第一,实行军国主义及侵略扩张,他们就可以获得新的地产。第二,随着国家领土的扩张,行政管理机构也就扩充起来,这就为容克的子弟提供了更多的当官机会。第三,加强军事力量,也相应地增加了军官的数目,从而为容克的子弟提供了更多的军官职位。

容克阶级拥有雄厚的经济力量,他们的经济力量是建立在农奴制上面的。德意志的"农奴制第二版"在普鲁士表现得最为突出。从16世纪到17世纪上半期,普鲁士,特别是易北河以东地区的农民又农奴化了。他们完全被束缚在土地上,并且被迫向地主提供劳役地租及代役租。农奴每周要在领主的土地上劳动4~6天。1710年一个官员在报告中写道:"地租、劳役、租税、士兵驻扎和贡赋等经常增加,人民很难维持下去;农奴一直很穷而且越来越穷,一如既往,最后他们无可奈何只好逃跑……"

普鲁士的官僚系统也是靠军队的力量建立起来的。本来普鲁士一些地区的征税权掌握在各领地的等级会议手中,但是腓特烈·威廉却靠武力征税。他曾派军队以武力相威胁,迫使克列夫兹和马尔克接受了新税。接着,他把这种新税变成事实上的永久性税收,从而剥夺等级会议最主要的职权——收税权。最后,由于各地税款主要用于军队开支,他就把税收事务交给军方去办,为此组建军事总部,下面设军事财务处,向各地派遣军官,负责征税。这些军官用军事命令的方式进行工作,很快把工作范围扩展到整个经济领域,并把各地原有的行政机构排挤到一边,其中包括各领地等级会议和市镇自治当局。通过军事总部,腓特

---

① 容克(Junker):德意志东部和普鲁士的贵族地主阶级。

烈·威廉建立了一个统一的官僚行政系统,而这个系统的灵魂是军队。1723年他设立直属国王的"财政、军事与王室领地最高总管理处",作为管理国家的最高行政机构。这位"军曹国王"用管理军队的方法管理国家,认为专制君主最懂得他的人民需要什么。他曾说:"朕乃君主,故可为所欲为。"在他的统治下普鲁士发展成高度集权的专制国家,军营式的纪律与等级制度支配整个社会生活。所谓的"普鲁士精神"到这时已完全成形了,它的公式是专制主义加上军国主义。

普鲁士的"开明专制"

腓特烈·威廉一世的继承人是腓特烈二世(1740—1786年在位),在他的统治下普鲁士终于发展成欧洲强国,他自己也获得"腓特烈大王"的称号。

腓特烈二世素有实行"开明专制"的美誉,据他说:"君主并非绝对的主人,而只是国家的第一仆佣。"他推崇法国的启蒙思想,自称是伏尔泰的朋友和庇护者。他说自己"论秉性是哲学家,论职责是政治家",他主张哲学家与君主共同治国,而"治理良好的政府应该有一个体系,其条理性就如同哲学体系一样。"他还爱好音乐,善写诗词,高谈阔论地评论文学,甚至请伏尔泰教他用法文写作。他开办学校,奖励科学,扶助艺术,重视教育,从任何方面看,他都是"开明君主"的典型,因此深得法国哲学家们的赞誉。从治国思想看,他标榜科学与理性,并且表白自己的统治是合乎科学与理性的。他这样做,当然比明目张胆地强调"君权神授"的神学观点要好一些,表明启蒙思想对他的影响;但"开明专制"在本质上仍然是专制主义。

实际上,腓特烈二世在位期间,权力变得更加集中,最后集中到国王一个人手里。他改组"财政、军事与王室领地最高管理处",使实权不至落到大臣手里。他在此总管理处之下设立专卖局,虽说在名义上是总管理处的下属机构,事实上却直属国王,负责国家的财政,其官员也从管理处之外委派。他设立新的政府部门也是名义上属于总管理处而事实上属于他自己。他恢复内阁的作用,而自己亲自在内阁工作,每天阅读并批示从各部及各省呈交来的各种报告。他十分注意让所有官员都只了解局部情况,而只有他自己掌握全面。他要求官员讲求效率,却不准有丝毫的主动性。他对官员说:"你们绝没有任何主动权,一切事必须直接通报我。"普鲁士的官僚机构这时成了国王手中驯服的工具,国王是唯一的头脑,官僚机构只是他的手脚。显然,这就是腓特烈理想中的"哲学体系。"

政府必须有效率,而这显然是做到了。在欧洲,普鲁士很快以效率高、守纪律闻名。当它从奥地利手中夺过西里西亚后,能够从同一批纳税人那里榨取十倍于先前的税款;而在1756年,普鲁士官员征收的税款相当于整个俄国的税收。

收税的目的在维持军队。腓特烈二世统治期间,军队从8万人增加到20多万人,军费占国库开支的4/5。他用这支军队不断进行扩张战争,1740年借口奥地利继承问题夺取西里西亚,1756年又参加七年战争,1772年它与俄、奥共同瓜分波兰,取得西普鲁士,使它在波罗的海沿岸的领土连成一片。腓特烈二世的继承人腓特烈·威廉二世(1786—1797年在位)又两次参与瓜分波兰,使普鲁士的领土达30.5万平方公里,人口860万,俨然成为欧洲的一个大国。腓特烈二世曾说:国家不分大小,"政府的基本法则都是扩张领土。"这就是普鲁士"开明专制"的基本出发点。

腓特烈二世还发展工商业、招徕外国移民、疏通道路、修筑桥梁,使普鲁士的经济获得相当发展。但所有这些"开明"措施都是为了增加税收,从而扩充军力。普鲁士的"开明专制"是统治者为"普鲁士精神"寻找一条"理性"道路,它的结果是普鲁士变得更专制、更军国主义化了。

三、封建农奴制的俄国

17世纪的俄国社会 罗曼诺夫王朝建立后,俄国的混乱局面并未结束,新沙皇米哈依尔·罗曼诺夫(1613—1645年在位)刚满16岁,才能平庸。瑞典和波兰仍占有俄罗斯的大片土地,农民起义也没有完全平息。选举罗曼诺夫家族担任沙皇的"全国会议"在新王朝的最初10年发挥了很大作用,协助新政权逐步稳固。1615年和1618年俄军分别打败瑞典和波兰军,挡住两国侵略的势头。但是此后,瑞典仍占有芬兰湾沿岸地区,波兰占有斯摩棱斯克及契尔尼哥夫一带。

罗曼诺夫王朝的社会基础是乡村小贵族,他们拥戴罗曼诺夫家族,为的是得到土地和农民,维护农奴制,因此在罗曼诺夫王朝统治下,农奴制进一步加强。

罗曼诺夫王朝建立以前,农民已被束缚在土地上。农民在尤里耶夫节前后(晚秋收割完毕)可以离开主人的惯例已逐步被取消,逃亡的农奴可以在5年内被追回。新王朝建立后,对农民的束缚更为牢固,追捕逃亡农奴的期限延长到15年,最后又在1649年完全取消时间限制。根据这一年的《法律大全》,逃亡农民在任何时候可以被追回,他自己及其家庭、财产、打好的谷物及尚在田里的谷物全都应归原主人所有;地主对农奴有司法权及警察权,打死别人土地上的农民只需赔偿损失,而不需负刑事责任。这些规定表明农奴制在法律上得到完全确立,此后,农奴的地位急剧恶化,他们不仅要在地主的土地上每星期服劳役3~6天,还须缴纳实物或现金代役租,到17世纪末,买卖赠送农奴也日益成为普遍现象,农奴的地位已与奴隶相差不多。

农奴劳动是国家经济的基础,整个统治阶级靠剥削农奴为生。据1678—1679年的估计,当时俄国欧洲部分的812 000户人家,有67%属于封建主,9%属于沙皇,13%属于教会,只有10%多一点是市民和"国家农民",在法律上不隶属任何人。17世纪时,罗曼诺夫王朝把大量土地连同土地上的农民赐给贵族,而且逐渐消除了因服役于沙皇而得到的终身地产与世袭领地之间的差别,使土地几乎都变成可以继承的财产,从而大大加强了贵族的力量。贵族中大量的是地方小贵族,但也有一些大地产,比如沙皇阿列克谢·米哈依洛维奇(1645—1676年在位)的私人教师莫罗佐夫的领地上就有300个村子,3万多农奴。领主还把农奴用于庄园手工业生产,向市场出售产品,从中获取利润。

残酷的压迫和剥削迫使农民大量逃亡,加入了"哥萨克"的队伍。他们聚居在顿河和伏尔加河流域地区,以狩猎捕鱼为生,从俄罗斯各城市运进所需的谷物,并经常劫掠黑海、亚速海沿岸的土耳其地区或顿河、伏尔加河上的来往商船,然后把赃物送到俄罗斯各城市去贩卖。

哥萨克人选举自己的统领,对沙皇政府保有极大的独立性。每当剥削加重、日子难过时,哥萨克便揭竿而起,反抗朝廷,频繁的农民起义形成17—18世纪俄国社会的一大特色。17世纪起义中最大的一次是斯杰潘·拉辛领导的,它始于1667年,在1670—1671年席卷整个顿河—伏尔加河流域,沉重打击了沙皇政府。后来,起义遭到残酷镇压,拉辛被捕后被处以磔刑。

17世纪沙皇权力大大加强。1649年的《法律大全》规定反对沙皇的人应处死,冒犯沙皇的人要受到严惩。沙皇成为绝对权力的象征,任何人觐见沙皇都要叩拜,并且自称是沙皇的奴仆。但沙皇的个人专制权力常常会落入他人手中,尤其当沙皇本人年幼、低能、性格软弱或智力不全时更易如此。沙皇之下有一个领主杜马,是大贵族组成的咨询机构。罗曼诺夫王朝也把一些出身较低的人提拔进领主杜马,使领主杜马的人数在17世纪从30人左右发展到160多人。领主杜马并没有实际决策权,一切问题都是由沙皇或沙皇的近臣代沙皇决定的。领主出席杜马仅是一种义务,如同他为沙皇在其他方面效劳一样。

"全国会议"是另一个中央议事机构,类似西欧国家的"等级会议",其成员主要来自三个等级:教士、领主、乡绅,此外还有市民代表。有时也有农民代表参加。俄国的全国会议从来不与沙皇作对,相反是沙皇的忠实支柱,这与西欧的等级会议有很大不同。会议成员常常是政府指定的,到17世纪下半叶,它召开的次数也越来越少了。

真正的中央行政机构是各部署,17世纪时已经有大约50个部署,分别管理各种事务。但各部署分工很不明确,职能互相重叠,比如吏部、射击军部、外籍部和骑兵部都管理一部分军务,财政事务也由好几个部分管。这种情况造成行政混乱,遇事互相推诿,工作效率十分低下。地方自治在17世纪迅速消失,罗曼诺夫王朝派总督去管理各地军政事务,所有由选举产生的官员都隶属总督之下。官员的任命叫做"派食",即给食之意,官员在任上肆意搜刮,勒索自肥。17世纪官场还盛行门第制,即官职大小(包括军职)必须与门阀地位高低一致。这种腐朽的制度只看出身不看才干,使封建农奴制下的俄国显得更为腐败。后来,到

1682年,门第制才被废除。

17世纪俄国的一个重大特点是急剧的殖民扩张。继16世纪中叶征服喀山汗国和阿斯特拉罕汗国后,俄国继续向南部进犯,不断与土耳其控制下的克里米亚汗国发生冲突。在1610—1640的30年间,俄国的军事边界线约向南推移了450公里;而在同一时期,俄国的殖民活动几乎向东方推进了4 500公里,侵占了从鄂毕河到太平洋沿岸的广大地区。对西伯利亚的殖民活动主要是由为沙皇服军役的哥萨克进行的,殖民的动机是攫取该地区珍贵的毛皮。当时东西伯利亚各族多数还处于氏族社会发展阶段,为毛皮的巨额利润所驱使的小股俄罗斯冒险家沿河道推进,沿途大量杀害和俘获土著居民。1647年俄罗斯的殖民者抵达鄂霍茨克海,1648年抵达亚洲的东北角。与此同时俄国冒险家来到黑龙江流域,开始侵占中国领土,结果遭到中国军队的抗击,被迫同意和平谈判。1689年中俄《尼布楚条约》规定:中俄两国以格尔必齐河、额尔古纳河和外兴安岭往东至海为界;外兴安岭以北,格尔必齐河、额尔古纳河以西属俄国;外兴安岭以南,格尔必齐河、额尔古纳河以东属中国。因此,据此条约,黑龙江、乌苏里江流域包括库页岛在内的广大地区都为中国的领土。

工商业在17世纪有所发展。1632年荷兰人维纽斯获特许在图拉建立铁工场,开办了全俄第一个手工工场。几年以后,莫斯科附近又出现一个玻璃厂。17世纪下半叶又出现一批手工工场,从事冶金、造纸、纺织、制革等行业生产。在工业活动中国家起了很大作用,许多手工工场都是国家发起兴建的。但大领主也很愿意进行投资,比如莫罗佐夫就投资开办制碱厂。工场的主要劳动力是农奴,自由劳动力很少,这大大地阻碍了工业发展。

全国性市场开始形成。商业打破地方性限制,跨地区的贸易逐步增多。但当时主要商品是粮食而不是工业品,南方草原和西伯利亚的殖民活动对粮食的需求大大刺激了粮食交易。商道沿河流结成网,伏尔加河、奥卡河、第聂伯河等把南方和北方联结起来。俄国的粮食、毛皮、皮革、猪油等通过苏霍纳和北德维纳河运到当时唯一的出海口阿尔汉格尔斯克然后出口,进口货物则包括金银器、纸张、纺织品、武器、香料、别针等。莫斯科是全国商业的中心,它有商道通向全国各地,与150多个城市有直接贸易。控制商业的是一小批称为"客人"的大富商,他们人数很少,例如在莫斯科只有30个左右,但得到政府的保护,满足政府的特别需要。"客人"中最富有的尼基提诺夫一人的家产就相当于其他所有"客人"财产总数的1/4,而其他"客人"中家产在10万卢布以上的不在少数。国家的干预是这时商业的一个特征,沙皇及其近臣通过垄断权控制商业,这是俄国资本主义难以发展的原因之一。

与其他欧洲国家相比,俄国的经济仍然十分落后。当西欧资本主义已蓬勃发展时,俄国广阔的土地上到17世纪末一共只有30个手工工场,图拉是工场手工业最先发展的地区,但到17世纪60年代,这里总共7个铁工场中只有119个工人,其中一半还是外国人。1653年,由阿尔汉格尔斯克出口的商品总值只有100万卢布。俄国远离欧洲主要商道,也没有很多吸引外国人的商品,自给自足的庄园经济占主导地位,农奴劳动使生产力十分低下。经济的落后也反映在文化政治方面,直到17世纪贵族中的多数还未受过教育,全国识字的人非常稀少。因循守旧的思想十分浓厚,人们对外部世界很少了解。广大农村居民居住在没有烟囱的小屋子里,无知与愚昧笼罩他们的一生。

俄国的落后引起统治阶级中一些开明人士的注意。随着大量外国人迁居俄国,西方的科学技术与思想文化开始传入,对俄国社会形成冲击。富商与贵族家中有越来越多的进口用品,如绘画、地图、乐器、家具,甚至食品和酒类。为加强军力,沙皇阿列克谢·米哈依洛维奇开始按西欧的方式组建军队,于是出现了轻骑兵、龙骑兵、步兵团队等。沙皇政府聘请许多外国专家到俄国来工作,其中包括医生、军官和技术人员。贵族们竞相去西欧旅行,对西方的发展心生羡慕。阿列克谢的第二个妻子纳塔利娅·纳雷什金娜小时候受西方文化的崇拜者马特维耶夫的影响很大,马特维耶夫一家在生活方式上刻意模仿西方。

彼得一世和他的改革

1682年,沙皇阿列克谢的儿子彼得10岁那一年,莫斯科发生射击军兵变,掌权的纳雷什金家族被推翻,政权落入阿列克谢前妻的女儿索菲娅公主手中。彼得虽被宣布为沙皇,但和他的同父异母兄伊凡共享皇位,伊凡还是"第一"沙皇。彼得随母亲隐居到莫斯科附近的普列奥布拉任斯基村,他在那里和一群小伙伴们玩军事游戏,把他们组成娃娃兵团。他在军事游戏中接受了最初的军事训练,娃娃兵团也成了他日后组建近卫军时最早创设的两个团。幼年时,彼得还常到莫斯科的外国人居住区去,在那里接触到西方科学知识,包括航海、几何、军事、建筑等。1689年,索菲娅企图借射击军的力量铲除彼得,彼得在最危急关头依靠已长大的"娃娃兵"安渡难关,并且很快把政权夺到自己家族手里。这以后,他在宫中继续他的学业,不仅仍玩"军事游戏",而且系统地向西方人学习数学等科学和军事。他还学会了许多手艺,在他一生中大约会20种不同的技艺,从造船到拔牙几乎样样都会做。1694年他母亲纳塔利娅去世后,他开始实际掌握政权。1696年伊凡去世,他成了唯一的沙皇。

彼得终其一生都以扩张国土为目标。1695年他亲政不久就率军进攻克里木,想要占领亚速堡。这次行动由于俄国没有海军而失败,虽然第二年他仓促建成一支舰队,攻下亚速堡,但俄国在军事上的落后却已很明显。于是他在1697年派遣一支使团出使西欧,去考察西方的国情。他自己装扮成随员随团出访,在荷兰的造船厂里挥斧当学徒,亲自参加船只建造。他沿途参观工场、码头、博物馆,考察民风国俗,还旁听英国议会,由此而对欧洲各国的情况有了直接的了解。

西方先进的科学技术给了他深刻的印象,同时他也认识到不学习西方的制度便不能使俄国富强。1700年,彼得为夺取俄国在波罗的海的出海口向瑞典发动进攻,开始了长达21年的北方战争。战争初期的失败使俄国的落后再次暴露。为取得战争的胜利,彼得开始了一系列改革。

在军事方面,彼得创建新军,实行义务征兵制。根据这个制度,每年农民和农奴按一定比例都要应征入伍,贵族服役也要从当兵开始,然后才能升任军官。为训练军官,他开办炮兵学校、海军学院和军医学校等,军官都要经过专门的学习。他引进国外的新式武器与战略战术,建立俄国第一支海军。到彼得一世当政末期,他的陆军有20万人,海军有48艘战舰和一大批辅助舰。

为保证军备供应,彼得大力发展工商业。他鼓励工业发展,给工场主许多优惠。在他统治下,手工工场发展到240多个,新的工业部门也建立起来。为解决劳动力问题,他于1721年颁令准许商人将整个村庄连同农奴一起买去,让农奴一边种田一边做工。但农奴和土地不准分开买卖,以维护农奴制度不可侵犯。他推行重商主义,鼓励出口,限制进口。为发展工商业,从国外招聘大量技术专家,允许他们在俄国办厂,并给他们以宗教宽容与司法特权。与此同时,他还派遣大批留学生去西欧学习,学习西方的科学文化及工程技术。

为提高政府的工作效率,他参照西方的模式进行行政改革。领主杜马的职能被剥夺了,成了徒具虚名的空架子。1711年成立的参政院掌管国家行政,监督并指导各部门工作。旧的部署取消了,建立了类似西方各部的12个"院",每个院分管一项工作。消除了职权重叠分工不明的现象。他还把教会置于政府管辖下,设立宗教院进行管理,大教长的职位被取消,教士一律从国家领取薪金。这样,教会就成了国家政权的一部分。1708年他把全国分为8个大省,大省长直属中央政府。1719年他又重新划分全国为50个较小的省,省以下再设更小的区划。由于这些改革,完整的中央集权的行政体系建立起来。为满足日益增长的官僚队伍的需要,他下令所有贵族从16岁起就要为沙皇服务,其中2/3从军,1/3任文职。1722年他颁布一个"职级表",把文武官员分成14个等级,所有官员都要从最低一级干起,据军功或政绩获得提升。这样,一支庞大的官僚队伍就建立起来,而贵族也就与官僚融为一体。

为使贵族能胜任新形势下的新任务,彼得十分重视贵族子弟的教育。他要求贵族子弟在10~15岁间都要上学,为此,仿照西方的模式开办学校,翻译大量科技书籍,并简化了俄文字母。在他的倡导下,贵族改变了传统的生活方式,开始穿戴西方衣帽,模仿西方时尚,舞会、沙龙等社交活动也成为上流社会的癖好,而俄罗斯传统的大胡子则成了落后的象征,遭到彼得禁止。他还采用儒略历法,废弃东正教会历法,使用阿拉伯数字,创办科学院,建立喜剧团,兴办报纸等。在他的晚年甚至派人去荷兰和意大利学习绘画,他的新都彼得堡在建筑式样上则基本上采用日耳曼-荷兰式的巴罗克风格。所有这些做法都旨在缩短俄国与西方间的距离,使俄国摆脱极端落后的状态。

彼得的改革是卓有成效的。随着时间推移,俄国的国力增强了,军力发展起来,最后在北方战争中打败了瑞典,夺取了波罗的海的控制权。1721年俄国在尼斯塔得和约中得到了芬兰湾和里加湾沿岸的大片领土,获得了彼得一世梦寐以求的"通向西方的窗口"。俄国从偏远地区的一个穷国一跃而成为一个欧洲强国;就在这一年,参政院给彼得一世以皇帝称号,莫斯科国改国号为俄罗斯帝国。

但所有这些光荣都建立在人民苦难的基础上。为保证兵源,每年都有三四万农民应征入伍,他们除伤残衰老外,永远不能复员。为保障军费,彼得征收人头税,这样,农奴和奴仆也要和自由人一样交纳税款,而不管他们已经向地主承担着沉重的封建义务。彼得几乎对一切东西都征税,包括蜂房、磨坊、澡堂、橡木棺材、贴印花的纸张(为法律文件所必需)乃至蓄留胡须。与1680年相比,1702年的税收增加了1倍,1724年则达到5倍。沉重的负担几乎全落在农民身上,因此在18世纪最初几年,连续发生人民起义:1705—1706年阿斯特拉罕发生城市起义;1707—1708年布拉文领导了顿河哥萨克起义;1705—1708年巴什基里亚人也发动起义。布拉文的起义规模较大,曾占领顿河哥萨克的行政中心切尔卡斯克城。

彼得一世的改革是一次强制性的现代化运动,彼得用极粗暴的手段加以推行。他运用他的全部权力实行改革,而不允许任何人反对。他的长子阿列克谢对他的改革不满,想恢复许多旧的做法。这导致父子间长期的不和,最后儿子逃往国外,后来又在保障他人身安全的诺言下返回俄国。但彼得还是将他监禁,对他进行刑讯拷打,他的同党都被处死,最后阿列克谢也死于狱中。平时,彼得对怠慢他的人动辄就抡起棍棒殴打,强迫他的大臣执行他的意旨。他还亲自当众剪去贵族们的胡子,要他们除掉这传统的象征。正如列宁所说:彼得"曾不惜用野蛮的斗争手段对付野蛮,以促使野蛮的俄罗斯加紧仿效西欧文化。"[①]彼得把落后的俄国带进现代世界的门槛,这是他最大的历史功绩。但彼得的现代化主要是以倡导科技发展实业为目标的,它没有也从来不想触动俄国的社会基础——农奴制。

叶卡特琳娜二世与俄国的"开明专制"

彼得以个人的权力强制推行改革,其社会基础并不牢固,因此在他的继承人那里,有些成果就丧失了。比如说,他为贵族开办的40所初级学校在他死后一年多的时间里就只剩下500名左右的学生;他设立的

[①] 《列宁全集》第34卷,人民出版社1985年版,第280页。

参政院也逐渐失去实权,由枢密院取代,而枢密院中贵族的权力往往很大。久而久之,贵族又逐渐摆脱了彼得强迫他们担任公职的负担,到彼得三世(1762年)颁布《贵族自由宣言》后,贵族又成了不受约束的特权阶层。1725—1762年发生过5次宫廷政变,不同的贵族派系分别推出对自己有利的人担任沙皇,贵族组成的近卫军在每次政变中都起重大作用。最后一次政变发生在1762年,近卫军拥立彼得三世的妻子叶卡特琳娜为女皇,是为叶卡特琳娜二世。彼得三世则被迫退位,不久被暗杀。

叶卡特琳娜是德意志一个小公爵的女儿,本名叫索菲娅·奥古斯塔。她幼年时即受到法国思想的影响,开始与启蒙思想家(特别是孟德斯鸠)书信来往。这种书信联系一直保持了很长时间,她当女皇后仍是这样。与启蒙思想家的交往给了她"开明君主"的美誉,而事实上,她在年轻时也许确实有过启蒙运动的理想。1744年她15岁时被带到俄国与皇储彼得结婚,这以后她在一个孤独陌生的环境中生活,和丈夫的关系又非常不好。她把时间用在读书和了解俄国上,为自己积累了丰富的知识。同时她也熟悉俄国的宫廷权术,滋长了野心。1762年她在情夫奥尔洛夫的帮助下推翻丈夫彼得三世,自己当上女皇。她的统治延续了34年(1762—1796)。

叶卡特琳娜在经济方面实行了一些"开明"政策。她强调发展农业生产,为此甚至允许发表一些批评农奴制的言论。她接纳许多外国移民进入俄国,把他们安置到南方新征服的空旷土地上。她努力发展工业,削弱行会的控制,鼓励各阶层人士开办工场。手工工场在她统治下增加了一倍多,达到1 000多所。铁产量从1750年的3万吨增加到1800年的16万吨。政府的税收也从1769年的2 400万卢布增加到1795年的5 600万卢布。商业方面她逐步放弃由国家进行控制的重商主义政策,而开始容忍自由贸易。在土地政策方面,她逐渐让贵族取得完全的土地所有权,取消了对于转让、买卖土地的限制,从而为完全的土地私有制开辟道路。这些措施都在一定程度上有利于资本主义的发展。

但在政治上,叶卡特琳娜的"开明"就主要是停留在口头上了。1767年她召开一个立法委员会,表示要对国家制度进行全面改革。这个委员会由564名代表组成,其中536名由选举产生。代表中包括除农奴外的社会各阶层,其中有农民及少数民族代表。她为会议的开幕精心拟定了一个《训谕》,其中大量引用启蒙思想家的言论,例如"公民的平等在于:他们应全体服从相同的法律"。但她始终把专制权力放在不可动摇的地位上(比如说"君主是绝对的"),而只把三权分立看做是在专制统治下的行政分工。叶卡特琳娜在召开立法委员会时似乎是想按开明专制的模式改造俄国,《训谕》在欧洲各国引起震动,法国甚至禁止它的传播。

但立法委员会开了203次会议,为时一年半,最后却一无结果,各阶层代表在会上尖锐对立,反映了当时俄国的社会危机。1 400多份请愿书中多数要求加强贵族的特权,少数人提出废除农奴制的提议,结果遭到多数人反对。1768年,女皇以对土耳其开战为借口解散了会议,这以后她连口头上的"开明专制"也没有了。

叶卡特琳娜由"开明"转向保守的分界线是普加乔夫农民起义。自彼得一世以后,农奴制一直在加强,贵族取得了越来越大的权力,可以将农奴与土地分开买卖。当时10个卢布可以买到一名少女农奴,而一条良种狗却值几千卢布。叶卡特琳娜登位之初为了取得贵族支持,于1765年允许地主放逐冒犯的农奴,把他们送到西伯利亚去做苦工。1767年又禁止农奴对主人提出控诉,从而把农奴的地位降低到与奴隶差不多。这种情况引起许多农民骚动,1773年终于酿成俄国历史上最大的一次农民起义。

普加乔夫是一个贫穷的顿河哥萨克,曾参加过许多对外战争。那时有一种谣传,说彼得三世没有死,他隐藏在民间,即将对篡位的妻子实行讨伐。普加乔夫利用这个传说,冒称彼得三世,开始发动农民起义。他仿照皇家的体制设立朝廷,发布文告,宣布要解放农奴,分配土地,取消人头税,惩罚贵族。这些纲领得到广泛拥护,成千上万的农奴投奔起义军,参加起义的还有工场工人和少数民族。起义军一度攻占喀山,威胁莫斯科。但由于起义军缺乏统一指挥,各自为战,1775年它被沙皇军镇压下去。这次起义对沙皇专制是一个沉重打击,为消除起义的影响,政府甚至把起义发源地的叶克河改名为乌拉尔河。

农民起义使叶卡特琳娜认识到:要巩固她的专制权力,她必须依靠贵族。为此,她向贵族作出重大让步,开始进行行政改革。鉴于起义所到之处地方政府望风披靡,她把加强地方行政作为改革重点。全国15个行政区被划成50个省,每省人口相当,各约30万人;省下设县,每县约3万人。省长由中央任命,省长以下的官员由贵族自己推举。省和县定期举行贵族会议,贵族会议可以把自己的要求直接呈报给沙皇。经过这些改革贵族完全控制了地方行政,从而能更有效地监管农民。叶卡特琳娜用这种方法把全体贵族动员起来共同维护农奴制,从而使俄国成为贵族农奴制专制国家。1785年女皇颁布《贵族宪章》,其中赋予贵族许多特权,如贵族免除人头税和肉刑,贵族的身份、领地及生命之剥夺只有经法庭才能决定。《贵族宪章》还规定只有年收入在100卢布以上者才能当选为地方官。所有这些措施都有效地加强了沙皇与贵族,特别是大、中贵族的政治联盟,从而巩固了封建专制的贵族帝国。

叶卡特琳娜虽自诩为"开明君主",在她统治下农奴制却大大发展起来。她把大量国有农民连同土地赠送给贵族,其中包括她的30个情人。在她统治下,有80万这样的农民变成农奴,到18世纪初,全国人口的49%是农奴,每100个农民中就有53个农奴。在战争中占领的新领土也大规模实行农奴化,其中最突出的是在乌克兰。由于农奴制在 18 世纪末继续加强,俄国的资本主义发展始终面临强大阻力。与此同时,叶卡特琳娜对西方思想的爱好也转移到文学、艺术、音乐、绘画上去了,她为贵族开办了许多学校,鼓励他们读外国书、说外国话。到叶卡特琳娜死时,全俄有 549 所各类学校,62 000 名学生;贵族的文化水平大大提高了,他们在生活方面模仿西欧,却坚决摒弃西欧的政治经济制度。到法国大革命爆发后,叶卡特琳娜连"开明"的门面也不要了,她公开指责启蒙思想,把它称做是"法兰西的瘟疫"。贵族思想家、启蒙思想的鼓吹者拉吉舍夫因为揭露农奴制的黑暗现实而受到迫害。到这时,叶卡特琳娜已与"开明专制"完全分道扬镳,成了欧洲反动阵营的旗手。

叶卡特琳娜时期俄国的领土大为扩张。她在 1768—1774 年及 1781—1791 年两次对土耳其战争中,夺取亚速海及黑海沿岸地区,兼并克里米亚汗国,并取得黑海至地中海的航行权。她还三次参加瓜分波兰,为俄国取得第聂伯河以西的乌克兰、白俄罗斯、立陶宛等地。到 18 世纪末,俄国虽然在政治、经济、文化上仍大大落后于西方国家,可是由于广大的幅员与强大的军力,它却已跻身于欧洲列强之列了。

四、波兰、瑞典和丹麦

波兰　16 至 17 世纪上半叶,波兰是东欧的一个强国,但到 18 世纪初它已经走下坡路,18 世纪末就被俄、普、奥三个邻国瓜分。波兰的衰落主要是由它内部的原因造成的,不利的国际环境只是外因。

波兰在 16 世纪呈上升之势,由于它邻国的虚弱,它成为波罗的海地区的一大强国。1569 年波兰与立陶宛大公国合并,这样就成为除俄国之外欧洲最大的国家,其领土从奥得河附近一直延伸到第聂伯河流域,立窝尼亚、白俄罗斯、乌克兰等都在它的境内。普鲁士公爵领是它的一个藩属;俄国曾多次败在它手下,差一点成为它的附属国。为争夺波罗的海的霸权,它与瑞典、丹麦长期对峙。

但波兰内部却充满隐患。在经济方面,农业始终是主要经济部门,工商业一直得不到发展。西欧市场扩大的粮食需求刺激了粮食生产,传统的畜牧业却因此一蹶不振。地主为追求利润而扩大粮食种植,同时收回农民份地,改佃农制为庄园农奴制。庄园上使用农奴劳动,农奴制因此加强。到 16 世纪末,大量农民以法律的形式被固定在土地上,逃亡农奴可以在任何时候被追回,领主还可以任意规定劳役地租的数量。农奴制大大地阻碍了生产发展,17 世纪下半叶起,长期的战争更使耕地减少,农业衰退,农民的地位急剧下降。地主为弥补收益的减少加重对农奴的剥削,而这又进一步降低农奴的生产积极性,促使农业更加衰退。

在农奴制度下,工商业难以发展,17 世纪中叶以后甚至衰退。城市发展很不充分,商业和手工业几乎完全在地主阶级的控制下。14世纪以后小贵族就有权规定市场物价,15世纪又获得免税输出农产品和输入外国商品的特权,16世纪波兰议会禁止本国商人从事外贸,不准手工业品运往国外。这些措施大大地阻碍了工商业发展,因此当波兰所有的邻国都开始发展工商业,连落后的俄国也不例外时,波兰却远远地落在后面。

波兰的社会结构为贵族主宰国家提供了基础。据估计,在17世纪,波兰本土人口中每十个人就有一个是贵族,因此就享有各种特权,在欧洲,这是一个十分独特的现象。但贵族中只有极少数大贵族真正握有实权,他们占据大量地产,担任各种官职,在很大程度上决定国家政策,为数极多的小贵族则依附于各个大贵族。大小贵族间虽有种种矛盾和差别,但作为一个社会阶层,他们是与其他阶层对立的。

贵族的强大造成政治的危机。1572年亚盖罗王朝灭绝后,波兰国王由贵族选举产生,所有贵族都有选举权。但是贵族们倾向于选举外国人,因为这样可以把国王置于他们的控制下。于是王权从这时起日趋衰落,它失去抽税、宣战、媾和、委派官员的权力,在一切重大问题上要服从王国议会的决定。波兰的议会与其他国家不同,它不是等级代表会议,而完全由贵族组成。议会分上下两院,上院由大贵族、高官及高级教士组成,下院则由小贵族组成,再加上为数极少的城市代表。这个议会与波兰的社会经济情况极为相称,它反映贵族在国家中的绝对优势。但贵族以维护自己的特权地位为能事,他们只考虑领地的利益,从不把国家的利益放在第一位。这样,中央的权力就越来越小,议会本身也逐渐丧失功能。1652年,下院一个代表反对一项把传统的六星期议会期延长一天的动议,结果使多数人的意见被否决;这以后,就形成这样的惯例:只要有一个人反对,任何决议都不能通过。这种惯例美其名曰"自由否决权"。由于有这个惯例,议会不仅不可能对重大国事作出决策,就连它自身的存在也成了问题。在1652—1674年的55届议会中,有48届议会因"自由否决权"而解散,其中又有1/3是仅受到一票反对而被解散的。

中央政府的衰落使贵族们大受其益,特别是大贵族受益最多。他们可以决定自己势力范围内的税款摊派,1640年以后甚至可以任意抽取地方税,还可以组成地方军,使国家变得更支离破碎。国家唯一的经常性税款是从国王和教会的领地上抽取的,还不足以维持和平时期一支12 000人的军队。每逢战时,即使议会能取得一致意见开征"非常"税,税款也总是不足,完全不足以应付持久的战争。军队无饷,战斗力低落,国家面临危局,大贵族乘机扩大势力,小贵族则更加依附于他们,产生了一个个国中之国。

贵族的得势更得助于反宗教改革的胜利。新教所表现出来的政治经济倾向威胁到贵族的既得利益,受到贵族阶层几乎一致的反对。结果新教在波兰不但未能站住脚,反而巩固了贵族的地位,加强了贵族的保守倾向。贵族在宗教问题上分为主张天主教、东正教两教合一和反对两教合一的两大派,这恰恰为波兰的几大邻国(天主教的奥地利、东正教的俄国、新教的普鲁士)提供了干涉的借口。

总之,当欧洲多数国家都出现君主专制制度,以维护正在形成的民族国家时,波兰的国家却正在解体。而这又恰恰发生在俄、普、奥、瑞等国上升为强国的时候,于是列强对波兰的觊觎就不可避免了。1660年东普鲁士摆脱对波兰的藩属关系并入勃兰登堡,为普鲁士国家的形成打下基础;1662年立窝尼亚丢给了瑞典,1667年第聂伯河以东的大片领土又丢给俄国,波兰的国际地位每况愈下。

统治阶级中也曾有一些人企图扭转这种颓势。加西米尔和索毕斯基(1674—1696)两位国王都曾企图加强王权,实行某种变革,但都在贵族的反对下失败了,加西米尔甚至还被赶下台。18世纪初波兰内忧外患接连不断,变革的企图也时有出现。但这时变革变得更困难了,不仅贵族反对,外国势力也横加干涉,不允许波兰奋发图强。波兰贵族的内讧使波兰落入不同外国势力的影响之下,俄、普、奥、法、瑞都先后插手波兰,交替占过上风。最后一任波兰国王波尼亚托夫斯基(1764—1788年在位)曾是叶卡特琳娜的情夫,他的当选表明俄国在波兰占了优势。这引起其他列强的不满,波兰问题于是成为国际争端的一个焦点,最终导致俄、普、奥三国第一次瓜分波兰(1772年)。在面临亡国的威胁下波兰贵族这时真想改革了,但已经为时太晚。1791年5月由"四年议会(1788—1791)公布的新宪法被俄国用武力碾碎(1793年),紧接着便是第二次瓜分波兰;1794年贵族领导的武装起义又在俄军的镇压下失败了,1795年波兰被第三次瓜分,于是一个独立的波兰从地图上消失了。

瑞典和丹麦

16世纪以后北欧有两个独立国家——丹麦和瑞典。当时挪威隶属于丹麦,芬兰则由瑞典控制。这时,汉萨同盟已经衰落,为争夺波罗的海的霸权,瑞典和丹麦长期对立,俄国和波兰也时常参加进来。但在17世纪,瑞典占了上风。

瑞典的成功首先得益于它的国内条件。瑞典脱离丹麦独立后,就形成统一的民族国家,瓦萨王朝建立起君主专制制度,贵族的分离势力遭到削弱,政治局势比较稳定,经济发展有较好的环境。此外,在中央政府的统一指挥下,国家的人力物力较易于动员,这就为发展军事力量创造了条件。相比之下,波罗的海其他国家就不具备这些条件。丹麦的贵族势力太大,政治上各自为政,削弱了国家的力量。俄国在伊凡四世后陷入内乱,外敌的入侵更使它自顾不暇。德意志四分五裂,它自己尚是欧洲列强争夺的对象。波兰在政治制度方面的内在隐患也正在表现出来,而且它把注意力主要放在东方,有时还与瑞典结成同盟。除此以外,瑞典还得到一心想打击哈布斯堡家族的法国的支持,得以放手在北德意志活动。这些有利的国际国内条件使瑞典在17世纪得天独厚,迅速发展成北欧军事大国。

1611年古斯塔夫·阿道尔夫（1611—1632年在位）登上王位。他是一位大有作为的国王，把瑞典推上了强国的地位。与丹麦相比，瑞典人口稀少，资源短缺，经济相对落后，而且远离欧洲商道，国家相当贫穷。为发展经济，阿道尔夫邀请外国人（特别是荷兰人）到瑞典来开办企业，尤其是开采瑞典丰富的铜、铁矿藏。他制定优惠政策吸引外资，鼓励生产，以金属开采为基础发展出坚实的军火工业，到1630年瑞典的枪炮在国际市场上已相当畅销，铜也在欧洲市场上占垄断地位。为增加收入，阿道尔夫还把纳税形式从实物税改为货币税，并强迫贵族交纳某些新开设的税款。他将新获得的经济实力主要用来增强军力，使瑞典军队成为当时欧洲最精锐的部队。1617—1630年，他进行一系列军事改革。他实行了义务征兵制，使每个团从一个固定的省征召兵员。义务兵比雇佣军的战斗力强得多，而且有严格的军事纪律。他改进作战方法，引进荷兰人民在对付西班牙入侵时发展起来的战略战术。他采用新式武器，充分发挥火炮的作用。他还特别注重对士兵进行实战训练，其操典是为适应实战而不是为了应付检阅。在三十年战争中，这支军队所向披靡，屡战屡胜，被人称为"瑞典奇迹"。阿道尔夫阵亡后，瑞典军队继续作战，最后与法国一起取得战争胜利。威斯特伐利亚条约签订后，瑞典成为欧洲大国，它拥有德意志北部沿海的大片地区，芬兰湾、里加湾沿岸地带，以及芬兰和瑞典本土。17世纪中叶它再次打败丹麦，取得斯堪的纳维亚半岛南端的斯堪尼亚等地区，成为波罗的海的霸主。

但也就在这时，瑞典得以称雄北欧的国内外有利条件逐渐消失了。俄国和普鲁士相继崛起，邻国中除波兰外都建立了君主专制制度。工商业在许多国家开始发展，瑞典的军事制度和战略战术则被其他国家学了去。这样，瑞典资源不足、人稀物少的不利因素暴露出来，就连它精良的军队也因为人数太少而被同样以瑞典方式训练出来的别国军队所压倒。在北方战争（1700—1721）中，瑞典虽然有第一流的军事统帅查理十二世（1697—1718年在位）和十分善战的作战部队，但它却仍然被俄国打败。战后，瑞典在国外的领地除芬兰外，只剩下维斯马、斯特拉尔松等几个波罗的海的沿岸据点。瑞典失去了大国地位。

国外战争的失败导致国内的深刻变化，人们认为专制王权不能再保护国家，相反把国家引向困境。1718年查理十二世死后，反专制主义的政治派别取得胜利，他们推查理的妹妹厄丽卡为王，并强迫她发表反专制主义的宣言。但厄丽卡当上国王后仍按专制主义方式行事，结果在两年后被迫退位，由她的丈夫、黑森伯爵领地的继承人腓特烈继位，称腓特烈一世（1720—1751年在位）。腓特烈是外国人，而且本人并没有继承王位的合法权，因此他的统治必须靠等级议会中反专制派别的支持，由此，瑞典走上了君主立宪的道路。根据1720年的"政体法令"和1723年的"议会组织条例"，议会成为最高权力机构，议会由一个百人委员会进行指导,100人中贵族占50人,教士和资产者各占25人,1740年后农民代表也参加进去。议会休会时,国务由贵族及官僚组成的参政会处理,国王在其中只相当于首席行政长官,职权仅限于拥有两票表决权。30年代,议会中出现政党雏形,两个自称"礼帽派"和"便帽派"的贵族集团互相指责,轮流执政。1741年,"礼帽派"政府发动战争,企图对俄国实行复仇,结果反而大败,俄国占领了芬兰。为赎回芬兰,瑞典议会同意由俄国支持的腓特烈二世(1751—1771年在位)担任王储。腓特烈二世在位期间政党政治继续发展,1770年"便帽派"开始向下层靠拢,企图借平民的力量执政掌权。1772年,古斯塔夫三世(1771—1792年在位)在保守派贵族支持下发动政变,在很大程度上恢复了国王的专制权力。但是,这不过是专制主义的回光返照,到1809年古斯塔夫四世(1792—1809年在位)被另一次政变推翻,在这以后君主立宪政体才巩固下来。

在丹麦,事态向另一个方向发展。14世纪末,丹麦控制了瑞典和挪威,三国组成联邦,实际是丹麦并吞其他两国。1523年瑞典从丹麦独立后,两国之间发生多次战争,丹麦一再败北。在1657—1660年的战争中,丹麦丧失国土的1/3,把松德海峡以东的土地(包括斯堪尼亚等)都割给了瑞典。松德海峡是进入波罗的海的大门,因此这次失败对丹麦是致命的。失败使人们对于丹麦贵族割据的局面强烈不满,迫切要求建立君主专制制度。腓特烈三世(1648—1670年在位)利用这个机会剥夺了贵族的地方行政权,而代之以国王委任的官僚体系。他把许多外国人引进丹麦,封他们为贵族,让他们承担行政事务。通过这种方法建立了一个依赖于国王的新贵族阶层。克里斯廷五世(1670—1699年在位)时制定了统一的"丹麦法",废除中世纪的地方分治法律。通过这些措施,君主专制制度在丹麦确立起来,直到1848年欧洲革命时才废除。18世纪初丹麦参加北方战争,与俄国、波兰结成同盟共同反对瑞典。但战后丹麦并未能收回斯堪尼亚等领地,没有提高它在国际上的地位。

五、西欧的启蒙运动

启蒙运动是继文艺复兴之后的第二次思想解放运动,它在思想上有力地冲击了封建制度,专制制度及其精神支柱天主教会,并且为资产阶级革命提供了思想上、理论上的准备,从而在世界近代史上产生了深远的影响。

启蒙运动的背景　启蒙运动的现象并不是偶然的。首先,它是资产阶级反封建反专制制度的时代要求。17、18世纪西欧的资产阶级的力量日益强大,握有雄厚的经济力量,但是垂死的封建专制制度是他们进一步发展的巨大障碍,为了推翻这个"旧制度",资产阶级必须制造舆论。启蒙运动便是在这个要求下产生的。其次,启蒙运动之发生,也与自然科学的发展有密切的关系。在17、18世纪,自然科学有了突飞猛进的发展。自然科学的发展为启蒙思想提供了锐利的武器,因为启蒙思想家在许多方面是从新兴的自然科学中寻找理论根据和思想方法的。谈到这个时期科学的发展,不能不提到笛卡尔、培根和牛顿三位伟大的科学家。笛卡尔和培根已在第一章第二节中介绍过了,不再重复。我们知道,他们二人有力地粉碎了束缚人们头脑的中世纪经院哲学枷锁,提倡科学实验,提倡研究自然界客观事物;笛卡尔认为认识世界和取得知识的唯一方法是数学推理,培根则提出了从特殊到一般,从具体到抽象的归纳法。

艾萨克·牛顿(1642—1727)出身于英国自耕农家庭,自幼便颖悟异常,在剑桥大学读书时,由于数学上的非凡成就而使教授们对他刮目相看,因之在23岁就被聘为教授。

在数学上,牛顿发明了微积分,创立了二项式定理,发展了方程式理论。在应用科学方面他完成了多项重大发明创造。但是他最大的贡献是在物理学方面。如果说伽利略的成就是在地球的运动方面的话,牛顿的成就是发现了宇宙的法则。

伽利略发现动体始终如一地沿直线移动,除非有一种力量使它偏离亘线轨道。但是这里就出现了一个问题:既然这样,为什么行星不是沿直线飞动而是围绕太阳转动(沿椭圆形轨道),为什么月球同样围绕地球转动?牛顿由于看到苹果从树上落在地上而得到启发,因而解答了上述难题。牛顿的一位朋友记载了这件事的经过:

"在晚餐后,天气很暖和,于是我们就走进花园,在苹果树下饮茶,当时只有他和我二人。在闲谈中他告诉我说他正在思考引力的问题。事情的起因是:当他坐着冥想时突然苹果掉下来。他心里想:为什么那个苹果总是垂直地掉在地上。为什么它不斜着掉下,或者往上飞去,而是固定不变地往下落?无疑地,原因在于:地球在吸引它。一定存在着一个吸引的力量:而吸引的力量一定在地球的中心,而不是在地球的任何一侧。因此,这个苹果才垂直落下,或者朝向地球中心落。如果说物质这样吸引物质,这个吸引力一定与它的量成正比例。因此,正如地球吸引苹果一样,苹果也吸引地球。有一个力量,亦即我们在这里称之为引力的那种力量遍及整个宇宙。"

牛顿在1687年发表了一部名著:《自然哲学的数学原理》,在这本书中他根据大量的数学上的证据提出了引力的法则。按照这个法则,"宇宙中的每一个物质的颗粒都吸引其他每一个颗粒,其吸引力的大小与二者之间的距离的平方成反比例,而与它们的质量的乘积成正比例。"

这是一件非同小可的伟大发现,它揭开了宇宙的面纱,把它的秘密暴露于光天化日之下。他发现了一个基本的、宇宙的法则,这个法则既支配了整个宇宙,也支配了最微小的物体。这样一来,自然界俨然成为一架按照自然法则运行的庞大的机械装置,这一架机械装置可以靠观察、实验、测量及计算被人们所认识。由此类推,支配人类社会的法则依靠人的理性也可以为人们所发现。在牛顿的启发下,启蒙思想家们力图发现支配人事及社会的永恒的法则。

到18世纪上半期,自然科学的成就比起17世纪要小得多,但是由于应用新的实验方法,在某些科学领域内也取得了显著的成就。

比如,对于静电作了实验,而且1746年莱顿的两名教授发明了所谓莱顿蓄电瓶,供储藏电能及放电之用。北美的本杰明·富兰克林意识到电瓶的瞬间放电与天空闪电之间的类似,于是便使用风筝作实验证实了他的设想。1753年,他制出避雷针,以防止雷击。他后来又发表了关于电的全面的理论,这个早期理论至今仍在使用。

18世纪早期,对植物学感兴趣成为一时的风气。人们热心采集矿石、昆虫、化石等物,并且加以分类编目。新大陆的发现及异邦物种的出现,也刺激了人们在这方面的兴趣。

对于各种动植物的采集和分类编目,导致了植物学和动物学的形成。这些领域的拓荒者是约翰·雷(1627—1705),他是《植物的历史》、《昆虫的历史》的作者,他也写过关于动物、鸟类、爬虫类及鱼类的提纲。关于植物,他根据果、花、叶等所有的特点及亲缘关系对它们加以分类。在他的全部工作中,他严格地使用科学方法,一切依靠观察,坚决地摈弃了巫术及迷信的成分。他又写了一部著作《上帝在创造工作中的智慧》,在该书中他放弃了从奥古斯丁到路德一再重复的观点:自然即使不是与宗教对立,也是与它不相干的,它的美是一种诱惑,研究它是浪费时间。他写道:"没有一个职业,比研究自然的美丽的业绩和歌颂上帝的无限的智慧与善行更有价值,更有趣的了。"

在植物学方面继承约翰·雷的是瑞典的李纳乌斯(1707—1778)教授。他发明了植物分类的第一个令人满意的方法,他也把动物分类为哺乳动物、鸟类、鱼类及昆虫类。此后,人们才有可能系统地研究植物和动物,并且采用比较结构及功能的方法。李纳乌斯的分类,促进了生物学的发展。

植物学方面的另一位杰出的人物是法国贵族布封伯爵(1707—1788)。他写了36卷本《博物学》,他把有关自然科学的信息都汇编在书中。他驳倒了关于地球只有5000年历史的古老的观点,认为地球一开始是一团熔化了的物体,它逐步地冷却,表面形成硬壳,硬壳上面最后生长出植物和动物。他估计那个过程需要10万年,这个估计要比近代科学所确定的30亿—50亿年要少得多,但是布封走的路子毕竟是对的。这位法国博物学家不能不注意到人与低级动物之间的动物学上的显著的相似,而且他还大胆地表示,假如《圣经》不明确表示出来的话,人们会去为马和驴,猴子和人寻找共同的起源。不过他后来把这句话收回了。

大约也是在这个时期,在地理学方面也取得长足的发展。人们开始有系统地探测和研究地球。1672年法国政府派冉·里歇尔到法属圭亚那去"做天文学的观测,以利于航海。"1698年,英国海军部委派威廉·丹皮尔到澳大利亚去探险。丹皮尔不仅记录了对于地理、植物群、动物群的精确的观察,而且也增加了关于水文、气象及地磁的知识。1768年,詹姆士·库克在皇家学会的请求下,前往南太平洋观察太白星的经过。库克在以后的航海中得到有科学价值的其他信息,也取得有关澳大利亚、新西兰的海岸及太平洋的新知识。

自然科学的发展,使得人们认识到人类是可以征服自然的,人类社会是不断前进的。启蒙思想家之相信进步,即来源于此。

霍布士和洛克

正是在资本主义上升发展的情况下,并且在17、18世纪自然科学发展的基础上,才出现了启蒙运动。

启蒙运动的发源地是英国,英国最早的启蒙思想家是霍布士和洛克。

霍布士(1588—1679)出生在教区牧师家庭,他在牛津大学毕业后,就当上了卡温狄斯勋爵的家庭教师,并且和这位勋爵一道到欧洲旅行多年。在旅欧期间他结交了知名的思想家伽利略、伽桑狄等人。英国革命发生后,霍布士谴责了革命,不久便移居法国,在这里与保王党人接触,并且当上了查理一世之子查理·斯图亚特的数学教师。在克伦威尔执政期间(1651年)返回英国。此后,他的思想就开始传播。

霍布士是唯物论者,他继承了培根的唯物主义,并且把它进一步系统化了。在霍布士看来,一切精神和"非物质的实体"都是人类想象的产物。站在唯物主义立场上,霍布士反对认为概念先于物质而存在的唯心主义观点。他断言:惟有客观存在的物质才是真实的,而观念及概念只是它们在人们头脑中的反映。他把物质的基本属性归结为广延及大小,他认为只有广延及大小才是物质的经常的、不可缺少的属性,其余的属性都是容易变化的。霍布士还不理解:空间及时间是物质存在的普遍形式,这是他的唯物论的缺点之一。霍布士把空间确定为"存在于我们以外之物的臆想的形象",他认为"时间并不存在于我们以外的自在之物中,而只存在于我们的理性思维中"。霍布士认为运动也不是物体存在的普遍形式;它只不过是偶然的现象,是非本质的属性,尽管它和静止同样是为物质所固有的。

霍布士把物质运动的多种形式都归结为机械的运动;这样,他就否认了物体的一定质的客观性:光、音、香、味、色。因此,他的唯物论是机械唯物论。

在认识论里,霍布士基本上是一位感觉论者,他肯定感觉是知识的唯一源泉,他把理性的活动看成是简单的计算活动,而且他也不了解个别与普遍的关系。他认为只有物体才是实在的,名字只是任意选择作为记号的语词,普遍概念是名字的名字,它比名字更少与现实世界相联系。

霍布士也是一位卓越的政治思想家,但是他并不是英国资产阶级利益的真正代表者,他是以资产阶级化贵族和大资产阶级集团思想家的姿态出现的,这些集团虽然和英国资本主义发展有密切的联系,但是他们认为这一发展只能在以实行某些改革为条件的专制君主制度的范围内进行,他们反对用革命办法推翻君主制。

1650年,霍布士的论文《论政体》问世。1651年,他的巨著《利维坦》出版,他的主要政治社会思想在这部著作中有全面的叙述。

霍布士特别强调国家的作用,拥护强有力的国家权力。他从唯心主义出发,对于国家的起源创造了下面的学说:在国家出现之前,人类是处于"自然状态"中的,每个人都享有自然权利,"自然赋予全体人类以一切物品,"所以一切物品是共有的。当时,人类为了占有为生存所需要的物品而进行彼此之间无休止的厮杀。后来,人们意识到有缔订契约及成立国家以确保和平的必要,于是才在理性指导之下,彼此订立协约,并且成立国家。人们在成立国家的同时,便放弃了过去自己对一切物品所享有的自然权利,而由国家把这些物品当做私有财产分配给各个人。霍布士肯定地认为私有财产是国家所创造出来的,因此国家政权应该支配财产。在1649—1650年间争取土地斗争的影响下,霍布士曾这样写道:"国家元首进行土地的分配,按照他认为必须要和公正的程度,根据公平及一般幸福,决定分给每个人的份额"。这样,根据霍布士的说法,私有财产是公民法律所创造出来的,它保证了人类的最大幸福。

霍布士强调:只有强大的,不受任何限制的国家权力,才能防止战争,才能确保和平。因此,他用圣经中的万能的怪人"巨灵"的名字去称呼自己的理想国家。在他看来,如此强大政权的建立,是人类同意放弃一切自然权利并把它转交给国家的结果。霍布士和平等派、米尔顿及洛克等人在谈到国家起源时,都提倡契约说,但是解释却迥乎不同。平等派、米尔顿及洛克等人认为人们缔结契约是为了保卫自己的天赋权利,成立国家政权是为了保护每个人的权利及私有财产,国家不能干涉或侵犯人们的私有财产及个人权利。但是,霍布士却以为国家是个高高在上的绝对的东西,它有权力干涉人们的财产及个人自由,惟有这样,国家才能保障和平和幸福。

与过去的神学家不同,霍布士并没有用"上帝的创造"说明国家的起源,在他的学说里没有迷信的色彩。因此马克思把霍布士列在"已经用人的眼光来观察国家",并且"从理性和经验中而不是从神学中引申出国家的自然规律"[①]的哲学家的队伍里。

霍布士以为专制君主制是国家组织的最好形式,这是因为他希望"万能的

---

① 《马克思恩格斯全集》第1卷,人民出版社1956年版,第128页。

君主"能"压制这个健壮而心怀恶意的小家伙"（恩格斯语，指人民——引者）。早在革命发生之前，霍布士就警告统治阶级，指出人民革命的危险。他断然否认人民的自由和民主权利，在他的思想里有明显的反民主主义倾向。

霍布士把宗教看成人类无知和恐惧的产物，但又认为宗教可以帮助维持社会秩序，而且只有当国家政权成为教会首领和僧侣完全服从国家政权时，教会才能完成这个任务。他写道："必需有一个最高统治者，不然的话，在国内定要发生叛乱及教会与国家之间的内战"。他以为最高统治者应该直接在上帝面前负责而不受罗马教皇的支配，他反对教会干涉国家政权。

霍布士学说的反人民的性质，使他在护国时期大受欢迎，霍布士从国外回来的时候，正值独立派倾向反动并且准备建立军事独裁，他在自己的著作里发挥了同情独立派政权的思想。

在财产问题上，霍布士是站在专制政权的立场上说话的。为了使私有制免于贫民的侵犯，他承认专制政府有干涉臣民财产的权力。霍布士写道："任何人在事实上都拥有财产权，而这种财产权是不受一切其他臣民的侵犯的。可是他之享有这个权利，只是从最高政权那里得来，如果没有最高政权的保护，任何其他人对于同一财产将有同等的权利"。他认为君主有向臣民征税的绝对权利。他并不要求贸易及企业的自由，反而承认独占特许制度的合理，因为在这个制度下，臣民之贸易活动是得到君主许可的。

由此可见，霍布士对于财产的看法，并没有超越"中世纪资产阶级财产"概念的范围。在中世纪时，资产阶级财产与封建势力有密切的联系，并且主要是由特权构成的。

因此，资产阶级新贵族并不欢迎霍布士的观点。

最能代表资产阶级新贵族的观点和利益的是约翰·洛克（1632—1704）。洛克的父亲是一位有学问的法学家，曾在克伦威尔的军队中当过大尉。洛克本人在1658年毕业于牛津大学，毕业后留在该校任教。17世纪60年代中叶，洛克任英国驻勃兰登堡大使馆的秘书。从1666年起，他在英国国会反对派首领莎弗茨伯里伯爵家中充当家庭医生，并且在莎弗茨伯里的影响下参加了政治活动，担任莎弗茨伯里的秘书。1683年随莎弗茨伯里逃到荷兰，以逃避国内反对派的迫害。到1688年"光荣革命"成功后，才返回英国。

洛克的主要哲学著作是《人类悟性论》。从1670年他开始执笔，到1690年才脱稿。洛克在哲学上继承和发展了培根与霍布克的理论。洛克是一位唯物论者，他承认物体的客观存在，并且认为思想及观念是客观物体在人类感官上发生作用的结果。他驳斥了关于与生俱来的"先天观念"的唯心主义思想，他证明：思想及原则并不是天赋的，而是后天获得的，他把儿童的心灵比为一张白纸，说明人类初生时的无知无识，他的知识完全是凭经验获得的。他在认识论方面提出了人类知识来自经验的理论。

但是,洛克在这个问题上并不是一位彻底的唯物主义者,他把经验分为外在的经验和内在的经验两种。他所理解的外在经验是指外面的对象对人类感官的作用而言,他称这个为感觉。这个观点是唯物主义的。内在的经验洛克又称为"反省"。"反省"是关于心灵本身的活动。洛克把"反省"看做是与感觉并存的认识来源,这就在认识论中向唯心主义开了大门。可见,洛克在不知不觉之中成为二元论者。

洛克把物体的性质分为"第一性质"和"第二性质",他以为颜色、声音、香味等是主观的概念,没有客观的意义,因此是"第一性质";而只有广延、形状、运动、静止等才是实在的广延、实在的形状、实在的运动及实在的静止在人类头脑中的反映,具有充分的客观意义,因此是"第二性质"。洛克把物体的性质分为"第一性质"和"第二性质",也是他对于唯心主义让步的表现。

洛克哲学的二重性,在他死后向两个方向发展:柏克莱和休谟发展了洛克的唯心主义部分,建立了主观唯心主义哲学;法国唯物论者爱尔维修、霍尔巴希和狄德罗等人彻底发挥了洛克哲学中的唯物主义要素。

1689年,洛克从哲学转到政治理论问题的研究,他的著作《关于政府的两篇论文》就是在这一年出版的。

洛克和霍布士一样,承认在人类历史上有所谓"自然状态",并且也提出社会契约学说。不过,在很多问题上洛克的观点是与霍布士大相径庭的。

洛克认为在"自然状态"下,上帝将大地上的自然界万物送给人类作为人们共有的财产,但是人们只有用自己的劳动才能从自然界得到东西以为己用,于是他的劳动果实就成为他的私有财产。他写道:"如果土地及一切创造物为全体人类所共有的话,那么每个人仍然拥有自己的财产……他的肉体劳动及他的手所制出的东西,我们可以说,便是他的财产……劳动造成私有物与共有物之间的差别"。这样,洛克认为在"自然状态"中就已出现了私有财产,并且承认劳动是财产的起源。

洛克又以为在"自然状态"中,人们只能把自己所能使用的那么多的物品占为己有,并使之成为自己的财产,而其余的物品应该属于他人,假若他拿得较多而超过自己所能使用的数量并且堆在自己身边听其腐烂的话,他就成为罪人,这就等于他剥夺了其他人的财产。

这样,洛克提出了关于"私有财产的范围"的思想,但是他并没有在这个基础上否认大私有财产的合法性,也没有为建立在个人劳动基础上的小财产辩护,相反地他认定人们之间交换产品有利,因而承认通过交换而致富是应该的。他以肯定的口气说:如果有人通过交换而把自己的剩余生产品让给其他人的话,那么他的生产品就不是白白糟蹋掉,因为其他人消费了它们。人们由于彼此交换各种生产品而开始寻求交换用的手段,金银就成为这样的手段,金银从那时起才有了价值;因此个别人积聚财产的可能也就越来越大了。洛克对于通过交换而发财,予以充分的肯定,他认为大财产所有制对一切人都是幸福的事。从这里洛克得出结论说:"公正的财产的界限"不决定于它的数量之大小,而决定于如何解决利用生产品的问题。所以,洛克的"劳动创造财产"的理论归根结底还是替资产阶级的财产所有制辩护的。

这样,洛克认为私有财产在"自然状态"下已经出现了。同时,他认为处在"自然状态"中的人类,享有充分的自由、平等及私有财产的权利,他认为这些是人类的自然权利。霍布士也承认在"自然状态"下人类享有自然权利,但是他所说的自然权利只是指人们享有"自然赋予全体人类的一切物品"的权利。而洛克心目中的自然权利则不但包括私有财产权,而且也包括自由、平等的权利。显而易见,洛克是站在向封建国家要求自由和平等的资产阶级的立场上说话的。

作为资产阶级新贵族的利益的表达者,洛克不能不讨论土地问题,因为土地问题在17世纪英国革命中占有重要地位。

洛克是重农学派的先驱者,他特别重视按照资本主义原则组织起来的农场,借助于人类劳动是财产的来源的理论,他企图证明英国地主所最害怕的土地共有的要求是无根据的。洛克承认上帝把土地作为共有财产送给人类,但是他又认为上帝也同时命令人们耕种和改善它。而耕种和改善,按照洛克的意见,只有把土地划分为私有财产之后才有可能;每个人都能占有他所能耕种的那么多的土地,并不必在这种事情上请求其他人的同意。洛克说:"不要设想,上帝在把土地作为共有财产送给人们之际,预定土地永远是不耕种的财产"。"人用自己的劳动把它从共同财产中圈过来……对于土地的耕种和对于土地的所有权是联系在一起的"。这样,洛克保卫了贵族的土地所有权,以免农民要求平均土地。

洛克和霍布士一样,以社会契约说作为国家成立的基础。他认为:在"自然状态"下,人们尽管享有无限的自由平等权利及私有财产权,然而在享有这些自然权利时,人们得不到确实的保障,时时刻刻都有遭受他人侵害的危险,这种危险就推动了人们互相订立契约成立国家,希望国家政权能保障他们的自然权利,首先是财产权;而人们联合为国家,并且把自己放在国家的统治下,其主要目标便是保存私有财产。由此,洛克得出下面的结论:最高权力不能夺取任何人的私有财产,假如得不到他同意的话。洛克与霍布士不同之处在于:霍布士认为私有财产是国家政权所建立的,因此政权可以干涉臣民的财产;而洛克主张财产先于政权而出现,成立国家的目的是保护这个私有财产,国家政权不应该干涉臣民的财产。

在洛克眼中,国家的混合形式和议会君主制,是国家政权的最好形式,因为它"依照多数人的意志"行动。他用机械学上的规律去比喻它:物体顺着加在它上面的最大力量的方向移动。但是洛克所指的"多数"意味着资产阶级、新贵族在议会中的代表,亦即完全脱离广大人民群众真正多数的"多数"。洛克主张三权分立:立法权、行政权及联邦权(管理对外事务)的分立,同时承认体现在议会中的立法权的优越地位。但是立法权并不是无限制的,它有责任尊重公民的人身及财产的自由。体现在国王及其政府身上的行政权在立法权的控制下管理国家;立法权在国王及其政府的行动破坏国家的法律时,有权更换国王及其政府。在国王及其政府破坏法律,用法律制裁仍无结果,而且国王及其政府的行动继续威胁大多数公民的生命、财产及人身自由时,全体人民就应该用公开起义的方式推翻国王及其政府。

洛克的这个理论是对于 1688 年"光荣革命"的辩护。而且戳穿来看,他这个理论,不过是用"权利"、"自由"等美丽的辞藻掩盖资产阶级与阶级统治的实质。

洛克也提出了自己的教育思想,他把教育建立在为资产阶级社会服务的、实用的基础上,他认为教育的目的在于培养有才干的绅士及"事业家"。他反对脱离实际的中世纪的教育内容,而着重实科教育,他所订的教学科目包括了对资产阶级社会有用的一切,如阅读、书法、语文、地理、算术、几何、天文、历史、法律、自然科学、簿记等。他说:必须把时间、劳力和精神花在真正有用和实际必需的知识的获得上。

在教育方法上,洛克痛斥形式主义的、与生活脱节的教育及经院学派的背诵,他主张启发儿童的兴趣及理解力;他也反对只是消极地接受他人的智慧,而要求发展创造性的思维和概括的能力。

洛克的教育思想有值得我们借鉴的积极成分。

伏尔泰、孟德斯鸠、卢梭、百科全书派、重农学派

法国卓越的启蒙思想家有伏尔泰、孟德斯鸠、卢梭等人,另外还有百科全书派和重农学派。

伏尔泰(1694—1778)的本名为弗朗索阿·马利·阿洛埃,自幼即以才华出众而崭露头角。他一生中写出大量著作,通过科学论文、艺术作品及小册子无情地揭露法国社会的黑暗面。由于攻击法国专制政府,他曾一度被关进巴士底狱。

他对天主教教会作了大胆的攻击,他讥刺、嘲笑天主教教义的繁琐哲学及僧侣说教中的教条主义。在他看来,天主教僧侣就是一群"狂信者"、"骗子手"。他说宗教本身就是漫天说谎,基督教也不例外,天主教就是"一些狡猾之徒所虚构出来的最庸俗的欺骗之网"。他揭穿了《圣经》里面的各种荒诞不经的迷信记载。他认为现存社会的一切灾难都来源于无知,而无知就是教会造成的。因此,他说天主教教会是一切进步的障碍。他指出:只要消灭无知、迷信和狂信,那么

一切都会好起来的。他号召大家为科学及进步而奋斗。

伏尔泰虽然以反对天主教为己任,但是他又承认有必要保留宗教,因为他认为宗教可以维系人心,有助于巩固社会秩序。他有一句名言:"如果没有上帝,那么也要捏造出一个来"。

为了批判当代法国社会,伏尔泰提倡自然权利学说。在他看来,自然赋予人类以自由平等的权利。他说:"本身自由,周围的人与自己平等——这才是真正的生活,人们的自然生活"。伏尔泰所理解的自由,便是取消农奴制和思想自由、出版自由、信仰自由及不受暴政压迫的自由。同时他也强调自由与法治的关系,他说:"自由只存在于依靠法律进行统治的地方"。但是,他所强调的平等,是人人在法律面前的平等,而不是社会生活上的平等。他并不反对财产上的不平等,他说:"在我们多灾多难的世界上,生活在社会中的人们不可能不划分为两个阶级,一个是富人阶级,另一个是贫困阶级"。他在他所著的《哲学词典》中对于"平等"作了如下的解释:"除非有无限数量的人一无所有,人类是不能生存下去的。人类就是这样"。

伏尔泰反对君主专制制度,赞成实行"开明专制",认为"开明"的君主实行改革,就可以过渡到君主立宪制度。他希望"开明"君主能动手消灭封建制度,取消僧侣特权,剥夺教会登记婚姻及死亡的职权,并且没收教会财产而实行僧侣薪金制。他还期待"开明"君主废除国内关卡,统一法律。

他也提出改革刑法的主张,认为罪与罪应该相称,反对刑罚过于残酷。他建议改革刑事诉讼法,强调重证据及实行辩护制度的必要。他反对当时法国在审讯中实行拷打逼供的做法。他要求改革司法,特别要求取消用钱购买法官的制度。他也反对官爵世袭。

但是,伏尔泰对人民群众抱很大的偏见,他相信政治权利及国家领导权应该由少数人即富人掌握。他写道:"在这个社会里,既无土地又无房屋的人难道也应该有选举权吗"?"当黎民被容许议论〔国事〕的时候,一切都将毁灭"。可见他对人民群众怀有一种恐惧心理。

但是不管怎样,伏尔泰的功绩是不朽的。他以犀利的笔锋,辛辣的语言,大胆揭露法国旧制度的一切弊端,并且向愚昧和无知宣战,这在当时的确起了振聋发聩的作用。

使中国人感兴趣的是,伏尔泰对中国古老的文化思想颂扬备至,他服膺孔孟的仁义学说。

查理·路易·孟德斯鸠(1689—1755)出身于贵族家庭,曾任波尔多省法院院长。1726年他出卖了法院院长的世袭职位,到欧洲各国进行考察。他在英国居住两年多,对英国社会作了考察,也结识了英国哲学家休谟,并且研究了洛克的学说。他着重考察了英国的议会制度和立法。对英国君主立宪制度产生了好感,并且得出这样的结论:法国应该走英国的道路。

1731年他返回法国后,埋头于写作。他一生著述甚丰。早在1721年就发表了《波斯人通信集》,通过旅行法国的两个波斯人之口,嘲笑法国专制君主的残暴和腐朽;无情地揭露了天主教会的虚伪,僧侣的愚昧,谴责了法国贵族的骄奢淫逸。该书在许多重大社会问题上向传统的封建观念提出挑战,成为法国思想解放的先声,因而受到普遍重视,曾风行一时。1734年他发表了《罗马盛衰的原因》,他在书中指出,罗马共和国强盛的原因在于它的统治者贤明,人民忠勇,风俗质朴和制度合理。后来,连年发动对外的侵略战争,国家财富集中到少数人手中,统治者趋于腐化,风俗败坏,这一切终于导致共和制度的灭亡。很明显,孟德斯鸠在这里是借古讽今,是用间接的手法鞭挞法国国王的专横跋扈及腐朽堕落。

1748年,他发表了历经27年艰辛写出来的巨著《法的精神》(我国旧译为《法意》),他在这部书中阐述的政治思想,在资产阶级政治学说史中占有很重要的地位。

孟德斯鸠首先论证了社会现象的规律性。他证明:任何国家的法律都不可避免地为地理条件、经济状况、宗教信仰,特别是政治制度等因素所制约。但是,在他看来,其中最重要的因素是政治因素,亦即政治制度。他认为政治制度决定了法律的精神及立法的内容,它甚至可以抵消地理因素的作用。在这里他显然夸大了政治制度的意义,他不了解政治制度本身取决于社会生活的物质条件。他的这个解释虽然不科学,但是比起用神学观点解释社会,是前进了一大步。

正是因为他重视政治制度的作用,所以他用更多的精力研究了政治制度。他把政体分为三个类型,认为政权属于全体人民的是民主政体,政权属于少数人的是贵族政体。不过在他看来被剥夺政治权利的人越少,则贵族政体就越巩固,因而他相信最好的贵族政体是接近民主政体的。他认为,一个人按照法律并且依靠贵族来统治国家的是君主政体。他说:贵族的存在,是君主政体不可缺少的要素。贵族是君主政体中的"调和"力量。他相信以上三种政体都是合理的政体,除这三种政体外,还有一种政体,那就是暴君政体,这个政体是不合理的。他认为暴君政体是靠恐惧来维持的,在这个政体下,君主把自己看成是一切,把其他一切人都视同草芥;同时他不要任何法律,他个人的意志就是法律。孟德斯鸠用最激烈的语言谴责暴政,他说暴政破坏了整个社会,暴政也违反了人性。他谴责的暴政,就是暗指法国的君主专制制度。

孟德斯鸠不但抨击暴君政体,而且他还专门研究了防止或避免出现暴君政体的具体办法。按照他的看法,只有划分国家的权力,才能保障人民的自由,才能避免暴政的出现。

所谓划分国家的权力,在他看来就是实行三权分立,把立法、行政和司法三个权力分开,使其分别属于三个不同的机构。他指出:不但三个权力不应该结合在一起,就是两个权力也不应该集中在一个机构中。如果立法权与行政权掌握在一个机关手中的话,那么颁布法律的机关同时也执行法律,这样一来就不会严格遵守法律中的规定,就会破坏法律,国家就将落到暴政下面,而专制制度的弊害就在这里。如果在一个机构中同时集中司法权和行政权,那么也将同样流于专制。那时法官将成为压迫者,因为他既是法律监督者,又是法律执行者。同样,如果司法权与立法权集中于一个机构,法官在判决案件时,将不会严格遵守法律,因为法律就是自己制定的,他可以改变法律的内容。

他主张在君主国家立法权应该委托给人民代表机关,国王只应该是行政机关的首脑,司法权则应该属于陪审法庭。按照孟德斯鸠的意见,行政权应该交给一个人,因为他认为惟有这样,办事才能迅速而有效率。他虽然要求由人民代表机关掌握立法权,但同时也要求对于这个机关加上一个限制,那就是:除了民选的人民代表机关作为下院外,还要有一个由贵族代表所组成的上院。

在要求三权分立的同时,他还强调三个权力互相制约的重要性。比如立法机关所通过的法律要由君主批准,而立法机关也要干预一些行政方面的问题——如财政问题和军队问题。他说:在这个情况下,尽管三个权力在某种程度上互相妨碍,但是三者还是可以协调运行的。

三权分立原则的锋芒是指向君主专制制度的,因为在这个制度下面,君主独揽立法、行政及司法大权,于是他就可以为所欲为,就可以暴戾恣睢,任意压迫人民,实行暴政;而实行三权分立就意味着国王被剥夺了立法大权,他的权力就要受到很大的限制。因此,三权分立学说在当时的历史条件下有进步的意义。后来在资产阶级夺取政权后,三权分立便成为资产阶级政权的政治制度。

让·雅克·卢梭(1712—1778)祖籍法国,出生于瑞士日内瓦一个钟表匠家庭,自幼丧母,由姑母抚养;年12岁时辍学,在各种行业里当学徒。后来又在贵族家里当仆役、家庭书记、家庭教师,也受到一些贵族夫人的豢养,有时也流浪街头,当街头音乐家。贫困的流浪生活及同下层人民的不断接触,加深了他对于人民生活的了解。主人的鞭笞、贵族的凌辱和官府的欺压,使他埋下了仇恨封建专制制度的种子。因此,他之成为反对封建专制制度的战士,并不是偶然的。也应该看到,卢梭的一生,也不是白璧无瑕的,他有过品德不端的行为,也干过一些卑鄙的事情。

卢梭的个性与时代格格不入,幼年的不幸遭遇和生活上的挫折,使他愤世嫉俗。他歌颂发自内心的自然的感情,而抨击理性。他认为自然的感情会指引人们去满足公共利益,而理性则鼓励自私,会引导人们误入歧途。在他看来,人类最好的美德,如同情心、怜悯、无私和诚实都是发自内心的自然的产物,但是理性却会窒息人类的天性和自然本能,导致邪恶。其实,这是卢梭对于理性的误解。

卢梭不但是一个伟大的思想家,而且也是杰出的文学家。他的文章把奔放的感情与深邃的哲理凝结在一起,从而不仅启蒙了读者的头脑,而且也震撼了他们的心灵。他的思想影响了整整一个时代的法国社会,法国大革命中的雅各宾派就是在他的思想指引下行动的。

1750年他发表一篇文章,证明文明的进步是造成人类道德败坏和社会苦难的原因。他认为科学、文学和艺术不但是道德凶恶的敌人,而且也是产生奴役的根源,他甚至认为一切科学都起源于邪恶:天文学出于占星术迷信,雄辩术出于野心,几何学出于贪婪,物理学出于无聊的好奇。

1754年他又发表了第二篇论文:《论人类不平等的起源和基础》。他写道:"人天生是善良的,只是由于种种制度人才变恶"——这是与天主教的"原罪"及通过教会人才能得救的说法完全对立的。他认为私有制是社会不平等的根源,人类文明越发展,不平等就越严重。因此,在他看来,只能抛掉文明,才能实现平等。卢梭把这篇文章送给伏尔泰,请他评论,伏尔泰在回信中写道:"我收到了你的反人类的新书,谢谢你,在使我们都变得愚蠢的计划上面运用这般聪明伶巧,还是从未有过的事。读大作,人一心想望四脚走路。但是,由于我已经把那个习惯丢下60多年,我很不幸,感到不可能再把它拣回来了"。这说明伏尔泰反对抛弃文明返回自然的主张。

1762年卢梭发表的《社会契约论》是他的政治思想的代表作。他在该书劈头一句话就是:"人是生而自由的,可是现在他却处处带着镣铐!"这有力地道出了饱受压迫而渴望自由的法国人民的心声。卢梭认为人人生来就是平等的、自由的,平等自由是合乎人的天性的,是自然赋予每个人的权利。但是同时他又看到广大人民却受贵族、僧侣的奴役,受专制暴君的压迫。因此,他大声疾呼,号召人民向这些压迫者兴师问罪,向吃人的旧制度开火。他对剥夺人民自由的专制暴君进行了无情的鞭挞。他严正指出:这种把最高权力集中于一个自然人,也就是集中于一个具体的人手里,是极其悖理的。他说:"国王的私人利益首先就在于人民是软弱的、贫困的,并且永远不能够抗拒国王。"君主为了巩固本身的统治,便尽量把人民保持在蒙昧、软弱、贫困、愚蠢的状态之中。君主本人不是即位时就昏庸无道,就必定是王位使得他变成昏庸无道。换言之,君主制本身必然导致君主的昏暴。他愤怒地驳斥了关于君主都是神明,而人民都是牲畜的谬论。他指出:压迫者是靠暴力进行统治的,但是即使是最强者也决不会强得足以永远做主人,被剥夺了自由的奴隶终究会起来反抗的。人民是可以用暴力推翻暴君的。

他勇敢地捍卫了人民主权的思想。他宣称:一切权力属于人民,因而一切权力的表现和运用必须体现人民的意志。当人民的权力被篡夺并被运用来压迫和奴役人民时,人民完全有权利举行起义,有权利用暴力来消灭篡权者。这样,卢梭名正言顺地阐明了革命权利的思想。

卢梭也反对富人剥削、压迫穷人的不公平现象。他指出：社会"给富人所拥有的巨额财富以强有力的保障,而几乎弄得穷人不能保障他们亲手搭起的草屋。难道社会的一切利益不是都给豪强和富人占去了吗？难道全部肥缺不是都落在他们头上吗？难道免税的特权和优惠不都是由他们享受吗？……"

他的理想中的国家是一个小型的民主共和国。他要求在这共和国里实行直接民主。在立法工作中,每个公民都直接参加法律的制定,参加法律的讨论和表决。他反对由人民选出的代表来制定法律,他认为在制定法律的工作中,人民的意志是不能被代表的。因此,他反对代议制度。他攻击英国议会制度,他说：英国议会无非是公共意志的篡夺者,而且在英国式的代议制度下,人民只有在选举议员时才是自由的,而议员一旦选出,人民又成为奴隶。

从这个观点他引申出对于国家权力的看法。他认为在民主制度下面既然每个公民都参加立法,那么国家最高权力就是全体人民的总的意志的体现,从而这样的权力只能保障人民的利益而不能损害人民的利益。因此只应加强这个权力而不应削弱或限制这个权力。这个权力也不应加以分割,因为人民的总的意志是不能分割的。正是基于这个看法,他反对孟德斯鸠的三权分立学说。必需指出：卢梭关于人民的总的意志的理论,在后世引起了各种不同的理解。法西斯主义者就是利用他的这个理论为自己的极权主义体制作辩解的。

为了防止行政机关以私人意志代替人民意志,他要求建立经常性的人民监督制度：定期召集人民大会,由人民大会对下面两个问题作出决定：(1)是否愿意保存现存的统治形式？(2)政府权力是否仍保留在现任人员手里？卢梭认为这样做,就会使行政人员永远处在被罢免的威胁之下,因而他们就不能不竭尽全力去执行人民的意志,而不敢肆意压迫人民了。卢梭在谈到人民与政府官吏之间的关系时强调指出："行政权力的受任者决不是人民的主人,而只是人民的官吏,只要人民愿意就可以委任他们,也可以撤换他们；对于这些官吏来说,决不是什么订约的问题,而是服从[人民的意志]的问题；而且在承担国家所赋予他们的职务时,他们不过是在履行自己的公民义务,而并没有为自己争条件的任何权利。"

卢梭也为民主共和国设计了一个社会经济改革方案。他并不反对私有财产制度,他认为私有财产在任何社会都是不可缺少的。他反对的只是贫富悬殊,"一小撮人沉溺于奢侈生活而大多数人缺少生活必需的物资"的现象。在他的理想社会里,每一个人都有不多的财产,足以满足起码的生活需要,"没有一个人富得能够购买其他人,没有一个人穷得被迫出卖自己。"他以为这个理想是不难实现的,为了防止财富集中到少数人手中,他提议改革税制,征收遗产税及累进税等。

他的这个主张反映了他的平等思想。他虽然大力鼓吹人的自由、平等,但是实际上更重视平等,甚至为了实现平等而宁愿牺牲自由。

1751年,在著名的唯物主义哲学家狄德罗主持下开始编撰一部《百科全书》,全名为《百科全书或科学、艺术、技艺详解辞典》。参加撰稿的多达160人,其中有老一辈的启蒙思想家伏尔泰、孟德斯鸠,自然科学家达朗贝、孔多塞,哲学家拉美特利、爱尔维修、霍尔巴赫,文学家博马舍,经济学家魁奈、杜尔阁等人。该书用科学成果对抗宗教神学的谬误,用民主思想反对专制统治,宣扬了理性主义、人道主义和唯物主义。参加编撰的作者被人们尊称为"百科全书派"。他们人数众多,影响极大,成为法国启蒙运动的中心。

百科全书的编写,既吸收了当时自然科学和社会科学的最新成果,又有力地推动了启蒙运动的深入发展。围绕着百科全书的出版和发行,展开了激烈的斗争。特别是狄德罗艰苦奋斗了近20年,克服各种困难,顶住教会、政府三番五次的迫害,终于在1772年把全书35卷出齐(包括图片11卷)。百科全书的出版,沉重地打击了封建制度和天主教教会,它唤醒了人民革命思想,为反封建斗争提供了有力的思想武器。

法国百科全书派在哲学上多半是唯物论者,他们认识到:世界并不是什么上帝创造出来的,而是宇宙自然界的一部分,是由物质构成的,物质是离开人的主观意识而独立存在的,它决定了人们的主观意识。

但是他们的唯物论是机械唯物论,缺乏发展变化的观点。他们虽然不否认物质的变化及运动,但是他们视变化为物质的量的增减,还认识不到由量变到质变的过程。他们把宇宙看做是一架物质的机器,否定有偶然性,也否认人类意志的能动性,这样就陷入宿命论里去了。

法国唯物论者还有一个缺陷:尽管在解释自然现象时他们是唯物主义者,但是一接触到社会历史现象,他们就变成唯心主义者了。霍尔巴赫就认为君主的心情及怪癖是战争及战争所引起的破坏、灾难的原因。不过,他们在讨论社会政治问题时,也提出了一些独到的、正确的见解。比如,在他们看来,社会制度的改造,必须先从发展教育入手。

总的说来,百科全书派在启迪人们的知识及破除愚昧方面起了不容忽视的重要作用。

法国重农学派是启蒙运动的一个分支。弗朗索阿·魁奈(1694—1774)是重农学派的创始人,他在1758年发表了《经济表》,系统地表述了重农主义理论。在他看来,抵消了全部生产费用以后剩余下来的产品,便是"纯产品"。而只有农业才能生产出来"纯产品",因而农业是唯一的生产部门。从事农业生产的人是唯一的"生产者阶级"。而从事工业生产的人只是进行加工,所以不是"生产者阶级"。那些无所事事,只占有他人劳动的是土地所有者阶级。因此,国家的全部捐税都应该由土地所有者阶级负担,对于其余两个阶级政府不应该干预。他提出一系列经济改革建议:鼓励资本家向地主租地,以发展资本主义大农业;政府应该实行"放任政策",允许自由竞争和自由贸易;实行只向地主征税的"单一税制"等等。

在法国启蒙运动中还涌现出反映下层人民利益的思想家,其中有梅叶、马布利和摩莱里等人。他们都反对私有制度,都提出空想的共产主义方案,都有浓重的平均主义色彩。

启蒙运动也扩大到意大利、普鲁士和奥地利。在意大利,一些经济学者、法学家也深受启蒙思想的影响,塞萨尔·贝卡利亚所著的关于刑法改革的书籍,充满了启蒙思想色彩,对于欧美的刑法改革,发生了巨大的影响。

启蒙思想也越过大西洋,传到北美,本杰明·富兰克林和托马斯·杰斐逊成为启蒙思想在北美的杰出代表。

因此,启蒙思想超越国界的限制,形成为国际性的强大思潮。

归纳起来,启蒙思想包括两大信条:

第一,相信在物质的宇宙中存在自然法则,万物都受自然法则的支配,人类社会也受其支配。自然法则反映在人的头脑中,便是理性。理性是衡量一切的标准,凡是违反理性的,都应予以打倒。当然,也有例外,如卢梭就反对理性。

第二,相信人类过去充满了黑暗和愚昧,而人类未来则是一片光明。人类的状态总是逐步改善的。人类进步是人类社会发展的规律。

启蒙思想关于改革提出了许多建议,这些建议可以归纳为以下三点:(1)在经济领域内实行自由放任主义,反对重商主义。(2)在政治上实行"主权在民"的理论,各级官吏都是人民公仆,一旦政府压迫人民,人民就有权利推翻它。(3)在宗教上实行宗教信仰自由,反对政教合一。

这些建议的出发点便是天赋人权的观念,即每一个人都是自由平等的,自由平等的权利是天赋的,任何人都不能剥夺这些权利。

值得注意的是,启蒙思想家一般地都是以全人类代言人的姿态出现。伏尔泰的这个态度最为明显。他在批判波斯维特主教的《关于世界史的讲话》时说:这个历史著作首先是犹太人和基督教徒的历史,它忽略了异教徒和其他文化的古代史。

文艺复兴与启蒙运动是世界近代史上两大思想运动,都为新兴资产阶级取得政治、经济上的统治地位作了思想上的准备。如果说文艺复兴所反对的是天主教神学思想,所追求的是现世的幸福的话,那么启蒙运动所反对的是封建专制主义,所追求的是自由平等。

第三节　17世纪初到18世纪中叶东方诸国的衰落

一、明末清初的中国

明末农民起义与清军入关

明朝万历以后,社会矛盾进一步激化,土地兼并加速,皇室权贵、官僚豪绅田连阡陌,而耕种土地的农民却饱尝无地少地之苦。农民虽然对地主没有严格的人身隶属关系,但是在经济上受地主的残酷压榨。更使农民难以忍受的是专制政府的苛捐杂税有增无已。满族崛起东北,时常侵扰边境。1616年,努尔哈赤建立后金政权。明朝多年用兵于辽东,为了筹措"辽饷",一再增加田赋及其他捐税。为了完纳赋税,小农往往卖屋卖田,甚至卖妻鬻子。而且,藩王宗室、缙绅土豪横行州府,任意鱼肉乡民,甚至以杀人为儿戏。

在政治上更是一片黑暗。皇帝朱翊钧长期深居宫中,不见大臣,不理朝政,沉湎于声色之中。天启年间,宦官魏忠贤权倾中外,他主持"东厂"(特务机关),对全国实行血腥统治,而且到处"剥民财,侵公帑"。对他的专横肆虐稍加议论,"辄被禽僇,甚至剥皮刲舌"。

这种黑暗统治激起了一些有正义感的读书人的反抗。以顾宪成为首的一批士大夫组织了"东林党"。他们讽议朝政,抨击宦官专政,要求改革,刷新政治。面对"东林党"的反抗运动,魏忠贤及其爪牙恨得咬牙切齿,他们大兴冤狱,终于用血腥手段把这一场正义斗争扑灭。

把手无寸铁的士大夫运动算是轻而易举地镇压下去了,然而对于风起云涌的农民起义,反动统治者却是束手无策。从万历时起,农民暴动已经零星发生于许多省份。到崇祯二年(1629年),陕北起义勃然爆发,于是起义之火燃烧到大半个中国。1644年,李自成率农民起义军攻进北京,统治中国近300年的明王朝终于覆灭。

明末天下大乱,给偏处东北地区的满族人的崛起以可乘之机。1636年后金皇太极在沈阳即位,改国号为"清"。1643年皇太极死,幼子福临嗣位,年号顺治,叔多尔衮摄政。翌年,清军勾结防守山海关的明朝将领吴三桂,长驱直入北京,颠覆了农民政权。在定都北京后不久,清政府就挥师南下,但是遇到全国各地人民的英勇抵抗。只有到1662年清军才最后消灭南明(1644年以后在南方成立的明朝的残余政权)的势力,征服了整个中国。

清朝前期经济的恢复和发展

明清之际社会经济的残破,各族人民的反抗斗争,迫使清朝统治者不得不采取一些恢复和发展生产的措施,以维护和巩固自己的统治。

第一，停止圈地。清军入关之初，为了满足满洲贵族对土地的贪欲，曾于顺治元年下令圈地，圈地前后持续了20余年，共圈占土地16余万顷，占全国耕地面积500余万顷的1/30。被圈的土地都分给皇室、王公、八旗官员和旗丁，这些地又称为"旗地"。名义上是圈占无主荒地或明朝贵族的官庄，其实在圈占过程中常常是把民地硬指为官庄，把熟地硬说是荒地，把私田硬说成是无主的荒地。虽然有"拨补"的规定，但是往往不能兑现，或只拨给盐碱不毛之地。同时，"凡圈田所到，田主登时逐出，室中所有皆其有也"；"圈一定，则庐舍场圃，悉皆屯有"，往往造成人民倾家荡产，无以为生。结果，大量汉人沦为满洲贵族的庄客，成为供他们奴役、剥削的农奴。因之，圈地对于中国的农业起了破坏作用。康熙八年(1669年)，下诏停止圈地，凡该年所圈之地，立即退还汉民，另由山海关、张家口等地旷土换补给旗人。康熙二十四年(1685年)又规定，民间所垦田亩，"自后永不许圈"。圈地的停止，缓和了日益尖锐的民族矛盾和阶级矛盾。

第二，招民垦荒。垦荒扩大了耕地面积。顺治十八年(1661年)，全国共有田5 492 577顷。康熙二十四年(1685年)，增加到6 078 429顷。这个措施既缓和了人民的贫困，又利于生产的发展。

第三，蠲免租赋。清初，政府整理赋役簿籍，统一赋役制度，丈量土地，审查户口，使钱粮征额符合实际。凡抛荒土地之田赋，不论有主无主，一律免除。从顺治到康熙的几十年内，在全国和各省一再实行田粮赋役蠲免的措施。因之，农民的负担有所减轻。

第四，摊丁入亩。明代实行"一条鞭法"，规定丁银摊到地亩上征收，但实际上丁银迄未废止，农民负担很重。有鉴于此，康熙五十一年(1712年)，清政府宣布：以前一年全国的丁银额为准(该年全国人口为2 462万，丁银为335万余两)，以后继续增加的人口，不再多征。这只是不再增加丁银，并非免除丁银。到雍正时，清政府又进一步实行了"摊丁入亩"的办法，把康熙五十年固定的丁银，平均摊入田赋银中一并征收。从此，在中国历史上实行几千年的人头税基本上取消了，这就使无地或少地的农民减轻了一些负担。

这些措施推动了农业的恢复和发展。

清代农业生产的恢复和发展，首先表现在耕地的扩大上面。1651年，清政府掌握的耕地数字只有200多万顷，到1685年增加到607万余顷，到1766年又增到740多万顷。粮食产量也提高了。清代水稻单位面积产量，在江南、湖广、四川、福建等地区，上田每亩可产五六石或六七石。

在农业生产发展的基础上，工商业也开始繁荣起来。经过明代专制政府的摧残及清军入侵战争的破坏，已经奄奄一息的资本主义萌芽又有欣欣向荣之势。在江南地区的丝织业中，出现了机户开设的手工工场。乾隆时，苏州地区"机户类多雇人工织，机户出(资)经营，机匠计工受值"。"佣工之人，计日受值，各有常主。其无常主者,黎明立桥以待唤"。这种情况明嘉靖万历间即已有之。江南丝织业中出现这类简便的劳动力市场,殆已经历了一个相当长的时期。乾嘉之际,南京的织机已逾3万张。采矿业中雇工的规模很大。康熙时,"蜀省一碗水地方聚集万余人开矿,随逐随聚"。

清代前期,资本主义萌芽虽然又有所滋长,但发展仍很缓慢。这主要是因为:第一,清政府仍然执行中国封建社会传统的"重本抑末"的政策,对新发展起来的手工业、商业、商业性农业,都课以重税。例如,云南铜矿,清政府不仅要抽20%的铜课,而且余铜必须按极低的官价卖给政府。各地还设立了许多关卡,对商品任意抽税。第二,清政府厉行闭关政策。清初,实行海禁政策。康熙二十四年(1685年)曾一度开放海禁,并设立了四个海关(澳门、漳州、宁波、南京)作为对外贸易的口岸,但这种松弛政策在实行了20多年以后,又转趋严厉。乾隆二十二年(1757年)决定只留粤海关一处,关闭了其他三关。第三,在地主阶级的残酷剥削下,农民极端贫困,无力从市场上购买手工业品,从而促使农业和家庭手工业的结合更加牢固。而地主和商人剥削来的钱财,又主要用于购买土地,很少投入手工业,这就影响了手工业的扩大再生产。

统一的多民族国家的巩固

清入关后,虽然建立了对全国的统治,但还没有完成全国真正统一的任务。康熙皇帝经过极大的努力,平定"三藩",统一台湾,粉碎准噶尔部噶尔丹的分裂活动,终于建立起一个幅员辽阔的、统一的多民族国家。

"三藩"即平西王吴三桂,镇守云南、贵州;靖南王耿精忠(耿仲明之孙),镇守福建;平南王尚可喜,镇守广东,他们形成了地方割据势力。康熙十二年(1673年)下令撤藩,他们便起兵反抗,直到康熙二十年(1681年),"三藩之乱"才被平定。

1681年,郑经(郑成功之子)死,郑氏集团发生内讧。1683年,清政府乘机派大将施琅出兵台湾,郑克塽(郑经的次子)降,台湾与大陆重归统一。次年,清政府设台湾府,隶属福建省。

明清之际,居住在中国西北的蒙古族,分为漠南蒙古、漠北喀尔喀蒙古和漠西厄鲁特蒙古三大部。康熙年间,厄鲁特蒙古的准噶尔部日益强大。准噶尔汗噶尔丹合并了厄鲁特四部,并向东进攻漠北喀尔喀蒙古。康熙二十九年(1690年),清军在乌兰布通(今内蒙古自治区赤峰市)大败噶尔丹。三十六年(1697年),噶尔丹势穷自杀。此后,清廷在漠北蒙古实行盟旗制度,任命当地贵族为札萨克(旗行政长官)。

康熙五十六年(1717年),噶尔丹之侄策妄阿拉布坦率准噶尔部进入西藏,攻陷拉萨。清军于康熙五十九年(1720年)远征西藏,驱逐策妄阿拉布坦,并扶植达赖六世在西藏的统治。雍正五年(1727年),清廷在西藏设立了两个驻藏大臣。驻藏大臣的设置,标志着西藏地方和中央政府隶属关系的加强。

总之,统一的多民族国家在清代得到了空前的巩固和发展。在辽阔的疆土上,生活着汉族、满族、蒙族、回族、藏族等众多民族,他们都对祖国的历史作出了贡献。这个统一的多民族国家,是由封建专制皇权来统治的。清沿明制,不设宰相,一切由皇帝独裁。雍正即位后,为了紧急处理西北军务,设军机处,后逐渐成为处理全国军政大事的常设核心机构。但军机处实际上只是皇帝处理军务政务的办事机关,其主要作用仍在于加强皇权。清代的地方行政机构,也基本上沿袭明制,但把督抚制度固定化。总督管辖一省或二三省的军民政事,地位次于总督的是巡抚,管辖一省。督抚的设置,体现了皇权在地方的加强。

清朝十分注意保持满族贵族在政权中的核心地位。清朝前期,中央与地方的要职,大都由满族贵族占有。为了压制汉族地主的反满思想,康熙、雍正、乾隆三朝屡兴"文字狱"。如康熙五十年(1711年),翰林院编修戴名世著《南山集》,书中叙述了南明抗清的事实。被告发后,戴名世以"大逆罪"立即处斩,被株连死者100余人,流放数百人。"文字狱"造成了"万马齐喑"的局面,扼杀了一切有生机的思想。但清廷在维持满族贵族利益的同时,也不能不适当照顾汉族地主和一些少数民族上层人物的利益,所以就实质而言,清朝是以满族贵族为主的各族统治者的联合政权。

学术文化

明清之际是剧烈动荡的时期,阶级矛盾和民族矛盾十分尖锐复杂,历史向人们提出了一系列的重大问题。这时,出现了黄宗羲、顾炎武、王夫之等伟大的思想家。

黄宗羲(1610—1695),是历史学家,也是伟大的政治思想家。他在《明夷待访录》一书中,批判封建君主"以天下之利尽归于己,以天下之害尽归于人",是天下之大害。他反对无条件的忠君思想,说"盖天下之治乱,不在一姓之兴亡,而在万民之忧乐。"黄宗羲还驳斥了"重农抑末"的传统思想,认为工商业与农业一样,"盖皆本也"。他在晚年,对明史下了很大功夫。所著《明儒学案》62卷,是学术史专著的创举。

顾炎武(1613—1682),是讲求"经世致世致用"的杰出历史学家。他治家以"明道救世"为宗旨,反对明末士大夫"空疏不学,游谈无根"的恶劣学风。他广泛地搜集史事,进行地理形势、风俗、物产的实地考察,以研究古今的变革,找出"拨乱世以兴太平之事"的办法。《日知录》是他的代表作。顾炎武崇实致用的学风和锲而不舍的实践,宣告了晚明空疏学风的终结,开启了有清一代的朴实学风。乾嘉"考据学派"继承了他的研究问题必须注重实证的治学方法,但把他的"经世之学"蜕变为单纯追求书本知识的繁琐学术,则背离了他治学的根本宗旨。

王夫之(1619—1692),是卓越的唯物主义思想家。他认为物质性的"气",

是宇宙万物的本体,精神性的"道"则是由"器"产生的。"天下唯器而已矣","据器而道生,离器而道毁"。这是朴素的唯物主义观点。王夫之的历史观也是进步的,他反对复古派的"泥古过高而菲薄方今",指斥他们是"奉尧舜以镇压人心"。他提出了"理势合一"的历史哲学理论,把发展规律叫做"理",把历史发展趋势叫做"势",认为"势因理成","迨已成理,则自然成势"。

清王朝在巩固了自己的统治以后,对学术文化采取了一系列控制办法。第一,继续提倡八股文,尊崇孔子和程朱理学。第二,大兴"文字狱"。第三,查禁对清朝不利的书籍,并寓禁书于修书。乾隆四十七年(1782年)编成的《四库全书》,是中国最大的一部丛书。《四库全书》在编修过程中,通过普遍征书而销毁或删改部分书籍。《四库全书》客观上保存了大量文献,但也窜改了不少著作的原来面貌。

但清廷的文化政策,并不能完全控制学术文化的发展。在文学领域里,产生了吴敬梓、曹雪芹等杰出的小说家。

吴敬梓(1701—1754),出身于没落的官僚地主家庭。早年热衷科举,后因科举不利及生活日益贫困,对现实有了清醒的认识。所著《儒林外史》以讽刺科举制度为主题,深刻揭露了那些得到科名以及得不到科名的士人的种种丑态,是一部成就卓越的讽刺小说。

曹雪芹(约1715—1764),满洲正白旗"包衣"出身,祖上几代历任江宁织造。所著长篇小说《红楼梦》,是一部伟大的现实主义作品。它以贾宝玉、林黛玉、薛宝钗之间的爱情和婚姻悲剧为主线,通过对贾、史、王、薛四大封建贵族家庭盛衰史的描写,深刻揭示了封建社会晚期各种不可克服的矛盾,暴露了地主阶级的荒淫腐朽与种种罪恶。作者十分成功地塑造了贾宝玉、林黛玉两个贵族青年叛逆者的形象,歌颂了他们争取婚姻自由、个性解放的要求。小说的艺术结构严密,语言洗练,人物形象栩栩如生,思想性和艺术性都达到了很高水平,在中国文学史以至世界文学史上都应属上乘的佳作。

明末清初,以西方传教士为媒介,还进行了具有深远意义的东西方之间的文化交流。天主教耶稣会士的来华传教,是以西方资本主义的殖民扩张为背景的。东来的西方殖民主义者,需要耶稣会士帮助他们开展一场"征讨"中国的"精神战争",而野心勃勃的耶稣会士为了扩大新的教区,也愿与殖民势力结合。来华较早并影响较大的是意大利人利玛窦(1552—1610)、德意志人汤若望(1591—1666)、比利时人南怀仁(1623—1688)等,也较著名。

耶稣会士在传教的同时,除了向中国朝廷和士大夫进献一些新奇工艺品外,也介绍了某些科学知识。利玛窦带来的《万国舆图》,第一次向中国人士展示了世界五大洲的面目。他与徐光启合译了欧几里德的《几何原本》6卷。二人合作编写的还有《测量法义》、《勾股义》等书。汤若望于崇祯三年(1630年)参与修订历法,后编成《崇祯历书》约百卷。顺治元年(1644年),掌钦天监事。比利时人南怀仁于康熙初年任钦天监正,制造天文仪器,并于康熙十七年(1678年)著成《康熙永年历法》32卷。他还为清政府监制大炮数百尊。

在"西学东渐"的同时,"东学西被"也在进行。来华的耶稣会士为了在中国传教,感到有必要了解中国的传统思想,以克服传教上的障碍。因此,他们把一些中国经典译成拉丁文。耶稣会士法国人冯秉仁还把《通鉴纲目》(1777—1783年出版)译成法文,法译本名《中国通史》。来华的传教士还以通信方式向本国广泛介绍了中国的文化、历史、典章制度和文学作品。

中国儒家的政教伦理思想,对法国启蒙思想家发生了一定的影响。18世纪的法国正酝酿着一场大变革,专制政权和教会的反动统治成为启蒙运动的抨击对象。新发现的中国文化,不论对其解释是否正确,却向法国启蒙思想家提供了反专制、反教权的思想武器。伏尔泰认为中国人虽然在自然科学方面落后,但在精神文明方面最不带迷信和成见,最讲究容忍和明智。中国人"具备完美的伦理科学,而这在所有各门科学中占第一位"。德国著名哲学家莱布尼兹,也对中国文化十分赞扬。他认为中国和欧洲两大文化源泉相互交往,对双方都是大有裨益的。他借用儒家所谓的"秩序"和"道德"中的实用哲学,来表达他对当时德国分裂割据局面的不满。

二、德川幕府统治下的日本

德川幕府的专制统治

15世纪后半期,由于农民起义的冲击和封建领主阶级内部矛盾的激化,室町幕府完全陷于瓦解,日本社会在政治上的统一名实俱亡,开始出现了群雄争霸的混战局势。但是到了16世纪中叶以后,日本又以经济的发展为基础,逐渐走上了新的政治统一。在这个过程中,织田信长和丰臣秀吉通过一系列的战争,基本上结束了长达一个世纪的割据局面。但丰臣秀吉死后,在封建领主之间再一次爆发大规模的内战。在1600年的关原之战中,德川家康战胜拥护丰臣氏的大名联军,取得了决定性的胜利。1603年,德川家康被后阳成天皇任命为右大臣和征夷大将军,在江户建立了幕府,成为全国的最高统治者。1615年,德川家康在大阪之战中消灭了丰臣氏的残余势力,终于使日本摆脱了长期的内战,完成并巩固了国家的统一。

但是,在江户时代实现的国家统一,只是相对的。因为当时在日本虽然建立了比较巩固的中央政权,但幕府的直辖领地只占全国土地的1/4强,其余的大部分国土则被分割为200多个半独立的"藩国"。于是,在日本便形成了由幕府和藩国共同构成的封建统治制度,即所谓"幕藩体制"。

在整个江户时代,由德川家世袭的历代将军是日本的最高统治者,他的政厅——幕府是国家的最高政权机关。幕府的主要官员是：辅佐将军掌管全国政务的"大老"（非常设，1人）、"老中"和"若年寄"（各4人）；分别管理寺社、幕府财政以及江户市政的"寺社奉行"、"堪定奉行"和"江户町奉行"等。幕府为了统治它的庞大直辖领地和直接隶属于它的重要城市，还建立起一套完整的地方政权机构。

作为中央政权机关的幕府，对分布于全国各地的200多个藩国也拥有最高的统治权。各藩的统治者——大名必须效忠于将军，执行幕府颁布的一切法令。为了巩固中央集权，防止大名叛乱，幕府采取了一系列削弱大名的经济和军事实力的措施，并对他们实行极其严密的控制。其中最重要的一项措施，是交替参觐制度。它把全国的大名分成两部分，让他们轮流去江户居住。他们大体上是一年住在自己的领地，一年住在江户，而其妻子则要长期住在江户作为人质。

但是，分布于全国的200多个藩国对幕府仍具有很大的独立性。各藩的大名是世袭的封建领主。大名由于同德川家的亲疏关系不同而分为三类：德川家同族的大名称为"亲藩"；关原之战前就已归顺德川家康的大名称为"谱代"；在这次战役中被征服的大名称为"外样"。"亲藩"和"谱代"是将军统治的重要屏障，而"外样"在政治上则受到将军的严密防范。在经济上，大名是领地的所有者，并因此而有权向领地内的农民征收封建年贡。在政治上，大名虽然对上要服从幕府的统治及其所颁布的各项法令，但在藩内他们都称得上是专制独裁的"君主"，在行政、军事、司法、税收等方面拥有广泛的权力。为了行使这些权力，大名在藩内建立起一套独立的政权机构，并拥有自己的武装力量。

在江户时代，天皇在政治上不仅被剥夺了统治大权，而且还受幕府设置于京都的"所司代"的严密监视。天皇的领地只有3万石，加上其他皇族和公卿的领地也不过12或13万石，甚至还比不上一个中等的大名。但是，由于天皇被认为是创造日本国家的神的子孙，具有超人的身份，因此他在德川时代仍不失为整个封建秩序的最高精神权威，历任将军的"征夷大将军"称号也都是天皇授予的。

江户时代的幕藩体制是建立在幕藩领主的封建土地所有制的基础之上的。当时主要的生产资料——土地，全部属于封建领主阶级所有。幕府以它规定的土地收获量，即所谓"石高"来计算领地的多寡。据统计，幕府的直辖领地约700万石，200多个大名的领地共约2 300万石。在幕府的直辖领地中，约有1/3作为采邑赏赐给部分直属于将军的武士"旗本"和"御家人"。大名也同样把他们的一部分领地赏赐给自己的陪臣。各级领主的土地均作为份地由农民耕种。农民对份地享有世袭的耕作权，为此他们必须向领主缴纳封建年贡——地租。地租基本上采取实物的形态，按分成制的办法来征收。在德川幕府初期，地租率约为全部收成的40%，即所谓"四公六民"。

在江户时代，封建领主同农民之间的矛盾是社会的基本矛盾。作为阶级压迫工具的幕藩制国家的主要任务,就是代表封建主阶级的利益对广大的农民群众实行统治和镇压。直接统治农民的地方长官,在幕府的直辖领地是"郡代"和"代官",在各藩是"奉行"和"代官"。在每个村庄还设有"村长"、"组头"和"百姓代"等"村方三役",负责传达和执行官府的法令,管理村的行政和征收年贡等事宜。幕藩领主还在农村普遍地实行"五人组"制度。组内各户若有滞纳贡赋或犯罪行为时,五人组全体人员需负连带责任。

  幕府为了加强对广大人民的统治,制定了严格的等级制度,把居民划分为"士、农、工、商"四个等级,并为每一个等级确定了在国家中的特殊法律地位。士即武士是统治等级,农、工、商是被统治的等级,被剥夺了一切政治权利和自由。幕府的法律甚至规定,如果平民对武士"不礼貌",武士可以把他们杀死而不算犯罪。这就使武士等级的每一个成员都握有对平民的生杀大权。

  在江户时代,儒学、特别是朱子学(理学),受到幕府的赏识和推崇,成为维护幕藩体制的官学。因为它把一些自然现象与人类社会规范合而为一,如用天地上下的关系证明等级制度的合理,把当时的封建统治秩序说成是万古长存的"天理"。所以儒学家受到将军的器重,被招为近臣。德川家康聘儒学家藤原惺窝(1561—1619)为其讲授《大学》等儒家经典;录用林罗山(1583—1657)为儒官,参与典章制度的制定,历任四代将军的侍讲。第五代将军德川纲吉亲自为大名、旗本讲授《四书》、《孝经》、《周易》等儒家经书,并在江户的汤岛修建祭祀孔子的大成殿。他还任命林罗山的后裔为"大学头",在大成殿旁设立学校,从事儒学经典的研究。在幕府的倡导下,各藩主也大兴儒学。他们聘请儒学家,刊行儒家著作,设立藩学,实行全面的儒学教育。经过幕府和各藩的强行推崇,儒家学说广泛地渗入社会的各阶层,产生了深刻的影响。

  在对外关系方面,德川家康实行的是锁国政策。他和第二代将军秀忠曾多次发布禁止天主教的法令。从1633年2月至1639年7月,幕府连续五次颁布"锁国令",其主要内容是:(1)禁止日本船出海贸易和日本人与海外往来,偷渡者处以死刑;(2)取缔天主教传教士,对潜入日本者应予以告发和逮捕,以防天主教在日本的蔓延;(3)对驶抵日本的外国船实行严密的监视,贸易活动也由幕府进行严格的管制。德川幕府确立的"锁国体制",维持了200余年。在此期间,日本成为一个闭关自守的国家,只同荷兰、朝鲜和中国继续保持一定的贸易关系。德川幕府实行锁国政策的主要目的,是为了巩固幕府的统治,维护封建剥削制度;同时也是为了防范西方殖民主义势力的渗透,维护日本国家的独立。但锁国政策使日本在国际上长期处于自我封闭的状态,几乎完全割断了日本经济同世界市场的联系,严重地阻碍了资本主义因素的发展和社会的进步。这就使本来已经落后了的日本,进一步被资本主义的西方远远地抛在后面了。

幕藩体制下的日本社会

将军和大名是武士等级的上层,他们拥有数量不等的领地,靠剥削领地内的农民过着寄生生活。大名的领地最多的达 100 余万石,最低的也有 1 万石。其平均数,"谱代"大名为 44 607 石,"外样"大名为 80 133 石。在直属将军的武士中,被赐予采邑者约占 12%,其余的 88% 则领取禄米。在各藩的武士中领取禄米者也普遍居多数,有的藩则全部领取禄米。据估计,武士的平均禄米收入为 35 石以下,相当于富裕农民的经济水平。武士领取的禄米来源于领主向农民征收的封建年贡。因此他们也间接地参与了对农民的剥削。尽管禄米的数额不高,但却足以维持武士及其家属不劳而获的生活。

在江户时代,大名和武士都离开农村,聚居在领地内的城下町(以城郭为中心形成的城市)。由于实行交替参觐制,大名们还要率领大批的家臣轮流到江户城居住,被迫过着双重的城市生活。当时,日本的武士连同他们的家属总数约达 200 余万人。此外,他们还雇佣了许多奴仆。为了满足这些人的消费需要,大批的手工业者和商人也纷纷涌入江户和各藩的城下町,他们被称为"町人"。于是,城市的规模日益扩大。江户的人口在 1731 年就已达百万,大阪的人口在 1721 年为 38.2 万,京都的人口在 1715 年为 35.8 万。此外,当时在日本还有许多拥有二三万或七八万人口的中、小城市。

居住在城市的大名和武士,只靠农民缴纳的年贡米或禄米,是无法满足其全部生活需要的。为了从市场上购买其他生活必需品和奢侈品,他们不得不出售年贡米或禄米,以换取货币。正如荻生徂徕(1666—1728)在《政谈》中指出的:过着城市生活的武士,须"将禄米卖钱使用,不依靠商人不能维持生活"。其他城市居民的生活,自然也必须依靠市场的供应。

适应领主经济商品化的需要,早在近世初期就形成了以幕府直辖的三都——江户、大阪、京都为中心的全国市场。三都中的江户,作为大米和其他物品的消费市场,在全国经济中占有重要地位。邻近京都的大阪,首先是领主们贩卖年贡米——藏米的中心市场。在江户时代中期和后期,每年从各藩国运进大阪的藏米达 100 万至 150 万石,其次,它也是全国各种物资的中心集散地。1714 年由全国各地运入大阪的商品共 119 种,总值为白银 28.6 万余贯。由大阪运往各地的商品共 91 种,总值为白银 95 万贯。这样,大阪便成为幕藩领主的商品流通中心或全国性的中心市场了。

伴随领主经济的商品化,在城市出现了一些主要是为领主阶级服务的商业、金融机构和享有特权的大商人、高利贷者。为了出售以年贡米为主的各种年贡物资,许多大名在大阪设立了"藏屋敷"(仓库),在 1747 年共有 89 处。实际主持"藏屋敷"业务的主要是大阪的一些富商和高利贷者,他们除负责保管和出售各种年贡物资外,还经常以此为担保贷款给大名。在大阪、江户、京都和其他城市,还有许多组成为行会——"株仲间"的特权商人。他们以向幕府缴纳称为"冥加金"的营业税和特许费为代价,取得垄断某些产品的营业特权。大阪的"二十四组问屋"和江户的"十组问屋"是最著名的特权商人行会,它们均以居住在江户的封建统治阶级为主要的主顾。大名们依靠出售年贡米仍常常不能维持其奢侈的寄生生活。因此,在大阪、江户和京都等大城市又出现了一些被称为"两替商"和"扎差"的大高利贷者,其中以大阪的鸿池和江户的三井最为富有。

商品经济的发展,使封建领主的生活日益奢侈,收支失去平衡,陷入严重的财政困难。早在17世纪后半期,就已出现了"国用不足年事已久,上下困穷日甚"的现象。于是,他们便不得不拜倒在商人高利贷者的金钱势力面前。太宰春台(1680—1747)在《经济录拾遗》中写道:"今世诸侯,不论大小,……都是对富商卑躬屈膝,以期能向他们借钱,并仰赖江户、京都等地的商人以维持生计。"藩主的经济如此拮据,一般武士的处境就更加困难了。

在江户时代,拥有份地的农民称为"本百姓"。每一户"本百姓"的人口约4~6人,占有的土地面积平均为1町到1町5反,可收获大米10至15石左右。这是当时日本小农经济的标准形态。这种本百姓,在17世纪和18世纪前半期,约占农民总数的90%;此外,还有10%的无地农民,即所谓"水吞"。可见,当时日本存在着颇为发达的小农经济,农民尚未发生明显的阶级分化。

如前所述,幕藩领主对广大农民的统治与剥削是十分残酷的。德川家康曾公然宣称:"对于农民就是不要让他们死,也不要让他们活"。为了保障领主的年贡收入,幕府对农民的经济活动实行了严密的控制。1643年幕府颁布了禁止土地买卖的禁令;1673年又颁布了限制分田的法令。此外,幕府还多次颁布严禁水旱田种植桑、棉花、烟叶、甘蔗等经济作物的法令,强迫农民从事水稻的种植。幕府甚至以发布文告的形式,要求农民"耕种要勤勉,生活要节俭",以"便利于地头征收年贡"。为了解决财政困难,幕藩领主进一步加强了对农民的剥削。18世纪初,幕府将直辖领地的地租率改为"五公五民",而大名的领地有的还要高于此数。在幕藩领主的残酷剥削下,广大的农民过着牛马不如的生活,仅能维持"不死不活"的生存。据田中丘隅在《民间省要》(1721年)一书中记载:"所谓农民,是和牛马一样的,他们受着苛重赋税的压迫,……以致丧失财产出卖妻子,或受辱而死去者不可胜数。"广大的农民群众为了争取自身的生存权利不断地进行反抗斗争。据统计,在整个17世纪共发生416次农民暴动,而18世纪的头50年就爆发了314次。

但是,德川幕府建立后在日本出现的和平环境,还是有利于社会生产力发展的。农民的反抗斗争又在一定程度上限制了封建领主的剥削。例如,幕府自17世纪80年代起就不再通过"检地"重新确定土地的收获量,以增加农民的年贡负担。这就使农民有可能保留一定数量的剩余产品,不仅有利于提高他们的生产积极性,也为扩大再生产提供了可能。据统计,耕地的面积,1600年约150万町步,18世纪初增加到297万町步。大米的实际产量也不断增长,1600年为1 973万石,1645年为2 313万石,1700年为3 063万石。进入18世纪以后,在农业生产力发展的基础上,由于领主经济商品化和国内市场发展的有力刺激,"四木三草"(桑、茶、楮、漆和红花、蓝靛、麻)、棉花、烟草、油菜和大豆等经济作物的生产也有了很大的发展。农民不仅将这些经济作物的产品投入市场,而且开始出售剩余的大米,因为随着城市的发展,米的消费量增大了。经济作物的普遍种植,为农村手工业提供了丰富的原料,从而促进了它的发展。1736年,从各地运往全国中心市场大阪的白布已将近118万反。① 在农民向市场出售的产品日益增多的同时,他们从市场上购买的商品——生产资料和生活资料也随之增加了。在种植棉花、油菜和蓝靛等经济作物的地区,使用购买的肥料,如干鳁、青鱼、油糟等的农户越来越多。农家的生活也同市场发生了联系。进入18世纪,在农村开始出现了酒店、油店、点心铺、布店和当铺等。这在农家的支出中也得到反映。例如在18世纪20年代,仙台藩耕种约一町步土地的农家,在33贯589文的总支出中,有20贯936文(61%)为货币支出,其中14贯919文为生活消费方面的支出。上述事实说明:农民已逐渐地转化为小商品生产者,从而为资本主义的萌芽准备了条件。

三、莫卧儿帝国

莫卧儿帝国的建立　　巴布尔是莫卧儿帝国的创始人。他是帖木儿的直系后裔,母系出自成吉思汗。他以蒙古祖先征服者光荣感的心态和才能,在既定的生活条件下,从事新的征战,建立了当时世界上最强大的国家之一——莫卧儿帝国(1526—1857)。

巴布尔早年继承父业,但在撒马尔罕屡遭失败后,遂改变恢复中亚帝国的计划,于1504年以喀布尔为基地,重续旧日帖木儿在德里的事业。在德里素丹政权衰落之际,巴布尔于1505年、1519年和1520—1524年多次入侵印度。旁遮普总督道拉特汗为了反对德里素丹依布拉欣,在1524年乞援于巴布尔。1525年11月,巴布尔率2万左右军队进入印度,并在1526年4月同德里素丹依布拉欣的10万大军会战于德里附近的帕尼帕特。激战半日,德里军惨败,依布拉欣战死。这就是印度史上著名的第一次帕尼帕特战役。这次战役结束了德里素丹王朝的历史,揭开了莫卧儿帝国的历史篇章。

巴布尔登上德里王位之后,在1527年的坎瓦哈之役中战胜了以拉其普坦族长拉纳·桑加为首的印度教王公联盟。他采用类似帕尼帕特战役中的炮轰前

---

① 反:布匹单位名,约宽34厘米,长10米,适于做成人的一套和服。

沿、骑兵抄后的战术,打败了七八倍于己的敌军。1529年,巴布尔又在巴特纳附近的哥格拉河战役中,打败了欲为依布拉欣复仇的阿富汗人的联军。到1530年巴布尔去世时,莫卧儿帝国的版图已包括西到喀布尔、东到孟加拉的地区。巴布尔勇而有智,喜文学,嗜酒多误事。他的《回忆录》中曾记载自己在1527年战役中毅然掷杯戒酒,取得胜利的事。

巴布尔死后,他的长子胡马雍继位。他的主要敌人是喀布尔的阿富汗人。阿富汗人的领袖舍尔汗于1539年率军同胡马雍决战,胡马雍求援于喀布尔和坎大哈的兄弟,遭到拒绝。6月,在乔沙战役中胡马雍全军覆灭,本人逃走。舍尔汗占领德里,建立了阿富汗人的苏尔族王朝。舍尔汗不但把领土扩展到孟加拉、比哈尔和马拉瓦邦,而且在政治、社会和经济上多有建树。他实行开明政治,对印度教采取宽容政策;他建立了有效力的中央集权体制,执法公正;他改革税制,计田优劣征收,发行银卢比;他兴修道路,设驿站,联系首都阿格拉与孟加拉、拉其普坦等地的"大干道"至今仍是印度的公路干线之一。他的田赋改革是以后阿克巴改革的蓝本。

1545年舍尔汗在战争中被炸死。1555年,胡马雍在流亡15年之后回到德里。在流亡伊朗期间,他进一步受到伊朗文化的熏陶,由逊尼派信徒改奉什叶派,并带回了对莫卧儿帝国有深远影响的伊朗文化。在伊朗的帮助下,胡马雍得以复国,但在1555年7月重占德里与亚格拉不久,自图书馆楼失足而死。

阿克巴与印度的统一

1556年2月,在拜拉木的辅佐下,13岁的阿克巴继位。11月,拜拉木率兵与苏尔王朝旧臣希穆在帕尼帕特进行决战,生擒希穆,史称第二次帕尼帕特战役。这次战役结束了阿富汗人与莫卧儿人在印度争霸的历史,为阿克巴进一步统一印度奠定了基础。

1560年3月,阿克巴自理国政。为了统一印度,他进行了一系列战争,经过30多年时间,先后征服了马尔瓦(1567年)及其以南的拉吉普特地区、古吉拉特地区(1572—1573)、孟加拉和比哈尔(1574—1576)、西北边区的喀布尔(1585年)、克什米尔(1586—1587)、信德(1588—1590)、坎大哈(1595年)和德干诸邦(1591—1599)。实际上,在16世纪80年代,他就把帝国的疆土由中亚细亚边界,向东伸展到阿萨姆,向南伸向文底耶山,古吉拉特和孟加拉国的吉大港,都在帝国范围之内。

阿克巴在扩大帝国版图的过程中,实行了一系列新政策。早在1562年,他娶拉吉普特公主为妃,这是一种政治联盟,破坏了拉吉普特的统一,许多印度教君主到莫卧儿王朝中做官。他从此开始,实行"事业对才能开门"的用人政策,不仅吸收了詹浦尔的巴格万·达斯、曼·辛格这样有才能的皇亲国戚,也起用托达尔·马尔这样出身中产阶级的印度教徒,出色地管理财政。在古吉拉特战争中,他于 7 日内骑马疾驰阿麦达巴德的传奇式行军,随员 27 人中,15 人是印度教徒,其中 3 人是画家。婆罗门音乐家马赫什·达斯是他的好友。

阿克巴宗教上的宽容政策,在很大程度上保证了政局的稳定和统一。他的母亲是开放的什叶派,他的老师拉蒂夫的"和万物"的教导,他的印度教徒妃子的影响,都是促成这种政策的因素。1563 年,废除了印度教徒在各地朝圣的香客税。1564 年,废除了对非穆斯林的人头税。30 年后,允许改信伊斯兰教的印度教臣民恢复信仰。他也多次请果阿的葡萄牙传教士入京传教。1578 年以后,他允许各宗教(基督教、印度教、伊斯兰教、耆那教、祆教)在宗教讨论庭和私觐殿辩论宗教与真理的问题。传说他在 1581 年企图创立新宗教"一神教",欲集诸教之长,使民归一。1579 年他的《无谬误》敕令规定,在发生宗教矛盾时,皇帝是最高仲裁者。他虽离开了伊斯兰教的某些传统,但他一直是遵守该教教义的。所不同于一般伊斯兰教徒的,是他根据自己的政治理想广泛地综合了各种宗教之长。他的宗教观实际上是民族国家的理想。

在行政管理上,阿克巴集中了国家的行政、军事和司法等方面的最高权力。他下面的主要大臣是相当于宰相职务的迪万、军务大臣米尔·巴克什和总务、司法大臣。地方设 15 个省(苏巴),省下是县(沙卡尔)、乡(巴尔加纳)。阿克巴的政治特点是化行政为军事组织,官吏多授予军级,称为"曼萨布达尔制"。曼萨布达尔分 33 级,最高者可拥有 1 万士兵。拥有 5 000 名士兵以上的曼萨布达尔,只能由皇室王子担任。各级曼萨布达尔主要履行军务,也同赋税与司法有关。军队的来源是由各省长及军事采邑的封建主提供。

军事采邑制是莫卧儿帝国封建土地所有制的基本形式。皇帝虽是全国土地的最高所有者,但他的直属领地只占 1/8 左右。他把其余土地以军事采邑(扎吉尔)形式分封给封建贵族。这种采邑不是世袭的,只有服役期间皇帝才授予这种采邑。这种封建主称为扎吉达尔,他有向国家提供骑兵的义务,提供骑兵的数目由封地大小而定。阿克巴任命军务大臣主管军事采邑,以防止扎吉达尔把采邑变为世袭领地。另一种土地占有形式称为"柴明达尔制",它由承认莫卧儿帝国主权的边远地区的封建主组成,向帝国纳贡并提供士兵。

"黄金时代"中的危机

阿克巴的一系列改革政策使莫卧儿帝国开始了兴盛时代。1605 年他 63 岁去世时留下的是印度历史上空前统一强大的王朝。

在莫卧儿帝国历史上,沙加汗时期(1627—1658)被称为"黄金时代"。实际上这个时代从贾汉吉时期(1605—1627)便已开始。但在延续阿克巴兴盛的同时,已孕育着许多危机。

阿克巴的这两代继承者在执行多民族国家、宗教宽容和印度统一这三条主要政策时,已有所变化。贾汉吉即位后,在讨伐长子反叛的斗争中,处死了锡克教第五代教主。尽管他在《回忆录》中认为不是出自政治上的考虑,但此举使锡克教派成为帝国的对立面。他虽尊重印度教,但却杀死了阿克巴的宗教事务顾问艾卜勒·法兹尔。1615年他同拉吉普特人的同盟更为巩固,在德干的政策也在继续,在中亚使坎大哈得而复失。1611年他娶伊朗的米尔·努·妮莎为皇后。皇后及其家族对朝廷的伊朗化影响大大加强了。

沙加汗继位后,于1633年吞并德干的阿马德纳加邦。1636年俾查浦尔向莫卧儿帝国称臣。德干政策至此基本实现。在西北,1638年得到坎大哈,在1649年又为伊朗占领。1646年和1647年,在争夺中亚世袭领地的战争中,莫卧儿帝国人财两失。但沙加汗在他本土上的权力,仍然是巩固的。

沙加汗背离了阿克巴宽容的宗教政策。1632年拆毁了贾汉吉时期修建的所有印度教庙宇。在贝纳拉斯一地,竟毁掉67所印度教庙宇。在征服德干的过程中,他不能容忍什叶派统治的邦国,在条约中包括了歧视该派的条文。不过,他除了上述措施之外,再没有其他行动。现在保留下来他给皇子奥朗则布的信中,还告诫不要歧视印度教徒。

经过100年发展,莫卧儿帝国成为当时世界上最富有的国家。莫卧儿人是杰出的建筑师,在沙加汗时期,这种才能得到充分的发挥。德里的红堡、朱木那寺院、莫迪寺院,特别是亚格拉的泰姬陵,成为当今世界的八大奇迹之一。但是皇室贵族和官吏,十分奢侈。沙加汗制作的孔雀皇冠,耗时7年,耗资1 000多万卢比。庞大的官僚机构和军队的费用,大兴土木的费用,全部落在人民身上,仅农业税收就提高了一倍多。德里的宫廷比凡尔赛宫更壮丽豪华。当贵族们挥霍享受的时候,古吉拉特和德干正遭受可怕的饥荒。

1657年9月,沙加汗病重,他的四个儿子围绕争夺王位进行了残酷的战争。战争主要发生在儿子拉达和另一个儿子德干总督奥朗则布之间。1658年6月,奥朗则布在亚格拉打败拉达之后,把沙加汗囚禁起来。沙加汗饮泣吞声,默默看着他的三个儿子被长子奥朗则布处死,他也在1666年正值74岁时死去。

奥朗则布与莫卧儿帝国的盛衰

1658年,40岁的奥朗则布称帝,号称"阿拉穆吉尔"(世界主宰)。即位后,他于1663年东征阿萨密,1666年进剿吉大港葡萄牙海盗,扩大了东部版图;又于1686年和1689年先后征战比加浦尔和高康达,从而使莫卧儿帝国的疆域达到了顶点。

奥朗则布可能是莫卧儿帝国最有才干的君主。他以自己的军事和行政管理才能把帝国推向了鼎盛时期。但他又是第一个全面改变阿克巴的宗教政策、非常坚决和顽强地把帝国变成伊斯兰教国家,结果使帝国衰落的君主。他在长达50年的统治中,全力维护极少数伊斯兰封建主集团的利益,企图在迫害占人口绝大多数的印度教居民的基础上统一帝国,并为此进行了长期绝望的斗争。

他认为他统治的使命不仅是征服,而且是使印度伊斯兰化。开始,他的步伐是谨慎的,即先在穆斯林中恢复伊斯兰的正统地位,设立检查制度,取缔非教行为及惩治反教言论,以及在宫廷习俗中取消印度教习俗。尽管这种趋势令印度教徒吃惊,但惩罚的手段并未加在他们头上。

1665年开始,他颁布了第一道打击印度教商人的法令,规定伊斯兰教商人只缴2.5%内地关税,而印度教徒商人则需缴5%的内地关税,两年后,伊斯兰教商人根本不必缴税,而印度教商人则维持原关税率。

这项措施的目的,包含着减轻伊斯兰封建主的债务负担和增加国库收入的内容。因为债主全是印度教徒,而负债者几乎都是伊斯兰教徒,致使法令带有迫害印度教徒的性质。然而,这项措施既不能阻止伊斯兰教贵族破产,也不曾充裕国库,于是奥朗则布决定向印度教的寺院经济开刀。他没收了印度教寺院的大批财富,把寺院的土地变为分封新采邑的土地。

剥夺印度教寺院财富和土地的措施激起了反抗。1669年,奥朗则布得知印度教徒在贝纳勒斯等地聚会讲演,盛怒之下发布了第一道"毁坏异教徒的一切庙宇和一切学校"的命令。在他的命令之下,古吉拉特的萨姆纳斯庙,贝纳勒斯的呋什瓦纳特和麦特拉的凯沙瓦·拉伊等印度教著名寺院被捣毁,麦特拉被改为伊斯兰巴德。1678—1680年拉吉普坦境内庙宇毁坏殆尽。据统计,一年之内,乌带浦尔毁寺132所,齐扎尔63所,斋浦尔66所。

1679年,就是在阿克巴废止人头税的105年之后,奥朗则布下令对印度教徒恢复征收人头税。这项迫害政策主要落在了印度教农民身上,它意味着把这部分居民的沉重税收增加了1/3。奥朗则布的目的有两个:第一是增加国库收入。农民人口占全国居民的80%,这项收入总数相当可观,仅古吉拉特一省每年总额就超过了500万卢比。第二个目的是强迫印度教徒改信伊斯兰教,改宗者可以豁免人头税。当印度教徒起而反抗时,奥朗则布即以残酷手段镇压,用大象把人活活踩死。恢复人头税,破坏了莫卧儿人同拉吉普特人的传统联盟,摧毁了帝国的基础。同时激怒了马拉特人,他们的领袖西瓦吉在致奥朗则布的抗议书中指出:"印度斯坦大皇帝由于贪图乞丐碗里的东西,从婆罗门教徒和耆那教徒,从瑜伽教徒、苦行僧、贝拉吉斯人等身上征收人头税,毁灭了帖木儿家的声名和荣誉。这一丑行将迅速从西传到东,并将记录在史册上"。

迫害印度教徒的命令和措施接踵而来。1671年,奥朗则布下令把大部分印度教徒官员逐出国家衙署和税收机关,并用穆斯林官员来取代他们的工作。1695年,禁止一切印度教徒(拉吉普特人除外)穿着绸缎、骑坐良马、乘骑大象和携带武器。这种迫害政策,同样殃及其他异教。1675年,锡克教第九世教主特古·巴哈杜尔因不肯对伊斯兰教徒行互抱礼而被杀。

奥朗则布狂热的宗教政策,削弱了帝国的经济实力。它在政治上的后果更为严重,一方面把少数伊斯兰封建主和绝大多数印度教居民对立起来,另一方面又把印度教王公、僧侣、官吏、商人置于自己的对立面。不但莫卧儿帝国的社会基础空前削弱,而且又失去了聪明懂行的大批印度教徒官吏,引起了行政和税务管理上的混乱。

为了挽救莫卧儿帝国的危机,奥朗则布号召伊斯兰贵族减缩开支,不用舶来的奢侈品,过俭朴和勤奋的生活。他本人以身作则,经常早晨5时起床,工作到深夜。他下令解散宫廷的乐舞人员,拆去德里皇宫的黄金装饰。但这些措施没有多大效果,于是又用夺取印度南部新土地的办法来寻找出路。

南印度最强大的马拉塔邦是信仰印度教的马哈拉什特拉族人。早在它的创建人西瓦吉(1627—1680)时期,就成为莫卧儿帝国的劲敌。西瓦吉虽然是一个连自己姓名都不会书写的人,但善用人,精娴游击战术,军队纪律严明,对伊斯兰教采取宽容态度,因而他曾于1664年和1670年屡败莫卧儿军队。西瓦吉死后翌年,即1681年,奥朗则布离开首都,从未北回,进行了26年(1681—1707)的德干战争,其中最后20年是同马拉塔人的战争。

奥朗则布以顽强的、甚至是顽固的精神,来占领印度半岛的南端。他在处死了西瓦吉的继承者桑布以后,仍遇到了马拉塔人出乎意外的、长期有组织的抵抗。他耗费了许多时间、人马和金钱去夺取马拉塔人的要塞,但不久要塞又被马拉塔人夺回,而且其他地区的马拉塔人又发起了反攻,并夺去了莫卧儿帝国的领土。实际上,1700年以后,德干的许多地区成为马拉塔人的附庸。奥朗则布的军队由于长期战争已经疲劳不堪;抢劫行为败坏了军队的风气,大量随军仆役和妇女也使军队失去了战斗力。例如在1700年的一次行军中,50公里路程竟走了35天。对马拉塔的战争耗尽了奥朗则布的国库。拿破仑说过:"西班牙的溃疡断送了我",而马拉塔战争的溃疡断送了奥朗则布。

1707年3月第六代莫卧儿皇帝、89岁的奥朗则布死于阿马德纳加。他留下的是一个四分五裂并被马拉塔人、锡克人强大势力包围的莫卧儿帝国。无怪乎这个老皇帝在弥留之际给他儿子马扎姆的信悲痛地写到:"我孤身而来,孑然而去……我在各处所进行的战争都是受茫然无措、惶恐无已的情绪支配的,正如水银般动荡不安、行将踏上最后旅程的我本人一样。"

果然,他死后不久,许多有势力的总督,如奥德的萨达特·阿里、孟加拉、比哈尔、奥里萨的穆西德·库里汗、海得拉巴的尼扎姆·乌里·穆拉克,都宣告独立。拉吉普特也恢复了独立。1761年1月,在第三次帕尼帕特战役中,入侵印度的阿富汗军队打败了占领德里的马拉塔军队,使印度失去了唯一可以抵抗西方殖民入侵者的力量。正如马克思所分析的:"大莫卧儿的无上权力被他的总督们摧毁,总督们的权力被马拉塔人摧毁,马拉塔人的权力被阿富汗人摧毁;而在大家这样混战的时候,不列颠人闯了进来,把他们全都征服了。"①有的史书认为帝国终结于 1761 年。

文化和社会生活

莫卧儿宫廷是上层文化活动的中心。阿克巴热爱学者而且对宗教和哲学有浓厚兴趣,吸引了亚洲各地的学者。胡马雍的母亲,奥朗则布的女儿都爱好绘画、建筑和鼓励文学。当时印地文学的代表人物是克夏瓦·达斯、苏尔达斯和图西尔达斯,后者用印地文改写的史诗《罗摩衍那》在人民中广为传诵。

莫卧儿王朝有着波斯化的君主和中亚的血缘,因而在绘画和建筑上都把二者与印度民族传统结合起来。绘画方面形成了莫卧儿派,波斯人阿杜斯·萨马德是先行者,巴沙万和达斯万拉进一步创新。波斯、莫卧儿绘画风格与印度派的接触,曾出现了印度派以拉吉普特形式出现的复兴。从世界和印度博物馆收藏的莫卧儿绘画中可以看出,画师们不仅着色鲜艳,结构严谨,而且描绘了印度社会的各种生活状况。

印度教—伊斯兰教的建筑艺术,并非莫卧儿时代人们的独创。但莫卧儿皇帝们的富有和豪华条件,创造了建筑艺术的宏大气魄和包容印度、波斯、土耳其的综合风格。阿克巴作为京城建筑的法提普尔·西克里城,就是印度教和伊斯兰教构思融汇的范例。泰姬·玛哈尔陵、红堡、伊蒂马德尔·道莱陵,以及克什米尔的莫卧儿花园、加尔各答附近的平交尔花园,都表现了很高的审美观念。由于阿克巴时期信仰自由的增长,印度教徒传统式的庙宇建筑有所发展。被沙加汗毁坏的麦特拉的比尔·辛格庙最为著名。德干地区的建筑艺术成就,如比加浦尔的果尔·刚巴兹的屋顶,比罗马万神殿的屋顶还大,依布拉希姆·劳吉陵的美丽可同泰姬·玛哈尔陵相提并论,而建筑技巧也不在莫卧儿人之下。

和上述宏大气魄相联系的,是这一时代印度宫廷和贵族们穷奢极欲的生活。开这一代之风的是阿克巴,以节俭著称的奥朗则布也无法抑制这种风气。各代皇帝在征战旅途中,也不忘记用奢侈的红色帐幕作为禁地的标志,帐幕成为活动着的豪华城市的中心,就像移动着的亚格拉或德里一样。各级贵族也不例外。谢斯达·汗到德干指挥南方战事,随身带 400 名舞女和其他全套上流生活用具。欧洲的目击者证实,小官僚们在都城或战场上,也都过着奢侈生活。

在饮食、服饰等生活方式上,也反映出上层的奢侈之风。大贵族的日常衣着是用锦缎、印花丝织品和软棉布制作的。他们的食物是加了香料的富于营养的肉米饭、比里安里等波斯食品。印度教的贵族家庭,也用波斯和中亚贵族们的豪华盛筵代替了俭朴食物。稀罕的水果、秘制的名酒、刺激食欲的精致烹调品等从罗马、中国、埃及传入波斯而发展了的东西,迅速为印度教或伊斯兰上层所欢迎。

---

① 《马克思恩格斯选集》第 1 卷,人民出版社 1995 年版,第 767 页。

许多以莫卧儿皇帝命名的菜肴,如"沙加汗肉"、"贾汉吉的克巴布"等等,一直流传到现代。

衣服的式样,也发生了很大变化。在柏林博物馆珍藏的贾汉吉画册中,可以看出离首都很远的喀齐和万纳加尔君主,也穿起莫卧儿人的服装。拉吉普特贵族的画像也表明,从曼·辛格起,除了印度教徒的种姓标志之外,看不出服装上同伊斯兰教有什么不同之处。这同16世纪初人们对印度教徒穿着伊斯兰教徒服装持反感态度大不一样。当然,这只是就上层而言,一般印度教群众仍然缠着他们的腰布。总之,在服装、社交和娱乐方面,上层普遍接受了伊斯兰教的生活方式。

伊斯兰教文化和印度教文化的交流,表现在思想领域方面具有单向性。印度的伊斯兰教徒从外面的伊斯兰文化泉源吸取养料,但回报的很少。这个时期在印度没有产生对世界伊斯兰文化主流有很大影响的文学、哲学和宗教著作。但伊斯兰教对印度教有巨大影响,如克比尔和那·纳克就是受了伊斯兰教的严格一神论的影响的著名印度教徒。

音乐在莫卧儿帝国时代放射着光辉。阿克巴和他的两位继承者都在积极鼓励它的发展。阿克巴喜爱的唐珊、马赫什达斯都是著名的音乐家。直到奥朗则布时期,朝廷和德里才禁止音乐演出。但在各地王国中,音乐仍然是生活的重要部分。瓜略尔王公唐瓦尔在自己的地区形成了独特的音乐派别。德干的各王公都维持着一支乐师大军。值得注意的是,伊斯兰教上层虽在鼓励音乐,音乐在社会上却被视作贱业,形成了专业音乐和民间音乐的差别,以至演变成现代北印度的格局。在南印度,音乐家的社会地位较高,许多大音乐家成为婆罗门。直到现代,音乐继续是各阶层的共同遗产。

印度妇女的整个社会地位并未改善,但也有一些多才多艺的贵族妇女,如莫卧儿公主杰罕纳娜,亚马那加的钱德·比比、马拉塔的塔拉贝。奥朗则布的女儿泽布尼萨是有名的诗人,她的名诗《马克西》流传至今。西瓦吉的母亲吉加贝富于母爱,意志坚强,在家庭是专制的,但能为照顾子女利益而完全牺牲自己。宗教和习惯传统,仍然是印度女性的力量泉源。

关于城市的情况,荷兰作家迪拉什的记载和论述证明,莫卧儿时代的拉合尔比伦敦或巴黎的规模都大。亚格拉的美丽河滨、壮观的城堡和由尖塔、钟楼、殿堂、庭园、水池组成的泰姬·玛哈尔陵,显示了它的卓越地位。德里、阿拉哈巴、贝拿勒斯都是帝国的主要城市。苏拉特是帝国主要港口,葡萄牙、荷兰、法国和英国的商人都在这里设工厂,它的关税收入构成帝国财政的重要部分。在欧洲人建立的果阿、孟买、马德拉斯、本地治里等城市中,有"白城"与"黑城"之分。"白城"是欧洲人住宅区,有富丽堂皇的宅邸、繁荣的商业区和林立的军事堡垒。在"黑城"中,居住着当地穷苦的手工业者、商人及劳苦群众。欧洲各国的东印度公司盘踞沿海一带,劫夺海上印度船舶,掳掠沿岸居民,把这些人变卖为奴。印度这时虽不是殖民地或附属国,可是殖民奴役的危险已大难临头。

历史学有了相当大的发展。宫廷年代志作者记载了当时的事件,虽然对皇帝有很多歌颂的话,但不乏史料价值。巴道尼的《历史文选》,以反对的态度,叙述了官方隐瞒的阿克巴时期的历史。尼扎姆-乌德-丁的《阿克巴通史》,从赞扬角度书写了这个时代的历史。费里特撰写了各地公园的历史。阿克巴本人的回忆录详细记载了自己的生活,颇有文采。奥朗则布在即位第十一年,颁布诏令,废除皇史官,而且禁止私人撰写历史。因此,这个时期的历史缺少当时的直接记载,以至不得不根据他死后的秘密记载研究当时情况。

17世纪后期,印度的文化出现明显地衰落的趋势,社会生活也在内有分裂和外有外患威胁的情况下,向复杂化方向发展。

四、奥斯曼帝国的强盛与衰落

穆罕默德二世攻占君士坦丁堡

15世纪初,奥斯曼帝国一度衰落,到15世纪中期,国力逐渐恢复。1451年,穆罕默德二世即位后,采取的第一个重大行动就是夺取君士坦丁堡。1453年,土军攻占君士坦丁堡,拜占庭帝国灭亡。东正教的中心君士坦丁堡从此成为信奉伊斯兰教的奥斯曼帝国的首都,改名为伊斯坦布尔,或称斯塔姆布尔。奥斯曼帝国进入了它的新纪元,经过此后的百年征战,形成了一个地跨欧、亚、非三洲,幅员广阔的大帝国。

攻占君士坦丁堡瓦解了欧洲反土联盟的政治中心,确保了土军从安纳托里亚进入欧洲的通道,把欧亚两部分领土连在一起。1459年,穆罕默德二世占领塞尔维亚,1463年占领波斯尼亚,1465年占领黑塞哥维纳,1479年占领阿尔巴尼亚。接着,他占领了热那亚在黑海地区的殖民地和商业重镇卡发。在此以前,取得了对瓦拉几亚和摩尔达维亚的宗主权,并于1475年把亚速夫和克里米亚置于帝国的统治之下。1481年,穆罕默德二世病逝。

向亚非的扩张

16世纪奥斯曼帝国向欧洲继续扩张的同时,把扩张重点转移到了亚洲和非洲。1503年巴耶塞特二世(1481—1512年在位)在同威尼斯签订的和约中,得到了杜拉佐·雷盘托和麦塞尼亚之后,草草收兵。一个重要的原因是帝国的东方受到了伊朗什叶派的挑战。谢里姆一世(1512—1520年在位)迫使巴耶塞特二世退位而登位后,即着手反对其东部邻国——伊朗的斗争。1514年,谢里姆一世的15万远征军,经过千里跋涉,到达伊朗首都附近的卡尔狄朗河谷,只剩下几万人。以逸待劳的伊朗8万骑兵前来迎战,但他们没有步兵,也没有枪炮。土耳其的新军发挥了作用。他们选用大口径炮猛轰敌人阵地,随即用步枪进击,大败伊朗军队。伊朗国王易司马仪负伤逃走。土耳其军队进入大不里士,从这里将 700 名优秀的工匠掠回到伊斯坦布尔。1515 年,北部美索不达米亚归属奥斯曼帝国。

雄心勃勃的谢里姆一世,计划扩张他在阿拉伯东方的势力,但是在这里,伊斯兰教的第二大国——埃及的马穆鲁克人国家,成为最大的障碍。早在 15 世纪,马穆鲁克军阀集团统治下的埃及和叙利亚,经济迅速衰落。统治者不关心生产的发展,漠视水利灌溉和农业生产。他们不仅用沉重的捐税掠夺农民,特别是手工业者和小商人,而且动辄没收富商财产,对商业课以高额关税。他们甚至对乞丐在街道和大路上拾来作燃料的牛粪也实行课税。16 世纪初,叙利亚人民对马穆鲁克军阀集团的愤怒已达到极限。因此,1516 年 6 月,当谢里姆一世的军队在叙利亚北部出现时,得到封建主的支持,也没有遇到人民的反抗。土军在同叙利亚的马穆鲁克军队在阿勒波的决战中,充分发挥了骑兵、炮兵和步兵的协调作用和大炮步枪的威力,使仅有刀、矛和弓箭的马穆鲁克骑兵遭到惨败。总司令、马穆鲁克素丹坎苏·古里企图用古老的手抄本可兰经①的诵读来弥补原始武器的不足,但他自己也来不及逃走而被战马踩死。阿勒波战役成为叙利亚人起义的信号。大马士革的市民袭击马穆鲁克军阀的官邸。谢里姆一世凯旋入城后,许多市民成为土军掠夺的牺牲品。在巴勒斯坦,土军几乎没有进行战斗。陷于瓦解而从南巴勒斯坦撤退的马穆鲁克军队,遭到了贝都因部落的袭击。

1516 年 12 月,谢里姆一世从大马士革出发,次年 1 月初大败马穆鲁克军队后进入开罗。坎苏·古里的继承者素丹突曼贝试图组织抵抗,但没有成功。过了一段时间,他被埃及的贝都因人出卖,1517 年 4 月 13 日被绞杀于开罗。1518 年,谢里姆一世回到亚德里雅那堡时,在思考着西进计划。1520 年 9 月 2 日,他在从伊斯坦布尔回到亚德里雅那堡的途中病死。谢里姆一世在位 8 年期间,把奥斯曼帝国领土增加了一倍。使帝国成为一个地跨欧亚非三洲的大帝国。尤其是在同埃及作战时,他俘虏了阿拔斯王朝的最后一个哈里发穆塔瓦基勒。这个哈里发被关到伊斯坦布尔国家监狱后,将管理所有正统伊斯兰教徒的职权交给了谢里姆一世。从此谢里姆一世在讲道坛上祈祷时便自称哈里发。1517 年 8 月,他以哈里发的资格,接管了麦加克尔白天房的钥匙。奥斯曼帝国的素丹成为哈里发,这对于帝国作为伊斯兰世界的政治宗教中心,对于帝国的政教合一的封建专制制度,都是一个重大事件。

奥斯曼帝国在埃及和西阿拉伯建立起政权后,谢里姆一世就得了麦加和麦地那"两圣城之仆"的荣誉称号。不过帝国与埃及的关系是松散的。据第一位负责管理埃及财政的著名学者舍木斯·丁·卡马尔的估计,帝国从这个新占领地所得到的收入是微不足道的。在埃及和叙利亚的封建关系和封建制度方面,

---

① 阿拉伯文 Kur'ān 的音译,即《古兰经》。

也没有发生任何变化。在战争中,支持马穆鲁克的叙利亚封建主,被剥夺了部分土地。在个别地区实行了军事采邑制。叙利亚的大马士革、的黎波里、赛义德、哈利巴地区,分设4个总督。总督是素丹政权在本省的最高统治者,他通过拥有特权的当地阿拉伯封建主向居民征收捐税,捐税多为货币。素丹政府竭力削弱阿拉伯封建主的势力,利用宗教纠纷和政治竞争挑起他们之间的内讧。但是,与叙利亚和巴勒斯坦的平原地区不同,黎巴嫩保持了半独立地位。1585年,黎巴嫩的军队劫夺了由新军护送的商队以后,埃及总督的军队进入黎巴嫩,残酷洗劫当地居民。以后许多地方发生了起义,都遭到了土耳其军队的镇压。

苏里曼一世的征战

1520年,年仅26岁的苏里曼继位,1566年去世。他在位46年期间,正是奥斯曼帝国的全盛时代。除了政治、文化的建树外,对外征战用去了他大部分时间。

苏里曼一世的征战,首要目标是贝尔格莱德。这座城市是奥斯曼帝国与中欧的交通孔道。它掌握在匈牙利人手中,是苏里曼一世所不能容忍的。他看到这时匈牙利封建集团正忙于内讧而忽略边疆的防守,于是在1521年出兵10万,攻占贝尔格莱德,巩固了北部边疆。

苏里曼一世的第二个征战目标是罗得岛。该岛位于爱琴海东,靠近小亚细亚,是伊斯坦布尔至开罗的必经之地。1522年,土耳其军队水陆并进,以10万之众,猛攻罗得岛。岛上骑士团仅600人,加上普通士兵不过6 000人。但他们防守严密,顽强抵抗,被围9个月之后,才作了有条件的投降,即罗得岛归土耳其,保障所有撤退骑士的安全和自由,岛上的基督教徒居民免税5年。罗得岛上的骑士们开始迁到克里特岛,最后移居荒凉的马耳他岛。由于他们的惨淡经营,加上以后贸易发达,马耳他又成为地中海上的要冲。

在欧洲的各国争执中,苏里曼一世同法国站在一边,反对匈牙利。1526年应法国之邀,土耳其军队入侵匈牙利,第一次占领布达城,全城都被焚烧。1529年9月,苏里曼一世支持瓦弗得·约翰·扎波里亚夺取匈牙利王位,第二次占领布达城。事后,他又进攻奥地利的维也纳,但由于供应不足,对方防守严密,于10月15日退兵。1532年,他再次出兵匈牙利,目的在于攻陷维也纳,然而竟被匈牙利小镇冈斯守军阻止8个月而不能前进。及至攻下该镇时,军队锐气已挫,被迫撤回伊斯坦布尔。1540年,为了扩张领土,又占领布达城。1543年,占领匈牙利大部分领土。但是匈牙利人继续反抗。1566年,苏里曼一世率师前往征讨匈牙利,但是死于军中。

在亚洲,苏里曼一世先后于1534、1548、1553、1554年屡次征战伊朗,把亚美尼亚大部、格鲁吉亚部分地区并入土耳其,美索不达米亚南部,包括巴格达在内,也都由伊朗并入土耳其版图。在非洲,的黎波里和阿尔及利亚亦被占领。这两地的占领,有赖于海军的力量。苏里曼一世继前几任素丹之后,起用希腊人赫伊尔丁·伯尔伯罗萨建设海军,于1538年普列维萨之役中大破西班牙和威尼斯的联合舰队。绰号叫巴尔巴罗萨(黄胡子)的赫伊尔丁是一个有名的海盗,被封为卡普丹帕夏(海上贝勒贝),同时兼任爱琴海上各岛总督。由于苏里曼一世有敏捷的政治手腕,笼络了许多海盗,每当他进行海战时,海盗们便成群结队地参加他的舰队。由于这批人难于驾驭,以至于在战争时期使奥斯曼帝国声名狼藉,而且在和平时期又不断引起外交麻烦。不过,土耳其的海军发展很快,海军中的新军有相当强的战斗力。因而,它不仅在地中海拥有强大势力,而且在红海、波斯湾方面也很活跃,也门和亚丁先后成为它的海军基地。

社会经济制度

苏里曼一世被西方史学家称为"大帝",土耳其人尊称他为"卡奴尼"(立法者)。在扩张领土方面他超过前辈,在内政方面,也改善并完成了他的祖先所建立的各种制度。

在土地制度方面,根据1530年苏里曼一世颁布的法典,确定了素丹是全国土地的最高所有者。他直接占有的土地称为"米尔",是最肥沃的土地。他分封给皇族的俸田称为"哈斯",占有者常为达官贵人,如大臣、大区头领和军法官等。他赏赐给伊斯兰寺院的供养田称为"瓦克夫"。供养田有一部分是私人转让和捐赠的。还有一种称之为"木尔克"的土地,它是可以买卖而不与国家服务相联系的私田。帝国在上述土地占有形式之外,广泛存在着独特的、保证军官薪俸的军事采邑制。有功的军人分别被授予"提马尔"或"扎米特"两种军功田封地。前者收入约在3 000~20 000艾克切,战时必须为国家提供2~4个骑兵服役,或者2~4个水手在海军服役。后者收入约在2万~10万艾克切之间,受封人必须亲自服役,并带上自备粮食武器的4~20名士兵出征。各军事封地组成为旗("山贾克"),旗由统领("贝伊"或"贝格")治理。贝格有权封授6 000艾克切以下的小块封地。这就给贝格封授亲信的机会。1530年苏里曼一世颁布的法典("卡奴纳默")中收回了这项特权,但并未能消除滥用职权的行为。统领之上的是"贝勒贝"(省督),最初只有两个,后来增加了许多。封建领主为增强实力而不得不注意农业和手工业的发展,从而适应军事征战的需求。16世纪末,全国已有1万个采邑,保证了帝国军队的兵源。法典规定了农民固定于国有和采邑土地上,不经领主允许不能离开。破产的农民不能进入城市从事手工业,对城市经济发展起了不良影响。

苏里曼法的目的在于加强中央政权。素丹是军队和国家的最高主宰,是"主在人间的影子",即伊斯兰教的哈里发。首相是素丹的代表,以主席资格主持由主要官员组成的大臣会议。为制约首相权力,设立了6人组成的"宫相"。法律确定了新军(叶尼舍里)组织制度,使之成为帝国军队的核心。他们虽只占军队1/10,但由于经过特别训练,组织严密、纪律严格、装备精良,因而有效地抑制了军事采邑制封建主的分裂企图,加强了中央权力。此外,帝国政府对财政税收实行中央集权,设在安纳托里亚和鲁米利亚的财政官,负责核算中央政府的收支。

等级制是奥斯曼帝国的社会特征。全国分为乌莱玛(宗教封建主)、阿斯凯里(军事封建主)、梯加里(商人与所有市民)和拉雅(农民)四个等级。乌莱玛作为伊斯兰教上层和阿斯凯里一起组成了以素丹为首的特权阶级。伊斯兰教会和宗教法官(卡迪)掌握着司法和文化事务。梯加里,特别是拉雅是无权者。他们要缴纳各种苛捐杂税。非伊斯兰教的人,还要缴"吉泽"(人头税)。等级制的永恒主题是封建主阶级的"纯正性"与"不可侵犯性",以及政教合一。

米勒特制是奥斯曼帝国宗教宽容政策的表现。这是土耳其人从阿拉伯人那里继承下来并赋予新内容的宗教自治制度。主要内容是:非穆斯林宗教团体或氏族(即"米勒特")在不损害帝国利益并承担规定的税捐义务的基础上,保持本民族语言文字、拥有专门宗教文化和教育机构,享受充分的内部自治权。它创始于穆罕默德二世占领君士坦丁堡后,任命真纳狄奥为希腊正教大主教之时。苏里曼一世批准成立了希腊正教、犹太教、亚美尼亚格里高利教等米勒特。1536年,苏里曼一世同法国法兰西斯一世签订的条约中,又形成了天主教的米勒特。这个米勒特的监管人是法国驻奥斯曼帝国的使节。这一制度造成了这样的后果:当15和16世纪西欧残酷迫害异教徒之际,奥斯曼帝国却成为犹太人的避难所。1590年前后,仅伊斯坦布尔一地就有2万左右的犹太人。这一制度有助于多民族、多宗教的稳定,也有利于经济发展。

行会制度对城市经济和居民日常生活具有广泛的影响。它源于穆斯林手工艺人和商人的"阿希"组织,完善于占领君士坦丁堡和吸收拜占庭行会制诸多因素之后。在帝国全盛时期,首都行会分为57个行业,共组成1 000多个行会。行会组织统一价格,对日用品实行专卖,回收旧币,严格规定原料、加工生产,并且组织对外贸易。素丹政府对行会实行监督。行会制度的内部自治,在一定程度上给手工业者带来了安全,它的闭塞性又限制了手工业者的主动性,并不利于商人的竞争性。但是,帝国的商业由于伊斯兰教的传统,特别是对东西方贸易陆路和海路的控制,在15和16世纪出现了黄金时代。被称为"东西方金桥"的伊斯坦布尔,成为东西方经济文化交流的中心。帝国的繁荣隐藏着危机。对商业的重税、长期征战和海盗活动,以及地区之间的隔离,阻碍了广大市场的形成。商道被用于封建掠夺的目标。这些,促使西欧国家寻找和发展通往东方的新航道。

文化的发展

奥斯曼帝国建立和全盛时期的文化,有许多独特之处,在许多领域都有卓越的表现。

土耳其人的历史著作在早期多模仿波斯人,而且大部分是不系统的传奇或记载,因而从中很难了解关于奥斯曼帝国的起源及最初几个世纪的情况。但是奥斯曼帝国以来的历史,却从土耳其历史学家的著作中可以看到有价值的记载。这些著作对几乎所有的历史事件都有详细叙述,一般都是出自目击者,有些还是出自亲身参加的高级官员之手。第一部关于民族历史有条理的作者是巴塞特一世(1389—1402)时期的托钵僧阿默德·阿希克巴沙札德。16世纪以后,帝国政府任命了正式史官写作历史。该世纪后期,出现了萨阿德·阿尔丁父子写的《历史之皇冠》的通史性著作。17世纪中期的编年史学家克亚齐布·契列比(1609—1657)的著作《世界志》、《大事年代记》是有代表性的著作。他的《动物图书辞典》搜集了阿拉伯、土耳其、伊朗等中东作家的资料和著作目录。库乞拜伊的《对当今局势的控诉》具有丰富的关于17世纪土耳其封建社会矛盾的资料。

在地理学方面,皮利·赖伊斯绘制的大西洋地图和航海指南图是当时站在前沿的作品。前者是他任海军大将期间绘制并于1515年献给素丹的,后者是1529年献给素丹的。这两幅地图都是很久以后才被发现的。哈只·赫勒法在1648年将《世界概览》献给素丹,1654—1655年将麦卡脱和洪迪亚的《小地图集》译成土耳其文,1656年出版了奥斯曼海上力量史著作。

在法学方面,穆罕默德二世的法典值得称道。这部法典分三部分:1453—1456年间颁布帝国臣民的义务和权利;1477—1478年间颁布了帝国及统治阶级的组织结构;执政晚年颁布经济组织、财产和税收法规。但是,苏里曼法典在受益于拜占庭帝国法律学的同时,充分吸收了古典伊斯兰法,并以此为基础,以各民族传统法为辅,制定了世俗法,所以更值得称道。1530年编订完成了奥斯曼帝国的最大法典——《群河总汇》。1532年又整理完成了相当于宪法的完整的埃及法典。正是"立法者"苏里曼使帝国的法律系统化、制度化,标志着法学的发展。

土耳其的建筑颇有独特风貌。以"布鲁萨式"的绿色清真寺为代表的早期建筑,是一个长方形的没有装饰的圆柱大厅,5个殿堂上都有一排4个圆顶。占领君士坦丁堡以后,改建该城索菲亚教堂为清真寺,并以长达100多年的时间扩修大清真寺,开创了建筑的新时代。这种混合型的建筑都是内部有中央圆顶,4个同样宽的半圆形屋顶之间的4个圆柱支撑着圆顶。从6排上下排列的窗户照射进来的光线使寺内通明。在周围有通廊环绕,尖塔耸立在寺上,使整个建筑显得堂皇肃穆,成为历代素丹统治权力的象征。许多清真寺旁附设图书馆,附近还建有经学院。苏里曼在伊斯坦布尔旧皇宫以北建造的富丽的清真寺,使索菲亚清真寺黯然失色。它的设计师是著名的建筑家锡南(1489—1578)。锡南作为建筑总监,共建造了75座大清真寺、49座小清真寺、49所学校、7所《可兰经》研究院、17个公共施食站、3所医院、7座高架桥、7座桥梁、27所宫殿、18个商队客栈、5个金库、31个澡堂和18个殡仪馆。他的惊人的精力和纯熟的技巧,标志着土耳其建筑艺术的高峰。

土耳其人特别善于运用诗歌作为大众文化的传播形式。13世纪的诗人苏丹·维列德用土耳其语写成《塞尔柱诗歌》。在他之后,尤努斯·埃姆列(约在13—14世纪间)的乡土风物和农村田园的口头诗歌,开创了口头文学的时期。他的诗歌在帝国广为流传,而且被人们模仿。1404—1405年间被作为异端在阿勒波被处决的胡鲁菲雅教派诗人的奈西米,用安那托里亚东部和阿塞拜疆的方言写诗。16世纪时,巴格达的诗人福祖也使用了这些方言。一般认为,土耳其诗歌的创始人是阿里·阿什伊克(卒于1522年)。这位属于伊斯兰教托钵僧团苏非派成员的代表作《外国流浪者之书》,是哲理诗集。书中强调文化是宇宙的灵魂,人民是国家的灵魂。春天、爱情和悲伤,是涅札蒂(1460—1509)抒情诗的主题。穆罕默德·阿卜杜·巴基(1526—1599)被称为土耳其抒情诗之王。他的诗歌动听精练,使肤浅的诗意不为人们察觉。17世纪诗人维伊西(卒于1628年)和涅菲(卒于1635年)在讽刺诗集《对伊斯坦布尔的规劝》和《命运之箭》二书中,对封建贵族进行了大胆、尖锐而深刻地揭露。后者因此被穆拉德四世处以绞刑。同时代杰出的土耳其历史学家哈基·卡尔法(卒于1658年)在讣告中称涅菲是自己时代在讽刺诗领域内无与伦比的抒情诗人。

奥斯曼帝国文明的启蒙导师是塞尔柱人。奥斯曼帝国在行政、宗教、法律、教育等方面受益于阿拔斯王朝及其他古典伊斯兰文化。塞尔维亚、保加利亚和拜占庭文化渗入了奥斯曼文明的机体。部分蒙古人的智慧融进了它的政治制度。《世界史概览》一书承认,"一直到伏尔泰时代,土耳其和中国仍是文明生活的榜样,欧洲人只能投以羡慕和尊敬的眼光"。

科普利里家族的实际统治

苏里曼去世之后,奥斯曼帝国没有立即衰落。他的宰相索科利把帝国的余威维持了一段时间。但是,此后虽占领了塞浦路斯、突尼斯及伊朗的边境地区,甚至1668年还征服克里特岛,而这一切并不能挽救帝国走向衰落。帝国是跨三大洲地区、几十个民族和许多宗教的复合体,新军的专横蜕变,政府的腐败和宫廷的内讧,不断腐蚀着这个庞大的政治大厦。长期的征战耗尽了国力。素丹政权与封建主之间为划分领地的斗争,由于战争不再能扩大领土和带来大量战利品而尖锐化了。

17世纪欧洲国家手工工场的商品输入,动摇着帝国的行会组织,而需要用金钱来购买这些商品的封建主,则提高租税,从而加强了对农民的剥削。农业和手工业的衰落,引起了人民的不满,在许多地区发生了反抗运动。1656年,80高龄的穆罕默德·科普利里任宰相。1661年他去世之前,他的儿子继任宰相。此后科普利里家族在半个世纪中世代相传地作宰相,以素丹的名义主管国家。科普利里家族认为,只有复活帝国原有军事实力和进行新的掠夺战争,才能巩固素丹政权、镇压反抗运动和制止国家解体。这一方针遭到不关心素丹政权的封建主们的反对，斗争经常表现为宫廷政变。17和18世纪中，在位的14个素丹中有6个被推翻。

科普利里家族的宰相们无力解决土耳其封建制度的内部危机，于是进行了对东欧和俄国的征战：1663—1664年对奥地利战争，1672年对波兰战争，1677—1678年对俄战争，1683—1698年对奥地利、波兰等联军战争。在最后一次战争中，土耳其军队惨败，宰相卡拉·穆斯塔法·科普利里没有他的前任宰相们那样幸运（例如1663—1664年从威尼斯手中夺取克里特岛），而被震怒的素丹斩首。1699年奥斯曼帝国在卡罗维兹和会上同奥地利、波兰、威尼斯签订了和约，同俄国签订了休战协定。根据和约，奥斯曼帝国被迫将德兰斯瓦尼亚直到特梅斯瓦尔的地区、几乎整个匈牙利、斯洛文尼亚和克罗地亚大部划归奥地利；将卡曼尼支、波多利亚和乌克兰划归波兰；将摩里亚、达尔马提亚划归威尼斯。1711年，亚速又被俄国占领。卡罗维兹和约是奥斯曼帝国在一场胜负分明的战争中第一次作为战败国一方而签订的一项和约，它被迫把长期属于奥斯曼帝国统治的大片领土割让给了异教敌人。和约标志着奥斯曼帝国已从对欧洲的进攻转为防御。

奥斯曼帝国在向欧洲大陆扩张方面遭到的失败固然意义很重大，但如果从世界范围看，帝国的走向衰落就更加明显。从17世纪起，由于荷兰和英国侵入亚洲，由于世界贸易转向公海，奥斯曼帝国丧失了大部分对外贸易，东地中海几乎变成了一汪死水。

伊斯坦布尔的起义

17世纪后半期和18世纪前半期，奥斯曼帝国的军事掠夺政策加重了农民和工商业者的赋税负担。素丹集团驱使成千上万民工修建豪华宫殿与别墅的劳民伤财行为，引起了首都人民的愤怒。土耳其在1730年1月对伊朗战争的失利，使首都气氛顿时紧张起来。素丹宣布中止正在修建的宫殿，下令拆毁未完成的建筑物。但这些措施并未能阻止起义的爆发。

1730年9月17日，3 000名新军和市民在艾特·美丹广场集会，要求审判宰相及其他高级官员。领导者是当过水手的商人巴特罗纳·哈利尔。第二天，起义者已达到1万多人。艾哈迈德三世为保全性命，下令处死宰相伊布拉金·帕沙及其他官员，将尸体交给起义者。10月10日，在起义者坚决要求下，艾哈迈德三世让位给他的侄子麦哈穆德一世。11月14日，新素丹以邀请起义领袖巴特罗纳·哈利尔及其助手参加军事会议为名，随即杀害了他们。这一天就有400多名起义者被害。接着又把起义期间所有名列新军籍的人遣散回乡。

1731年2月，素丹只对服役多年的新军发饷。3月13日，300名反对这个措施的新军在艾特·美丹广场集会抗议。政府派兵镇压，起义者进入军营，进行抵抗。4月底,起义被镇压下去。8月,新的反素丹密谋被破获,300人遭到杀害。但是,直到1732年,首都才恢复秩序。在两年的残酷镇压过程中,有5万人被杀。

这次起义是帝国大厦动摇的迹象之一。

对俄战争的失败

俄国是18世纪奥斯曼帝国的新劲敌。俄国的大举南下,对帝国带来了越来越严重的危险。1711年,土耳其军队打败俄军后,订立了有利于土耳其的普鲁斯和约。此后俄国经20多年的外交和军事准备,在1736年打败了土耳其军队。俄国要求把黑海一带,从高加索到多瑙河河域割让给俄国;承认摩尔达维亚等地独立并归俄国保护;俄国舰队自由通过博斯普鲁斯和达达尼尔两海峡。由于法国的干预,俄国的希望告吹,但它的南下政策却因此而加紧准备。同时,为酬答法国的帮助,奥斯曼帝国同法国订立条约,给予法国治外法权、特惠通商原有特权之外,又加上通过帝国领土经商、保护法国水手、手工业者和教士的特权。

1763年欧洲诸国七年战争结束后,俄国立即开始实施西侵波兰、南略奥斯曼帝国的战略方针。1772年俄联普鲁士和奥地利瓜分波兰,随即挑动奥斯曼帝国的门的内哥罗、佐治亚等地分离和越境逮捕逃亡的波兰人,破坏土耳其的中立。1769年,俄国军队首先进攻摩尔达维亚。这次俄土战争到1774年结束。长期的军事落后使土耳其军队在陆路和海上都遭到了惨败。同年订立库楚克·凯纳吉和约,俄国夺得了黑海要塞刻赤、耶尼卡拉和金布仑,夺得了高加索的大小卡巴拉,俄国舰队可以自由通过达达尼尔海峡。奥斯曼帝国被迫承认克里米亚和库班独立,给摩尔达维亚和瓦拉居民以大赦,并把法国和英国的特惠权也赋予俄国。俄国有权在伊斯坦布尔建立和保护东正教教堂。这个条约涉及军事、政治、外交、商业、宗教各方面,是自彼得一世以来,俄国从奥斯曼帝国夺得最多的战果。

库楚克·凯纳吉和约签订以后,俄国步步南逼。1783年,俄国征服了鞑靼人,结束人克里米亚的独立。沙皇叶卡特琳娜二世对条约自行解释,认为土耳其同克里米亚仅为宗教关系,并于1787年通牒威胁土耳其放弃摩尔达维亚、佐治亚等地的统治权,并把比萨拉比亚割让给俄国。这样,1786—1791年俄土又发生战争。土耳其军队再次失败。俄国夺取奥查科夫要塞,并与克里米亚合并。

在18世纪,奥斯曼帝国版图日益缩减,国力不断削弱,而俄国的南进政策已渐见成效,在黑海的地位已经巩固。从进攻地位完全退入防御地位的奥斯曼帝国,似乎只有在欧洲国家之间的相互对立中才能够存在,这样就产生了19—20世纪的东方问题。

军事采邑制的破坏

18世纪末,奥斯曼帝国封建土地所有形态发生的最大变化,是军事封建采邑制的破坏。无条件的和世袭的土地所有制,越来越取代了有条件的和终身的军事采邑土地所有制。

奥斯曼帝国的衰落明显地表现为采邑领主土地所有制的衰落。17—18世纪时,从大采邑领主、军官及素丹亲信者中间,分化出一个显贵("亚赞")阶层。这些人在首都和各省城周围,夺取了许多采邑,有的达到40~50个采邑。此外,素丹还分封给显贵们大块封地。在形式上显贵们的许多封地算作素丹的土地,实际上显贵们已把封地变作私有财产了。这些新土地所有者把农民变为分成制农民和无地雇农,使他们失去了世代相传的份地。采邑领主土地所有制的衰落,使大多数领主对素丹政府已不负有义务,而对各省有更多依赖。这就造成本来不是由经济、文化、语言和历史联系起来,而是靠军事征战形成大帝国的固有离心倾向,大大地加强了。

农民经济的衰落是奥斯曼帝国解体的根本原因。当欧洲的科学技术突飞猛进的时候,帝国的农业、工业和运输业继续停留在远古时期祖传的水平上。农民用原始工具和生产方法经营土地,收成一部分用于原始农具和劳动力的再生产,另一部分不是用于扩大再生产,而是为封建剥削者所夺取和消耗。租税承包人的权力越来越大,而贪婪程度随着他们地位的固定而增长。他们和地主勾结起来,成为新的土地贵族,并只对眼前的租税感兴趣而不关心小农福利与土地保养。这些人苛刻的、无节制的征税,导致农耕的衰退和小农的破产。封建主的挥霍享受随着商品货币关系的增长而更加肆无忌惮。为了得到英国与荷兰的毛呢、俄国的毛皮、威尼斯的玻璃、印度的香料与宝石,他们用小麦、棉花、羊等农牧产品付偿。为获取大量农产品,他们对农民进行灾难性的掠夺。当时农村存在着连环保制度:如果一家农户死亡,就让邻居承担它的义务;如果整村农民都逃亡了,就征收邻村的租税。结果,许多农村耕地荒芜,成为"死地"。18世纪末,"死地"竟占全国可耕地总面积一半以上。

在农业衰落的同时,商业和工业也在走下坡路。帝国的富商只是作为二等公民而存在,政治上受到限制。在这里,发财致富的不是来源于经济,而是来源于政治或财政,即靠做官得来的。这些人对投资开发并不热心,按当时流行的说法,钱不是花光完事,便是被死死积蓄在家里。工业中同业公会的消极作用已充分暴露出来,特别是安于现状和忌讳冒尖的传统,无法同欧洲的工业品相竞争。

文化的衰落

在思想文化领域内,帝国的精神状态也显示出危机。奥斯曼人是古典伊斯兰文明的继承者和革新者,他们在继承这种文明的同时,把缺乏接受文化的能力也继承下来。伊斯兰文明在其创建及繁荣时期,曾经向希腊化的东方、伊朗、中国、印度开放,而并未面向西方。这在当时西方落后的条件下是无可非议的。但在中世纪末期这种做法已经过时。奥斯曼人却继承了这种过时的传统,而且由于军事征战中连连打败欧洲对手而加强了这种传统。军事征战也是由封闭走向开放的手段之一,各种知识、技术仍可通过人员、行业、工匠进行交流。但缺乏接受文化的能力、学习愿望以及轻视工业、贸易和重视政治、军事、宗教、农业的传统,妨碍了奥斯曼文化的发展。

奥斯曼帝国是封建主义、官僚主义兼而有之的军事帝国。在帝国军事威力貌似强大的社会现象后面,隐藏着伊斯兰各族人民对自己文化完美性的无比和永远优越感的深层社会心理。一旦军事征战惨败,改变和摆脱过程又那样艰难。在 18 世纪末到 19 世纪初,由于旧的传统丧失了,新的创造力量还未出现,奥斯曼文化生活和智育活动陷于痛苦之中。全盛时期素丹和宰相们的那种爱好和从事文学创作的时代,已经一去不复返了。简朴的民间艺术和民间诗歌、通俗体裁的尝试,虽然依旧流行,但并未突破伊朗古典作品的影响。诗人们创作的主题,是对社会弊端的抨击和辛酸的悲叹,他们从一个角度反映了人民对前途的失望。追求华丽辞藻、矫揉造作,成为散文的一代风气。

唯一可以称道的是埃弗利亚·舍里比的《旅行家见闻录》。这位出身军人世家、长期从事戎马生活的作家,在和平时期遍游帝国各地。他的游记反映了对寓言和奇迹的偏好,其价值在于提供了有关奥斯曼帝国的丰富社会生活史料,被认为是帝国文学和伊斯兰文化史上前所未有之作。

第四节　西欧列强的海外殖民扩张及其后果

地理大发现后,首先向海外实行殖民扩张的是西班牙和葡萄牙两国。但是到 16 世纪末和 17 世纪初,荷兰、法国及英国也走上殖民扩张的舞台,它们不但取代了西、葡两国的地位,而且互相争夺海上霸权,最后取得胜利的是英国。欧洲列强海外殖民扩张的过程也是殖民主义者疯狂地掠夺、榨取殖民地人民的过程,他们通过掠夺和榨取养肥了西欧的资本主义,从而加速了工业革命的到来。与此同时,以中国为首的东方诸国实行闭关自守,满足于现状,不求进取。因此,西方先进、东方落后的局面正是在这个时期确定下来的。在这个时期,世界各地区之间联系的加强,为 19 世纪末世界之形成一个整体,打下了基础。

一、荷、法、英诸国的海外殖民扩张

葡萄牙、西班牙海上霸权的丧失

16 世纪,西班牙和葡萄牙是世界上最强大的两个商业殖民帝国。两雄并立,展开了争霸斗争。结果,西班牙获胜,在 1580 年合并了葡萄牙。葡萄牙虽然在 1640 年恢复独立,但是经过这次合并,它的地位一落千丈,海上贸易衰落了,许多海外殖民地被后起的荷兰夺去了。不过,葡萄牙在失去从前的优势后,仍旧保有不少殖民地,在南美有富饶的巴西,在非洲有安哥拉、莫桑比克、几内亚(比绍)、佛得角、圣多美和普林西比及马德拉群岛;在印度有果阿和第乌

岛;在东南亚有帝汶岛;等等。葡萄牙还非法占据了中国澳门。

葡萄牙争霸失败及衰落的原因,首先是本国缺乏雄厚的工业基础。其次是没有军事实力去保卫海外基地。最后,葡萄牙的东方商业帝国是由分散于许多地方的要塞、据点及港口组成,最容易被各个击破,而荷兰人就利用了葡萄牙的这个弱点。

西班牙也好景不长,从16世纪末逐渐走下坡路。尼德兰革命使西班牙失去荷兰这个富庶的属地,这是对它霸权的一个沉重的打击。1588年英国海军击溃了西班牙的"无敌舰队",有力地削弱了西班牙的海上实力。1655年,英军攻占了西班牙在西印度群岛中的重要海岛——牙买加。在1658年的对英战争中,西班牙又失去欧洲西海岸的重要商港——敦刻尔克。西班牙王位继承战争(1701—1713)的结果,根据《乌特勒支条约》,西班牙又进一步丧失了欧洲的属地,把南尼德兰和在意大利的领地割让给奥地利,把对西属美洲殖民地的奴隶贸易独占权送给英国。

这样,西班牙一步一步衰落下去。不过,它在海外仍保有庞大的殖民地:在美洲有墨西哥、新格拉那达、秘鲁、拉普拉塔、智利、加拉加斯、危地马拉和佛罗里达以及西印度群岛的古巴、波多黎各、东部圣多明各,在亚洲有菲律宾。

西班牙衰落的原因是多方面的:第一,在16世纪,西班牙一方面时常卷入欧洲大陆的王朝战争与宗教战争,另一方面又进行多次海上战争,这样就分散了力量。这与英国后来所奉行的方针形成鲜明的对比;英国置身于欧洲大陆的事务之外,只是在大陆均势遭到威胁时介入欧洲事务,这个方针使英国有可能集中全力去从事海外殖民扩张。第二,西班牙对于殖民地的统治和限制太严,这阻抑了殖民地的工农业发展和人口的增长(移民),从而使西班牙在争霸战争中得不到殖民地的有力帮助。第三,西班牙的工业落后(其原因在第一章第一节中述及),造成国力不振,从而使西班牙在争霸战争中缺乏经济后盾。

荷兰的殖民扩张

早在17世纪上期,西班牙就失去霸权,代之而兴起的荷兰成为头等贸易及殖民强国。荷兰商人几乎垄断了全世界的贸易:他们拥有庞大的商船队,仅从事捕鱼和运鱼的船只就有6 400艘。波罗的海的全部贸易、对印度的贸易及对美洲的贸易都掌握在荷兰人手中。英国东印度公司根本无力与荷兰商人竞争;荷兰商人甚至在英属西印度群岛上也压倒了英国商人,仅仅与巴巴多斯做买卖的荷兰商船就是英国商船的两倍。荷兰商人不仅在英国领海上捕鱼,而且还在英国市场上倾销。他们甚至侵占了英国对其殖民地的贸易地盘。

荷兰也夺取了广阔的海外殖民地:除了从葡萄牙人手中夺取的南非好望角殖民地、锡兰、印度马拉巴海岸、科罗曼德海岸及马六甲外,还占有北美的新尼德兰、南美的圭亚那、非洲的海岸殖民地以及亚洲的爪哇、苏门答腊和婆罗洲的一部分、马鲁古群岛和西里伯斯。在 1622—1642 年强占中国领土台湾。但是中国民族英雄郑成功在 1661—1662 年率大军驱逐了荷兰殖民者,收复了台湾。

荷兰之兴起,原因有以下数端:第一,它有优越的地理条件。有好几条大河都从荷兰入海,荷兰有优良的港口面对英国及大西洋,背后有德国为腹地。因此,自古以来,欧洲两股贸易要道(从卑尔根到直布罗陀,从芬兰湾到英国)都经过荷兰。沿着这两股商道往来运送的商品有:来自比斯开湾的盐和鲱鱼,来自地中海的葡萄酒,来自英国及佛兰德斯的呢绒布匹,来自瑞典的铜和铁,来自波罗的海的谷物、亚麻、大麻、木材及木制品等。荷兰人就是靠贩运这些商品发家致富的。在西班牙、葡萄牙建立海外殖民帝国之后,荷兰的商船在里斯本和塞维利亚装载来自殖民地的产品,然后把它们贩运到全欧各地。在归途中,荷兰商船又把波罗的海的谷物和海船用具贩运到西、葡两国。最后荷兰商船垄断了全世界的航运业。荷兰就是这样一步一步发展起来的。第二,1566 年尼德兰革命爆发后,西班牙军队残酷地劫掠南尼德兰的安特卫普。结果,安特卫普的工匠、商人及银行家都逃到阿姆斯特丹,他们随身带来的技术和资金,既有利于荷兰的工业,也有利于荷兰的海上扩张,因为海上扩张是需要大量资金的。第三,荷兰之所以能够独霸世界航运业,也得力于荷兰商人所利用的平底船,这种船造价便宜,载运量亦大。第四,独占贸易公司是荷兰向海外扩张的有力的组织形式。与封建专制主义的西、葡不同,荷兰向外发展不是由政府包办,而是通过独占贸易公司进行的。荷兰在 1602 年成立的东印度公司和在 1617 年成立的西印度公司就是这样的商业组织。参加殖民扩张的不是贵族骑士,而是有商人和富于冒险精神的新教徒(加尔文教徒)参加的独占贸易公司。公司是私人集资筹建,按股份多少分红,股东大会是最高权力机构,它选出董事会,后者再选出经理会,由经理会主持日常事务。公司根据政府颁发的特许状,可以享受许多特权,甚至可以建立自己的陆海军,有权力宣战媾和,有权力建立殖民地和管理殖民地。荷兰正是利用了独占贸易公司这个强有力的工具建立起自己的殖民航运霸权的。

英法的海上争霸及英国的胜利

但是,就在荷兰人在 17 世纪执世界殖民贸易牛耳之际,英、法两国起来向荷兰挑战。

17 世纪,法国在美洲建立了加拿大和路易斯安那两个殖民地,并且开始征服印度,在印度沿海建立了本地治里、昌达那加等贸易站。法国又在西印度夺取马提尼克及瓜德罗普两个岛屿,在非洲侵略马达加斯加、占领戈雷及塞内加尔河口。

英国在 17 世纪初也开始了殖民活动,在北美大西洋沿岸开始建立殖民地,到 1733 年已经建立了 13 个殖民地。同时,英国也侵入印度,到 1688 年为止,英国在印度已经占领了 3 个重要据点:加尔各答、圣·乔治要塞(在马德拉斯)及西海岸的孟买。在西印度,英国占有牙买加、巴巴多斯及巴哈马,在非洲占有冈比亚及黄金海岸。

同时,英、法两国的商人也积极参加了海上贸易活动。

首先与荷兰发生冲突的是英国。英国从共和国刚刚建立时起,就狂热地从事于大规模的海军建设:在共和国成立后的头三年中建造的军舰比整个斯图亚特王朝统治时期所建造的还要多,1652年秋决定建造的军舰便有30艘。在军事准备有头绪之后,英国国会便从1651年起颁布了好几项《航海条例》,它们规定任何商品都不得输往和输出英国殖民地,除非由英国船载运,所谓英国船系指在英国或其殖民地上建造、为英国及其殖民地所拥有的船,或者至少有3/4的船员是英国人或英国殖民地上的人。为了迫使荷兰人接受《航海条例》的规定,英国在1652—1674年间发动数次对荷战争,给荷兰以致命的打击。结果,荷兰不仅丧失了海上霸主的地位,而且也丢失了在北美的殖民地新尼德兰,英国在取得新尼德兰之后,把它改名为纽约。此后,荷兰便失去海上霸主地位。

荷兰之所以败于英国之手,基本原因在于它缺少自然资源,更缺少工业基础作为海外扩张的后盾。而且荷兰只知道发展航运业,集中力量建造商船,而相应地忽视了海军的建设。结果荷兰商船时常遭到英法私掠船的袭击和劫掠。

在打败荷兰这个敌手之后,在海上与英国争霸的只剩下法国这个劲敌了。因此,1688年"光荣革命"后,资产阶级政权刚一确立,英国就开始了与法国争夺世界霸权的长期斗争。英国为了打败法国,在欧洲大陆上与反对法国的国家建立同盟,用金钱和武器资助它们,叫它们与法国作战,自己则集中海军力量,在海外打击法国。英法争霸一共进行了四次重要战争:圣·奥格斯堡同盟战争(1689—1697)、西班牙王位继承战争(1702—1713)、奥地利王位继承战争(1740—1748)及七年战争(1756—1763)。

通过这几次战争,特别是七年战争,法国的损失很大,它在印度的势力几乎全部被英国排挤出去。法国虽然被允许保留其沿海几个贸易站,但是不能在印度维持军队,这样就被剥夺了征服印度的可能。在北美,法国只剩下纽芬兰沿岸两个小岛及西印度几个岛屿;在南美法国只保留圭亚那这个据点,英国则夺取了法国整个圣劳伦斯河流域及密西西比河以东的广大土地以及格林纳达岛(在西印度群岛)。

这样一来,在七年战争结束后,英国一跃而成为世界上最大的殖民强国。

为什么在英法长期海上争霸中英国成为最后的胜利者?一个原因是法国对欧洲霸权的兴趣比对于海外殖民扩张的兴趣更大。自从16世纪以来,法国统治者就处心积虑夺取在意大利的地盘,并且与哈布斯堡王朝争雄长。只有到波旁王朝被推翻之后,到了19世纪,法国才开始把注意力转向海外殖民扩张。而英国则自从17世纪革命以来,就把经营海外事业、争夺海上霸权放在首要地位。

另一个原因在于:英国向殖民地移民的人数要比法国多。到 1688 年为止,有 30 万英国移民聚居在北美英属殖民地的沿海地带,而法国移民只有 2 万人,他们散居在加拿大及密西西比河流域。而法国移民少是由以下几个因素决定的:(1) 法国政府严禁法国新教徒移往殖民地,而英国则对新教徒向海外移民采取放任态度。(2) 法国国内土地肥沃,法国农民留恋故土不愿远徙海外;而英国农民则在圈地运动的影响下流离失所,只好到海外谋生。(3) 英国也有少数乡绅到新世界去。物价上涨和固定地租使他们的生活陷入困境,同时由于他们多半信仰清教,也失去了担任官职的资格。英属殖民地上的移民人数众多,在英法战争中大大增强了英方的战斗力,成为英国在北美战场上打败法国的主要原因。

英国的工业发达,是英国胜利的第三个原因。在 1550—1650 年间英国的工业增长速度很快,正是在这期间奠定了重工业发展的基础。三十年战争增加了对于军事物资的需求,因而刺激了英国采矿业、冶金业和化学工业的发展。来自德国、法国及佛兰德斯的移民带来的新技术,也促进了这个发展。到 17 世纪,呢绒工业依然是英国的主要工业部门,它的产品的出口给国家带来巨额的收入。煤的开采也有很大的增长,产量从 1550 年的 200 万吨增至 1700 年的 300 万吨,煤作为燃料广泛地应用在各种工业部门。这个时期的大炮、火药、硝石、玻璃、纸张、明矾及盐的生产也有显著的进步。法国工业在产量方面与英国相埒,然而法国人口为英国人口的三倍以上,而且法国工业倾向于奢侈品的生产,而英国工业则以纺织品及金属制品为主,因而在质的方面超过法国。英国工业的发展,既有利于建设强大的海军,也成为对法战争的有力的经济基础。

第四个原因是英国素来就重视海军的建设,到 18 世纪英国海军之强,在欧洲是首屈一指的。英国海军在英法战争中作用最大,特别是它切断了法国殖民地与宗主国之间的联系,因而使法国海外殖民地陷入孤立无援的状态。

欧洲列强之间海外殖民扩张也好,列强之间的海上争霸也好,都是为了一个目的,那就是掠夺、榨取海外殖民地。欧洲殖民者对海外殖民地的掠夺、榨取,其规模之大,手段之残酷,都是骇人听闻的。

我们中国人特别不应忘记荷兰人对我国台湾同胞的压榨。在荷兰人统治台湾期间,对居民巧取豪夺,横征暴敛,使台湾同胞陷入水深火热之中。荷兰殖民者强占大片土地,把农民变为农奴,强迫农奴每年上缴谷物:上等田每年每 10 亩地交 18 石,中等田缴 15 石 6 斗,下等田缴 10 石 2 斗。荷兰殖民者还强迫高山族每年上缴 5 万张鹿皮。

在北美殖民地,英国商人把一些不值钱的玩具以骇人听闻的高价出卖给印第安人,因而从印第安人手中骗去巨万的财富。在西印度群岛,殖民者建立大规模的种植园,使用黑人奴隶劳动,每年靠奴隶血汗积累了不计其数的高额利润。英国殖民者在征服孟加拉后,仅克莱武(英国东印度公司的职员)一人就从孟加拉国库中盗走价值 23 万英镑的金银财宝。1757—1765 年英国东印度公司从孟加拉国库中夺走价值 526 万英镑的财富。英国东印度公司在印度通过垄断贸易也大发横财,仅食盐一项,所得利润就达 200%～300%,1793 年一年的食盐垄断就为英国的殖民者带来 80 万英镑的利润。与殖民相伴随的奴隶贸易,每年使奴隶商人赚到无法估计的巨额利润。

在西欧殖民主义扩张中,有封建国家之间的厮杀,如西班牙、葡萄牙之间的争霸斗争;有资本主义国家同封建国家的搏斗,如荷兰同西班牙的争霸斗争、英法争霸斗争;有资本主义国家之间的拼搏,如英荷争霸斗争。这些扩张和争霸的目的都是一样的,都在于争夺世界商业霸权和殖民霸权,因而性质相同。

殖民掠夺加速了欧洲国家的原始积累过程,为工业革命的到来作了准备。但是这都是以殖民地人民的巨大牺牲为代价的,300 年的殖民扩张和掠夺,造成千百万人民的死亡。在美洲的殖民过程中,土著居民印第安人整个整个的部落被消灭。到 1541 年,仅西班牙殖民地被歼灭的印第安人就不下 1 500 万人。罪恶的奴隶贸易又使非洲丧失 1 亿左右的壮年黑人。在欧洲殖民强盗的掠夺下,殖民地的社会经济不可避免地陷入停顿甚至倒退。

二、西方世界优势的形成

从 16 世纪初到 18 世纪中叶,东方终于在社会前进的竞赛中输给西方了。西方之所以能率先进入资本主义社会,主要原因有以下几点:

首先,西方在地理大发现之后,迅速走向世界,竭力向海外挺进,它霸占了世界主要贸易航道,夺取了重要战略据点,把许多地区和国家变为自己的殖民地任意加以宰割,用殖民地的民脂民膏养肥了自己,从而也养肥了西方的资本主义。资本主义经济是开放型经济,它是以世界作为自己的活动舞台的,如果不掠夺海外,不掠夺全世界,资本主义是无从发展的。18、19 世纪之交英国之所以从一个蕞尔岛国一跃而成为世界上最先进的资本主义大国,原因之一就在这里。

其次,文艺复兴为西方资产阶级的经济活动及掠夺榨取行为提供了精神上的准备。新兴资产阶级在着手开创一个资本主义世界之前,必须有充分的精神准备。在中世纪天主教神学的影响下,人们把一切希望寄托于来世,他们认为人一生下来就是有罪的,所以在现世受苦受难是理所当然的。在这种精神状态下,很难期望人们有所作为,并且干出惊天动地的事业来。然而,文艺复兴把人们从中世纪的漫漫长夜的昏睡中唤醒,使人们意识到人生的价值,从而产生了为现世的幸福而奋斗的人生观及奋发向上、乐观进取的精神。

第三,宗教改革的积极作用。中世纪的天主教会与封建制度是一对孪生兄弟,前者是后者的强有力的支柱。天主教会还严禁放贷取利及发财活动,用宗教的伦理道德去约束人们的经济行为。因此,天主教及其教会是新兴资产阶级前进发展道路上的巨大障碍。但是,宗教改革大大削弱了天主教会,并且把资产阶级的一切活动从天主教的禁忌下解放出来,这就为资本主义的发展铺平了道路。而且,在宗教改革中产生的新教,特别是加尔文教所宣扬的宗教理论——"神定论",从精神上和心理上推动、鼓舞资产阶级在掠夺人民及积累资本的道路上无顾忌地前进。

第四,西方在国内有较好的政治环境。西欧的君主专制政府在一定时期建立在与资产阶级联盟的基础上,它对资本主义经济实行扶持和保护的政策。比如,法国路易十四在位时期,财政总监科尔伯执行重商主义政策,对进口的外国工业品课以重税,同时又努力发展本国工业,鼓励工业品出口。他还疏浚运河,改进道路,以利国内商品流通。又比如在英国,专制政府也发挥了同样的作用。圈地运动使大批农民流离失所,为了保证工业的劳动力,政府实行一系列"血腥的立法"去强迫流浪者当雇工。但是必须指出,专制政府的这种作用只限于早期,到晚期,亦即资产阶级革命前夕,专制制度就成为资本主义发展的障碍了。

那么,东方落后的原因在哪里呢?

第一,封建专制统治的强化。东方几个大帝国都是皇权至上。中国明、清两代皇帝"自操威柄",内阁、军机处都不过是皇帝的办事机构而已。奥斯曼帝国的素丹是"主在人间的影子"和国家和军队的最高主宰。莫卧儿帝国的阿克巴建立了完备的专制主义中央集权制度,君主拥有至高无上的权力。即使在日本,德川家康也继织田信长、丰臣秀吉之后,改组和强化了日本的封建秩序,建立起幕藩体制的封建统治制度。东方的强大的统治权力有助于巩固传统的封建社会经济制度和结构。以皇帝为首的地主阶级占有大量的土地,他们残酷地剥削农民,致使封建的自然经济难以解体,资本主义纵有微弱的萌芽,也难以成长。

第二,东方封建国家实行"重本抑末"的政策,打击工商业。马克思说:"资本主义在它的萌芽时期,由于刚刚出世,不能单纯依靠经济关系的力量,还要依靠国家政权的帮助才能确保自己榨取足够的剩余劳动的权利"。① 西欧资本主义萌芽时期,代表中央集权的王权需要新生资产阶级的支持,以彻底战胜地方封建领主;而新生的资产阶级则需要王权的保护,以发展自己的事业。东方则不然。专制主义的中央政权不但不需要资产阶级的支持,反而固守农本经济,摧残工商业。清朝雍正皇帝说:"朕观四方之业,士之外,农为最贵。凡士工农商,皆赖食于农,以故农为天下之本务,而工贾皆其末也。"幕府统治下的日本,也有"四民"之分,武士居首,以下依次是农、工、商。大宰春台(1680—1747)在《经济录》中说:"民之业有本末,农为本业,工商贾为末业"。奥斯曼帝国也实行严格的等级制,在四个等级中,宗教封建主和军事封建主是其中的头两个。西欧的王

---

① 《资本论》第1卷,上册,人民出版社1975年版,第300页。

权实行的是重商主义政策,东方的皇权实行的是"重农抑商"政策。前者导致商品经济的发展和资本主义的成长,后者导致自然经济的固守和封建社会的延续。

第三,东方实行闭关锁国的政策。中国明清两朝几度厉行海禁,既对海外贸易实行严格限制,又不保护海外华侨。日本德川幕府也在1633—1639年间,连续五次颁布"锁国令"。奥斯曼帝国一味热衷于新的军事征服,多次企图进入中欧,但就在它两次围攻维也纳(1529年、1683年)不下的期间,海上贸易已被西欧国家夺走了。繁荣的海上贸易是资本主义发展的一个重要条件,东方各国轻视或忽视这个条件,只能落后于历史的进程。

第四,东方国家维护传统的教化,禁锢非正统的思想。中国明、清两朝都崇奉程朱理学,明末王阳明"心学"一度流行,但其实质与前者一样,都是以维护封建秩序为宗旨。明、清推行八股取士的制度,束缚了知识分子的思想,扼杀了他们的聪明才智。封建王朝还屡兴文字狱,摧残文化。日本江户时代,朱子学也受到尊崇,成为幕藩体制的官学。16—17世纪的东方文化虽然有很多的成就,但没有西方文艺复兴、宗教改革以及稍后的启蒙运动那样声势浩大的新思潮。先进人物如李贽、黄宗羲虽然敢于批判封建礼教和君主专制,但毕竟只是少数人的呼声。资本主义的幼芽既得不到国家政权的扶植,也得不到舆论的声援。传统的伦理道德、纲常礼教仍然起着维护封建统治的精神武器的作用。

三、世界地区联系的加强

世界地区经济联系的加强

西欧向海外殖民扩张所造成的结果是多方面的、深刻的。

首先,它导致了人种的重新分布。1500年以前,世界各地的人种是相互隔离的,黑人集中在撒哈拉以南的非洲及少数几个太平洋海岛上。蒙古利亚人种住在中亚、西伯利亚及东亚,而高加索人种住在欧洲、北非、中东及印度。但是到1760年,这种分布情况大大变化。在非洲,荷兰人在海角地区建立了一个永久居留地。到1760年为止,荷兰人已步步向北扩展,并且已开始渡过奥伦治河。这样,白人渗入了南非。

美洲人种的变化最大。在1492年以前,美洲印第安人人口估计在1 400万至4 000万人之间。但是不管印第安人的原来人口实际数目多少,欧洲人之入侵美洲给印第安人带来的灾难之大,是肯定无疑的。在白人入侵后,印第安人到处成群成群地死去,原因甚多,有的被白人杀死,有的在强迫劳动中死于过分劳累,有的死于白人带来的新的疾病,更有的死于白人征服所造成的心理上的创伤。在地理大发现以后的100年间,印第安人人口减少90%~95%。加勒比海的岛上及热带沿海地区的印第安人蒙受的打击最大,因为这些地区的印第安人在一个世纪之内就灭绝了。例外的只是南美热带高地及低地(巴西及巴拉圭等地)的印第安人,他们几乎原封不动地生存下来。到20世纪,只有热带地区的印第安人的人口恢复到1492年以前的水平,至于其余地区的印第安人人口仍远远低于原来的水平。

在印第安人人口大量减少的同时,欧洲白人及非洲黑人大批涌到美洲。在西班牙和葡萄牙的殖民地上,除了印第安人之外,还有来自伊比利亚半岛的白人和来自非洲的黑人(奴隶)。由于白人男人比女人多,许多白人男子娶印第安女人为妻或妾。于是出现了印欧混血人种,他们的人数在许多地区超过欧洲人及印第安人。在西印度群岛,由于印第安人灭绝了,成为当地主人的英国人、法国人及西班牙人便从非洲掠夺、贩运黑人奴隶,迫使他们在种植园中劳动。后来黑人人口竟大大超过了白人。黑、白人结婚的也不少,出现黑、白混血儿。

结果,美洲成为世界上人种混合最甚的地区:既有土著印第安人,又外来的欧洲白人及非洲黑人;既有欧、印混合种人,又有黑、白混合种人。

其次,西欧的海外殖民扩张,也促进了世界动植物的大交流。移到美洲的白人把旧世界的各种家畜(特别是马、牛和羊)以及农作物(小麦、燕麦、大麦及裸麦)带到新世界。西班牙人也向新世界引进欧洲各种水果,如橄榄以及葡萄。与此同时,美洲的特产也流向世界各地;玉米、马铃薯、西红柿、番薯(地瓜)、花生、各种豆类以及南瓜、可可等。可以有把握地说,今天世界植物食品中至少有1/3来自美洲。

此外,美洲印第安人也向世界提供了两大经济作物——烟草和棉花。最早吸烟的就是印第安人。在1500年以前,在新、旧世界都出产不同品种的棉花,但是今天的经济棉花主要来源于美洲印第安人培育的品种。值得注意的是,美洲产的几种药品,也在近代医疗中被广泛使用,如南美的古柯可以制成可卡因和奴佛卡因;南美产的马钱子可以制成麻醉药;美洲产的金鸡纳树可以制成专治疟疾的奎宁;美洲产的曼陀罗可以解痛,药鼠李可以用作缓泻剂。

一言以蔽之,地理大发现及西欧人的殖民征服,大大地改变了世界的面貌。

西欧的海外殖民扩张的另一个重大后果,便是世界地区间的经济联系也密切了,出现了全球性的经济关系。到18世纪后期,大陆之间的贸易的发展规模是有史以来最大的。在1500年以前,阿拉伯和意大利商人在亚欧大陆上从一个地区运货到另一个地区,而货物主要是奢侈品——香料、丝绸、宝石及香水。但是到18世纪后期,这种数量有限的奢侈品贸易已经发展为生活必需品的大宗贸易了。大西洋贸易尤其如此,新世界的种植场生产的大量烟草、砂糖、咖啡及棉花等大部分运往欧洲出售。因为种植场生产的是单一作物,所以种植场需要进口一切日常必需品,其中有粮食、鱼、布匹及金属用具。这些种植场也要求进口劳动力,所以就导致"三角贸易"的繁荣——从欧洲把甘蔗酒、布匹、枪支及金属用具运往非洲,从非洲运奴隶到新世界,再从新世界运砂糖、烟草及白银到欧洲。

当然也从欧洲运日用必需品到美洲。

这个时期新兴的大宗全球贸易的另一个分支便是西欧与东欧之间的贸易,西欧进口的是原材料,特别是粮食,因为西欧人口增长,农田变为牧场。在但泽(波罗的海粮食贸易的主要港口),在1550到1600年间裸麦价格上升247%,大麦的价格上升187%,燕麦价格上升185%。这大大刺激了东欧粮食及其他原料出口的增加,所以在这几十年间波兰及匈牙利向西欧的出口价值通常为进口的两倍。波兰、匈牙利、俄国及巴尔干诸国则进口纺织品、武器、金属产品及殖民地商品,出口的则是粮食、牛羊、皮革、船上用品及亚麻。

西欧对亚洲的贸易,与西欧对美洲、西欧对东欧的贸易相比要小得多,其原因有二:第一,西欧纺织工业家反对进口亚洲诸国的棉织品。东南亚的纺织品在西欧颇受欢迎,质轻、鲜艳、价廉,而且可以洗濯,因之一个时期大批输往西欧。结果英国纺织工业家向政府施加压力,迫使它通过法律,禁止进口印度棉织品。另一个原因是:很难找到可以在亚洲市场上出卖的产品,因为亚洲人对于欧洲商品不感兴趣。总之,到18世纪后期欧洲开始工业革命之前,一直没有解决好这个问题,只有到工业革命后,欧洲用机器生产廉价的纺织品后,才向亚洲出口大宗纺织品。

随着世界规模的经济联系的加强,国际的劳动分工第一次大规模地实现了。

美洲和东欧(包括西伯利亚)生产原料品,非洲提供劳动力(奴隶),亚洲提供奢侈品,而西欧则在指挥着这些全球性的贸易,并且越来越集中力量于工业生产。

但是这种劳动分工是以残酷的剥削为代价的。美洲出口的原料品是由种植场上的奴隶生产出来的,巴西、西印度及英属北美殖民地的南部的种植场经济为世界市场提供大宗原料品,但是这些原料品的生产是建立在黑人奴隶制上面的。东欧之向西欧出口大宗粮食,也是以农奴制的发展为代价的。西欧对于粮食的需求,推动中欧及东欧的地主加强对于农民的剥削(一周要求农民在地主土地上劳动6天)。为了达到迫使农民完成徭役的目的,国家通过法律一步一步地限制农民移动的自由。最后,他们完全被束缚在土地上,成为名副其实的农奴。

但是,世界地区之间经济联系的加强,却给西欧带来无限的好处。西欧是世界贸易的指挥者和受益者。他们从奴隶贸易、甘蔗及烟草种植业以及东方贸易中收取最大的利润。最重要的是,新的全球贸易对于欧洲经济的刺激作用。如前所述,在18世纪后期开始的工业革命所需要的资金全是从海外殖民掠夺及贸易中积累起来的,这次工业革命也是海外市场对于欧洲制造品的需要增长的结果。

也正是在这个时期,欧洲在世界经济中跃居先进地位。

全球均势的变化

在此期间,全球的政治关系也发生基本变化。西欧不再像过去那样在不断扩张的伊斯兰教徒面前被封闭在西欧的小天地内了。相反,它们由于在南方控制了印度洋而包围了伊斯兰世界。另一方面,俄国由于征服了西伯利亚而在北方包围了它。与此同时,西欧人由于发现了新大陆,开辟了供自己经济榨取和殖民的广大领土,这就进一步加强了他们对抗伊斯兰教徒的能力。

这一切意味着全球均势的重大变化。过去,穆斯林世界曾经是强大势力,它向各个方向扩张——向东南欧,向撒哈拉以南的非洲,向中亚及东南亚。而这一时期,西欧列强崛起了,这个新势力的活动场所是全球,而不仅仅是欧洲。但是这个势力(先是西、葡,后来是荷、法、英)只能有效地控制新大陆——美洲及后来的澳大利亚,而在非洲、印度,它的势力只能达到沿海一带。在西非,由于气候的不适应,西欧人尚未能渗透到腹地。在印度,西欧人到1758年为止,也只限于在沿岸从事商业活动,只有到18世纪末,英国人才利用莫卧儿帝国的解体而开始征服印度腹地。

全球文化的交流

由于西欧向海外殖民扩张,这个时期全球文化交流也加强了。在新大陆,由于土著人或者被消灭,或者被驱逐到穷乡僻壤,英国人就可以亲身把本国的文化带到新大陆去。然而即使这样,印第安人在格兰德河以北仍然对白人的文化发生影响。在初期接触时,印第安人对于他们自己的文化很有自信,认为自己的文化至少与入侵的白人相等。1744年在一次会议上,白人建议印第安人把子女送到威廉斯堡接受欧洲型的教育,但是遭到他们反对,甚至提出相反的建议:要求英国绅士送一二百名孩子到印第安人那里接受教育,并且相信印第安人会把他们教育成懂礼貌的人。因此,富兰克林在1784年写道:"我们称呼他们为野人,因为他们的风俗习惯与我们不同,我们认为我们的风俗习惯达到文明的极致,但是他们和我们也有同样的想法。"白人诚然有组织,有人力,也有力量去剥夺印第安人,把整个大陆都接管过来,但是归根结底他们发现:他们在自己的词汇、文学、服装、医药中接受了印第安人文化的许多特点,甚至在栽种食用农作物方面也从印第安人那里学到许多东西。

印第安人对于拉丁美洲的文明也产生了相当大的影响,比如在建筑中使用砖坯,或者使用不锯的松木作为大梁或椽。甚至把一块毛毯披在肩上,也来源于印第安人。在拉丁美洲大多数地区盛行的罗马天主教,便是受到印第安人的信仰的强大影响。尽管印第安人的神的名称被取消了,印第安人还是把这些神的特性加到处女玛丽亚及圣徒身上。比如他们相信天主教的万神殿上的神像能治病,能左右天气,能保佑人们免灾,因为过去他们相信印第安人的神就是如此神通广大。

但是,从总的说来,西欧文化在新大陆基本上压倒了印第安人文化。

至于在世界其他地区,由于历史文化条件之不同,对待西欧文化的态度也有所不同。

土耳其人就很看不起西欧文化。在17、18世纪,当土耳其走下坡路时,他们仍然轻视基督教徒。1666年大维齐对法国大使说:"难道我不知道你们,不知道你们是一个不信教的人,是一头猪,一条狗,吃粪的吗?"

土耳其人之所以对于欧洲及欧洲人抱轻视、傲慢的态度,主要缘于基督教与伊斯兰教的长期仇恨和斗争。

在印度次大陆,当葡萄牙人在果阿立住脚之后,在1560年引进宗教裁判所时,印度当地人对此十分反感。在1600—1773年间,有73个人由于信仰异教而被用火刑处死。印度人立即注意到这个宗教的如下弊端:它把人投入监狱,加以折磨并且活活烧死,只是因为这个人不信正统宗教。欧洲冒险家在印度的无法无天的狂暴行为,使印度人更加憎恶他们。一个印度人在1616年告诉一个英国教士说:"基督教是恶魔的宗教,基督教徒酗酒,基督徒做了很多坏事,基督徒打很多人,基督徒好骂人。"

早期来华的西欧传教士,由于他们在天文学、数学等方面有较高深的造诣,得到中国少数学者的尊敬,甚至成功地使他们皈依天主教,如明末学者徐光启,他不但信仰天主教,而且也向这些传教士学习西方科学。但是大多数中国学者既拒绝西方科学,又拒绝天主教。这主要是因为中国学者发现基督教在许多地方与儒家思想格格不入。

尽管中国人、印度人、土耳其人在这个时期对欧洲人的文明没有什么好感,欧洲人对于他们的印象却很好,他们首先很熟悉奥斯曼帝国,对它很尊敬、称赞和理解。

在17世纪,欧洲知识分子的注意力又从土耳其转到中国。在17世纪及18世纪的早期,中国对欧洲的影响比欧洲对中国的影响要大得多。当西方人学到中国的历史、艺术、哲学及政治制度时,油然产生一种崇敬的心情。中国被尊为一切文明的典范,这是由于它的孔子伦理学说,它的科举制度,它的重视文治轻视军事征服,它的精美的手工艺品,其中包括瓷器、丝绸及漆器。德国哲学家莱布尼茨(1646—1716)赞美中国皇帝康熙"为超乎一切人之上的伟大的……君主,是神一般的人,他靠智力管理一切,然而他也是靠教育取得品德和智慧的……因而获得统治的权力"。

只有到18世纪中期以后,欧洲人对中国的钦佩才开始减弱,这部分地是由于一些天主教传教士在中国的种种劣迹受到中国人民的仇视,也是因为欧洲人开始萌生侵略中国的野心。

正如欧洲人的兴趣在17世纪从土耳其转移到中国一样,到18世纪晚期,这个兴趣转到印度,有少数知识分子埋头于研究印度文化。欧洲一般公众在这以前很久就知道印度,并且由于读到关于德里的"大莫卧儿"的富有和豪华的报道而惊叹不止。在1658到1660年间,在德里当帝王家庭医生的法国人弗兰索阿·伯尔尼尔看到著名的孔雀王座后,作了如下的描写:"大莫卧儿帝国皇帝有七个豪华的宝座,一个宝座镶满了钻石,其他的宝座有的用红宝石,有的用绿宝石或珍珠镶嵌而成。"

欧洲人对印度的文化的理解是从肤浅到深入。印度梵学家不愿意把他们的神圣的学问传授给外国人,但是也有少数欧洲人,主要是耶稣会神父们,取得了梵文的知识,包括文学和哲学。德国哲学家叔本华醉心于印度哲学,正如莱布尼茨醉心于中国的文化一样。1786年英国学者威廉·琼斯在孟加拉的亚洲学会上宣称:"梵文,不管它多么古奥,是有令人惊奇的结构;比希腊文更为完备,比拉丁文更为丰富,比二者中任何一个都更为优美高雅。"

1600—1760年间,东西方文化交流显然比以前有更大的进展。俄国彼得一世的改革,普鲁士腓特烈二世的开明专制,奥地利玛丽亚·特利萨及约瑟夫二世的开明专制,利玛窦、南怀仁、汤若望之来华传播欧洲的自然科学,等等,从广义上言之,都是"西学东渐"的表现。但是这个时期"东学西渐"也是很明显的。来华的欧洲传教士之大量翻译介绍中国古代经典及文学、哲学作品,大大影响了欧洲知识界,可以这样说:这个时期东西文化交流的特点是:第一,东西方文化是对等交流的;第二,"东学西渐"是以深层次的哲学及文化为主要内容的,而"西学东渐",是以科学技术为主要内容的,对此后东方国家的近代化具有深远影响。

"西学东渐"和"东学西渐"是世界两个文明的交叉与交融,东西方文明在太平洋上的交融,则是亚太区域形成的重要原因之一。

这样,到1760年为止,世界地区之间的联系加强了。如果说地理大发现打破了世界地区的隔绝状态,是向世界连结成一个整体的目标迈进的第一步的话,那么1760年实现的世界地区联系的加强便是第二步。

第三章 资产阶级革命的时代(1776—1849)

16世纪的尼德兰革命和17世纪的英国革命都没有在国外激起广泛的反应,都没有引发外国的革命。1776年的美国革命(又称美国独立战争)就不同了,它直接诱发了1789年的法国大革命。美国的这一次革命得到法国进步人士的极大的同情,以年轻的贵族拉斐德为首的法国人士组织志愿军远渡重洋,踊跃地参加美国人民的反英战争。这些法国人回国后,很自然地把美国的革命精神和革命理论带到法国,从而加速了法国大革命的爆发。美国革命不仅对于法国大革命起了催化的作用,而且也成为法国革命者刻意学习的榜样,法国的《人权宣言》及1791年宪法就是美国《独立宣言》及1787年《联邦宪法》的再版。法国大革命与美国革命之间的联系就是这样密切!

为美国革命所推动的法国大革命,也有力地推动了许多国家的革命。法国大革命所揭橥的"自由、平等、博爱"的响亮口号,唤醒了欧洲各国人民,而后来的拿破仑战争又起了传播法国革命的作用。因此,到19世纪前半期,在法国革命的影响下形成了一股势不可挡的革命浪潮。20、30年代欧洲各国的革命此伏彼起,远在大西洋彼岸的拉丁美洲的人民也揭竿而起,掀起了反对西班牙殖民统治的民族解放运动。这个革命浪潮最后发展壮大为1848—1849年的席卷欧洲大陆的革命。这样,从1776年到1849年是世界历史上少有的革命时代。

第一节 美国革命

一、英属北美殖民地的特点

从17世纪起,英国步西班牙的后尘,开始在北美大陆建立殖民地。1607年伦敦公司依据国王的"特许状",在北美大西洋沿岸的詹姆斯河口建立了詹姆斯城,从而揭开了英国在北美建立殖民地的序幕。至1733年为止,英国在北美大西洋沿岸共建立了13个殖民地。

英属北美殖民地上的居民大多数是来自英国的移民,其中也有不少爱尔兰人、法国人、德国人、荷兰人、瑞典人、瑞士人及少数犹太人等。他们除少数是地主贵族和特权商人外,大部分是下层劳动人民。这些欧洲人来北美的目的各异:他们中间有的是为了逃避本国政府的迫害和天灾人祸,有的是为了追求信仰自由和美好的生活,还有少数人是为了实现发财致富的"淘金梦"。黑人则是以奴隶身份被从非洲贩运到这里的。

北美的土著居民是印第安人。印第安人在欧洲移民到来初期,对他们十分友好,以礼相待,向他们传授生产技术,提供各种帮助。但是移民却恩将仇报,凭借武器和物质上的优势,驱逐或屠杀印第安人,强夺其土地。

白人移民的暴行激起印第安人的英勇反抗。1675—1677 年的"腓力普王之战"震撼了北美。印第安人领袖美塔科姆率领 1 万多人摧毁了许多白人居民点,给白人以沉重打击。斗争坚持了两年才告失败。处于原始社会阶段的印第安人无力对抗白人,英属殖民地上的印第安人,绝大部分被赶到阿巴拉契亚山脉以西地区。

在殖民地上存在着不同的经济成分,既有资本主义制度,又有前资本主义的半封建的租佃制和奴隶制度。

18 世纪中叶,北美殖民地的资本主义经济发展日益加快了步伐,尤其在造船、冶金、纺织、面粉加工、锯木和玻璃制造等行业发展最快。资本主义经济主要集中在北部各殖民地,尽管它们尚处在资本主义手工工场阶段,但却代表了经济发展的方向。

在中部殖民地盛行半封建的租佃制,这是从英国搬来的,并且与大土地所有制联系在一起。比如,在纽约殖民地,大地主往往田连阡陌,250 万英亩的土地集中在少数几个大地主手中,其中仅约翰逊一家就独占 5 万英亩土地。这些大地主当中有大部分原来是英国的贵族。这些大地主通常都把自己的土地分成小块出租给佃农。纽约殖民地的许多地区,几乎有 5/6 的居民是佃农。大地主任意抬高地租,残酷地剥削佃农。为了维护大土地所有制,在大多数殖民地上实行《长子继承法》,大地主死后土地由长子一人继承。在南部和中部殖民地上还实行《限定嗣续法》,禁止大地主出卖土地;也禁止没有身份的人继承土地财产。这无疑是封建法规的残余。

不过,这种半封建的租佃制没有普遍地发展起来,它只限于中部殖民地的某些地区。因为北美殖民地有广阔的未经开垦的处女地,劳动者占地是比较容易的,尽管殖民地当局禁止随便占地。因此在中部、北部殖民地上盛行农民小土地所有制。在这个制度下,农民是小土地所有者,也是劳动者。但是他们实际上处在大商人的剥削之下,因为他们的剩余产品通常是经过大商人之手转卖到市场上去的,而大商人往往大大压低收购价格,高价出卖。

在殖民地的前资本主义制度中,还有白人契约奴制和黑人奴隶制度。

在 13 个殖民地上到处都有白人契约奴,他们的来源有四个方面:第一,殖民地上因欠债而无力偿还者,他们被法庭判为契约奴;第二,英国贫民想到北美而缺少路费者,他们往往卖身为奴,以偿路费;第三,被拐骗的乞丐、儿童等;第四,英国的罪犯。这些白人契约奴都按照契约上的规定为主人服劳役,通常他们必须当五至七年的契约奴,期满才能获得自由。

比白人契约奴的地位更低得多的是黑人奴隶。黑人奴隶遍及13个殖民地,但是分布很不平衡。在北部、中部殖民地上,黑人奴隶较少,他们一般是家内奴隶,有的在白人主人家中从事家务劳动,有的在手工作坊里和白人主人一道劳动。90%以上的黑人奴隶集中在南部殖民地的种植园里。黑人奴隶制度比古代的奴隶制度更野蛮和惨无人道。黑人奴隶是奴隶主的私有财产,没有结婚、受教育及拥有财产的权利。他们每天像牲口一样在皮鞭驱赶下,在炎热的种植园中从事重体力劳动,每天劳动时间长达18~19个小时。奴隶主可以任意鞭打甚至杀死奴隶,还可以把他们转让或出卖。种植园主既是地主和奴隶主,又是农业资本家,他们最大限度地榨取奴隶的血汗。奴隶生产的产品主要作为商品在欧洲市场上销售。因此,北美的黑人奴隶制度成为资本主义世界一个重要的组成部分。

与北美殖民地上复杂的社会经济制度相适应,阶级关系和阶级斗争也十分复杂:有农民反对大地主高额地租的斗争,工人反对工场主的罢工,契约奴的暴动,此起彼伏的黑人暴动,仅有记载的黑奴起义便达250次之多。

为了统治和管理北美殖民地,英国建立了一整套的统治机构。这一机构是双重的:一是在英国政府内部设置的管理殖民地的贸易局;二是英国派驻北美的总督及官员(仅限于王家殖民地)。按照英国控制的程度,在独立战争前夕,北美殖民地可以分成3类:(1)王家殖民地:由英王派来总督直接统治,一共8个:弗吉尼亚、马萨诸塞、纽约、新泽西、新罕布什尔、南、北卡罗来纳和佐治亚。(2)业主殖民地:由殖民地的业主(英王把北美大片土地"赏赐"给其宠臣或大贵族,受地者称为"业主")任命总督,再由英王批准。这类殖民地有3个:马里兰、宾夕法尼亚和特拉华。(3)自治殖民地:总督由殖民地有产者选出,但也要由英王批准。自治殖民地有罗得岛和康涅狄格。王家殖民地在英王的直接控制下,业主殖民地间接受其控制,只有自治殖民地受英王控制的程度最小,享有很大程度的自治。由于在13个殖民地中有8个殖民地是王家殖民地,因此英王直接控制了绝大多数的殖民地。在王家殖民地上,总督代表英王在参事会的协助下进行统治。参事会,由总督遴选并且由英王任命。

英国统治集团满心希望以这样的政治安排来巩固对于北美的殖民统治。但是事与愿违,在长期的演变过程中,在北美殖民地的社会政治结构中逐渐成长了民主因素,这些民主因素不仅使北美居民享受较世界上其他国家的人民更多的自由和民主权利,而且也削弱了英国在北美统治的基础,从而为美国独立战争铺平了道路。

殖民地的民主因素表现在以下几个方面:

第一,拥有一个比较民主化的议会。早在17世纪前半期,殖民地创立后不久就开始出现了议会。这是英国背景与北美特殊环境的产物,即从英国移植过来的,但是在北美的特殊环境下,它比英国议会有更大的民主性。首先,议会不但由选举产生,而且选民比英国选民范围更广。诚然,各殖民地几乎都对选民规定了财产资格:一般只有拥有年收入在40先令以上的土地的人,才能有资格参加选举。但是,北美地广人稀,穷人取得土地的机会很多,只要肯努力劳动,都能成为小土地所有者。因此,北美成年男子(白人)大多数享有选举权。而英国选民的比例就少得多。其次,到18世纪中叶,英国有不少新兴城市没有被划为选区,所以这些城市的居民都被剥夺了选举权。但是在北美,一旦一个居民点的人口增长到一定数量,就立即成为选区。这样,北美选区制度比英国更为合理。北美议会,作为立法机关的下院(上院是参事会兼任),是代表殖民地居民利益的,它从一开始就与总督作针锋相对的斗争。它富有反抗性,桀骜不驯是其特点。经过长期斗争,到18世纪中叶,大多数王家殖民地上的议会扩大了权力,不但享有立法权、财政权,而且还从总督手中夺取了一部分行政权。议会与总督的斗争,几乎与殖民地时代相始终。

第二,经济生活中存在一定程度的民主。诚然,北美有剥削制度,有的剥削制度(如黑人奴隶制度)还很野蛮残酷。但是,就白人而论,谋生是比较容易的。北美有广阔的处女地,垦殖者在那里可以大有作为,人们相对容易取得土地。劳动者只要肯流汗,不难得到温饱。而且如果他有一技之长,勤苦耐劳,再遇上机会,就很可能上升为富人,甚至跻身于绅士集团的行列。当然,穷人致富并不是普遍的现象,小土地所有者人数较多。白人契约奴给主人劳动5至7年后,不但可以得到解放,而且还可以领到小块土地及农具。北美的贫富差距也不像欧洲那样悬殊,这里没有百万富翁,没有国王,无产者人数较少。

第三,北美不存在传统的封建特权,没有等级制度。北美殖民地上固然存在高踞于人民头上的有钱有势的上层集团(又称为绅士或贵族集团,他们由大土地所有者、大商人、大种植园主构成),但是他们与欧洲的封建贵族有本质上的区别。北美贵族之形成不是靠封建君主的封赠,而是靠经济力量。他们不是靠特权或门第,而是靠个人努力、个人的才干及经营能力。他们虽然独占殖民地上的各级官职及议员,但是他们大多数是通过竞选及选举而上台的,而不是靠世袭及门第。与僵化了的欧洲封建贵族不同,他们充满活力,他们兢兢业业地从事经济活动,而不是坐吃山空,游手好闲。

第四,北美殖民地特别是新英格兰地区,盛行地方自治。地方自治是中央集权的对立物,是由当地居民直接参政、自己管理自己而不受外来权威干预的一种政治组织形式。在此种形式下,人民享有一定限度的参政权。在新英格兰各地,地方自治以市镇为单位,年满21岁的成年男子都参加市镇大会。大会选举市镇行政委员会、其他官员及出席殖民地议会的代表。大会还提出、讨论和通过议案,处理地方重大事务,如征税、分配土地、制定地方法规以及为学校和教会制订章程。市镇大会的民主气氛在初期十分浓厚,"几乎每一个居民都可以自由地在会上发表他们的见解和主张。"尽管后来市镇自治机构逐渐官僚化,为上层分子所把持,但是仍保存了相当的民主性,居民仍享有选举市镇官员及批准行政委员会作出的决议的权利。

然而,也不能夸大北美的民主:第一,北美的代表制很不公平,因为农民聚居的西部诸县人口虽然多,但是在议会中的代表人数少;富人聚居的东部诸县人口虽然少,然而在议会中的代表席位却多。第二,与上述这些民主因素交织在一起的还有不民主、反民主的现象。如贵族集团控制整个殖民地的政治、经济,人民言论出版自由得不到保障,还存在残酷的刑法等等。第三,殖民地上还盛行白人契约奴制及黑人奴隶制度,这是与民主水火不相容的。

但是,在这个社会里,民主因素是新生的、先进的事物,它的阵地越来越扩大。而且,这些民主的现实也不能不反映在人们的头脑里。在殖民地居民中流行一种自由平等的风气。一个作者1756年在《宾夕法尼亚日报》上评论道:"这个省的人民一般说来在生活上是过得去的……他们享受和喜爱自由,他们中间最卑微的小人物也认为他有权利得到大人物的殷勤招待"。一个英国官员在1760年写道:在北美,"在民主政府下,一切令人难堪的身份差别都消失在公众的平等之中。"上层分子也能以较平等的态度待人。18世纪60年代一位当代人在新泽西看到了这类现象。他写道:"我看到绅士们,当他们不从事公务时,就在他们的农场上劳动,以便为他们底下人做出榜样;而另一方面,我们又看到劳动者在主人的客厅里和主人坐在同一个餐桌上吃饭,一同话家常。"民主精神在居民中也日见抬头。人们爱好自由,反对外来权威的干预。伯恩比在1759—1760年访问了北美。据他描写,弗吉尼亚人特别"高傲地珍惜自己的自由,忍受不了任何限制,几乎不能容忍任何高高在上的权力的控制,甚至有这种想法他们都受不了。"

北美人民的这种思想状态,使他们无法忍受1764年以后英国对他们的权利和自由的侵犯,因而反英的独立战争就成为不可避免的了。

北美人民的民主精神,在殖民地的宗教生活中也有所反映。

在英国对殖民地的统治中,宗教起了巨大作用。殖民地也是一个宗教社会,几乎人人都是教徒。殖民地的宗教几乎容纳了欧洲大陆上的各个教派,其中以清教和英国国教的信徒最多、影响最大。清教徒聚居在北部地区,国教徒集中在南方,中部地区各教派杂居。殖民当局和上层集团利用宗教作为维护统治的重要工具,于是成立所谓"官方教会"。北部几个殖民地的清教徒统治集团以"公理会"作为官方教会;南部一些殖民地上的国教徒以"圣公会"作为官方教会。"公理会"强迫居民信奉清教,"圣公会"强迫居民信奉国教,不许其他教派的教徒进入本殖民地。后来这些官方教会虽然放松了一些限制,默认其他教派的存在,但是却强迫他们缴税来供养官方教会的教士,并且限制他们的宗教活动,剥夺他们的选举权及担任公职的权利。官方教会还经常迫害异教徒。17世纪末,新英格兰的"公理会"曾制造迫害异派教徒的"巫觋事件",有200多人受到迫害。

宗教压迫给北美殖民地带来了严重的后果:人民受到了宗教思想的禁锢,资产阶级民主思想的传播受阻。

富于民主精神的北美殖民地人民为争取信仰自由和反对宗教压迫进行过长期斗争。早在17世纪初期,罗杰·威廉斯和赫清生夫人就曾坚决反对马萨诸塞的宗教迫害政策,为信仰自由、教派平等及政教分离而进行了坚决的斗争。17世纪后期,斗争规模逐步扩大,各殖民地都出现了反抗宗教压迫的请愿和抗议活动。在英国革命的影响下,一些地区还爆发了武装起义,像马里兰新教各派反对天主教贵族的起义、1688年纽约和马萨诸塞的起义等。这些起义均在局部地区打破了宗教专制,促进了新思想的传播。但真正打破"坚冰"的,是18世纪30—40年代的"大觉醒运动"。

"大觉醒运动"是一场大规模反对宗教专制、争取信仰自由的思想解放运动。运动发起者以宗教复兴为旗帜,把矛头对准宗教压迫的精神支柱——官方教会的教义,以"灵魂自由"为口号,鼓吹民主平等、信仰自由、人民主权和反暴政的革命思想。有成千上万的群众卷入这个运动,猛烈地冲击了殖民地的官方教会。结果,官方教会虽然没有被冲垮,广大群众却在运动中提高了觉悟,受到了教育,民主意识进一步加强。

二、美利坚民族的形成与启蒙思想的传播

美利坚民族的形成

英国统治阶级在北美经营殖民地的目的,在于把殖民地变为他们榨取和掠夺的对象,变为英国工业品的销售市场及廉价的原料供应地。为了达到这个目的,英国政府采取了一系列措施:1660年,颁布了《列举商品法》,规定:殖民地上的某些商品如烟草、砂糖、棉花、靛青等只能输往英国,如要输往外国,必须先在英国卸货,由英国商人经手再运往外国。颁布这项法律的目的,显然是想把北美殖民地变为英国工业的原料供应地,使英国工业资本家买到廉价原料。1663年,又颁布《主要商品法》,它规定:一切从欧洲输入北美的商品(只有少数例外),首先必须在英国靠岸卸下,由英国政府征税,然后装船运走,其用意是保持英国商品在北美的市场,以便与欧洲外国商品竞争。这项法律是把殖民地变为英国独占的商品市场的第一步。此后,英国又在殖民地设置税关,以征收英国以外的欧洲国家的商品入口税。

17世纪后期和18世纪初,英国工业家感到北美殖民地的工业发展很快,殖

民地的工业品有与宗主国商品竞争之势,因而英国政府又开始实行限制北美工业的政策。1669 年,禁止北美由一个殖民地将羊毛和毛织品运往另一个殖民地,以便保护英国羊毛产品在殖民地的销路。翌年,英国议会又取消英国羊毛织品出口税,使其有力量与殖民地生产的羊毛织品竞争。由于北美的波士顿、纽波特和纽约等城市发展为制帽业中心,到 1732 年英国政府又颁布《制帽条例》,禁止由一个殖民地出口帽子到另一个殖民地,并且规定帽业作坊不许使用两个以上的徒弟。1750 年,英国议会又通过《制铁条例》,规定了殖民地的铁块、铁条输入英国时可以豁免入口税,同时禁止殖民地建立制钉、制铁板等工业。

但是,在 1763 年以前,英国在北美及世界其他地区正忙于对法战争,因之无力亦无暇严厉执行这些限制北美殖民地发展的政策。而且,在对法战争中也迫切需要北美殖民地的合作,因而也有意放松这些政策的执行。结果,北美的工业家们便有恃无恐地生产英国所禁止的商品,商人们进行大规模的走私活动,而不理睬英国的法律。因此,北美的工商业得以顺利发展。到 18 世纪 60 年代,北美殖民地经济蒸蒸日上,呈现空前的繁荣景象。虽然农民家庭手工业在整个工业中仍占压倒的优势,但是分散的手工工场已经发展起来。一些商人把羊毛、亚麻及棉花等原料供给家庭手工业者,由他们加工为纺织品,然后付给报酬。这样的家庭手工业者实际上已经变成受这些商人剥削的工资劳动者了。这种分散的手工工场在北部殖民地上越来越多。同时也出现较大规模的集中的手工工场,如造船场、锯木场、酿酒场、铁场、玻璃工场等。新英格兰及中部殖民地的工业技术有的已达到欧洲的先进水平。铁制品不仅输往南部殖民地,而且行销于西印度群岛。生铁和铁条的出口量在 1745 年为 2 000 吨,到 1771 年增至 7 500 余吨。在工业中有显著发展的是中部北部的造船业,其生产出来的船舶,质好价廉,以致连英国都大批购买。1775 年,英国海上贸易所用船只,有 30% 是从北美购来的。而各殖民地之间的贸易,有 75% 是靠北美制造的船舶进行的。新英格兰是造船业的中心,1772 年它建造的船舶占全殖民地总数的 68%,新英格兰的捕鱼业也发展到相当可观的地步。商人雇用水手从事大规模的捕鱼,渔船有时远航至南美和非洲海岸。18 世纪 60 年代,新英格兰的捕鱼业每年总收入平均为 25.5 万美元。在独立战争前夕,殖民地对外出口额增加到 2 000 万美元。1775 年北美殖民地从事运输的船只有 2 000 艘,水手为 33 000 人。

诚然,在整个经济中,农业仍占很大的优势,对外贸易也是入超的,但是殖民地工商业的发展已达到足以威胁宗主国的程度。

随着农业、工业及贸易的发展,原来处于隔绝状态的各殖民地之间的经济联系大大加强。到 18 世纪中叶,新英格兰各主要城市已由许多桥梁、渡船和道路网连接起来。从纽约到费城和波士顿,从波士顿到查尔斯顿均有道路可通。内河和沿海水路把各殖民地之间的壁垒打通了。北方工业品南销,南方农产品北运。费城、波士顿和纽约发展为拥有2万~3万人口的城市,成为北美经济、政治和文化的中心。统一的北美市场形成了。

随着统一市场的形成,各殖民地之间的文化交流也日益频繁,在这个基础上形成了共同的文化,而英语便是这个共同的文化的媒介。

北美居民在开拓新世界的艰苦斗争中,养成了一种特有的性格——勇于创新、富于进取和个人奋斗的精神。

因此,到18世纪中叶,在北美英属殖民地上已经形成了一个新兴的民族——美利坚民族。

随着美利坚民族的形成,民族自觉也日益增长。

诚然,在北美殖民地上随处可以看到英国的影响:北美的许多事物不过是英国的再版或模仿品;殖民地上的政治制度、法律、宗教、风俗习惯乃至伦理道德观念,在很大程度上是照搬英国的;甚至在文学方面也受到英国文学的强烈影响。

而且到1750年左右,北美居民在思想感情上还是忠于英国的。其所以如此,原因有三:第一,北美居民绝大多数是来自英国的移民,对英国都怀有乡土之情。第二,北美需要英国的保护。在1763年以前,北美殖民地受到来自法国和西班牙的威胁,这里的居民渴望得到母国的保护。第三,南方殖民地上的种植园主与英国之间形成了密切的贸易关系:他们在英国出卖南方的产品烟草,同时又从英国购买奢侈品。

但是在这种对母国依恋的情感下面隐藏着一种富有北美色彩的强烈的民族主义潜流。新世界的环境不仅产生了新的生活方式,而且也塑造出新的思想方式和新的文化心理结构。北美大多数人意识到:新世界的优越的自然条件——有广阔的空间和无尽的资源——预示着一片光明、美妙的前景。他们充满了乐观进取精神,希望用自己的双手改造自然,创造幸福美满的生活。他们都有自己的梦想和憧憬。他们相信进步,相信未来——这种信念使他们感到自己是与旧世界不同的新人。北美人的这种民族自豪感就是民族自觉的最鲜明的表现。

启蒙思想的传播

然而,美利坚民族也不是闭关自守、夜郎自大的民族,在独立前的100多年中他们也不断地从欧洲先进思想中吸取营养。在此期间,英国所有的先进思想都横越大西洋,在北美殖民地上广为流传。在17世纪英国革命中出现了平等派民主思想,反映这种思想的平等派小册子也传到北美来。为1688年英国"光荣革命"作辩护的辉格主义著作,如英国启蒙大师约翰·洛克的《论政府的两篇论文》,也在18世纪的北美拥有许多读者。18世纪在英国又产生了激进的辉格主义者,他们攻击辉格、托利两党的寡头统治,提出一系列改革的要求:扩大下院的权力,扩大选举权,实行出版自由,根除贪污等等。这些激进主义者的思想主张也在北美得到了传播。法国启蒙思想家伏尔泰的思想,还有孟德斯鸠的三权分立学说,也在北美社会产生了积极的影响。

在英、法启蒙思想的熏陶下,在北美殖民地上也产生了启蒙思想的代表人物,其杰出代表便是本杰明·富兰克林(1706—1790)和托马斯·杰斐逊(1743—1826)。

富兰克林出身于波士顿一个手工业者家庭。年轻时当过排字工和印刷工。经过刻苦自学,他成为一位知名学者和政论家。后来他经营印刷所和办报,创建了北美第一个公共图书馆、医院和大学。他曾经从事电的实验,由于发明避雷针而名播遐迩。他从事科学研究不单纯是从兴趣出发,同时也是为了应用到实际生活中去以增进人民的幸福。他虽然没有系统地阐述自己的思想,但是从他的书信和言论中仍可以看出他的基本思想倾向。

他歌颂勤劳,指出:社会贫困形成的主要原因是"爱好劳动的人们必须把自己劳动的第一批果实分给——这在他们是不得已的——寄生的、懒惰的人们。"他赞颂农业而反对工商业,认为农业才是增加财富的唯一正当方法。但后来他的态度有所转变,也认为工商业是必要的。他特别反对英国对殖民地工商业的限制。

富兰克林对劳动人民十分同情,认为:"个人幸福是政治社会的最终目的"。他反对奴隶制度并要求废除它。1775年创建了北美第一个反奴组织"被非法奴役的自由黑人救援会",主张黑人和印第安人应享有和白人同等的权利。他在政治上主张实行普选制和一院制议会。

他坚持殖民地利益,反对英国的殖民政策。但是他不愿与宗主国进行坚决斗争,反对流血革命,主张殖民地统一,在英帝国范围内实行自治。但独立战争爆发后,他的觉悟提高了。他坚决拥护美国独立,捐出个人财产支持战争,成为资产阶级民主派的代表人物之一。

杰斐逊出身于弗吉尼亚一个种植园主家庭,自幼受过良好的教育。1760年他入威廉-玛丽学院学习,广泛阅读有关法律、政治、哲学、文艺和数学等书籍,成为知识渊博的学者和思想家。他深受启蒙思想家特别是洛克的思想影响。他相信理性,热爱知识;反对愚昧,反对迷信。他认为人的知识可以引导人类走向更富裕、更美好的康乐之域。他相信人类幸福应该是人类一切努力的目标。在他看来,人的思想一旦从禁锢下解放出来,就会取得丰富的知识,就可以创造无限的物质财富,人类生活就可以得到很大的改进。他反对一切武断的权威,对一切事物都抱一种大胆怀疑的态度。在哲学上他是一位自然神论者,认为宗教纯粹是个人的私事。在政治思想上,他是一位革命民主主义者,竭力维护人们的自由、平等的权利。他主张建立人民广泛参政的民主共和国,要求实行普选制,一切重大问题应诉诸人民的投票表决,因为大多数人的意见总是正确的。

他十分憎恶一切传统力量,要求消灭传统的拘束。他指出:任何一代人都没有权利为后一代人制定法律。后代人也不应受前一代人所制定的法律的约束。他提倡每隔20年就对法律或宪法进行一次复查，以便使法律或宪法能符合当代人民的要求。

在社会思想上，他特别反对奴隶制度，认为它是一种罪恶，是对于人的自然权利的侵犯，因而主张解放奴隶。1770年在他当律师时，有一个黑白混血儿奴隶向法院控诉，要求给他自由，理由是：他的祖母是一个白人妇女与黑人男奴隶的女儿，而按照弗吉尼亚的法律，奴隶的身份不是依据肤色，而是依据母亲的身份。杰斐逊免费为这个奴隶作辩护。他在法庭上辩护时不但依据法律，而且也依据自然权利学说。他指出："在自然法则下面，一切人生来都是自由的，每一个人来到这个世界上都对自己的身体有支配的权利。"

三、矛盾的激化·武装斗争的开始·宣布独立

矛盾的激化 到18世纪50年代，英属北美殖民地在政治经济上已臻成熟。各个殖民地上都有了选举产生的议会，这些议会在制度上日趋完善，它们的权力已经大得足以与总督相抗衡，在王家殖民地上它们已经成为对抗英国、保卫殖民地利益的重要的政治武器了。与此同时，北美经济也有显著的发展，不但达到自力更生的地步，而且在某些部门已经与英国竞争了。可见，北美已经具备了一个独立的国家所应具备的条件。但是，北美人民还没有摆脱英国的殖民统治而独立的想法，他们满足于自己在大英帝国内所处的地位，这从富兰克林的话里可以得到证明，1751年他在谈到英国时，甚至把英国比成"一个聪明而善良的母亲"，把大英帝国说成是一个"大家庭"，并且表示削弱这个"大家庭"的任何一部分都会削弱整个"大家庭"。

但是，到1763年英法战争结束后，英国一反过去对北美殖民地的宽容态度，而开始剥夺北美人民长期以来所享有的自由，并且把新的压迫加在北美人民头上。这就引起了北美人民的反抗，而英国又不肯让步，以高压手段对付北美人民的反抗。这就是独立战争爆发的基本原因。

1763年对法战争（七年战争）以英国的胜利而结束，于是英国便腾出手来，严厉执行过去长期未能实行的一系列限制殖民地经济的法律，并且把重点放在缉查走私上面。它派出许多军舰到北美海岸游弋，专门查禁走私船只。这样一来，以走私为特点的北美对外贸易一落千丈，往日繁华的港口顿时冷落下来，大批水手失业了。

同一年英国政府又颁布命令，禁止殖民地居民越过阿巴拉契亚山脉西迁。这是一个临时性的措施，其背景是当时英国尚未制定西部的土地政策，害怕人民到西部去，会给西部土地问题带来麻烦。但是，殖民地居民却认为，英国颁布这个禁令是为了保障与西部印第安人作毛皮生意的英国商人的利益。当时北美有

许多劳动者想到西部去谋生,南方奴隶主也想到西部经营种植园经济,土地投机商更迫不及待地希望到西部囊括土地。而这个禁令一颁布,这些梦想便都化为泡影。

但是,英国犹以为未足,在1765年以后又向殖民地居民征税。英国过去连年战争,军费沉重,国债激增。此外,对法战争结束后,英国夺取了法属加拿大,因之它在北美的领土大大扩张,为了保卫辽阔的帝国疆域,也需要巨额费用。在这种情况下,征收新税已经势在必行。但是,英国统治当局却决定把税的负担转嫁在殖民地居民身上。1765年颁布的《印花税法案》和1767年颁布的《汤森法案》就是向北美人民征税的措施。这激起了北美人民的强烈的抗议。他们用抵制英货的行动来回答英国的苛政。在反对印花税的斗争中,人民中间还出现"自由之子"等群众团体。到1770年为止,英国政府让步了,先后废除了这两项征税法案,只保留一项茶叶的入口税,以示英国政府仍有权向殖民地征税。

然而殖民地人民并没有因英国让步而放松警惕。他们为了迎接未来的战斗,建立了革命组织。在塞缪尔·亚当斯和杰斐逊等人的倡议下,各殖民地都成立秘密团体——"通讯委员会",以加强殖民地之间的联系和统一行动。

同时,殖民地人民对于英国保留茶税一事异常愤慨,所以从1770年起就发起了"不饮茶"运动,以示抗议。这时,也有一些殖民地商人从荷兰走私运来大批茶叶,因此英国的《茶叶法》成为一纸空文。1773年为挽救濒临破产的东印度公司,英国允许公司将茶叶运到北美倾销,不收入口税,并允许不经殖民地的入口商之手而直接卖给零售商。据估计,这种办法将使公司的茶叶价格比走私入口的茶叶便宜50%。但是在反英斗争的高潮中,殖民地人民认为自由比喝便宜茶叶更重要。各地均召集会议,决心不让东印度公司的茶船靠岸卸货。但是到达波士顿的茶船拒绝群众的要求。于是在1773年12月16日夜,波士顿的人民群众在夜色苍茫中登上茶船,把价值15 000英镑的茶叶掀入大海。

英国政府大发雷霆。1774年3~4月,英国政府先后颁布了几项高压法令,主要内容为:封锁波士顿港;取消马萨诸塞的自治权;英国官兵在殖民地犯罪者必须送往英国或其他殖民地审判,马萨诸塞司法当局无权过问;在波士顿市内驻扎英国军队。这在北美被称为《五项不可容忍法令》。为了执行上述法令,英王任命北美英军总司令盖奇将军为马塞诸塞总督,妄图以武力迫使殖民地屈服。

但是,人民决不向英国的淫威屈服,没有一个工人响应英国的号召去参加英国兵营的修筑工作,也没有一个农民把粮食出卖给英军。波士顿人民的英勇斗争吸引了其他殖民地人民的关注。各地纷纷以人力、物力支援波士顿人民。为了协调各殖民地的行动,弗吉尼亚议会呼吁召开由各殖民地代表参加的会议,共同"商讨各殖民地不幸的现状"。这一建议立即得到热烈响应。

1774年9月5日到10月26日,在费城召开了第一届大陆会议。除佐治亚因总督阻挠未派出代表外,其他12个殖民地共有55名代表参加了会议,绝大部分人是地主、资本家或种植园主的代表。大会围绕着北美与英国的关系问题展开了激烈斗争。民主派帕特里克·亨利号召北美人民团结起来,立即采取军事行动。他高呼:"弗吉尼亚人、宾夕法尼亚人、纽约人和新英格兰人之间的区别已不存在,我现在不是弗吉尼亚人,而是美国人。"占多数的保守派采取了妥协性的步骤:向英王上请愿书,要求取消高压性措施,但同时又表示愿意继续效忠于英国。

在会议期间,殖民地人民到处召开大会,通过决议案,表明对时局的态度。马萨诸塞的《苏福克决议案》号召人民起来坚决反对《五项不可容忍法令》(即"五项高压法令"),抵制英货,与宗主国断绝一切商业往来,以武力反抗英国的压迫。

在人民斗争的推动下,大陆会议通过了一项决议,要求英国政府取消对殖民地的各种经济限制和《五项不可容忍法令》,并且表示在英国接受这些要求前,中断同英国的一切贸易往来。

但是英国对这一温和要求也加以拒绝,并调兵遣将,准备诉诸武力。

武装斗争的开始

在大陆会议寻求与英国妥协时,各殖民地人民却在加紧进行备战活动。各地纷纷建立了地方革命政府——公安委员会,组建民兵,特别是组成了一支装备精良、反应敏捷、战斗力强的人民武装部队"一分钟人"(即一分钟内就能行动起来)。各地还建立了驿马队、情报队,修建了军火库以储存枪支弹药。到了1775年,北美大陆已经出现全民皆兵、同仇敌忾的革命形势。人民群众决心为捍卫民主和自由,与英国决一死战。

1775年4月18日,北美英军总司令盖奇派两个团的700名士兵,从波士顿出发到附近的康科德,去搜查通讯委员会的秘密军火库,并企图逮捕通讯委员会的领导成员塞缪尔·亚当斯和约翰·汉考克二人。通讯委员会的情报人员瑞维尔和德维斯得到这个消息后,马上把英军的行动通知当地的通讯委员会。19日"一分钟人"在列克星顿与英军相遇。双方冲突开始,响起了"列克星顿枪声"。英军继续北上,破坏了康科德的军火库。但是他们在那里遭到400名"一分钟人"的进攻,并在逃跑途中遭到袭击,死伤273人,残兵狼狈地逃回波士顿。殖民地方面仅损失90余人。这是北美人民的武装力量第一次与英国正规军交锋,它揭开了北美人民反英战争的序幕。

列克星顿的胜利鼓舞了殖民地人民,三天之内,这一支民兵队伍就壮大到2万多人。他们并没有满足于已取得的战果,乘胜把英军的老巢——波士顿团团围住。

在武装斗争开始和群众积极参加战斗的形势下,1775年5月10日第二届大陆会议召开。13个殖民地都派代表参加会议,富兰克林和杰斐逊第一次与会。这时各地人民一致要求大陆会议能担当领导武装斗争的任务,并且支持人民自发的军事行动。但是,为温和派所控制的大陆会议,对于群众的这个合理要求无动于衷。只有到后来,当人民的自发的武装斗争发展到不可收拾的地步时,会议才勉强承担了领导殖民地民兵作战的任务,并且在1775年6月任命乔治·华盛顿为殖民地军总司令。华盛顿立即北上就任。在军事行动展开的过程中,北美各地的民兵锻炼成为纪律严明、战斗力很强的正规军。大陆会议还通过《必须采用武力的宣言》,通过关于发行纸币、征募志愿兵、改编民兵为"大陆军队"的决议。

1776年3月,华盛顿军队在得到一些重型大炮之后,猛烈攻打驻守波士顿的英军,迫使英军撤出波士顿,退到哈利法克斯(在加拿大的新斯科舍)。

但是在大陆会议看来,北美的这些军事措施及军事行动,仅仅是迫使英国对殖民地让步的手段而已。一旦英国作出让步,放松对殖民地的压迫,它仍愿放下武器与英军握手言欢,复归于好。这一年7月,大陆会议向英国国王提交一份请愿书,仍要求和解。只有个别领袖提出了独立的要求。比如激进派领袖塞缪尔·亚当斯早在1774年第一届大陆会议开会后不久,就提议发表一个独立宣言。

当时北美广大群众虽然非常不满英国的高压政策,但是他们仍幻想英国会让步,会取消十余年来的压迫政策。

舆论的变化

由于北美大多数人幻想同英国和解,"独立"这个字眼在当时几乎成了危险的字眼,很少人敢说出口来,公开提出独立要求的人就更少了。但是,到1776年上半年,舆论陡然变化,"要求独立"成为广大人民的普遍呼声了。这是以下几种情况促成的:

第一,英国对北美的残酷镇压。在1775年武装斗争开始后,英国统治集团凶相毕露,它决心用屠刀把北美反英斗争淹没在血泊里。它把有3万兵力的部队调到北美来。1775年10月英国海军放火焚烧了缅因的法尔摩斯城;1776年1月英国战舰大肆蹂躏弗吉尼亚农村。英国的这些暴行从根本上破除了北美人民的幻想,他们不得不从独立中寻找出路。

第二,潘恩的《常识》在北美的畅销。到1775年为止,在北美广大群众的心目中,英国国王乔治三世仍有相当的威信。北美的革命领袖们在过去10年的反英宣传中把英国加在北美人民身上的一切压迫都归咎于英国内阁,同时却把英王捧得很高,把他描写为灵魂纯洁的、心地仁慈的君主。因此,北美人民虽然愤恨英国政府的压迫,但却把希望寄托在乔治三世身上,希望他能把居心残忍的大臣们免职,并且取消大臣们十余年来所实行的压迫政策。这样,乔治三世就成了人心倾向独立的巨大障碍。在这个关键时刻挺身出来扫除这个障碍的便是托马斯·潘恩。

潘恩1737年出生在英国,37岁以前是在英国度过的。他是一个贫穷的胸衣工人之子,早在13岁时就继承父业,靠飞针走线糊口,后来又任政府的收税员,勉强维持温饱。1774年他离开祖国来到北美,不久就成为一家杂志的编辑,并且写了不少涉及时事的文章。他看到,北美人民反英斗争的最大弱点就是目标模糊,人们拿起武器与英军作战,但不是为独立而战,一般人对英王仍有幻想,对大英帝国仍有留恋。与此同时,他也看到,领导斗争的革命领袖过于谨慎,不敢宣布独立。他认为这大大影响了反英武装斗争的力量,使得英国有可能把北美革命运动扼杀在萌芽状态中。为了鼓励北美人民更勇敢地走上战场,他感到有必要破除人们对于国王的幻想,并且把作战的目标告诉他们,向他们指出:北美独立就是战争的目标。总之,潘恩决定把"人民的思想感情从依附[于英国]转到独立,并且从君主制转变到共和的政府形式"。这就是他拿起笔来写小册子《常识》时的想法。

《常识》是在1776年1月发表的。他在这本小册子里大胆地呼吁独立,并且痛切地陈明,英国统治有百害而无一利,独立有百利而无一害。他写道:英国过去之保护北美殖民地,完全着眼于本身的利益,并不是为了爱护北美人民。他指出:独立的好处甚多,独立不但给北美人带来自由,而且还能使他们享受经济繁荣。相反地,如果继续与英国保持联系,则只能延长北美人民的痛苦。他特别揭露乔治三世的专制暴虐,说他是一个"冷酷的、脾气恶劣的法老","大不列颠的戴王冠的野兽",下决心消灭北美自由的就是他。他说:国王不是内阁的傀儡,内阁是受他支配的。国王用津贴和官职去收买下院,因而在下院选出一个充当国王傀儡的多数,由这个多数产生的内阁就成了他手中的工具。国王的所作所为,使英国成为一个暴虐专制的国家。

《常识》刚一问世,立刻就被人抢购一空,在短短的三个月内,在人口不到300万的北美殖民地上竟销售12万册。《常识》的影响是巨大的、深刻的。它一举扭转了北美的舆论,彻底摧毁了英王在殖民地人民心目中的优美形象,使他成了一个暴虐的独夫,从而切断了殖民地人民心中残存的、对英王和英国的最后一根感情纽带。小册子提高了人民的觉悟,推动他们倾向独立,独立逐渐地成为普遍呼声。正如约翰·米勒所指出的:"随着1776年1月《常识》的发表,潘恩打碎了把革命冻结起来的坚冰"。

但是,独立成为北美人民普遍的呼声是一回事,大陆会议宣布独立是另一回事。到1776年4、5月间,独立固然成为人民的一致要求,大陆会议在这个问题上仍徘徊不前。

大陆会议之所以终于决定宣布独立,有以下三个原因:

第一,各界人民的推动。到1776年春,各地群众纷纷写信给大陆会议,要求赶快宣布独立。约翰·亚当斯写道:"要求独立的邮件每一天像洪流一样涌向我们这里"。直接反映人民要求的各殖民地的革命议会或代表大会也纷纷写信给大陆会议代表,要求宣布独立。马萨诸塞的约瑟夫·浩利写信给塞缪尔·亚当斯道:"防止不和和纠纷的唯一办法,便是趁热打铁。人民的血太热了,以致不容许延迟——如果不马上宣布独立,一切都会陷于混乱"。总之,来自各方的压力,对于大陆会议之最后宣布独立,起了有力的推动作用。

第二,出于争取外援的需要。北美革命领袖们在对英战争开始后不久,就清楚地认识到争取外援的必要性和可能性。在他们看来,要想战胜英国这个世界上最强大的海上霸主,没有外援是不行的。同时他们也看清了当时的国际形势:英国是在先后打败了西班牙、荷兰和法国之后才建立了自己的海上霸权,从而也就树立了这三个敌国。这些敌国都伺机复仇,现在北美举行反英战争,正好为这三个国家提供现成的时机。因而争取这些国家的援助的可能性也是存在的。1775年3月,通讯委员会派出塞拉斯·迪恩到法国,试探法国大臣维尔仁的意见。但是法国对于帮助不想与英国正式割断联系、而只希望在大英帝国内部享受一定自由的北美,不感兴趣。它表示只有北美断然宣布独立,才能援助它,并且与之建立联盟。对于法国的这个态度,北美许多革命者是清楚的。弗吉尼亚的怀斯发问道:"我们以什么身份进行交涉?作为大不列颠的臣民,还是作为叛乱者?如果我们向法国宫廷提供贸易,当我们承认是[英国]居民时,他们会款待我们比款待布里斯托尔或利物浦更好吗?不,我们必须宣布我们是一个自由的人民。"对于这一点,大陆会议也逐渐认识到了。汉密尔顿和理查德·亨利·李都认为:如果北美宣布独立的话,法国一定会支持殖民地的反英斗争。总之,为了争取外援,也非宣布独立不可。这也是推动大陆会议的许多领导人倾向独立的主要原因之一。

第三,北美到1776年上半年已具备独立的条件。这时,北美从中央到地方都形成了革命政府,而王家政府纷纷瓦解。各殖民地都成立革命议会,在它的下面又设置安全委员会作为执行机构,在基层,各市镇教区也都有通讯委员会行使行政管理的职能。同时,大陆会议在实际上也扮演了中央政府的角色,因为在大陆会议下面设置了类似财政部、外交部、商业部及海军部的机构。这样,北美已经具备了独立的条件。这个既成事实也是推动大陆会议的代表们决定宣布独立的重要原因之一。

但是,这里不能忽略弗吉尼亚的先锋作用。弗吉尼亚代表会议在1776年5月15日,向大陆会议的弗吉尼亚代表们发出一项训令,要求他们向大陆会议提出宣布独立的建议。在收到这个训令后,弗吉尼亚的代表理查德·亨利·李便于6月7日向大陆会议提出了一项决议案,要求大陆会议通过。这个决议案中有言:"联合殖民地是——而且有权利是——自由而独立的诸邦,它们解除了对于英国国王的一切臣属的义务,因而它们与大不列颠国家之间的联系应该完全解体"。

但是,中部几个殖民地的代表在大陆会议上反对这个决议案,所以大陆会议决定把独立问题的表决推迟到7月1日,希望在这以前能说服中部殖民地。但是实际的表决是在7月2日举行的。在表决中,只有纽约的代表弃权,其余的12个殖民地的代表一致投赞成票,于是关于独立的决议案获得通过。7月4日,大陆会议又通过了《独立宣言》。

《独立宣言》

其实在大陆会议发表《独立宣言》之前,弗吉尼亚代表会议已经于6月12日发表了《权利宣言》,这是弗吉尼亚的民主派梅逊起草的。《权利宣言》列举了人民所应享受的一系列自由和权利,并且证明一切权力都来自人民,政府官员不过是人民的公仆。可以说,这个《权利宣言》应该是后来法国大革命期间发表的《人权宣言》的蓝本。但是它的重要意义被《独立宣言》掩盖了,因为《独立宣言》更全面更深入地阐明了民主原则。

《独立宣言》出于杰斐逊的手笔,它不但体现了他个人的民主思想,而且也反映了北美广大人民的内心愿望。

《独立宣言》共分三大部分:第一部分陈述了资产阶级的自然权利和人民主权的思想,它写道:"我们认为下面这些真理是不言而喻的:一切人生来就是平等的,他们被造物主赋予他们固有的、不可转让的权利,其中有生命、自由以及追求幸福的权利;为了保障这些权利,才在人们中间成立政府,而政府的正当权力,则得自被统治者的同意;如果遇有任何形式的政府损害这些目的,人民就有权利改变或废除它,并且成立新的政府,而新成立的政府,要奠基于这样的原则上,以这样的形式组成它的权力,以期它最能保障人民的安全和幸福。……"这就是说,在人类中间成立政府的目的是为了保障人民的基本权利,如果政府侵犯人民的基本权利,人民就有理由把它推翻。

第二部分列举了英国国王乔治三世压迫北美人民的种种事实,并且说明这种压迫就是侵犯了北美人民的基本权利。

从以上两个部分很自然地得出一个重要的结论:北美人民应该推翻英国国王在北美的殖民统治,北美应该独立。这个结论构成了第三部分的内容。

这样,宣言根据理论和事实说明:美国宣布独立是理所当然的,是合乎天理人情的。这是宣言的中心思想。

同时,作者还在这篇宣言中,阐明了美国作为新生国家立国理论基础的一系列资产阶级民主主义原则。第一,关于平等的理论。作者认为平等应包括两个内容:一是政治平等,每个人在法律面前是平等的,都有权利直接或间接参加国家管理。二是经济上的平等。他主张建立"耕者有其田"的小农社会。这是针对殖民地的政治压迫和经济剥削而提出的,虽有某些幻想成分,但是具有反封建的进步意义。第二,自然权利学说。即人一生下来就应该是自由平等的,这些权利不是创世主或权威的恩赐,而是大自然所赋予的,因此是不可剥夺或割让的。这种学说提高了人民的地位,承认了个人的尊严,从理论上摧毁了专制主义存在的基础。杰斐逊发展了洛克的自然权利学说,用"追求幸福"去代替"财产权利"作为人们的自然权利。这是现代政治理论上的一场革命,因为它打破了否定现世生活而把希望寄托于来世或天堂的中世纪宗教观念。他指出:人不是为受苦而活着,追求幸福是人人都应享受的、不可转让的权利,而促进人民的幸福是政府的重要目的。第三,人民主权学说。杰斐逊指出:人民是主权者,政府的一切权力来自人民,政府是服从人民意志的,是为了人民幸福和保障人民权利而存在的。第四,人民革命权利的理论。杰斐逊以自然权利论和人民主权论为基础,指出:既然政府的权力来自人民,目的是保障人民的自然权利,如果一旦政府不履行自己的职责,侵犯人民权利,并成为祸国殃民的压迫者且不可救药时,人民就有权利举行革命或起义来推翻它,不管这个政府是封建专制的还是曾经是民主的。

《独立宣言》是一个伟大的历史文件。它在人类历史上,第一次以国家的名义宣布:人民的权利为神圣不可侵犯的。它比法国的《人权宣言》早13年,所以马克思称它是"第一个人权宣言"。① 但是必须看到:它所阐明的自由平等原则,只停留在字面上,在资本主义社会是无法彻底实现的。《独立宣言》的发表,大大地鼓舞了北美人民的革命斗志,成为北美人民争取独立的旗帜。在它的激励下,人民斗志昂扬地走上战场,为实现独立的伟大目标而战斗。

四、艰苦的战争·光辉的胜利

艰苦的战争

独立战争开始时,英国是一个头号的资本主义强国。它不但有雄厚的经济基础,而且也拥有世界上最强大的海军和精锐的陆军。此外,它还统治着广大的殖民地,有十分雄厚的人力物力。相反地,北美殖民地的工商业都比英国落后,在物力财力方面与英国相比,都是望尘莫及的。北美人民就是在敌我力量悬殊的条件下,走上战场的。

当大陆会议的代表们在《独立宣言》上签字的时候,他们不但抱着破釜沉舟的决心,而且也有必胜的信念。因为英国政治首脑的腐朽无能在过去十余年的一系列事件中暴露无遗。而且武装冲突开始以来英国军队之连遭挫败,进一步证明英国当局指挥战争和治理大英帝国一样颟顸无力。

当然,北美方面也遇到军事上的挫折。1775年秋,北美派出一支军队远征英属加拿大,目的是鼓动加拿大人参加北美的反英斗争。但是到1776年春,这

---

① 《马克思恩格斯全集》第16卷,人民出版社1964年版,第20页。

次远征以失败而告终。在大陆会议看来,远征失败虽然有军事上的原因,但是政治上的原因是主要的:加拿大人并不想起来反抗英国的统治。然而,远征加拿大的失败并没有动摇大陆会议的领袖们对于反英战争胜利的信念。

北美领袖们的这个信念是一种无形的精神力量,这种力量来自北美人民对于自由的渴望。他们认识到英国的殖民统治是北美人民实现自由的最大障碍,只有打败英国军队,才能获得自由。这种对于自由的渴望产生了无穷无尽的力量。由于渴望自由,华盛顿麾下的士兵才能在战场上克服一切困难。战士们衣不蔽体,食不果腹,由于缺少鞋穿,在雪天行军时,脚磨破了,雪地上印满了殷红的血迹。但是他们都能劳而无怨,以饱满的精神追击敌人。由于渴望自由,北美军民才能在打击敌人时发挥主动性和创造力。他们有时躲在房屋后,有时藏在树林中,随时随地出其不意地狙击敌人。当然,北美人也有自己特殊的优越条件。他们几乎人人有枪,也人人善于使枪。北美人之人人习武,是欧洲人望尘莫及的。与这样习武善战的北美人民为敌,英军当然处处吃亏。

可见,北美打的是人民战争。人民战争使英军无法占领美国的土地。地方民兵虽然可以处处折磨英军,但是在打正规的阵地战时,就无能为力了。因此,要想克敌制胜,最后迫使英军投降,美国方面在战场上还需要两个重要的条件。

第一,组织训练正规军。在华盛顿就任总司令后,几次战斗使他认识到建立正规军的重要性。他请来普鲁士军官斯图本帮助他训练正规军。于是,正规军与民兵配合作战就成为独立战争中美军作战的特点。

第二,军事统帅的胆略和主动精神。华盛顿和他的几位军事副手就具备这个条件。下面的事实证明了这一点。

在大陆会议通过关于独立的决议那一天(1776年7月2日),威廉·豪将军以英军统帅的资格,率领数千英军在纽约州的斯塔登岛登陆,不久之后,英国舰队也到达这里。此后,英国人力物力源源运到。到夏末,在斯塔登岛集结了3万英军。

作为对手,华盛顿的兵力也与其相埒,却全是民兵,而且当时华盛顿指挥战争的经验远逊于豪将军。

因此,在1776年8月27—28日的长岛战役中,美军遭到沉重打击。华盛顿率领残余部队撤到特拉华河西岸。然而华盛顿没有因战败而气馁,他积极准备新的战斗。同时,他也细心视察敌情,在入冬后他发现英军蛰伏,处于冬休状态。1776年12月25日夜里,他趁英军懈怠不备,冒着严寒率军渡过特拉华河,奇袭特伦顿,俘虏英雇佣军1 000人,美方仅损失5人。这次胜利表明华盛顿具备了为军事胜利所必需的胆略和主动精神。

在战争中,英军统帅豪将军身上存在严重的缺点,他的这些缺点也成为美军取得胜利的重要因素之一。豪将军是一位旧式军人,他为人谨小慎微,墨守成规,严格按照兵法书籍上的条文行事,缺乏机动灵活性,不能在瞬息万变中当机立断。比如,当华盛顿军队逃到特拉华河西岸后,他却下令士兵休息,而没有乘胜追击。他还有一个缺点,即在制定战略计划时顾此失彼,考虑不周。

1777年初,根据豪将军制定的战略计划,英国当局决定派出三支队伍到奥尔巴尼会师:第一支由柏高英将军率领从加拿大出发,经过尚普兰湖;第二支在巴利·圣·列格尔中校率领下也从加拿大启程经过安大略湖和摩瓦克河;第三支由克林顿将军统率,从纽约溯哈得逊河北上。这个计划从战略上来看,有严重的漏洞和失误:第一,英国兵分三路,使得美方有可能集中兵力予以各个击破。第二,两支纵队从加拿大出发到目的地,路途遥远,必然遇到运输及供应上的困难,加上长途跋涉,必然造成士卒疲惫不堪,这就使美军有可能以逸待劳,伺机歼灭敌人。而且,这个计划在执行过程中,三支英军没有很好地配合。在时间上,柏高英出发过早,没有等待另外两支纵队同时行动。而且克林顿将军在离开纽约北上之前,曾要求豪将军增援部队,但豪将军当时正集中兵力攻占费城,无法派兵北上增援。

1777年6月,柏高英首先自加拿大启程,7月攻下了提康德罗加,然后继续前进。但是队伍在抵达距哈得逊河20英里的地方时,遭到附近美军的袭击,行动受阻。结果英军经过三个星期才攻下爱德华要塞。但这时英军在供应上又出了问题,于是柏高英便派出军队到附近大肆劫掠。当地农民纷纷起来抵抗,弄得英军进退失据,狼狈不堪。圣·列格尔的队伍动身较迟,当进军到摩瓦克河附近时,遇到当地居民的袭击,被迫返回加拿大。

当柏高英队伍在爱德华要塞一带,因供应不足而无计可施和圣·列格尔在摩瓦克河沿岸不断挨打的时候,克林顿才最后领兵出动。在他的队伍到达距离奥尔巴尼60英里的地方之前,柏高英的部队已退到萨拉托加,尚未来得及安营扎寨,新英格兰的农民就个个手持武器从四面八方赶到,这时美军也开到这里,把英军团团围住。弹尽粮绝的英军已经无路可走,不得不在1777年10月17日放下武器,向美军投降。

法国的参战

萨拉托加大捷成为美国独立战争的重大转折点,因为它是推动法国参加反英战争的决定性因素,而法国之参战,又是美国最后取得独立战争胜利的必不可少的条件。法国参战之所以如此重要,是因为以美国这样一个力量薄弱的国家,要想战胜英国这样一个世界头等海上强国,如果没有像法国这样一个强国的大力援助,是十分困难的。

美国在宣布独立后(1776年9月),就派富兰克林和阿瑟·李赴法,目的在于争取法国正式承认美国独立及与美国订立条约。1776年12月抵达巴黎后,富兰克林便向法国军官们展开游说,在军官中引起共鸣,因为法国军官都迫不及待地想报七年战争之仇。但是富兰克林的成就不大,美军在战场上的初期失利,使法国政府不相信美国的实力,不敢正式承认美国独立,也不敢与美国缔结条约。当时法国执行两面的外交政策:一方面秘密以金钱及武器援助美国,另一方面在英国面前表示严守中立。但是,1777年萨拉托加大捷扭转了法国的态度。这次大捷表明美国人有力量打败英军,并迫使其投降。1778年法国同意与美国签订两个条约,一个是《友好商业条约》,该条约承认美国,约定在商业上互助。另一个便是《美法同盟条约》,法国答应界予美国以一切必要的援助,美国同意法国在西印度夺取领土。双方还约定:不与英国单独讲和,只有美国独立得到保证,方能放下武器。1778年6月法国终于参战。西班牙也在法国的怂恿下参加反英战争,但是却比法国参战晚一年。最后,到1780年英国的另一个宿敌——荷兰也参加了反英战争。1780年普鲁士与俄国成立武装中立同盟,以抵制英国对于中立国的侵犯。不久,丹麦、瑞典及奥地利也加入了这个同盟。

这样,到1780年美英战争扩大为国际性的战争。对于法、西、荷等国来说,这是争夺商业殖民霸权的战争;对于英国来说,这是反革命的战争;惟有对于美国来说是正义的解放战争。在这场战争中,英国完全陷于孤立。

法、西、荷参战后,战争便从北美扩大到东印度、西印度及欧洲。英国到处受敌,英国海军在法、西、荷诸国海军的攻击下,丧失了海上优势,这在很大程度上决定了战争结局。

法国也直接援助北美:罗尚博伯爵率领6 000人的法军,德斯坦伯爵率领的法国舰队(17艘舰)及得·格拉斯率领的另一个法国舰队(28艘舰)先后来到北美。法国舰队前来援助是对美国的大力支持,因为美国这时还没有建立海军,只有一些私掠船。

不过,法、西、荷等国参战后,并没有立即使北美战局改观。

光辉的胜利

在萨拉托加惨败后,英国统帅豪将军提出辞呈,由克林顿将军接任英国统帅。克林顿改变了战略,放弃了夺取哈得逊河流域的计划,决定把军事行动的重心转移到美国南部,留下一部分兵力在北部从事消耗战。1778年底以后,克林顿的军队进入佐治亚,占领了萨凡纳,然后北上侵入南卡罗来纳,1780年5月攻陷了查尔斯顿。随后,克林顿命令康华里将军统帅8 000人的军队继续从事南方战役,自己则率另一支军队到北方去增援驻守罗得岛纽波特的英军,因为法国远征军正在攻打这个港口。

康华里率部继续向北进军,在南卡罗来纳的坎姆登附近重创美军(1780年8月16日)。但是当他进一步向前推进时,遇到了武装居民的奋力反抗。

1780年12月,华盛顿派格林将军南下指挥南方战场的战事。格林是一位有魄力的军人,他采用迅速猛打和迅速后退的战术,沉重地打击了康华里,接连挨打的康华里的部队在1781年北上,很快侵入弗吉尼亚境内。格林并没有跟踪追击康华里,而是南下攻打查尔斯顿及萨凡纳,目的在于使南方的英军疲于奔命,无力驰援康华里。

这时,华盛顿亲自率军从北方赶到,在法军(其兵力为美军的两倍)的配合下,从陆海两面夹攻康华里,把他逼到约克镇附近。当时英军本想与英国舰队取得联系,但是被得·格拉斯指挥的法国舰队切断了这个联系。陷入重围并且失去外援的康华里部队被迫向美军投降,这是1781年10月19日的事。

英军在约克镇的投降,标志了北美战场上的战争的结束。尽管英国此后在世界上其他地区继续向法国和西班牙采取军事行动,这些军事行动一年左右以后也停止了。

在此期间,在美、法、西、英的外交人员之间,信件往来甚为频繁。这些信件表明:英国承认美国独立已经不成问题,问题是如何确定美国疆界。西班牙希望把美国领土限制在大西洋沿岸与阿巴拉契亚山脉之间的狭长地带。法国在制服了英国之后,也不希望美国强大。

美国派出的议和代表是富兰克林、约翰·杰伊和约翰·亚当斯三人。大陆会议在发给他们的训令中要求很低,只满足于英国承认美国独立。但是这三位美方代表没有按照这个训令行事,也没有遵守《美法同盟条约》的规定。他们单独与英国议和,并且坚持要求扩大美国疆土。结果,英国承认以密西西比河作为美国的西部边界,以北纬31度作为南部边界。但是他们未能争取到与英国港口进行自由贸易的权利。1783年9月3日,英美两国在巴黎签订了和约。

五、杰斐逊与民主改革

在反英战争中,在美国革命阵营内部出现了意见分歧,在改革问题上形成了两大派:激进派(或民主派)和保守派。前者反映了人民群众的愿望,要求实现资产阶级民主,让人民在政治生活中有发言权,要求消灭一切前资本主义剥削和减轻贫富悬殊现象;而后者代表贵族集团的利益,反对政治民主化,主张维持现状,维持贵族集团在经济、政治上的统治地位。保守派在大多数州掌握了政权。

在改革的过程中,两派进行了针锋相对的斗争。在某些问题上保守派达到了目的,但是激进派也争到了许多民主成果。

首先,在1776—1780年间,在大多数州都制定了州宪法(只有罗得岛和康涅狄格二州是例外,因为它们仍保留殖民地时代的宪章——特许状),使州政府受到成文宪法的约束。各州制定成文宪法,是改革中的重大的民主成果。一部成文宪法是防止暴政的第一道防线,因为它可以防止政府为所欲为。在专制国家,君主政府之所以能够任意侵犯人民权利,就是因为那里没有宪法。美国诸州之制定宪法也是世界史上一个伟大的创举,因为它们开创了成文宪法的先例。英国虽然很久以来就有了宪法,但是英国宪法是不成文的,它由许多法律、先例及习惯构成。

不过,各州在制定州宪法时,往往不遵循民主的程序。当时各州的领袖们急于制定宪法,以便使州政府的工作早日走上正轨,所以就让现成的州议会或州代表会议(州最高权力机关)负责制定宪法,而没有召开一个为了制定宪法而特别选出的制宪会议来担当这个最庄严的任务。1778年马萨诸塞的州宪法就是采取这个方式制定出来的,所以遭到人民群众的拒绝。他们说:宪法应由人民(通过自己选出的制宪会议)自己来制定,然后把它交给政府,而不应该预先由政府制定它,然后把它"恩赐"给人民。他们指出:如果一个政府能够制定自己的宪法,那么这个政府也就可以任意改变宪法,从而堕落为暴政。结果,1780年马萨诸塞召开了一个人民选出的特别制宪代表会议,由它制定另一部宪法。

其次,各州的政治进一步民主化了,这在州宪法的内容中有所表现。各州的宪法都附上了《权利法案》,其中列举了政府在任何借口下都不得侵犯的人民的基本权利和自由:出版自由,请愿的权利,陪审审判制,人身保护法,禁止建立常备军等等。

各州的新宪法都宣布共和制。独立以前,在殖民地实行的是君主制,因为英国国王就是包括北美殖民地在内的大英帝国的元首,殖民地居民就是他的臣民。而新的州宪法则宣布彻底摧毁国王的"职位"而成立共和国。

州政府官员一律由选举(直接或间接地)产生。在革命前,只有自治殖民地的总督是通过选举产生的,王家及业主殖民地的总督及参事均由英王或业主任命。新的州宪法改变了这种情况,有8个州的州长由选民选出,有6个州州长由州议会选出(实际上是间接选举)。在佐治亚,州以下的地方官也由选举产生。各州完全消灭了世袭制。

州长权力削减了,而议会的权力增大了。在殖民地时代,总督作为英王的代表(指王家殖民地),是压迫的象征,而议会是人民选出的,它是保卫殖民地利益的人民代表机构。因此人民在这次革命中普遍要求增大议会权力而减少州长的权力。人民的这个要求在州宪法中得到了反映。过去王家殖民地总督对议会的立法有否决权,现在大多数州的宪法限制了州长的否决权,北卡罗来纳甚至取消了州长的否决权。在纽约,由一个"修正委员会"(由州长及数名法官组成)行使否决权。殖民地时代,总督掌握大部分官吏的任命权,现在州宪法限制了这个权力。在纽约,由州长和参事会共同行使官吏的任命权,而且在决定中州长只有一票。在新泽西州,任命权划归立法会议。一些州宪法还容许立法机关弹劾州长。

马萨诸塞的约翰·亚当斯对此持异议。他认为州长的权力太小,而议会的权力太大。他说,现在的州长与过去的总督不同了。现在的州长代表人民而不代表英国王家政府,他应该拥有更大的权力,而不致危害人民的利益。他的意见未获采纳,于是他又想出另一个办法,那就是限制立法机关的权力,把它分为上下两院,一项法律必须获得两院通过。

本来,民主派(包括富兰克林)欢迎一院制议会,反对设置上院,因为它带有贵族气味。但是约翰·亚当斯却相信上院具有重要的功能,即上院中的有财产的议员,可以缓和下院中人民代表的过激的立法行为。在亚当斯的劝告下,所有的州(宾夕法尼亚是例外)都实行议会的两院制。

不过,在实行议会两院制的同时,对于参事会也进行了改造。在殖民地时代,参事会是由英王任命的,它为总督献策,兼立法机关的上院,还接受和审理下级法院的上诉案件。这样兼行政、立法、司法三任于一身,久已为人们所不满。新的州宪法把参事会与上院分开,也把参事会与司法机构分开,将它改名为州务会议(行政机关),另成立单独的上院和上诉法院。同时,州务会议不再由上级任命,而是改由议会选出,有的州还由选民选出。州务会议能控制州长,比原参事会只是总督的助手地位明显提高。

选举权也扩大了。各州的宪法对于殖民地时代有关选举权的财产资格作了改变。有9个州降低了财产资格。在佛蒙特州实现了成年男子(白人)的普选制。在宾夕法尼亚,一切纳税人均有权利投票。

州议会也民主化了。州议会虽然一般保留了两院制,但是增加了民主成分:(1)州上院议员通过选举产生;(2)议会选举时间缩短,一年改选一次;(3)在某些州实行比例代表制。殖民地时代的代表制很不公平,有利于上层分子而不利于农民。为此,在宾夕法尼亚州及该州以北的诸州实行了比例代表制:各选区在议会中的代表席位与其人口成正比例,这是有利于农民的。

此外,许多州的社会进一步民主化了。

在许多州,旨在维护大土地所有制的《限定嗣续法》及《长子继承法》被废除了。

在革命期间,在许多州也实现了宗教自由。在一些州,英国国教(圣公会)失去了官方教会的地位,居民不再为了维护教士生活而纳税了。在新英格兰诸州,公理会继续保持其官方教会的地位,只是到19世纪才失去这个地位(新罕布什尔是在1817年,康涅狄格是在1818年,马萨诸塞是在1833年)。

在弗吉尼亚还实行刑法的改革,缩小了死刑的范围,只有谋杀罪和叛国罪才判处死刑。并革除了一些野蛮残酷的刑罚,实行罪罚相称的原则。

在改革浪潮中,奴隶贸易和奴隶制度也受到冲击。早在1774年7月,罗得岛就颁布法律,宣布反对奴隶贸易,以后进口的奴隶一律予以解放。在这项法律的前言中写道:"那些愿意享受自由的一切益处的人们本身,也应该把人身自由扩充到别人身上"。大陆会议在1774年也同意停止奴隶贸易。康涅狄格、特拉华、弗吉尼亚、马里兰、南北卡罗来纳都在70—80年代先后通过法律,禁止进口奴隶。北部中部诸州也宣布废除奴隶制度。马萨诸塞的法院根据州宪法作了关于奴隶制度是非法的裁决。到1790年为止,该州的奴隶制度已被消灭。其他北部中部诸州也先后制定了废除奴隶制度的法律。奴隶制度之所以在北部中部被废除,主要是因为这些地区的自然地理条件不适合于大规模的奴隶制。

反奴隶制的浪潮对南方也有所冲击。有些奴隶主对于压迫奴隶一事感到不安。弗吉尼亚立法会议在1782年通过法律,允许个别的奴隶主解放自己的奴隶。到1790年为止,弗吉尼亚已有1万名奴隶被自己的主人解放出来。

在中部诸州,半封建的大地产租佃制开始瓦解了。在反英战争中,有不少北美人同情英国,甚至甘愿为英军效力,从事破坏美国革命的活动,他们被称为托利党人(或效忠派)。许多州的州政府采取措施制裁他们,没收他们的财产(包括土地)。在中部诸州,许多托利党人是大地主,他们的土地被没收后,分成小块拍卖,结果有相当一部分土地落到劳动者手中,因而扩大了农民土地所有制。

综上所述,各州的改革涉及许多方面,民主成果是相当丰硕的。

美国革命之所以取得如此广泛丰硕的民主成果,首先是人民群众推动的结果。查尔斯·巴克尔写道:在革命期间,"抗议的政治"甚为发展。在18世纪70年代的10年中,"选举宣誓、对代表的训令、群众大会、委员会及协会之出现,都从立法机关的大门外加强了人民群众对政府的压力,增加了对于政治决策的影响。"

人民群众在革命期间提出了广泛的民主改革的要求。早在1776年上半年,纽约市技工委员会就提出了"谁应该在国内进行统治"的问题,他们热烈希望在美国建立"一个自由的、人民的政府"。工匠们纷纷讨论独立后的新政府的形式,一致要求建立与殖民地时代不同的政治制度。纽约的一个工匠告诉大家说:必须丢弃只有"富人"才有权利当官的观念;关于"人民过于愚昧所以不能管理国家大事"的论调,只不过是富人造谣。费城一个工人在一篇文章中写道:"不是工匠和农民构成美利坚人民的百分之九十九吗?如果这些人由于职业的关系而不能参加选举他们的统治者或选择政府形式的话,立即承认完全由绅士组成的英国国会的管辖权,难道不是最好的吗?"

在群众中间要求实现社会经济平等的思想也开始流行。弗吉尼亚的伦道夫上校在1784年抱怨道:"独立的精神变为平等的精神了"。

群众不但提出上述的民主要求,而且也不断地对各州的代表会议或州议会施加压力。

掌握政权的保守派慑于群众的力量,不能完全忽视人民的愿望。这主要是因为他们看到如果对人民的要求置之不理,也不利于全局。因为只要反英战争进行下去,人民群众的支持是夺取胜利所必不可少的,而为了赢得人民的支持,就不能不对人民作一些让步。

民主成果的取得也是与民主派领袖杰斐逊的领导分不开的。他不但是民主改革的倡导者、推动者,而且也是民主改革甚至整个美国革命的精神领袖。他一开始就认为反英战争正是争取内部民主改革的千载难逢的大好时机,因为这场战争激起了人民的爱国热情和革命热情。利用这种热情来推行改革,可以减少许多阻力。为了在自己家乡弗吉尼亚推行改革,他放弃了大陆会议派给他的出使法国的光荣使命,回到弗吉尼亚,参加州立法会议,专心致志于四项改革工作:取消《限定嗣续法》,废弃《长子继承法》,实现宗教自由,实行普及教育。因为在他看来,完成这四项改革具有非常重大的意义。他说:这些改革合在一起,就"形成一个制度,靠这个制度就可以根除古老的或封建贵族的每一根纤维,并且为真正共和主义奠定基础"。

在从事改革工作时,杰斐逊认识到教育改革是一切改革的关键。在他看来,为了建成一个民主共和国,只是进行政治经济改革是远远不够的,还必须大力发展教育事业,因为教育是民主的基础。在一个广大群众愚昧无知的国家,政治民主只能是建立在沙堆上的楼阁。他指出:在任何国家,掌权者都有蜕化变质和实行暴政的可能。他认为防止权力堕落为暴政的有效手段,便是发展教育,使广大群众都掌握文化知识。

弗吉尼亚州立法会议所完成的几项重大改革,都是和杰斐逊的提倡和推动分不开的,尽管他的教育改革的努力遭到失败。

他也为弗吉尼亚草拟了一部民主的州宪法草案,希望在弗吉尼亚实现他的民主理想。他在这部宪法草案里为州政府确立了三权分立的原则,规定了无代价分配土地的办法(凡州内无地者均可以分到50英亩的土地),以及普选制。不过他的宪法草案未获采纳。

在从事改革活动时,杰斐逊怀着一个崇高的理想,那就是把弗吉尼亚建成一个模范的民主共和社会,在这个社会里人人参加国家管理,人人享受自由平等的权利,每个人都过着有道德、有文化的丰衣足食的幸福生活。

上述民主改革都是人们有意识地完成的。这次革命也引起了许多偶然的、伴随的社会变化,其中许多变化促进了财富的重新分配。战争既制造了新的暴发户,也毁灭了旧的富有者,损失惨重的是商人,特别是在战争初期,他们的商路被英国海军切断,无法继续与海外做买卖了。他们中间有许多人把商船改为私掠船,去抢劫英国商船,但是收入很不稳定。

南方种植园主也受到经济上的打击,因为战争影响了他们的烟草及大米的销售。弗吉尼亚滨海地带种植园主的地位一蹶不振。

但是在另一方面,许多人靠战争富了起来。军队需要农民供应大量粮食,农民索价甚高,因而这些农民发了财。

通货膨胀也造成了一些人发财的机会。反英战争需要浩繁的军费,但是革命政府不愿增加人民的赋税负担,而大陆会议也没有征税的权力,所以大陆会议和州政府只能靠印刷钞票来满足财政上的需要,结果便是市面上钞票充斥,物价猛涨。这个形势也便宜了农民,他们一方面以高价出卖粮食,另一方面以贬值的货币偿还债务。但是更占便宜的是投机商人,他们在市场囤积居奇,倒卖紧俏商品,因而发了大财。

正是因为这次革命在对内方面取得上述多方面的丰富成果,所以美国历史学家卡尔·贝克尔称美国革命为"双重革命"——对外反英战争和对内争取民主的斗争。但是也不要夸大对内的斗争,因为反英斗争是决定性的,只有反英斗争的胜利才能保证对内斗争的民主成果。

美国革命的局限性也是不应忽略的。因为在这次革命中,有两大民主任务未能完成:

第一,没有废除南方的奴隶制度。美国革命是反对英国的"奴役压迫"的革命。在这个革命中,南方一些奴隶主感到奴隶制度与自由平等的原则格格不入,因而多方寻求废除奴隶制度而又不致造成自己的经济破产的道路。但是他们当时并没有找到这样一条两全其美的道路。

杰斐逊在从事弗吉尼亚的民主改革时,曾拟出一个解放奴隶的计划。按照这个计划,弗吉尼亚应该逐步解放奴隶,而且应把得到解放的奴隶送到西部腹地,帮助他们成立一个自由独立的黑人国家。但是后来鉴于废除奴隶制度的客观条件尚未成熟,他的这一计划被束之高阁。所以,弗吉尼亚虽有一些奴隶获得奴隶主赐予的自由,但仍然维持着奴隶制度,南方其他诸州亦然。南方奴隶制度的保存,为19世纪中叶的美国内战埋下了种子。

第二,西部土地问题未能解决。战后,美国领土面积扩大了一倍,原来被英国划为禁区的西部土地(阿巴拉契亚山以西的大片土地)并入美国的版图,后来又实行国有化。广大人民群众迫切要求以民主的方式无代价地分配西部土地,但政府为了解决财政困难,实行了拍卖政策。1785年邦联国会①通过的土地法规定:西部土地按大块出卖,每块不小于640英亩,每英亩1美元。因出卖的面积太大,地价太高,一般劳动人民难以买到,而只有利于大种植园主和土地投机商。在战时大陆会议曾向每个士兵发放土地券,持券者战后可到西部领到小块土地。但因士兵大多出身贫困,急于用钱,因此不等领到土地便把土地券廉价出售了。土地券大量流入投机商手中。

由于革命没有用民主方式解决西部土地问题,所以劳动人民便自行去西部占地。占地是人民争取以民主方式解决土地问题的重要表现。只有到1862年政府颁布了《宅地法》,西部土地问题才得到民主的解决。

---

① 1777年11月15日大陆会议通过宪法《邦联条例》,至1781年才经各州批准生效。按此宪法建立的中央最高机构便是邦联国会。

六、谢斯起义·《联邦宪法》

谢斯起义 在独立战争结束后,军队复员,市场上对于粮食的需求大减,粮价猛烈下降。马萨诸塞州的农民收入锐减,他们无力偿债,因到期不能偿债而入狱者不知凡几。这种苦况,逼得许多农民走投无路,他们便铤而走险。1786年爆发了农民起义,这就是有名的谢斯起义,为首的是退伍老兵丹尼尔·谢斯。

起义从1786年秋持续到1787年上半年,以失败而终。

当时民主派领袖杰斐逊以公使身份寓居巴黎,他得到起义的消息后,对起义者深表同情,特别是赞许了农民的反抗精神。他在给朋友的信里表示:"反抗政府的精神有时是如此可贵,以致我但愿这种精神一直保持下去。在不公正时,它这种反抗精神将时常表现出来。表现出来,比丝毫也不表现出来要更好。"在给另一位朋友的信里他又用下面的话歌颂人民起义:"自由之树必须时时用爱国者和暴君的血来浇灌。"

但是国内的保守派却把谢斯起义看做是洪水猛兽,既吓得丧魂失魄,又恨得咬牙切齿。约翰·亚当斯竟大骂起义者为"没有良心和原则的叛徒"。

对于人民起义的恐惧渗透了保守分子的每一根血管,正是这种恐惧对于保守派的制定新宪法运动起了催化作用。

但是,这个运动的源头,必须到《邦联条例》中去寻找。

在1776年宣布独立后不久,大陆会议就着手起草全国宪法——《邦联条例》。《邦联条例》于1777年11月15日由大陆会议通过,1781年开始实施。按照这部宪法,成立起来的美国国家组织有以下几个特点:

第一,各州保留了很大的独立性:宪法允许各州享有征税、征兵及发行纸币的权力。各州也有权规定出入口税。国家有事时,中央政府只能请求各州提供军队。中央需钱时,只能向各州摊派款项,而且各州可以拒绝提供金钱。

第二,中央最高机构是一院制的邦联国会,每州选出代表2~7人,但每州代表在投票时,只能投1票;中央不设置国家元首,只是在国会下面设立一个诸州委员会,委员由各州选出(每州1人),在国会休会时管理经常性事务。

第三,中央权力极小,邦联国会只能宣战和媾和,派遣对外使节,调整各州的争端和掌管邮政。它没有权力管理州际贸易和对外贸易,它只有在各州的同意下,才能与外国订立有关贸易的条约。它完全依靠各州来维持国家秩序,无权干涉各州内部事务。即使某一州发生内战,它也只能作壁上观。

因此,美国俨然是由13个独立国家组成的松懈的国际同盟。《邦联条例》之所以具有这些特点,主要是因为在制定这部宪法时,民主派占上风。民主派根据殖民地时代的经验,生怕中央权力太大,会压制人民的自由,侵犯人民的权利,会产生暴政。但其他势力也起了一定的作用:第一是南方种植园主。南北经济制度不同,利害关系迥异。南方代表害怕中央权力太大,会为北方商人所利用,把不利于自己的政策强加于己。第二是小州代表。他们之所以反对中央权力加强,是因为害怕一个强大的中央政府会使大州有可能通过中央政府来压迫小州。

保守派早在1781年《邦联条例》生效之前,就起来反对它。他们认为按照《邦联条例》组织起来的中央政府过于软弱,无力阻止人民运动的发展,无力镇压人民的暴动,无力保护私有财产。他们要求强化中央权力。

后来在各州制定出新的州宪法之后,保守派感到州宪法的民主成分太多,这会使各州的民主力量得势。为了抵消各州的民主力量,也必须强化中央权力,因此保守派强化中央权力的要求更加强烈。保守派的这个态度在伦道夫的言论中表露无遗。他在1787年制宪会议上宣称:主要危险来自"我们的[州]宪法的民主成分。人民所行使的政府的权力会把其他部门吞没。没有一部[州]宪法规定了足以抑制民主的办法。"

经济上的利害关系进一步加强了保守派强化中央权力的要求。

许多有势力的经济集团在《邦联条例》下处于不利地位,所以他们要求强化中央政府的权力。公债持有者集团希望战后能由中央政府偿还公债。但是按照《邦联条例》的规定,国会没有征税的权力,当然也就无力偿还公债。因此公债持有者集团渴望有一个强有力的中央政府,以便由它来偿还公债。在《邦联条例》下,各州各自为政,各州都有关税壁垒,币制不统一,市场不统一,以致国内贸易受到阻碍。软弱的邦联政府也无力在国外保护美国商人的利益。美国商人在外国港口饱受歧视和凌辱,美国政府也爱莫能助。因此商人也有强化中央政府的要求。在《邦联条例》下,各州有权发行纸币。滥发纸币的结果,纸币贬值,使资产阶级放债人大吃其亏,所以他们也不满《邦联条例》。在西部,印第安人时常袭击白人,但是《邦联条例》下面的中央政府无权维持军队,因而无力保护西部的白人。因此到西部从事土地投机的商人也要求加强中央权力。

保守派中间有许多人与上述各种经济集团有联系,因此他们基于经济利害关系,特别有强化中央权力的要求。

而且,当时美国是一个新生国家,处在欧洲大国虎视眈眈之下。英国之承认美国独立是被迫的,它总想伺机寻衅。驻在美国西北边境内的英军,在战后仍不肯撤走,并且勾结印第安人不断地骚扰美国居民。美国南部及西部与西班牙属地毗邻,西班牙也敌视美国,时常怂恿印第安人侵袭美国居民区。这些情况使美国有识之士感到忧虑。美国许多政治领袖也有同感,他们认识到,为了使这个用八年流血换来的新生国家免于夭折,只有强化中央权力之一途。

这样,强化中央权力便成为保守派及爱国人士的一致要求,而且这个要求到18世纪80年代上半期已经成为不可遏止的了。一个制定新宪法的运动勃然兴起。

不过到 1786 年以前，美国统治阶级内部也有不同政见。南方种植园主和小州的政客们都对强有力的中央政府怀有戒心，对这个运动持观望态度。但是 1786—1787 年的谢斯起义震动了整个统治集团。他们不约而同地认识到强化中央权力的必要性及迫切性，认为只有这样才能有效地防止和镇压人民运动。因此南方及小州的统治集团都捐弃原来的成见及顾虑，同意参加这个运动。

《联邦宪法》

1787 年 5 月 25 日，亦即把谢斯起义镇压下去不久，就在费城召开了一个制定宪法的会议，这个会议一直开到 9 月 17 日。出席会议的代表有 55 人，其中大部分是保守派，为首者是汉密尔顿。只有 3 个民主派代表，那就是富兰克林、梅逊和路德·马丁。

在会议上，代表们唇枪舌剑，争论异常激烈。争论主要是围绕大小州之间的矛盾和南北方之间的矛盾展开的。大小州之间的矛盾主要集中在国会代表名额的分配上。以弗吉尼亚为首的大州主张各州国会代表人数应与该州人口成正比例。人口少的小州代表坚决反对这个主张。新泽西州要求各州代表名额相等。南北方之间的争论反映了南方奴隶主和北方资产阶级的利益之争。南方代表主张：在产生代表时，黑奴人口应该计算在内，为的是保证南方在国会中有更多的代表；但在纳税时黑奴就不应该计算在人口之内，为的是少交税款。北方代表则持相反的态度。他们主张在纳税时黑人应计算在人口之内，在产生代表时则不应该计算在人口之内。此外，南北方在关税及奴隶贸易问题上也针锋相对：南方诸州反对国会有征收关税的权力，北方则要求禁止输入奴隶。双方各不相让，南方以退出邦联相威胁。

但是，与会代表在重大原则问题上意见几乎完全一致。第一，与会者一致同意：建立一个比较强有力的政府，以便有力量偿还公债、保护私有财产、维护社会秩序和镇压人民反抗，有权力征税及调整对外贸易及州际贸易。第二，大多数与会者在反民主反人民方面也是一致的。他们认为：民主是危险的，必须加强中央权力来抵消州宪法中的民主成分。格利声称：国家所蒙受的不幸都来自"过度的民主"。一些代表的发言，明显地暴露出对人民的仇视。汉密尔顿声称："一切社会都分为少数人和多数人。前者是富裕的，出身名门的；后者是人民群众，他们很少有分辨是非的能力。"有人甚至公然要求建立君主制。狄金森称："一个有限制的君主制……(是)世界上最好的政府之一……从来就没有任何共和制度带来同样的好处。"这些人想拥戴华盛顿为国王。但是华盛顿拒绝接受，他坚决反对恢复君主政体，因为他经过长期反英斗争，从内心里仇视君主制。而且他也认识到君主制违反历史潮流，不得人心。

会议最后通过了一部新宪法——《联邦宪法》，以代替《邦联条例》。这部新宪法使得保守派如愿以偿，因为宪法中的许多内容满足了他们的要求：

第一,联邦政府的权力大大加强,它获得如下权力:征税、征兵、发行纸币、规定度量衡、制定工商业政策、决定军事及外交政策、决定对外和战、管理邮政及对外贸易等等。联邦政府还有偿付国债的权力。

第二,国家元首为总统,他拥有很大的权力,不但享有行政大权,而且还有对于国会立法的否决权。更重要的是他是军队的最高统帅,在战时可以行使独裁大权。他和他的内阁不向国会负责,国会的不信任票不能促成总统及其内阁辞职。总统是选民间接选出,就是说,先由各州选出复选人,其人数与该州出席国会的议员人数相等,然后再由复选人选举总统。总统可以连选连任,宪法没有限制他的任职届数。无怪乎杰斐逊称美国总统制为君主制的"新版"。加强总统权力的目的是昭然若揭的:是为了更有效地镇压人民革命运动和保护财产所有者的利益。宪法还特别规定:总统在各州的请求下,可以派军队到各州去镇压叛乱。

第三,国会由两院——参议院和众议院组成。参议院由各州议会选出,每州2名,任期6年,每2年改选1/3。众议院由选民直接选出,每州所选出的众议员人数与该州的人口成正比例,众议员任期为2年。法律只要由国会两院通过,总统批准,即可生效。但是一切征税法案均应由众议院提出。国会有权直接向国民征税,包括关税及国产税。国会有权调整国外及州际贸易,这样就可以清除州际关税壁垒,从而有利于创立一个全国性的市场。国会也有权力征兵,有权在紧急时期调动民兵,这样一来就可以镇压任何地方的人民起义。

第四,设置最高法院作为最高司法机关。法官由总统任命,但必须得到参议院的同意,其任职是终身的。最高法院对于在《联邦宪法》、联邦法律及条约下面发生的一切案件都可以行使最高审判权。最高法院还有解释一切法律及条约的权力,如果它认为某些法律或条约违反宪法精神时,可以宣布其无效。不过,《联邦宪法》中并没有明文规定最高法院享有这个权力,只是在1803年(当时约翰·马歇尔是最高法院首席法官)以后,最高法院才拥有了这个权力。

第五,实行三权分立。如查尔斯·比尔德所指出的:制定宪法的保守派为了抵消人民群众及民主力量对政府的影响,在宪法上设置了重重障碍。鉴于州宪法所确立的州议会权力至上,容易造成"过度的民主",对上层有产集团不利,因此便在《联邦宪法》中贯穿了三权分立的原则,来消弭人民群众对联邦政府发生的影响。他们知道,在联邦政府机构中,惟有国会的众院议员是各州选民直接选出的,因此群众对于众议院的影响,是在意料之中的。在这个情况下,为了限制众议院的权力,他们便在众议院上面设置了参议院以便减少人民对于政府的影响,因为参议院是各州立法会议选出的,距离人民更远一些。尽管如此,保守派还不放心,他们害怕万一人民对国会发生影响,于是又设置拥有大权的总统,以图抑制国会的权力——他有否决国会立法的权力。对于国会及总统还不放心,还担心它们受到选民的影响(因为国会和总统都是选举产生,尽管有的是间接选举),保守派又设置一个最高法院,企图用它去钳制国会及总统的行动。孟德斯鸠之提倡"三权分立"原则,目的在于限制君权,而现在美国保守派之在《联邦宪法》中确立"三权分立"的原则,都是为了限制人民的权力。

当然这个"三权分立"原则也有其积极的一面,它可以使立法、行政和司法三个权力机构相互牵制、相互均衡,以防止任何一个权力机构流于专权。如上所述,固然总统可以限制国会的权力,最高法院可以限制国会及总统的权力,但是反过来,国会也可以限制总统的权力,参议院甚至有弹劾总统及审判总统的权力;总统及参议院在任命最高法院法官方面的决定权,也可以对法官起制约作用。三个权力机构之间的这种互相制约、均衡的作用,可以防止出现独裁并且在一定程度上保障了资产阶级民主。

需要指出的是,《联邦宪法》对于人民的民主权利只字未提。

这样,《联邦宪法》所确立的全国政府,既可以有力地镇压人民革命运动及限制人民和民主力量的影响,又可以满足保守派所代表的各个经济集团的经济要求。因此,《联邦宪法》的制定不能不说是保守派对民主派的胜利。

然而这部宪法并不是像比尔德派历史家所说的那样,是一部仅仅有利于这几个经济集团的所谓"经济的文件"。它也反映了全民族的利益。因为它确立了一个真正的全国政府,它用一个名副其实的国家去代替《邦联条例》下面的一个松散的、众多的主权国家之间的联盟。这一方面有利于一个全国性市场的形成,有助于资本主义的迅速发展;另一方面使得这个新国家有可能维持足够的权威和足够的军队,以对付英国和西班牙的威胁。仅仅这一点,这部宪法就是一个进步性的文件。

而且,这部宪法也包含了许多民主因素。

(1) 确立了共和制。首先宣布共和制的是各州,州的这个行动得到《联邦宪法》的认可。可以说,美国是近代史上,全世界第一个在幅员广阔的土地上建立共和制的国家。这个事实驳倒了孟德斯鸠关于在幅员广阔的国家不可能建立共和制的观点。其实,共和制在美国的建立也并非偶然,因为共和主义在北美比在欧洲有更为深厚的社会基础。共和主义传统在殖民地上始终是强大的,移居到这些殖民地上的大多数人都是"宗教不同意见者",他们同情在17世纪英国革命中所产生的英吉利共和国。而且北美的政治制度一开始就在事实上接近共和主义,特别是新英格兰的清教徒社会的政治制度。

(2) 实行民选政府制度。国会是选举产生,总统也是选举产生——至少在形式上,把资产阶级革命家所标榜的关于政府应该建立在被统治者的同意上的理论付诸实施。这也在全世界树立了一个良好的榜样。

(3) 宪法体现了文官政府的权力高于军权以及文官政府控制军事大权的原

则。这个原则非常重要,因为可以避免出现军事独裁或军事政变。

(4)宪法规定了修改宪法的程序,这体现了杰斐逊的思想。杰斐逊认为:死人不应该统治活人,上一代人所制定的宪法不应该束缚下一代人,下一代人必须结合当代的实际对宪法作必要的修改。

《联邦宪法》之所以具有上述一系列民主成分,也是不难理解的。第一,尽管制定宪法的大多数人与各种经济集团有联系,但是他们并不像比尔德所理解的那样,个个都是斤斤计较本集团及个人利益的、自私的"斗筲小人"。在他们中间不乏有文化素养的、有开明的政治头脑的、识大体的、为国为民的人物。虽然他们也关心本集团本阶级的物质利益,也多半热衷于当官掌权,但是他们也不能不关心整个国家的命运、国家的繁荣昌盛、社会安宁、国家的长治久安及国防的安全。而且他们中间有许多人毕竟是革命领袖,是为国家民族的自由而奋斗的领头人,还保留着一些革命锐气,他们是可以突破狭隘的个人打算的。第二,他们中间大多数人是久经磨炼的政客,他们认识到,如果不把人民在这次革命中所争取到的果实中的大部分保留下来,如果不向人民让步,势必激起新的人民暴动。

这样说来,《联邦宪法》是保守派向民主派妥协的产物,它调和了这两派的矛盾。

《联邦宪法》也调和了以下三组矛盾。

第一,调和了中央集权派与地方自治派之间的矛盾。弗吉尼亚的麦迪逊是中央集权派的代表人物,他在制宪会议上,开始时曾坚持这个立场。他主张:中央政府应该对地方政府行使绝对的控制权。他认为这样一来,就"会实现国家政权的稳定,建立更好的秩序和各州之间的关系和谐"。民主派一般反对中央集权,他们要求最大限度地保持各州的权力。

但是制宪会议在这个问题上达成了妥协。最后通过的《联邦宪法》,固然比《邦联条例》大大加强了中央的权力,但是它并未建立中央集权的体制,它把相当多的权力保留给各州。换言之,它确立了一个联邦制:既避免了《邦联条例》的极端,又避免了中央集权的弊害;既把各州团结成为一个国家,又保障了地方的一定程度的自治地位,这样就可以发挥地方的积极性和首创性。在18世纪后半期,全世界绝大多数国家(至少是大国)是中央集权的封建专制国家。在这个时代环境中,独有美国革命家创造了"联邦制",这不能不说是对人类的重大贡献。

第二,它调和了大小州之间的矛盾。它规定:参议院议员名额每州不论大小,均为两名。众议院议员名额则按各州人口比例分配,使大小州都享受好处。

第三,各州众议员名额及直接税的数量,都与各州的人口成正比例,其中黑人奴隶人口则按3/5计算(5名奴隶只等于3个人),这就调和了南北之间的矛盾。但是这个"3/5"也给这部宪法打上了种族歧视的烙印。

由此可见,《联邦宪法》是调和了保守派与民主派、中央集权派与地方自治派、大州与小州、南方与北方之间的四组矛盾的产物。美国长期比较稳定的秘密就在这里,这说明了宪法制定者的智慧。

宪法颁布后,各州的民主派分子尖锐地反对这部宪法,认为它给联邦政府的权力太大,扼杀了人民的民主权利。领头反对宪法的是弗吉尼亚的梅逊和亨利。

虽然遭到民主派的反对,宪法终于得到各州的批准。这一方面是由于保守派的宣传及收买起了作用,另一方面也是由于保守派向群众保证:一旦宪法得到批准,将把《权利法案》以"宪法修正案"的形式加进新宪法中去。

为了履行诺言,保守派占优势的国会于1790年通过了10条"宪法修正案",这些修正案规定了一系列自由:言论、出版、集会、信仰等自由及建立陪审制度。

北美独立战争是17世纪英国资产阶级革命后的一次伟大历史事件。从性质上来说,它不但是一次争取独立的民族解放战争,而且也是一场伟大的革命,即"美国第一次革命"。因为它完成了广泛的政治和社会经济改革,从而为美国的资本主义发展开辟了道路。因此列宁指出:"现代的文明的美国的历史,是从一次伟大的、真正解放的、真正革命的战争开始的"。① 马克思在评价这场革命的国际意义时也说:"18世纪美国独立战争给欧洲中等阶级敲起了警钟"。②

领导这次革命的是资产阶级和奴隶主阶级,但是革命的主力军是广大人民群众——农民、工人、手工业者和黑人。正是人民群众积极参加战争和改革,才使革命取得了伟大胜利。

第二节 法国大革命

一、旧制度的危机

18世纪末法国的革命家把腐朽的封建制度称为"旧制度"。这一称呼反映了事物的本质,便在法国革命的史学中保留下来。旧制度指的是18世纪时的封建制度,即路易十五(1715—1774年在位)和路易十六(1774—1789年在位)③当政时期。旧制度的没落在路易十五时期已很明显,如同第二章第二节所述。到1774年路易十五死去,路易十六即位时,法国的社会矛盾已十分尖锐了。这一

---

① 《列宁选集》第3卷,人民出版社1995年版,第557页。
② 《马克思恩格斯选集》第2卷,人民出版社1995年版,第101页。
③ 路易十六于1792年被推翻,但旧制度时期讫于1789年革命爆发之时。

矛盾的集中点,便是资本主义商品经济的发展与封建专制制度之间的冲突。

资本主义商品经济的发展

法国大革命发生时,正值法国和西欧从封闭式的自然经济向资本主义商品经济演变的时期。资本主义商品经济要求在商品市场、金融市场和劳动力市场上的买卖双方、借贷双方和雇佣双方,彼此间都有选择的自由、成交的自由和签订合同(契约、协议)的自由。因此,要求经济自由是当时资产阶级和一切小业主们的强烈愿望。从12、13世纪以来,作为资产阶级前身的市民阶级以及后来的资产阶级,之所以支持王权,与王权结成联盟,目的就是摆脱地方割据势力强加给他们的种种限制与盘剥,在一定程度上争得经济自由。到18世纪,中央专制王权已完全战胜地方封建势力,集中了一切大权。它的矛头已转向资产阶级和整个第三等级。所有的贵族也将王权视为自己的保护者。几个世纪以来的资产阶级与王权的联盟破裂了。特别是随着专制王朝财政危机的日益严重,它越来越加重了对金融界和工商界的盘剥和勒索。1715—1786年国家税收总额从8 600万锂提高到5.4亿锂,其中以间接税提高幅度最大。同时,因为关卡林立,在各大城市还征收商品入市税。路易十四时代科尔伯为提高产品质量和增加出口而制定的各种工业法规,此时已成为技术革新的障碍,但是仍被专制政府强制推行,用来敲诈制造商。对金融界也经常罚款和强行借款,而且动辄封闭银行。资金最雄厚的巴黎贴现银行就多次遭封闭。此外,行会制度、贸易垄断制度也很盛行。这一切,对资本主义商品经济的发展构成了严重的障碍。严格的封建等级制度又使资产阶级在社会地位上遭受屈辱。

然而,资本主义经济在18世纪仍然有着很大的发展。冲破这些障碍,根本改变国家的性质,已成为必然趋势。在18世纪,法国的工场手工业发展迅速。最为发达的是采矿业、冶金业、奢侈品工业和纺织业(包括棉、麻、丝、毛)。其中,采矿和冶金业集中程度最高,拥有几个在全欧洲首屈一指的大企业。欧洲最大的冶金企业之一、坐落在勃艮第的克勒佐公司,是为数极少的以煤代炭作燃料进行生产的先进企业中的一个。它有4座高炉、2爿冶铁工场,装有蒸汽机、汽锤等设备,还有自家煤矿。著名的昂赞煤矿公司拥有12台蒸汽机,雇佣工人达4 000名。1771—1787年该公司利润额增长3倍以上,年收入达120万锂。此外,里昂的丝织品,阿尔萨斯的色布和印花织品,巴黎的化妆品、服装、家具、工艺品等,在国外市场上都享有盛誉。在工业发展的基础上,对外贸易也有大幅度的增长。1716—1789年出口额从8 900万锂增加到2.26亿锂。

不过,上述那种大型的集中手工工场只是极个别的例子,一般的集中型的手工工场为数不多,到革命前夕全国只有514家。在工业中占绝大多数的是分散的手工工场,更多的是个体作坊。法国仍是一个小生产占优势的国家。而且,当时的工业主要由商业资本控制,专门从事工业的企业主人数很少。在整个资本主义经济发展中,发达程度远超过工商业的是金融业。金融业主要由包税行业和银行业所组成。从 17 世纪末起,法国宫廷便将各项税收写成承包合同,将包税加以制度化。包税人同意接受,即可订立合同。合同一般以 6 年为期。到 18 世纪,包税人也组织起来。1720 年,40 名总包税人成立了包税总会。1726 年它承包的税额为 8 000 万锂,1774 年增至 1.52 亿锂。从 1726 年起的 50 年里,它从包税中获得的纯利润达 17.2 亿锂。其中,一般包税人各获利 125 万锂,总包税人高达 1 000 万~3 000 万锂。法国的银行业以购买公债作为重要经营项目,是依靠王室的国债制度发展起来的。到 18 世纪,巴黎已有银行 60 余家。除由瑞士、荷兰、比利时人经营的几家外,其余都是法国人兴办的。1776 年建立的巴黎贴现银行是当时资金最雄厚的银行。初建时,它拥有资金 1 200 万锂,分为 4 000 股,每股 3 000 锂。到革命爆发时,它的资金增至 1 亿锂,分为 2.5 万股,每股 4 000 锂。它已由单纯经营期票贴现业务发展为全面进行金融活动的大银行,并在 1789 年取得发行 30 年纸币的权利。另外,象拉博德银行、拉维尔银行,资金也都相当雄厚,以从事对王室和贵族放债为主要业务。1789 年法国的国债利息就达 3 亿锂以上,接近于当年对外贸易总额。国债增长的迅速和利息不断的提高,使银行家们很少将资金投入到工商业中去。18 世纪末法国仅为参加北美独立战争就消耗军费 20 亿锂,为此而大量举债,利率高达 10%~20%。1784 年时估计国债利息为 1.25 亿锂,1789 年又提高 2 倍。

资本主义经济的发展使资产阶级的财富超过了贵族的财产,成为社会上最富有的阶级。尤其是包税人、银行家等金融巨子,不仅财力过人,而且通过包税和放债在很大程度上影响着国家的财政收入。同时,他们在巴黎的罗亚尔宫花园、爱丽舍大街等地建造了富丽堂皇的宅邸,并广有房地产。著名史学家饶勒斯说:"接近 1789 年时,巴黎资产阶级是市内财产、生产与消费的最高主宰者"。"除去几百家名门显贵外,连贵族本身也沦为资产阶级的房客"。此外,那些港口城市的大船主们和从事奴隶贩卖活动的商人,也是资产阶级中最富有的部分。和资产阶级站在一起的,还有一批自由贵族,即资产阶级化了的贵族。这些贵族有的因受启蒙思想影响,站到了资产阶级方面来;有的从事海外殖民活动和在殖民地经营种植园;更多的是从事采矿、冶金业的企业主。拥有 7 处冶金企业的迪特里什,大冶炼场主旺代尔等,都有贵族身份。①

在经济上,资产阶级占据了首要位置。在政治上,他们仍属于被统治的第三等级。他们强烈要求平等参政的自由权利,是不言而喻的。

在农业中,作为整个封建制度基础的封建土地所有制,其瓦解的程度加深

---

① 迪特里什在革命初曾任斯特拉斯堡市长,著名的《马赛曲》最初就是应他的要求创作的。旺代尔家族至今仍是法国钢铁业的垄断资本家。

了。法国的农奴制度在13—15世纪时已瓦解。以往的农奴取得人身自由,农奴的份地转变成了自由农民的永佃田。占有(不是所有)永佃田的农民(永佃农)可以自由耕种,自由传世、出租,甚至出卖永佃田,只需在转手时向领主缴纳一定费用。领主永不收回永佃田。因此,永佃田是农民占有的,但是附有许多条件,即封建义务。这些义务包括:按年缴纳固定不变的货币贡赋,部分地区还加上定额的实物;负担一定数量的杂税,如工具税等等;服一些杂役;服从领主的司法特权。这些领主封建权利是农民占有永佃田的条件,也是"没有无领主的土地"的封建法规的体现。农奴制时代那些没有划为份地的领主直接领地,仍然由领主经营。但随着商品经济的发展,不少领主将土地卖了出去,购买者多是商人即资产者。没有出卖的领主地产,均以出租方式经营。基本上是小块出租,采取分成制收租的办法。只在北部地区有少量包租制的方式。资产阶级买得的地产也同样采用租佃方式经营。此外,天主教会也拥有大量地产,也以出租方式经营。除以上这些土地占有形式外,法国还保留着农村公社,村社都有一些公有土地。总体看来,农业中盛行的是小农制度。到革命爆发时,各类土地分布的情况大致是:贵族土地占全国耕地面积的1/4强,教会土地占1/10,资产阶级地产占1/4弱,农民永佃田占1/3,村社公有地占5%。

　　正是在农民永佃田中产生了资本主义经营方式。由于商品经济的发展,对商品粮和经济作物的需要量较以往有明显的增长。于是,在小农制的基础上,一部分条件优越的农民便通过租地或买地扩大经营,雇佣日工、短工,进行商品生产,成为资本主义性质的富农。与英国的农场经济相比,这只是一种小农式的资本主义,但它符合法国的国情。富农在全体农户中约占百分之十几,但分布广,影响大,通常成为村中的债权人。富农经济是法国农业资本主义力量的主要代表。这在很大程度上决定了法国革命将以比较民主的方式解决土地问题。

　　上述情况表明,贵族、教会占有的封建地产,在全国范围内已明显居于少数地位,富农式的资本主义在农业中已发展起来,封建土地所有制严重地动摇了。同时,金融业和工商业的发展,也使专制王朝在财政上不得不依靠资产阶级。旧制度已然没落,这是显而易见的。可是,封建统治的物质基础越是动摇,它就越加依赖"神授的"王权和特权维护统治秩序。法国大革命看上去更像是一场政治的、法律的革命,其原因即在于此。

专制王朝危机的加深

　　18世纪时法国的专制王朝和贵族等级已非常腐朽了。尤其是宫廷贵族集团更成为整个贵族腐败的缩影。他们踞于军政高位,又把持高级教士的职务,还占有大量宫中闲职,领取高额俸金。在宫廷和贵族的沙龙里,充满下流的情调;淫秽文学在贵族圈中流行;夫妻分居各找情人的风气成为贵族社会的时尚。国内政治腐败,对外战争也迭遭失败。特别是在七年战争(1756—1763)中被英国打得惨败,失去了加拿大、路易斯安那、塞内加尔和在印度的许多据点。这不仅使法国资产阶级丢掉了大部分海外市场,而且使法国在欧洲大陆也降到了二等国地位。路易十五晚年已十分不得人心,以致死后只能在夜间下葬。

1774年继位的路易十六曾力图进行改革,以扭转颓势,特别是缓解日趋严重的财政困难。他一即位就任命了一批有才能的大臣,尤其是财政总监杜尔阁,曾一度唤起了人们的希望。杜尔阁是重农学派经济学家,他主张实行经济自由。杜尔阁依据重农学说推行了一系列改革。

1774年杜尔阁颁布粮食自由贸易法令,以扩大粮食市场和减少粮食投机。1775年他又下令降低粮食入市税。同年又将修路劳役改为征收道路税,一切等级包括国王均须缴纳。1776年初他又宣布取消行会管事和师傅,废止酒类专卖制,实行自由买卖。在政治上,杜尔阁尽力限制专制王权和贵族特权,设立由各省代表和国务大臣组成的议会,作为咨询机构。在宗教上提倡信仰自由。杜尔阁的资产阶级性质的改革遭到了教会和显贵们的强烈反对。路易十六也曾尽力支持杜尔阁,但终于无力顶住顽固派的压力,于1776年将杜尔阁免职,各项改革措施也随之被取消。

杜尔阁的继任者是瑞士银行家内克。内克以其银行家的身份为政府谋得几项借债,给宫廷带来慰藉。同时,他也推行了一些改革。除在司法程序上的点滴改革外,重点是紧缩财政开支。他取消一部分宫廷中领取高俸的闲职,压缩国王的开支,制定出一套节支制度。这遭到许多权贵的抨击。1781年他局部地公布了财政预算。尽管隐去了巨额财政赤字,但却透露了国王赏赐与恩给金的巨大数额,使王室与受赏者不能容忍。于是,内克被免职,这使社会上对王室的不满加深了。

在内克之后的财政总监卡隆和布里埃纳都不是改革者。但是他们也在努力改善财政状况。卡隆一面用代替宫廷权贵偿还赌债和提高年金的办法争取特权者的支持,并制造王室阔绰的假象,一面又修道路、挖运河、建港口,争取美誉,同时大量举债和增加税收。由于他以土地特征税取代人头税和什一税,要求所有臣民包括特权等级都要缴纳,招致了特权者的责难。在1787年2月至5月召集的显贵会议不仅没有支持他的政策,而且明确拒绝承认这个税则。就在会议期间,卡隆被免职。接任的布里埃纳因袭前任的方案,宣布征收印花税和土地税,依然遭到攻击。虽然路易十六亲自出面支持布里埃纳并对贵族们施加压力,但是巴黎高等法院拒绝为新税法登记,并提议召开三级会议以决定臣民如何自由地向国王纳税。在路易十六逮捕两名法官后,公众起来进行了反抗,贵族和教士也支持法院,主张召开三级会议。1787年开始的这场贵族抗命不遵的纠纷,就是一些人所说的"贵族革命"。布里埃纳在这次纠纷中被迫辞职,路易十六不得不同意在1789年召开三级会议。1788年初内克被召回,再度出任财政总监。

这时，专制王朝的危机已十分严重。在因参加北美独立战争消耗军费20亿锂之后，法国又于1786年同英国签订了贸易条约，于1787年5月生效。根据条约，法国大幅度降低英国工业品的进口税，普遍降至10%以下。由于英国许多产品特别是纺织品价格明显低于法国，所以英货迅速充斥法国市场，造成法国生产萎缩，于1787—1788年发生经济危机。与此同时，粮价在大幅度上涨，1787—1789年上涨一倍多。政府的财政危机进一步加深了。内克重新任职后于1788年3月起草出财政预算报告，其中列举了以下的数字：财政收入为5.03亿锂，支出为6.29亿锂，赤字是1.26亿锂。应偿付的国债利息为3.18亿锂。财政处于破产境地已是确凿的事实。旧制度已无可挽回地陷入了绝境。

二、三级会议和革命爆发

三级会议的召开

从1787年起，社会上要求召开三级会议的呼声日益强烈。特权等级主张召开三级会议主要是反对王室向他们征税，并企图通过会议迫使第三等级更多地纳税。资产阶级和第三等级群众则要利用三级会议对国家进行根本性的改造，实行类似英国那样的君主立宪制度。在选举三级会议代表期间，反封建的宣传运动达到了高潮。号召人们进行斗争的小册子到处散发，例如米拉波的《对普罗旺斯人的呼吁》、罗伯斯比尔的《对阿图瓦人的呼吁》、杜雷的《告善良的诺曼底人》、塔尔热的《致三级会议的信》等等。在各类小册子中，流行最广、影响最大的是修道院长西哀耶斯写的《什么是第三等级？》。它雄辩地提出，第三等级是全社会的代表，应该是国家的主人。这个宣传运动在启蒙运动的基础上进一步揭露了封建制度的腐朽，推动了群众性的反封建斗争，并从中涌现出一批反封建的领袖人物。罗伯斯比尔便是由此而当选三级会议代表的。作为贵族的米拉波伯爵和身为高级教士的西哀耶斯修道院长，也是因此而被第三等级选为代表的。

在全国三级会议召开之前，许多省召开了自己的三级会议。第三等级的代表大多在会上取得了主导地位。1788年在维吉尔堡举行的多菲内省三级会议，就在穆尼埃和巴那夫提议下，决定第三等级要以双倍代表名额出席全国的三级会议。这个《维吉尔堡决议》迅速地得到了许多省三级会议的响应。在内克的敦促下，路易十六也同意了这一要求。

就在这样的形势下，三级会议于1789年5月5日在凡尔赛王宫开幕。会议仍按传统方式进行，即三个等级的代表分别开会，表决时每个等级算一票，从而使第三等级的双倍代表名额失去作用。开幕时内克所作的关于财政问题的讲话回避要害，丝毫未涉及改革问题。于是第三等级的代表一开始便与王权及特权等级的代表发生了冲突。在第三等级代表中，律师人数最多，占1/3以上。其次是地方法官，占1/4以上。他们仿效英国，自称为"下院"。鉴于王室和特权等级代表的顽固态度,他们于6月10日宣布单独进行代表资格审查。6月17日又根据西哀耶斯的提议,自行组成国民议会,推举巴伊为主席。第三等级的代表组成为国民议会,意味着三级会议的历史已告终结。

6月20日,由于国王封闭会场,国民议会代表在一个网球场集会,进行了著名的网球场宣誓。在主席巴伊带领下,代表们庄严宣誓:不制定出一部王国宪法并使宪法得以实施,议会决不解散。至此,资产阶级的反封建纲领已经形成。那就是将法国改造成实行君主立宪制的法治国家,以便借此推行各种符合理性的改革。6月23日国王召开"御前会议",三个等级的代表全体参加。路易十六在会上明确表示,什一税、贡赋、领主特权是不可动摇的,王权也是不可动摇的。还下令三个等级仍要分别开会。国民议会的代表抗命留在会场中继续开会。不少教士代表和以拉法耶特侯爵为首的一部分自由贵族代表也参加进来。根据米拉波、西哀耶斯、巴那夫等人的意见,在巴伊主持下会议全体重申了网球场誓言。

国民议会的坚定态度使特权等级代表发生了严重分化。6月24日大部分教士代表加入了国民议会。25日以素具自由主义声望的奥尔良公爵为首,47名贵族代表也参加进来。路易十六被迫让步,于27日命全体特权等级代表加入了国民议会。议会决心实现网球场誓言,于7月9日正式改称制宪议会。一些代表已开始酝酿起草作为宪法指导原则的《人权和公民权利宣言》。

王室决定进行破坏。王后玛丽-安托瓦内特和顽固派贵族在策划调集外籍军团前来进行镇压。巴黎人民发现了军队集结的情况,向制宪议会作了报告。议会要求路易十六作出解释,他拒绝了,而且在7月10日将具有改革形象的内克免职。于是,被激怒的巴黎人民举行了武装起义,革命爆发了。

革命的爆发

内克被免职的消息于7月12日在巴黎传开。贴现银行的股票立即下跌,交易所停止了营业,娱乐场所也关门了。群众自发走到街头集会,一位革命青年卡米尔·德穆兰在罗亚尔营广场发表了激动人心的演说:"公民们,一刻也不能迟疑了,内克被免职就是警钟……我们只有一条生路,那就是拿起武器!"群众报以欢呼,立即进行了示威游行。13日,一队队群众在寻找武器,准备起义。选举三级会议代表时产生的第三等级的选举人在市政厅成立了常务委员会,实际上成为新的市府机关,资产阶级成了巴黎革命运动的领导者。常务委员会决定建立国民自卫军,号召公民参加。群众从荣誉军人院找到2.8万支枪和几门大炮,将自己武装起来。更多的人拿起了大刀、长矛。只经过几次不大的武装冲突,资产阶级和武装的群众便于当晚控制了巴黎大部分地区。但是,作为封建统治象征的巴士底狱还由国王军队守卫着。

巴士底狱原是军事堡垒,后改为关押政治犯的监狱,故而修建了塔楼并装有大炮。当时这些炮正对准着市郊工人聚居的圣安东区。7月14日常务委员会派人与监狱守军指挥官德·娄内侯爵联系,要求拆除大炮。群众则高呼"到巴士底去"的口号,向监狱奔去。德·娄内拒绝了人们的要求,群众发起了进攻。经过4小时激战,群众攻破巴士底狱,处死了德·娄内。攻克巴士底狱是法国大革命开始的标志。

巴黎人民的胜利给制宪议会很大的鼓舞,也迫使国王不得不作出让步。7月15日路易十六到制宪议会表示,他完全信任议会,已经下令撤走军队。不久他又派人通知议会,他决定召回内克,还将去巴黎。制宪议会决定首先派代表团去巴黎。巴黎人民热烈欢迎议会代表团,常务委员会当即选举议会主席巴伊为巴黎市长,任命拉法耶特为国民自卫军司令。7月17日国王来到巴黎,从市长巴伊手中接受了国民自卫军的红白蓝三色徽章,批准了新选出的官员。

路易十六不得已而妥协的行动受到了顽固派贵族的反对。王弟阿图瓦伯爵及两个儿子昂古莱姆与贝里、孔代亲王、孔蒂亲王、波旁公爵、当甘公爵等,很快逃往国外,从而开始了贵族逃亡活动。这些逃亡贵族勾结外国势力干涉本国革命。

7月14日巴黎起义的胜利成为一个信号,革命迅速在全国发展起来。各城市纷纷效法巴黎,以选举人为主建立起常务委员会,组织起国民自卫军。这就是通称的市政革命,资产阶级借此掌握了政权。在农村中也发生了波及全国多数地区的农民起义。自6月17日国民议会成立后,农村中就广泛流传一种说法:宫廷和贵族要派军队镇压第三等级代表,还要派"土匪"和外国军队洗劫各省。这样,农民心态中便产生了一种对"贵族阴谋"的"大恐慌"。在大恐慌心理的促使下,农民运动大规模地开展起来,把斗争的矛头指向了本地的领主,攻打城堡,焚毁封建文契。这场农民大起义动摇了封建统治的基础。

三、"八九年原则"和旧法国的改造

八月法令·《人权宣言》 巴黎革命胜利后,制宪议会成为国家立法机关和实际上的革命领导机关。领导制宪议会的是三级会议期间带头进行反抗王权斗争的那些活动家,主要代表人物有米拉波、西哀耶斯、巴那夫、拉法耶特、巴伊、迪波尔、拉梅特兄弟等。后来的事实证明,这些人始终坚持君主立宪的主张,故而称为君主立宪派。但在革命初期并没有派别的划分,议会代表基本上都是主张立宪君主制的,并没有人提出共和主义的口号。制宪议会就是在君主立宪派领导下,运用立法手段,对法国进行了根本性的改造。

制宪议会通过的第一个立法文件是八月法令。制宪议会本来在起草《人权和公民权利宣言》。但是风起云涌的农民暴动促使它不能不改为首先研究废除封建制度的问题。于是在8月4日至11日通过了这个著名的法令。8月4日

晚,法学家塔尔热动议,制定强硬的恢复农村秩序的法律。贵族代表诺阿伊子爵却提出了反对意见。他主张,要使农民放下武器,就应该无偿废除残存的农奴制和人身劳役,一切人都按收入纳税,与土地相关联的封建义务可以允许赎买。埃吉永公爵当即支持这一提案,代表们也纷纷表示赞同。随后,很多贵族代表和教士代表接踵走上讲坛,提出要废除各类不合理的特权和赋税,包括教会什一税、贵族狩猎特权、养鸽特权、领主裁判权等。会场上情绪高昂,会议开了一夜,史称"八月四日之夜"。八月法令便是根据这一夜的动议制定的。

法令宣布"将封建制度全部予以废除"。按规定无偿废除的有:人身义务、狩猎、鸽舍特权、领主法庭、教会什一税、特权等级免税权、买卖官职制度等,还规定任何公民,不论出身如何,均可出任教会或国家的文武官职。法令宣布要制定"全国性宪法"。此外,对源于土地的封建义务,法令规定要以赎买的方式予以废除。

八月法令在根本原则上废除了封建制度,在法律上否定了封建土地所有制,是改造国家的重要一步。八月法令是革命者运用法律手段进行社会改造的第一步,具有重大意义。

通过八月法令之后,制宪议会又转入《人权和公民权利宣言》(简称《人权宣言》)的草拟工作,经过逐句逐字讨论,于8月26日通过。到1791年通过宪法为止,又经过多次修改。

《人权宣言》是大革命的纲领性文件。它的核心内容是人权与法治。《人权宣言》指出:"在权利方面,人生来是而且始终是自由和平等的"。"任何政治结合的目的都在于保障人的自然的不可动摇的权利。这些权利就是自由、财产、安全和反抗压迫"。"整个主权在根本上存在于国民之中。任何团体或个人不得行使主权所未明确授予的权力"。这些就是《人权宣言》的总纲。它首先明确了人的与生俱来的自然权利(天赋权利),即自由和平等。这种自然权利通过人们的"政治结合",就变为公民权利,那就是"自由、财产、安全和反抗压迫"。政治结合产生的是公民社会,体现出来的是"社会契约"原则。因此,最高权力来自于国民,即主权在民原则。《人权宣言》宣布的这个根本性原则具有非常重大的历史意义。它以主权在民代替主权在君,是以公民社会代替贵族社会的根本表现。它极大地提高了公民在国家中的主体意识。

《人权宣言》并没有鼓吹无限制的自由,然而它给自由规定的唯一限制,只是不损害他人,即自由是指"可以做一切不损害他人的事"。在这个限制范围内,"公民都有言论、写作、出版的自由","任何人不应因其意见,甚至宗教的意见而受干扰"。

与自由密切关联的是平等。《人权宣言》将平等也列为人的自然权利。作为公民权利,它将平等解释成身份的平等,在法律面前的平等,担任公职上的平等,负担纳税义务上的平等。它写道:"所有公民……都平等地按其能力担任一切显职、职务和公共职位,除德行和才能的差别外,没有其他差别"。

为保障人权,法治是必需的。《人权宣言》强调,决定国家意图的,不应是掌权者而应是国民。国民的公共意志应是立法的根本依据。"法律是公共意志的表现。所有公民都有权利亲身或委托代表参与法律的制定"。法律保护人的自由权利,不依照法律就"不得控告、逮捕或拘留任何人"。每个人在守法方面也是平等的,"不扰乱法律所规定的公共秩序"。《人权宣言》明确规定,必须实行分权原则,以防止政府的专横与渎职。"没有确立分权的社会就没有宪法"。

后来,在依据《人权宣言》的原则制定的1791年宪法中,又为公民规定了集会、请愿、享有公共救济和受教育等自由权利。这是对《人权宣言》中所列权利的补充。

《人权宣言》所确立的这些原则就是通常所说的"八九年原则"。在君主立宪派领导时期所通过的立法和施行的政策,基本上是以这些原则为指导的。"八九年原则"是改造封建社会,引导法国走向近代资本主义社会的指针。

十月事件·革命俱乐部的活动

在通过《人权宣言》后,制宪议会即开始讨论宪法的正文。在讨论国家政治体制时,在两个问题上发生了意见分歧。第一是立法机构是否实行两院制并设立贵族院;第二是国王对议会决议是否拥有否决权。宪法草案报告人穆尼埃以及拉利-托朗达尔等人主张仿效英国,设立贵族院。他们被称为"王政派"。持反对意见的是人数更多的"爱国派",主要领导人是被称为"三巨头"的巴那夫、迪波尔和亚历山大·拉梅特。"爱国派"坚持不设贵族院,实行一院制。经表决,王政派意见被否定。在国王否决权问题上,双方争论不下,最后根据巴那夫的议案实行了妥协,决议给国王以"搁置否决权",但以两届议会为限,即国王否决的议会决议,如在下届议会再获通过,便不得加以否决。

制宪议会讨论宪法时,国王路易十六否决了八月法令。经议会强烈要求后勉强批准,但却顽固拒绝《人权宣言》。这时,国内经济情况不好,巴黎面包短缺,价格急剧上涨,群众不满情绪非常强烈。人们认为制造饥饿的是凡尔赛宫廷。巴黎出现许多民众会社,爱国派的报纸也很活跃,如高尔萨的《巴黎至凡尔赛邮报》、卢斯塔洛的《巴黎革命》、布里索的《法兰西爱国者》和9月创办的马拉的《人民之友》。

面对这一形势,路易十六竟然在9月14日下令调集军队,企图镇压群众。奉调的佛兰德斯旅团于23日到达凡尔赛。10月1日和3日宫廷两次欢宴旅团军官,宴会上军官们的反动气焰十分嚣张。这一情况被爱国派报纸揭露出来,立即点燃了巴黎人民的怒火。10月5日,由大批妇女带头,一支群众大军向凡尔赛进发,一路高呼:"要面包","处死教士、处死贵族、处死王后"的口号。当晚到达凡尔赛后,派代表团到制宪议会,随后到了王宫。议会立即派代表去见国王,要求他批准《人权宣言》和保障巴黎粮食供应。路易十六答应了这些要求。10月6日晨,群众在和禁卫军发生冲突后攻入王宫。拉法耶特急忙率国民自卫军为王宫解围,并要求国王去见群众。当路易十六出现在群众面前时,群众坚决要求王室到巴黎去。他被迫同意,于当天下午在群众队伍簇拥下王室人员到了巴黎;住进土伊勒里宫。从此,国王处于巴黎人民监督之下。几天后制宪议会也迁到巴黎。

十月事件挫败了王室镇压革命的阴谋,大大地加强了巴黎作为革命中心的地位。巴黎的政治生活空前活跃,革命俱乐部在政治生活中起着极大的作用。在大量俱乐部中,地位最突出的是雅各宾俱乐部。哥德利埃俱乐部、社会俱乐部等影响也较大。

雅各宾俱乐部的前身是三级会议时期部分代表为在会外讨论问题而组成的布列塔尼人俱乐部。制宪议会迁到巴黎后,该俱乐部在圣奥诺雷街的雅各宾修道院集会,并正式定名为"宪法之友协会",还吸收制宪议会代表以外的人加入。人们按其集会地点习惯地称它为雅各宾俱乐部。这时,原属俱乐部的"王政派"已分裂出去,另组成"君主宪法之友俱乐部"。爱国派成员还留在俱乐部之中,人数很多。俱乐部实际上起着制宪议会的预备会议的作用,事先讨论议会将要讨论的问题。由于意见上时有分歧,拉法耶特、勒夏普利埃、西哀耶斯等人退了出去,另外组成"八九年俱乐部",在制宪议会中起了重要的作用。雅各宾俱乐部主要由巴那夫、拉梅特等领导。他们仍属君主立宪派。俱乐部在社会上的影响更大。随着革命的发展,雅各宾俱乐部的群众性日益加强,而且逐渐在全国各地建立了分部,最多时达几千个。1791年7月和1792年10月,立宪派和吉伦特派先后从俱乐部分裂出去,雅各宾俱乐部遂成为革命民主派组织,罗伯斯比尔成为主要领导人。

哥德利埃俱乐部成立于1790年4月,一开始就是激进民主派的团体。它的正式名称是"人权之友协会",因在哥德利埃修道院集会而得此俗称。哥德利埃俱乐部的重要活动家有律师出身的丹东,记者德穆兰、马拉,诗人法布尔·戴格朗丁,肉商勒让德尔,先是剧场售票员后为记者的埃贝尔,印刷匠摩莫罗,最早的共和主义者之一的罗贝尔等,许多人同时是雅各宾俱乐部的成员。哥德利埃俱乐部在1791年成为民主共和运动的中心,恐怖年代又成为埃贝尔派的重要阵地。

社会俱乐部于1789年10月由政论家兼文学家博内维尔和修道院长佛歇创立,在一定程度上具有原始的、平均的共产主义思想。佛歇在该俱乐部的《铁嘴报》上曾写道:"每个人都应有土地权,都应有维持生存所必需的一小块土地"。

反封建法令的通过

此外还有许多俱乐部或会社进行着活动。在俱乐部影响下,巴黎人民群情激昂。十月事件中迫使王室移至巴黎的胜利结局,极大地提高了巴黎人的公民参与意识。在这样的气氛中,制宪议会又通过了一系列反封建法令。大致有如下几个方面:

首先,对旧国家政治体制进行了改造,以宪法政治取代专制主义。1789年10月1日通过的关于政府基本原则的法令规定,国家机关实行分权制,立法权只属于一院制议会,国王掌握行政权,但只能依法行使,不经议会同意不得收税等等。12月14日和22日又两次颁布有关改组地方政府的法令,规定地方官由选举产生。1790年2月26日通过决议,废除以往那种混乱不堪的区域划分,将全国统一分成面积与人口大体相当的83个郡。

其次,改造原第一等级和天主教的法令。1789年11月2日通过了没收全部教会财产的法令,12月29日又下令以这些教会财产为抵押发行财政票据——指券。1790年3月17日下令宣布将教会财产作为"国有财产"出售。对天主教教士,大力进行改造。1790年2月23日颁布命令,要全体教派教士①离开教堂,到指定的团体去或者还俗,本堂神甫须宣读和讲解议会法令。7月12日通过的教士公民组织法是使教会世俗化的法令,规定废除旧的教区,按83郡行政区设立新主教区,主教由公民选举产生,不再由罗马教皇任命。高级神职人员的薪俸改由国家支付。11月27日又公布了教士宣誓法,规定所有大主教、主教和本堂神甫都必须宣誓效忠于民族、法律、国王和制宪议会颁布的宪法。

再次,改造原第二等级贵族的法令。1790年6月19日制宪议会下令宣布:"永久废除世袭贵族,任何人都不得再接受或是授予他人亲王、公爵、伯爵、侯爵、子爵、代理主教、男爵、骑士、老爷、绅士、贵人以及一切类似的头衔"。

最后,在社会经济方面,以法律形式废除了种种封建性限制,为资本主义发展扫清了道路。主要的立法有:1790年10月31日废除内地税和商品入市税法令,1790年4月3日取消东印度公司贸易垄断权法令,1791年3月2日取消政府工业法规和废除行会法令等。

在上述各项政策中,个别的政策是有失误的。例如教士宣誓法就过于偏激。实行后有半数以上教士拒绝宣誓,成为"反抗派教士"。宣誓者称"宣誓派教士"或"宪政派教士"。教士分裂为两大派,对众多的信仰天主教的居民也有相当大的影响。而"反抗派教士"中除抗拒革命的那部分人之外,有不少是出于宗教感情和信仰受到挫伤才拒绝宣誓的。他们从同情或支持革命转而厌恶或反对革命。又如,没收和出售教会财产原是缓和财政困难的重要措施,但是在1790年

---

① "教派教士"亦译"正规教士"(le clergé régulier),指正式加入某个教派的教士;"非教派教士"亦译"俗间教士"(le clergé ségulier),指未加入教派者。

4月议会决议将土地券性质的指券确定为货币,明令正式流通,而且接连不断地扩大印发数量,很快就造成了后果严重的通货膨胀。

尽管有个别失误,这些政策法令,连同八月法令和《人权宣言》,还是从经济基础到上层建筑对旧制度进行了全面的改造,为资本主义制度奠定了基础。资产阶级在革命前预定要达到的目标,大部已经实现,只待将宪法完整制定出来,全面确立这个新型的国家模式。

在革命初期,制宪议会为巩固刚刚取得的政权,建立稳定的局势,于1789年10月21日颁布了戒严法令,1791年6月14日又颁布了禁止同行业工人结社的勒夏普利埃法令。但是,制宪议会的立法活动始终是公开化的,议会上辩论的情况也是向公民公开的。政治的公开化是法国大革命贯穿始终的特点。

国王逃跑·1791年宪法

上述各项法令的通过实际上也是宪法若干内容的确定,成为制宪工作的重要组成部分。在1790年夏季,议会就开始了对宪法条款草案的修改讨论。制宪议会的各项反封建法令和讨论中的宪法条文,都是路易十六难以接受的。同时,逃亡国外的王弟阿图瓦伯爵于1791年5月20日与奥地利皇帝进行会晤,策划由各君主国出面干涉法国革命。奥地利皇帝在密信中将这些情况通知了路易十六。于是,发生了法国国王秘密逃跑事件。

1791年6月20日夜,国王、王后、王弟普罗旺斯伯爵(摄政王候任人)等人化装出逃。21日他们在靠近东部边境的发棱被人认出,不得已返回巴黎。只有普罗旺斯伯爵逃到布鲁塞尔。

国王逃跑事件在巴黎激起了一场民主共和运动。6月21日晨,群众得知国王已逃跑的消息后,立即冲进王宫,并将街道上路易十六的雕像遮盖起来。哥德利埃俱乐部通过了由罗贝尔起草的给制宪议会的请愿书,上面写道:"1789年时我们是奴隶,1790年我们自以为是自由人,1791年6月底我们已是自由人了……自由而没有国王。……王权,特别是世袭王权,同自由是不相容的"。请愿书要求议会宣布共和,或者等待各郡对此表态。许多革命报纸也提出了实行共和制的主张。布里索的《法兰西爱国者》指出,路易十六破坏了自己的权力。社会俱乐部的《铁嘴报》说:"即使我们保留了哪怕是国王的影子,那我们将只能得到一个毫无结果的革命"。《巴黎革命》报要求审判国王。《革命之友》报主张仿效美利坚合众国的制度。弗雷隆的《人民演说家》报提出了"非共和,即死亡"的口号。新创刊的《共和主义者》报更是力主实行共和制度。巴黎群众多次举行了示威游行。

然而,影响巨大的雅各宾俱乐部基本上没有参加这场运动。它的起主要作用的成员依然坚持君主立宪制的宪法,即使是罗伯斯比尔、马拉这样的民主派,当时也不赞同共和主义。由于不少成员站到共和运动一边,罗伯斯比尔等虽不赞成共和制,但却主张废除路易十六,更换国王。结果,雅各宾俱乐部发生了分裂,巴那夫等君主立宪派于7月16日退出,另外组成斐扬俱乐部。

在君主立宪派领导下的制宪议会,6月21日晨得知国王逃跑消息后立即采取了一系列紧急果断的措施。议会命令内政大臣"立即派人到各郡,命令全体公职人员、国民自卫军和边防军拘留所有逃离王国者;同时禁止一切货物、武器、军需品、金银币、马匹、车辆和粮食外流。如发现任何王室成员或劫持他们的人,公职人员、国民自卫军和边防军要采取一切必要手段阻止这一行动,扣留他们,并将详情报告立法机关"。议会向大臣们宣布,自即日起议会的决议均不需批准,立即具有法律效力。同时还派人检查各地驻军、军事要塞和武器库,以议会名义而不是国王名义接受军队宣誓。议会通知各国驻法使节,法国将继续保持与各国的友好关系。在向全国公民发布的宣言中,制宪议会庄严宣布,革命决不会后退,自由必将胜利。"任何人也休想奴役法兰西这块土地,等待暴君的,只有失败"。显然,一旦路易十六逃出法国,制造外国干涉,制宪议会决心以武力保卫革命成果。

但是,很快传来了路易十六被拦截的消息,接着他于6月25日返回巴黎。这时,民主共和运动已兴起,群众情绪高昂。制宪议会深恐因截回国王而避免了的外国武装干涉,会由于惩办路易十六而真正招致。同时,在政治主张上他们也是坚决反对共和主义的。于是,他们宣布国王暂时停职,但仍决定保留其王位。他们通过了国王系被他人"劫持"的决议,并在7月16日宣布路易十六仍然是国王。

议会的态度激起了群众的不满。人们连日在马尔斯校场集会、请愿、示威。7月17日,巴黎群众继续聚集在马尔斯校场,并在由布里索起草的请愿书上签字,要求废除路易十六。制宪议会决定进行镇压。议会主席特雷亚尔要求巴黎市长巴伊采取措施"结束混乱并查明犯罪者"。巴黎市政府遂于17日晨发布禁止集会法令,派拉法耶特带国民自卫军前往马尔斯校场执行命令。在群众拒绝解散的情况下,军队向人们开枪,打死50余人,伤数百人。这就是"马尔斯校场流血事件"。群众性的共和运动暂时被镇压下去。君主立宪派也因此而逐渐失去了威信。

平息共和运动后,制宪议会于8月进行了宪法的定稿讨论,9月3日正式通过。停职中的路易十六只得依从立宪派,于9月14日批准了宪法。这就是《1791年宪法》,是法国历史上的第一部宪法。

宪法概括了制宪议会已发布的各项反封建法令,规定了国家的性质和体制——资产阶级的君主立宪制国家。《人权和公民权利宣言》是宪法的前言即指导原则。在正文中,宪法宣布要"坚定地废除损害自由和权利平等的制度"。宪法体现三权分立的原则,规定立法权属于选举产生的一院制立法议会,行政权归国王,司法权由选举产生的法官掌握,实行司法独立。宪法特别就国王的行政权作出规定:"没有比法律更高的权力;国王只能依据法律治理国家,并且只有依据法律才得要求服从"。宪法为公民规定了信仰、言论、出版、集会、结社等自由。在选举制度上,早在1789年12月22日颁布的选举法上就已规定,按照公民纳税额来确定选举权。每年缴纳直接税达三天工资以上者享有选举权,称"积极公民";未达到者无选举权,称"消极公民"。这显然违背了权利平等的原则。然而,按照财产分配权利毕竟是资产阶级的原则,对比于按出身门第分配权利的封建原则仍是个巨大的进步。公民除在财产上的不平等以外,已没有其他方面的不平等。而财产上的差别在竞争的环境中是可以改变的。1791年宪法是适应资本主义商品经济的国家根本大法,是法国从传统的贵族社会跨入近代公民社会的法律标志。

宪法生效后,很快就开始了立法议会的选举。这时,制宪议会的代表们已实践了当年的网球场誓言。他们通过了一个惊人的决议——全体代表一律不参加竞选,不进入新的立法议会。法国大革命的发动者和领导者,改造旧制度、创立新国家的第一批立法者,其功勋是不可磨灭的。然而,他们自动全数从政治舞台上引退了。他们没有利用自己为大革命创业的功勋去谋求权位。

欧洲封建势力的武装干涉

1791年10月1日,新选出的立法议会开幕。在议会中,主张实行君主立宪制度的立宪派在全体745名代表中有264名,占1/3以上。斐扬俱乐部与他们有经常的联系。雅各宾派的代表有136名,主要由吉伦特派①组成,重要代表人物有布里索、维尼奥、伊斯纳尔、加代、孔多塞等。他们受重农学派影响,主张工商业活动的完全自由。这一派在巴黎市有较大影响,直到1792年上半年,他们左右着雅各宾俱乐部的主要倾向;1791年11月这一派的佩迪翁又当选为巴黎市长。在雅各宾派代表中,还有少数激进分子,如夏博、德穆兰、桑泰尔、勒让德尔等,对宪法持保留态度,更倾向于共和制。由于人数过少,在议会中影响不大。他们在雅各宾俱乐部中是倾向于罗伯斯比尔的。其余的345名代表,在议会中处于中间派地位。

立法议会开幕时,革命正面临着两个重大的问题,即物价问题和外国干涉威胁的问题。物价高涨问题早已存在,1790年时有所缓和。1791年国王逃跑事件又使问题严重化了。在普通群众当中,许多人怀疑既然国王都不赞同革命,又有外国的支持,革命真会成功吗?再加上传统习惯的影响,人们对政府发行的指券

---

① 当时多称"布里索派"。布里索原为巴黎市政府官员,因在共和运动中表现突出而当选。布里索派的意见常与来自吉伦特郡代表的意见一致,到1792年人们就统称他们为"吉伦特派"。为叙述方便,这里就称吉伦特派了。

日益不信任,并尽力将旧时的硬币储存起来。地主、富农,特别是投机商们,便趁机囤积居奇,哄抬物价,造成粮食、生活必需品短缺,价格猛涨。这就激起了群众性的要求打击投机商、限制物价的运动。立法议会收到了大量的群众请愿书。关于群众在各地拦截粮车、粮船和冲击商店的消息也不断传来。

外国武装干涉的威胁更令人担忧。在立法议会开幕前一个多月,普鲁士、奥地利便于8月27日发表庇尔尼茨宣言,扬言法国如不恢复王权,解散议会,各国君主都将出面保障法国的君主体制。逃亡贵族的活动也很猖狂。普罗旺斯伯爵、阿图瓦伯爵两名王弟以及孔代亲王和波旁公爵,竟然对路易十六批准宪法提出了抗议,使得国内外封建势力更加嚣张。逃亡者还在德意志、比利时一些地方聚集起来,招募军队,准备反攻。对此,俄国、瑞典、西班牙、撒丁王国等都表示支持。

在严重的局势面前,立法议会采取了一些打击封建势力的措施,包括10月31日发布的限普罗旺斯伯爵在两个月内回国的法令,11月9日限一切逃亡者1792年1月1日回国,否则没收财产以叛国罪论处的法令,11月29日强制反抗派教士进行公民宣誓的法令等等。对于国内物价问题,议会没有作出什么重要决策,但围绕战争威胁问题进行了长时间的辩论。

在辩论中,以布里索为代表的吉伦特派是主战派。他们认为,欧洲各君主国是对本国革命既得成果的严重威胁,同时也是造成恐慌不安、破坏商业流通的祸根。通过战争打击这些暴君,才能迫使各国承认法国革命,同时为商业流通打开渠道。在君主立宪派中,大多数人主和,担心战争会造成既得革命成果的丧失。并非议会代表的罗伯斯比尔则认为,首先应在国内巩固革命成果,镇压反革命势力。鉴于法国在军事上准备不足和军队中原贵族军官较多,不宜急于开战。罗伯斯比尔一派人在雅各宾俱乐部中同布里索派进行了长达几个月的争论。这场争论成为雅各宾派进一步分裂的先兆。

路易十六和王后玛丽·安托瓦内特早已盼望欧洲君主国的干涉。路易十六批准宪法后几天,玛丽·安托瓦内特就在9月18日秘密致信其兄奥地利皇帝利奥波德二世,要他以武力干涉法国革命。年底,路易十六又写信给奥、普、俄、西班牙和瑞典的君主,呼吁他们干涉法国革命。吉伦特派的主张恰好适合了宫廷的需要,路易十六便于1792年3月10日将原来立宪派当政的内阁免职,任命了吉伦特派内阁,包括内政大臣罗兰、外交大臣迪穆里埃、财政大臣克拉维埃、陆军大臣塞尔旺等。在主战情绪占据上风的情况下,4月20日法国对奥宣战。不久后又对普宣战。在此之前,立法议会于2月通过了没收逃亡者财产的法令。

战争开始后,情况正如罗伯斯比尔所料,法军在各战场上都不断败退。拉法耶特所率军队也遭败绩。主战的吉伦特派内阁极力要扭转战局,并加紧打击封建势力。5月27日他们使立法议会通过了放逐拒绝宣誓的教士的法令。两天之后又宣布解散由前贵族组成的王室近卫军。6月8日,立法议会决议在巴黎附近建立一支由各郡调来的后备军,人数为2万。

战场上的失败正是路易十六所希望的。他专横地否决了立法议会的上述各项决议,并进而在6月13日免除了罗兰、克拉维埃和塞尔旺的大臣职务,15日又接受了迪穆里埃的辞职。同时,他任命了四名属于君主立宪派的新大臣。

被激怒的巴黎人民在桑泰尔、勒让德尔等人的发动下,于6月20日举行了有数万人参加的大示威,高喊"召回爱国者大臣!"路易十六拒绝了这一要求,立宪派控制的巴黎郡政府还为此撤销了佩迪翁的市长职务。6月28日,拉法耶特从前线返回巴黎,在立法议会上发表演说,要求解散雅各宾俱乐部和惩办6月20日示威的肇事者。

事态的发展促使雅各宾派内部暂时联合起来。就在拉法耶特演说那一天,布里索和罗伯斯比尔都在俱乐部中表示了团结的愿望,提出要惩治拉法耶特,号召群众武装起来。立法议会则通过决议,要各郡派国民自卫军代表到巴黎参加第三次结盟节活动①。7月上旬,吉伦特派主要代表人物布里索、维尼奥在立法议会上把攻击的矛头指向了国王,提出使祖国处于危急状态之中的祸根就是国王,必须打击宫廷。7月11日,立法议会正式通过决议,宣布"祖国在危急中"。议会与行政机构要坚持办公,国民自卫军要整装待发,同时招募新的志愿兵入伍。

这时,法国人民已具有了强烈的公民参与意识。巴黎在几天之中就组成了1.5万人的队伍,各地的结盟军也陆续来到首都。这时已主要由罗伯斯比尔领导的雅各宾俱乐部在巴黎群众和结盟军中开展了大量活动。一年前仍坚持君主制的罗伯斯比尔和马拉,此时转变为坚定的共和主义者。他们以及著名革命家丹东,积极领导了一场新的民主共和运动。在7月14日结盟节集会上,人们高呼"国民万岁",而不再喊"国王万岁"的口号。7月下旬,更多的结盟军到达巴黎。其中,30日进入巴黎的马赛结盟军将斗争引向高潮。他们一到巴黎便同倾向王政的卫队发生了冲突。他们高唱的由卢热·德利尔创作的《献给吕克内元帅的军歌》,起了很大的鼓舞士气的作用,迅速普及开来。由于巴黎人第一次从他们那里听到这首歌,就称之为《马赛曲》。这就是后来法国国歌的由来。

1792年8月10日的人民起义

7月底、8月初,这场群众运动的目标逐渐集中起来,那就是罗伯斯比尔7月29日在雅各宾俱乐部提出的带有纲领性的主张:不仅要废除国王,而且要解散立法议会;以普选方式成立新的立法机构,修改宪法。这就明确了必须解

---

① 1790年4月制宪会议决定将7月14日革命开始的日子定为全国结盟节,各地派国民自卫军代表到巴黎庆祝节日,显示团结的力量。1790、1791年都按期举行了活动。

决政权转手问题和改变政治体制。于是,巴黎各区纷纷将斗争矛头对准了国王、立法议会和肯定君主制并划分"积极公民"与"消极公民"的1791年宪法。

就在这时,传来了普奥联军司令不伦瑞克发表宣言的消息。宣言恐吓说,如果法国国王、王后和整个王室受到侵犯,就将对巴黎进行"军事惩罚并全部毁灭,处死暴徒以惩其罪行。"被此宣言极度激怒了的巴黎人民决心以武力推翻王政。圣安东郊区的盲人院区于8月4日宣布,如果到8月9日晚11时立法议会仍不作出废除国王的决定,就要"半夜敲起警钟,吹起集合号,立即起义。"许多区支持这一决定。从8月7日起,各区派出巡逻队加强了对王宫的监视。

8月9日晚立法议会未作出任何决定就闭会了。盲人院区便在11时发出了立即起义的呼吁。12时法兰西剧院区敲响了警钟,起义开始了。8月10日晨6时,巴黎48个区中的28个区的89名代表来到市政厅集会,以多数区的名义宣布废除旧市府,建立新的巴黎公社①,任命桑泰尔为国民自卫军司令。这时,起义群众和结盟军等正在攻打王宫。桑泰尔立即率国民自卫军投入战斗,打败了由瑞士雇佣兵组成的王宫卫队,占领王宫。8月10日起义取得胜利。

起义军攻打王宫时,路易十六带领全家跑到立法议会请求保护。不久,巴黎公社代表怀着起义胜利的喜悦来到立法议会,严正地提出了废除国王、选举民主新议会的要求。慑于武装群众的压力,立法议会通过决议,宣布国王暂时停职,召开普选产生的国民公会。

8月10日起义推翻了君主制度,结束了君主立宪政体,沿着人民主权的公民社会的道路将革命推进到一个新的阶段。在起义前一个月即7月10日,君主立宪派内阁已经辞职。他们所尊奉的1791年宪法,在起义冲击下也失效了。公民意志取得了胜利。

四、法兰西第一共和国

瓦尔米战役·共和国的成立

8月10日起义胜利的当天,立法议会在决定国王停职后,任命了临时行政会议行使行政权。行政会议由6名部长组成,6月间被国王免职的内政部长罗兰、财政部长克拉维埃、陆军部长塞尔旺,未经讨论就在热烈的掌声中复职。新任命的海军部长为数学家蒙日,外交部长为勒布伦,司法部长是丹东。6名部长中除丹东外,均属吉伦特派。这表明,1792年8月10日后,吉伦特派掌握了政权。

在吉伦特派领导下,立法议会和行政会议采取了一系列重要的革命措施。

---

① 自中世纪以来,法国取得自治权的城镇就称为"公社"。这里的巴黎公社就是巴黎市的政府。1871年工人的巴黎公社也是借用了这一名称。

主要的有:8月15日宣布王室人员和逃亡贵族家属为人质;17日成立特别法庭,审判8月10日起义时的反革命罪犯;26日限令60岁以下的反抗派教士在半个月内离开法国。此外,对军队将领也进行了调整。北路军司令拉法耶特于8月19日出逃,后落入奥地利人手中。迪穆里埃接替了他的职务。东路军司令被免职,由克勒曼取代。南路军司令孟德斯鸠-费桑萨克一度被安瑟姆取代,后又复职。

立法议会还颁布了一些新的土地法令,包括将没收来的逃亡贵族土地作为"国有财产"分小块出租或出售的法令,在各农村公社按户无偿分配公有土地的法令,特别是8月25日关于进一步废除封建权利的法令。这个法令明文规定,废除"没有无领主的土地"这一封建原则,凡不能提出拥有不动产的原始契券的地主,一概废除其"由以前的法令保留下来的或宣布可赎买的领主权利和封建权利"。当时,绝大多数地主不可能提出原始契券,法令实际上已将封建权利基本废除。

上述法令有一些是在巴黎公社强烈要求下通过的。巴黎公社有很强的革命性。随着8月10日起义的胜利,公社总委员会扩大到了288人,即48个区各有6名委员。总委员会的著名活动家有丹东、马拉、罗伯斯比尔、肖梅特、比约-瓦雷纳、科洛-德布瓦、塔里安、帕什等。公社以坚决的手段逮捕起义前的大臣、王党记者,封闭王党报纸,没收教堂的铁栅栏、铜钟和金属祭器去熔铸武器。公社把8月10日起义称为平等革命,在其文件中使用的纪年是"自由第四年,平等元年"。公社下令在公文中和讲话时,不准再称"先生",一律改称"公民"。公社积极号召人民参军保卫祖国。巴黎人民热烈响应公社的号召,大批青年参加了志愿军。

9月1日夜,传来了凡尔登要塞失陷的消息。这意味着巴黎的东部门户已经洞开。首都群情激奋,敲钟鸣炮发出紧急集合的信号。这时,丹东来到立法议会发表了著名的演说:"大家听到的不是告急的炮声,而是向祖国敌人冲锋的号角。要战胜和打垮敌人,必须勇敢,勇敢,再勇敢!这样法国才能得救"。

9月2日,一部分情绪过激的巴黎群众冲击巴黎各监狱,不加区别地处死在押犯人,杀死一千几百人,犯人中幸免者仅及半数。对于这次违反法制的行动,巴黎公社至少是默许的。这就是大革命中有名的"九月屠杀",共进行了三天。事后,军队开赴前线。

这时,积极参与政治生活并直接参加革命行动的群众,已自称"无套裤汉"①。无套裤汉是巴黎公社和雅各宾派的重要社会支柱之一。他们积极参加

---

① 18世纪贵族男人盛行穿仅及膝盖的套裤(culotte)。平民则穿普通长裤。称无套裤汉(sans-culotte),有与贵族对立之意。无套裤汉的服装是红色小帽、短上衣、黑裤、三色腰带。他们的短上衣以及唱的歌曲和跳的舞蹈,都称卡马尼奥拉(carmagnole)。无套裤汉主要由小资产者群众组成,指积极参与革命的人。

了8月10日起义和后来的一系列重要革命行动,成为革命的中坚力量。

军队开赴前线后,开始了国民公会的选举。这是按年满21岁的男子普选的方式进行的。在竞选中,吉伦特派攻击雅各宾派、巴黎公社、巴黎无套裤汉是"无政府党",对九月屠杀负有全部责任。结果,他们在各郡得到了较多选票,雅各宾派则在一些革命情绪高昂的大城市特别是巴黎获得了胜利。这预示了两派将在国民公会中发生激烈的斗争。

选举结束后,法国前线局势也发生了重大变化。9月20日,法国革命军队在凡尔登附近的瓦尔米,第一次打败了自以为不可战胜的普鲁士军队。普军进入法国后,已习惯于看到法军在其发起进攻时便溃散的情景。但是,这次它连续擂鼓前进,法军仍屹立不动,沉着应敌。于是在精神上崩溃,败阵而逃。在精神和意志的较量上,法军的气势首次压倒了敌人。瓦尔米大捷扭转了法军在战场上的被动局面,使法军声威大振。

就在瓦尔米战役的当天,新选出的国民公会举行了预备会议,次日即9月21日正式开幕。在国民公会750个代表席位中,吉伦特派占有160多席,雅各宾俱乐部左翼①近百席,其余500席左右属中间派,被人们称为"沼泽"派或"平原"派。雅各宾俱乐部左翼代表因坐席较高,被称为"山岳"派。吉伦特派代表中拥有一批思想敏捷、富于演说才能的活动家。非议会代表的杰出女性罗兰夫人,对吉伦特派的活动也有着相当的影响。山岳派的实际首领是罗伯斯比尔。这时,他已是改名为"自由与平等协会"的雅各宾俱乐部的主要领导人。由于该俱乐部影响巨大,又已在全国拥有了数以千计的分支,罗伯斯比尔成了革命中举足轻重的人物。在平原派中也不乏颇有见地的政治家,如著名法学家康巴塞雷斯。由于政见分歧,各派之间特别是吉伦特派与山岳派之间对立情绪非常严重,积怨日深,使国民公会内部纷争十分尖锐。不过,在个别重大问题上也有一些共同之处。

在开始时,平原派倾向于吉伦特派。国民公会开幕选举会议主席②时,罗伯斯比尔被多数票否决,当选者是吉伦特派的佩迪翁。会议秘书处也主要由吉伦特派组成。在选举行政机构时,除由加拉取代丹东担任司法部长外,其余8月10日时行政会议的成员都继续留任。这就开始了吉伦特派国民公会统治时期。在开幕会议上,全体代表一致通过了由科洛-德布瓦提议,得到格雷古瓦热烈支持的意见,宣布在法国废除君主制度。内政部长罗兰在发给各地的通知中,还明确提出了建立共和国的主张。9月22日,国民公会正式宣布,成立法兰西共和国。这就是历史上的法兰西第一共和国。

---

① 1792年10月12日之前,吉伦特派还未从雅各宾俱乐部分裂出来。
② 国民公会主席每半月改选一次。

吉伦特派与山岳派的斗争

国民公会在开幕时表现出来的一致,很快就消失了。随后便是围绕各类问题上的唇枪舌剑,争论不休。这首先是由于对形势的不同看法所造成的。山岳派认为革命不能停步,还要继续向前推进。而吉伦特派则主张,在打倒王政、实现共和之后,革命该停止了,当务之急是巩固秩序。布里索发表文章说:"为了拯救法国,三次革命是必要的:第一次是推翻专制,第二次是废除王政,第三次应是消灭无政府状态"。维尼奥说得更明确:"自废除王政之后,许多人在谈论革命。我以为只可能有两种革命——要么是消灭私有财产和实行土地立法,要么是恢复专制制度。我坚决反对这种或那种革命"。在国民公会上,在雅各宾俱乐部中,在报刊上,吉伦特派与山岳派的争论一直不停,甚至发展到进行人身攻击的地步。吉伦特派不少人说罗伯斯比尔图谋成为"独裁者",山岳派则称布里索等人是"伪爱国者"。

双方斗争的焦点之一是如何对待巴黎公社。吉伦特派强调巴黎公社是地方政权,它干预全国事务是越权行为。他们甚至诬蔑公社有侵吞公款的违法现象。公社则独立行事,抵制吉伦特派国民公会的意图,坚持与各地建立联系。吉伦特派极力要改组巴黎公社。11月进行了改选,但是激进的山岳派在选举中取得了胜利。12月2日成立的新公社总委员会,担任检察长的是接近平民群众的肖梅特,副检察长是埃贝尔。公社仍是带有平民性质的政权。

双方另一个争论的问题是如何处置废王路易十六。当时,路易十六一家已被关押在当普尔堡,成为革命的阶下囚。10月1日巴黎公社派代表团到国民公会,提出证据要求审判路易十六。山岳派遂抓住这个问题向执政的吉伦特派进行了挑战。在很大程度上,这是吉伦特派、山岳派政见与权力之争的一种表现。在罗伯斯比尔等人看来,处死路易十六可以推动共和国的革命进一步发展,关键并不在于如何处理路易十六本人。他在国民公会上说:"你们根本无需对某个人作出同意或反对治罪的判决,而是应该采取一项旨在救国的措施"。吉伦特派则认为,处死路易十六将会招来更严重的外国武装干涉,对国家不利。从权力之争来看,他们当然不愿意使山岳派的主张得以实现。因而双方意见对立很尖锐。吉伦特派的担心不是没有根据的。西班牙国王查理四世曾派专使向国民公会递交照会,表示愿意以西班牙同法国结盟换取路易十六的生命。英国也在等待干涉的借口。法国使节肖夫兰竭尽全力地斡旋,才使英国勉强地维持着中立。后来的事实证明,路易十六被处死后,出兵干涉法国革命的国家很快就由普、奥两国增到七个国家,形成了以英国为首的反法同盟。此外,对于皇权主义传统较为浓厚的国内广大的天主教徒和在革命第一阶段功勋卓著的君主立宪派来说,如果处死路易十六,也会扩大他们与革命的距离。

然而,从当时山岳派提出的严正而响亮的理由来看,特别是从巴黎无套裤汉的激烈情绪来看,吉伦特派的主张是注定要失败的。经过两个月的辩论,终于决定审判路易十六。1793年1月16日国民公会进行量刑表决时,根据马拉的提议,违反无记名投票原则,采取了逐个公开唱名的方式,而且允许群众在场围观。这样,赞成无条件处死者超过半数,路易十六于1月21日被送上断头台。

吉伦特派与山岳派的斗争还表现在其他许多方面。两派在斗争中已发展到无法共处于一个组织之中,1792年10月12日雅各宾俱乐部发生分裂,布里索被开除出去。随后,吉伦特派成员都离开了俱乐部,山岳派成为雅各宾俱乐部的主人(下文所称雅各宾派即山岳派)。

限价问题

共和国成立后,两派共同面临的最大问题,是物价高涨和市场物资短缺的问题。立法议会成立时就已遇到了这个问题,后因外国武装干涉的问题提上日程而退居次要地位。战争爆发后,情况又急剧严重起来。1791年、1792年农业收成情况都很好,市场粮食短缺的根本原因是投机商们利用通货膨胀、货币贬值和战争造成的紧张局势,大肆囤积与哄抬物价造成的。正因为如此,1791年底售价2苏(货币单位,为锂的1/20)1磅的面包,到1792年底、1793年初已涨到8苏1磅。在不少地方,这相当于一天的工资。这种现象还波及各种生活必需品。当时,从首都到全国各地都受到物价高涨的困扰,群众生活异常困苦。于是,一场遍及全国的要求限制物价、打击投机商的群众运动迅速高涨起来。

里昂人民冲进商店,强迫店主按他们所规定的物价出售商品。群众在城墙上贴出了自定的商品价目表。据内政部长罗兰的报告,这个价目表的规定,比当时的市价低一半还多。当时,伊尔-德-弗朗斯、埃纳、索姆、下塞纳、奥尔良、奥恩诸郡,以及凡尔赛、埃当普、朗布依埃等城市,都出现了类似的群众运动。国民公会接待了大量代表团,收到了大批请愿书。1792年11月19日塞纳-瓦兹郡几个市镇代表团递交的请愿书十分引人注目。请愿书提出,共和国是由少数资产者和广大贫民组成的。从事商业的少数资产者为了牟利而肆意抬高物价,造成人民的灾难。请愿书强烈要求采取"恢复全体公民安宁、幸福和生存"的具体措施,那就是:"废除将大批粮食控制在自己罪恶之手的大农场","由民选的中央机构管理食品供应",规定"面包价格与工资价格间的公平比例"。显然,这种要求以国家行政手段去干预经济和管制贸易的主张,与大革命开始时所追求的经济自由原则是直接相悖的。这就成为一个带根本性的问题,因而在国民公会中引起很大震动。经辩论后,请愿书被拒绝。群众的限价运动在继续发展,博斯地区全境都掀起了运动,群众集聚在"自由树"下,高呼"国民万岁"!吉伦特派政府派兵镇压了这里的运动。

面对困难的经济状况和激烈的群众运动,吉伦特派与雅各宾派的态度都是明朗的。吉伦特派作为重农学派的信徒和经济自由原则的维护者,对限价运动采取了完全敌视的态度。在维护经济自由这一点上,雅各宾派同吉伦特派是一致的。不同的是,前者对投机活动持谴责的立场。在他们看来,人权理论要求任何公民在行使自由权时不得损害他人的自由,投机商的行为恰好是损害同胞利益的,因而不能容许。11月29日雅各宾派的重要代表人物、年仅25岁的圣茹斯特在发言中认为,导致物价高涨的原因是滥发指券,对此要严加控制。他不赞成在场的巴黎公社请愿团提出的限价要求,表示他"讨厌对商业采取激烈的措施"。罗伯斯比尔在12月2日作了长篇发言,激烈谴责了投机活动,主张打击投机商。但是同样表示反对限价,他要求"既不损害商业的利益,也不损害财产的权利"。

正是在这种情况下,国民公会各派共同投票通过了坚持经济自由、镇压限价运动的12月8日法令。这个法令宣布,保证粮食贸易绝对自由,对聚众闹事和破坏粮食自由流通者将处以死刑。然而,物价仍在上涨。到1793年初,在科雷兹、上维埃纳和克勒兹三个郡,黑面包的价格都涨到了7~8苏1磅,工人劳动所得,一天只能买1磅黑面包。要求限价的群众运动仍在继续高涨。

在普遍的限价运动中,涌现出一批平民革命家,被称为"忿激派"①。其主要领导人有雅克·卢、勒克莱尔、瓦尔勒等。1792年12月1日雅克·卢在巴黎天文台区发表演说提出,解决供应问题和采用恐怖手段是必须结合的。1793年2月12日,他又在为巴黎48区起草的请愿书中提出:"只宣布是共和派是不够的,还要使人民幸福,有面包吃。哪里没有面包,哪里就没有法律,没有自由,没有共和国。你们断言不可能制定出好的粮食法令,这无异是说在推翻暴君之后就不能管理国家了",请愿书要求用恐怖手段去对付"破坏指券信用的人、无限抬高物价的人和把我们大步引向反革命的人"。这份请愿书集中地体现了"忿激派"概括出来的群众限价运动的基本要求,那就是以政府法令的形式统管经济、限制物价并以恐怖手段强制推行。这显然是一个针对资产阶级的纲领。

对于忿激派运动,吉伦特派和雅各宾派都是予以敌视的。罗伯斯比尔、马拉等人都曾无端地把忿激派说成是贵族和外国敌人的代理人。可是,形势的发展,首先使得雅各宾派不得不重新考虑自己的态度。1793年3月,以英国为首的反法同盟组成,陆续有7个国家参加。它们从四面八方向法国攻来。3月10日,在国内西部的旺代郡,发生了反对革命政权的农民暴动。这些传统意识极为浓烈的农民,对革命以来的新政策和新社会风气难以接受,便在国民公会2月24日发布征兵令的刺激下开始暴动。随后,他们按传统意识接受了旧日贵族的领导。于是,暴动转变成了王党叛乱,攻城夺地,杀害许多革命者。4月份,北路军司令迪穆里埃又叛变投敌。年轻的共和国面临着生死存亡的危险局面。

---

① 原文 enragés,意为疯狂的人、情绪异常激烈的人。

正是在内忧外患的巨大压力下,雅各宾派的活动家们迫切地感到联合群众抗击敌人的必要性,因而开始改变对限价运动的态度。让·蓬·圣安德烈在一封信中就写道:"国家大事行将毁灭,几乎可以肯定,只有最紧急、最有力的措施才能挽救……如果让穷人帮助你们完成革命事业,就必须使他们活下去,这是非常急迫的事情"。4月10日,罗伯斯比尔第一次表示赞同限制谷物价格。从25日起,雅各宾派的代表在国民公会中同吉伦特派代表进行了长时间的辩论,终于在5月4日促使会议通过了谷物限价法令。这是大革命史上的第一次限价。法令规定,以1792年1月1日至1793年5月1日的平均市价作为"谷物最高限价",还规定了控制谷物贸易的措施,违者惩处,直至处以死刑。

当时,广大群众在限价运动中提出的普遍要求是恢复1790年时的物价水平。谷物限价法令的规定与群众的要求还有一定距离。尽管如此,它毕竟体现了雅各宾派在策略上的转变,使雅各宾派向忿激派和广大群众靠近了一步,从而奠定了联合推翻吉伦特派的基础。这时,前线形势的恶化和迪穆里埃的叛国,也使平原派中许多人转为支持雅各宾派。

在形势紧张的压力下,还在通过谷物限价法令之前,国民公会已采取了一些重要措施。主要的有:3月10日成立了革命法庭。3月21日命令全国各市镇普遍建立监督委员会(后改称革命委员会)。监督委员会最先出现于一部分地方,是民众性的监督政府的机构。国民公会的命令使它普遍化、官方化了。这是大革命中公民参与活动的重要表现之一。4月5日至6日,成立了权力很大的救国委员会①用以取代1月1日成立的行动不力的国防委员会。救国委员会不久后成为实际上的最高权力机关。谷物限价法令通过后,又于5月20日下令向富人强制发行10亿锂公债。以上这些措施,已显示出向恐怖统治过渡的倾向。

吉伦特派的倒台

无套裤汉运动的步步紧逼和雅各宾派态度的转变,使执政的吉伦特派日感困难。4月底佩迪翁发表《致巴黎人的信》,向富人们呼吁:"你们的财产受到威胁,而你们却在危险中闭起眼睛"。为挽回颓势,在加代鼓动下,国民公会成立了由吉伦特派组成的十二人委员会,专司调查巴黎公社的"无政府"活动。24日该委员会逮捕了公社副检察长埃贝尔,同日还下令逮捕忿激派领导人瓦尔勒和该派女活动家、担任老城区主席的多布桑。这就使矛盾激化起来。

忿激派在其活动中心老城区主教宫开始准备武装起义。26日,罗伯斯比尔在雅各宾俱乐部发表演说,也号召起义。29日,巴黎33个区代表选出的起义委员会在主教宫成立。30日,雅各宾俱乐部与之联合,共同领导了起义。起义于31日凌晨开始。巴黎圣母院的钟声敲响后,各区代表在市政厅集会,重新选举

---

① comité de salut public. 或译"公安委员会"。

原领导人继续领导公社。新公社任命昂利奥为国民自卫军司令。

这时,群众已包围国民公会。随后,公社和各区代表来到国民公会,要求解散十二人委员会,将吉伦特派主要成员驱逐出国民公会,清洗政府机关,将面包价格限制为3苏1磅,差额部分向富人征税补足。国民公会经辩论后决定,解散十二人委员会,同意群众可旁听国民公会会议,每天给巴黎的武装群众发放津贴(每人40苏)。驱逐吉伦特派代表和限制面包价格的要求被拒绝了。

起义委员会不满足于31日取得的成果。6月1日准备一天之后,于晚间派代表团到国民公会,指名要逮捕27名吉伦特派代表,再次被拒绝。6月2日晨,昂利奥以百余门大炮包围了国民公会。大约十万群众占领了周围各街道。国民公会辩论到晚上,仍未作出决议。在代表们离场时被昂利奥拦住,进一步提出要逮捕32名吉伦特派代表。接着就以开炮相威胁。于是代表们退回会场,通过了雅各宾派代表库通的提案,通过决议逮捕29名吉伦特派代表,其中包括布里索、维尼奥、佩迪翁、加代、比佐等等。吉伦特派至此倒台。

在会上,有不少代表对这种以武力强迫国民公会作出决议和逮捕选举产生的代表的做法提出了抗议。后来,抗议者中有些人受到了追究。

吉伦特派倒台的基本原因是由于他们对限价运动的敌视态度。限价运动的矛头对准了资产阶级和经济自由原则,这是他们不能容忍的。在直接打击封建势力的问题上,他们和雅各宾派还是一致的,并没有妥协退让的表现。吉伦特派是有功于革命的。由于法国大革命面临着强大的外国武装干涉的威胁,才发展到必须暂时地限制和打击资产阶级来完成资产阶级革命的激烈程度,不如此就不可能动员起群众的力量去抗击敌人。这也是法国大革命独有的特点。吉伦特派只是不能适应这一要求,才遭到垮台的命运。这并不能抹煞它的功绩。继吉伦特派上台执政的雅各宾派,也要在这场群众运动面前接受检验。

五、雅各宾派专政

雅各宾政府的土地法·1793年的宪法

随着吉伦特派的倒台,国民公会完全处在雅各宾派领导之下。他们面临的局势是异常严峻的。首先,反法同盟的军队在继续进攻。迪穆里埃叛逃后,法军又出现混乱状况,不断败退。其次,旺代的叛乱军已控制了该郡,并向外进攻,威胁南特。最后,被推翻的吉伦特派代表都被软禁家中,并未关进监狱。于是有一些人逃离首都,包括佩迪翁、巴巴卢、卢韦、比佐等。他们聚集在卡尔瓦多斯郡首府冈城,掀起了叛乱。夏洛特·科黛就是从冈城出发来到巴黎,于7月13日刺死马拉。在里昂、马赛、波尔多和布列塔尼郡等地,都发生了叛乱。这就是吉伦特派煽起的联邦派叛乱,口号是反对巴黎独裁。总之,共和国的处境是十分危险的。

新建立的雅各宾派政权迅速采取了一些措施。国民公会在6月3日就颁布法令,宣布将逃亡贵族的地产分小块出售,地价10年付清。11日又规定,农村公社的公有土地可按人口分配给居民,而是否分配,由各公社自行决定。7月17日颁布的土地法令最为重要。它发展了吉伦特派关于地主必须出具原始契券才能继续享有封建权利的规定,宣布无条件地废除一切封建权利。这就使全部永佃田成了农民的私产。上述土地法令对争取农民支持雅各宾派政权起了重要作用。

为表明自己的纲领和对付各郡的叛乱,国民公会加紧制定新宪法,用以取代君主立宪制宪法。在埃罗·德·塞舍尔主持下,包括圣茹斯特、库通在内的宪法起草委员会,仅用一周时间就提出了草案。国民公会经过10天的讨论和修改,于6月24日通过。这是法国历史上第一部共和制宪法,基本上体现了卢梭的人民主权学说,是雅各宾派政治主张和经济主张的总纲领。宪法前言是罗伯斯比尔主持制定的新的《人权和公民权宣言》,比1789年通过的宣言更突出了主权在民的思想。宣言为公民规定了各种自由权利,在最后一条中宣布,当政府侵犯人民自由权利时,人民有起义权。宪法规定,法兰西是统一不可分割的共和国。共和国实行三权分立的原则,立法权由普选产生的立法议会(一院制)掌握,行政权属于对议会负责的行政会议(即内阁),司法权由高等法院行使,法官选举产生。这部宪法称为共和元年宪法或1793年宪法。由于当时激烈的斗争环境,在罗伯斯比尔坚持下,宪法没有实行。但是,它对于调整巴黎与各郡的关系和反驳吉伦特派的宣传仍然起了积极作用。

恐怖统治

为稳定经济,国民公会于7月17日下令关闭了交易所,27日又颁布了严禁囤积居奇的法令,规定对违犯者处以死刑。这些措施将打击投机商的活动法律化了。

雅各宾派在政治上采取的一个重要行动是改组救国委员会。该委员会在4月份成立时,共有委员9人,5月30日扩大到14人,6月又有3次变更。它的实际领导人是丹东,重要成员有巴雷尔、康邦、兰代、圣茹斯特、库通等。在推翻吉伦特派和平息叛乱的斗争中,委员会表现得不够有力,受到了马拉、忿激派的猛烈抨击。7月10日,国民公会对救国委员会进行了改选。康邦、戴尔马、拉梅尔、德拉克罗瓦等行动不力的委员落选,丹东则自动退出了委员会。改选后的委员会由9人组成。27日罗伯斯比尔入选委员会,接替了加斯帕兰,使这个机构的作用大为加强。28日它被授予逮捕反革命被告人和嫌疑犯的权力。鉴于当时的形势,被恩格斯誉为"最伟大的革命策略家"①的丹东,深感必须加强权力的集中。他于8月1日在国民公会提出,革命中"必须有一个权力中心",应该"将

---

① 《马克思恩格斯选集》第1卷,人民出版社1995年版,第567页。

救国委员会提升为临时政府,各部部长降为这个政府的首席官员"。当时国民公会虽然没有采纳建立"临时政府"的意见,但是在8月2日仍然作出了加强救国委员会权力的决定,规定给救国委员会双倍经费,保持其成员的稳定性。它实际上已开始具有临时政府的作用。

雅各宾派政权还积极组织抵御外敌,于8月23日发布了全民皆兵法令,宣布:"从现在起直到敌人被赶出共和国领土为止,法国人民始终有应征入伍的义务"。

雅各宾派执政后采取的这些措施都是必要的,也起了积极作用。但是,它们仅限于继续打击国内外封建势力和宣布将以民主原则改造国家,却没有满足广大群众关于全面限制物价的要求。他们仍然坚持经济自由原则,在宪法前面的新《人权宣言》中确认了财产权与经营权绝对自由的原则,而且镇压要求限价的群众,逮捕忿激派领导人。事实上,物价还在继续上涨,5月4日的谷物限价法令也未认真推行。因此,要求限价的群众运动一直还在进行。宪法刚刚通过,雅克·卢就在6月25日将自己所写《现今法兰西灾难的缘由》一文作为请愿书送交国民公会。上面写道:"当一个阶级可以不受惩罚地使另一个阶级挨饿时,自由就是虚幻的。当富人可以利用囤积垄断操纵其同胞的生死大权时,平等也是虚幻的。当反革命日益操纵物价而3/4的公民无力购买时,共和国同样是虚幻的"。随后,巴黎发生了洗衣妇截留塞纳河上肥皂运输船,强制低价抢购,事后又向国民公会请愿的事件,在首都重新掀起了限价斗争。雅各宾派的政策远未能将群众联合到自己周围。

然而,形势的发展使雅各宾派无法再按老样子统治下去。从7月下旬起,前线局势急剧恶化,英、荷、汉诺威的军队在北部,普、奥军队在东部,西班牙、撒丁等国的军队在南部,都攻入了法国领土,西部海岸又被英国海军封锁。共和国军队到处在败退。旺代叛乱军接连取胜,正向马恩-卢瓦尔郡首府昂热进军。吉伦特派领导的联邦派叛乱已蔓延到60个郡的部分地区。经济状况和财政状况也已异常严重,8月份指券已贬值到只相当票面额的22%。几乎陷于困境的雅各宾派政权,被迫开始重新审定自己的政策,考虑向群众作出更大的让步。

恰在这时,巴黎发生了大规模群众武装示威,促使雅各宾派实行了政策上的转变。9月3日传来消息说,地中海上的法国重要港口土伦被英军占领,当地王党宣布在押的路易十六之子查理为国王路易十七。愤怒的巴黎人民立即行动起来,于9月4日和5日连续举行了武装示威。当时,领导巴黎公社的埃贝尔派已接过了忿激派的口号,站在了示威群众一边。埃贝尔派的重要代表人物肖梅特到国民公会代表群众发表了讲话。肖梅特提出的要求是:全面限制生活必需品价格,成立由无套裤汉组成的革命军,逮捕嫌疑犯,设立断头台等等。4日一天国民公会没有通过相应的决议。罗伯斯比尔的发言更是老调重弹,硬把群众运动说成是贵族煽动的。5日,群众示威的规模更大。他们打着"向暴君开战！向贵族开战！向囤积者开战！"的标语牌,向国民公会请愿。肖梅特再次到国民公会发言,指出制造饥饿的唯一罪魁就是富人与包买商。同他们斗争的唯一手段只能是恐怖。他要求建立革命军到各地巡逻,成为"公正而坚定的法庭"和"防止阴谋的打击力量"。巴黎48区的代表和雅各宾俱乐部的代表也发了言。罗伯斯比尔含糊其辞地表示,国民公会对群众的要求"已给予注意",很快就离开了会场。

　　9月5日国民公会的主席是接近埃贝尔派的比约-瓦雷纳,对群众的要求是支持的。会场上,支持请愿者的代表很多。在激烈辩论之后,救国委员会代表巴雷尔作了综合报告,肯定了请愿群众的要求。于是,会议通过决议,同意建立革命军,改组革命法庭以加速审判,接受巴黎公社的口号"将恐怖提上日程",制定全面限价的法令等等。9月5日的决议标志着雅各宾派政权开始转入恐怖统治。

　　随后,根据决议制定的各项具体法令陆续颁布出来。9月5日就已决定,将革命法庭一分为四,四个庭同时进行审判。9月9日公布成立革命军的法令。革命军包括6 000名步兵和1 200名炮兵,全由巴黎无套裤汉组成,名单由各区革命委员会在25~40岁的公民中选定。革命军的任务是保证限价法令的实施以及征发、分配、运输粮食等事项。9月11日颁布了粮食、面粉、饲料限价法令,取消第一次限价时由各地自定价格的做法,实行全国统一价格,还规定了保证军队给养、进行征发的若干条款。9月17日发布了体现恐怖政策的重要法令即嫌疑犯法令。法令划定了嫌疑犯的范围,规定一切嫌疑犯均要逮捕。嫌疑犯名单由各地革命委员会提出。9月29日的全面限价法令是恐怖年代中的代表性经济立法。它规定对40种生活必需品实行最高限价。其中,盐、肥皂、烟草实行全国统一价格,燃料按1790年的价格提高1/20,其余一律按1790年价格再提高1/3。薪给和工资则按1790年水平再提高1/2。凡违犯法令者以嫌疑犯论处,情节严重的处10年徒刑。还宣布,此法令实行一年。这是大革命中的第二次限价,几乎全部接受了忿激派的主张。

　　为适应新政策的施行,10月10日国民公会根据圣茹斯特的报告通过了建立革命政府的法令。法令宣布,在和平到来之前,法国的临时政府为革命政府,由救国委员会监督所有行政部门、各部部长和军队将领。这就建立了以救国委员会为中心的、适应恐怖统治需要的集权政治体制。这与不久前丹东在8月1日的提议是一致的。12月4日,又根据罗伯斯比尔的报告通过了革命政府组织原则的法令。

　　这时,救国委员会的人数已增多了。9月6日,接近埃贝尔派的比约-瓦雷纳、科洛-德布瓦被选进委员会。连同8月14日进入委员会的卡尔诺、普利厄

(科多尔人),共12人,被称为"大救国委员会"。同时,1792年10月17日成立的国内保安机关——治安委员会也加强了,瓦迪耶、乌朗、阿马尔等主张实行恐怖政策的人被选入该委员会。治安委员会是救国委员会之外地位最重要的机构,人们习惯地称它们为"两委员会"。

9月以来政策上、体制上的变化,就是恐怖统治的主要内容,此外还有许多相应的、派生的具体政策。不难看出,恐怖统治主要有两方面:经济恐怖和政治恐怖。以全面限价法令为标志,包括严禁囤积居奇法令、粮食饲料等限价法令、10月27日建立供应委员会法令、10月29日在巴黎实行面包配给制法令、1794年2月24日商品价目表和对批发商与零售商利润额的限制以及关于商品运输费的规定等等,是经济恐怖的主要内容。这是一种以行政手段管理经济的体制,属于"统制经济"。统制经济具有战时性质,故而它还包括无偿征发军饷和军需品的规定。

以嫌疑犯法令和救国委员会集权体制为特征,包括改组革命法庭、在巴黎和各地设立断头台、由革命委员会决定嫌疑犯身份、中央特派员在各地方和军队中拥有一切大权、无套裤汉在政治生活中地位十分显赫、各革命团体对敌斗争的加强等等,是政治恐怖的主要内容。

恐怖统治是在群众运动的压力下雅各宾派被迫实行的,因而在初行时受到了群众的支持和拥护。国民公会也收到许多表示支持的信件。在一段时间里,恐怖统治确实发挥了巨大的作用。在经济上,囤积居奇和哄抬物价的现象得到了较大程度上的遏制,投机商人敛迹了。指券贬值停止下来,而且在大量增发的情况下出现了币值的回升。以建立恐怖统治的9月份为转机,指券从8月份只相当于票面额的22%,回升到10月份的28%,12月更达到48%。这不仅说明经济混乱得到一定程度的克服,而且表明人们对政府的信任感大为加强。

在对敌斗争方面,恐怖统治的作用更为突出。群众踊跃参军,积极参加镇压叛乱,迅速扭转了危险局面。10月2日,政府军攻克里昂,最后平息了联邦派叛乱。10月17日和12月23日两次击败旺代军主力,旺代叛乱基本崩溃。溃散的叛乱分子和另一些叛乱者,不久又在卢瓦尔河以北和布列塔尼郡一带掀起了朱安党人叛乱。其主要成分是被击溃而逃走的旺代叛军,逃避兵役者和政府军中的逃兵,还有一些王党分子及宗教狂热分子等。但这次叛乱在规模上和影响上都远不及旺代叛乱。在抗击外国干涉军方面,法军于10月16日打败了奥地利主力军;12月19日赶走英国人,收复土伦;普鲁士、西班牙军队也都被击败。到1794年初,全部外国军队都被赶出国土,共和国军队反攻出去,进入外线作战。

对敌斗争的胜利,表明恐怖统治已完成了它的历史使命。下一步应该是恢复正常秩序。

尽管恐怖统治在保卫共和国,拯救革命方面有不容抹煞的作用,但是它仍然带来了许多消极的甚至是有害的后果。在恐怖统治期间,违反法制,滥行杀人的现象相当严重。在法律上没有逮捕权的革命委员会却在大量发出逮捕证。这种滥施恐怖的做法,首先是由救国委员会搞起来的。这时的救国委员会实际上以罗伯斯比尔为首,他的主要合作者圣茹斯特负责监督和举报各派别的活动;库通充当提案人,委员会的许多提案是他起草的;卡尔诺负责军事;比约-瓦雷纳和科洛-德布瓦负责管理各郡事务;原属平原派后转向罗伯斯比尔派的巴雷尔,则是委员会的发言人;普利厄(科多尔人)、普利厄(马恩人)、兰代、埃罗·德·塞舍尔等负责内务和行政工作。他们是在经历了同封建势力进行殊死斗争,又同政敌立宪派特别是吉伦特派的角逐之后,才独揽大权的。因此,常常具有一种复仇、惩罚和排他自保的情绪。对于发生过叛乱的地区,他们的惩罚总是十分严厉。里昂是发生过王党与联邦派叛乱的城市。在平定叛乱时,巴雷尔声称要毁灭该城,"在这个可耻城市的废墟上树个碑,载明自由的敌人的罪行和对他们的惩罚。可以用下面这句话来说明一切:'里昂曾向自由进攻,里昂已不存在'"。委员会派库通、富歇、科洛-德布瓦作为特派员去里昂。他们在那里不加区别地枪杀居民,毁坏建筑物,十分残暴。曾发生叛乱又一度被英国占领的土伦,被收复后也遭到惩罚。特派员巴拉斯、弗雷隆在土伦杀死了大批叛乱者和普通群众。卡里埃在南特组织"马拉连队",肆意搜查民宅。将数以百计的被捕者驱入河中集体溺毙或集体枪杀。类似事件还在其他一些地方发生过。

对于已经被捕的人,尤其是雅各宾派的政敌,更是不肯放过。在10月16日处死王后玛丽-安托瓦内特之后,于10月31日将在押的21名吉伦特派成员全部处死,其中包括布里索、维尼奥、让索内、拉索斯等等。他们原是革命中第一批共和主义者,曾为革命立下很大功劳,只由于同雅各宾派领导人政见不同,就遭到杀戮。11月7日,他们又将罗兰夫人送上断头台。此外,一批立宪派成员,包括国民议会的第一位主席、巴黎市长、网球场宣誓的领导者巴伊在内,也被杀死在断头台下。

另外,还出现了违反人权原则,破坏信仰自由的"非基督教化"运动。这是由在外省的特派员们带头搞起来的。它不顾法国绝大多数人世代信仰天主教的事实,企图人为地消灭基督教。富歇在尼埃夫尔郡就下令禁止在教堂之外举行任何宗教仪式。在首都,埃贝尔派充当了先锋。他们强迫巴黎主教高贝尔辞职,还接管了巴黎圣母院。高贝尔被迫于1793年11月7日率其教属到国民公会,声明放弃他的信仰。公社则将圣母院改成了"理性庙",强制人们去搞无神论的"理性崇拜"。11月底,公社又封闭了所有的教堂。尽管有不少反抗派教士利用宗教进行反革命活动,但这与一般群众的宗教信仰是风马牛不相及的。"非基督教化"运动的矛头却对准了整个天主教甚至新教。虽然救国委员会和罗伯斯比尔指责了这一破坏信仰自由的做法,国民公会也据此于 12 月 8 日通过了保证信仰自由的法案,但是最早打破传统信仰的还是国民公会本身。1793 年 10 月 5 日国民公会通过了实行共和历法的决议,否定基督教的格列历法(即公历),表明共和国的建立开辟了新纪元。共和历以 9 月 22 日共和国成立之日作为元旦,一年仍分 12 个月①,每月 30 天,每 10 天为一旬即一个来复。休息日定为第十来复日,以此取代了格列历法即公元纪年的 7 日一周的礼拜日。12 个月之外的 5 天或 6 天,称为"无套裤汉日"。这个取消天主教信仰、废除礼拜日的共和历法,为"非基督教化"运动开了先例。

以上这些情况表明,恐怖统治在主导方面确实挽救了革命,但是付出的代价也是巨大的。无视法律、恣意妄为、草菅人命等风气在一部分官员中盛行起来。权力过于集中的救国委员会实际上已将自己凌驾于国民公会之上并日益脱离社会。权势欲在滋长,贪污受贿、生活腐化的事情也时有发生。于是,那些权势很高、炙手可热的人物,便不再愿意放弃已经完成了使命的恐怖统治了。

然而,恐怖统治原是一种战时体制,其打击的对象在很大程度上是资产阶级。可是它的客观使命又是夺取资产阶级革命的胜利。因此,恐怖统治是向资本主义过渡时期在特殊条件下采用的一种非常手段,并不是归宿。一旦危机克服,就应终止,并恢复和建立资本主义的正常秩序。从掌权的雅各宾派领导人来看,他们原来是不赞同实行恐怖统治的。当他们被形势所迫而接受恐怖手段之时,也认为这是战时措施。罗伯斯比尔在 1793 年 12 月 25 日就说过:"革命政府需要非常行动,因为现在是战争时期"。所以在 1794 年春,他们采取了一些放松恐怖的政策。但是,在恐怖年代里养成的那种排他自保和权力欲膨胀的心态,又使他们要继续利用恐怖手段蓟除异己,维护权力,因而不肯果断地终止恐怖。这就违背了客观历史潮流。1794 年春季以来罗伯斯比尔等掌权者的政策,就是在这种矛盾状态下实施的。

雅各宾派内部的斗争

1794 年 3 月,救国委员会将埃贝尔派的主要代表人物逮捕并送上了断头台。埃贝尔派以巴黎公社和哥德利埃俱乐部为据点,与无套裤汉运动相结合,对国民公会施加了很大压力。埃贝尔派控制的公社并不拥护救国委员会的集权,而是强调地方自治,宣传政治上的无政府主义和宗教上的无神论,在经济上主张向所有富人进攻,打击包括小商贩在内的一切商人,并且要求加强恐怖。尽管当时已经打败了国内外敌人,恐怖政策已经没有必要了。以他们的成员隆森为司令的革命军,不断干出无视法律的残暴行为。早在 1793 年 12 月 5 日,罗伯斯比尔就谴责过这

---

① 12 个月的名称依次是:葡月、雾月、霜月、雪月、雨月、风月、芽月、花月、牧月、获月、热月、果月。3 个月为一季,顺序是秋、冬、春、夏。

个派别,提出要"制止那些无法无天的、与外敌阴谋正相吻合的狂乱行为"。

镇压埃贝尔派后,接着采取了一些放宽恐怖的政策,包括3月29日解散革命军,4月1日下令允许零售商可以不再向政府申报存货情况,4月29日颁布新限价法令,使商品价格和利润都明显提高。这是大革命中的第三次限价。

此外,从1794年初开始,对工资的规定也严格执行起来。全面限价法令也对工人工资规定了最高限额,按1790年水平提高1/2。但由于前方战事吃紧,为保障前线需要和后方的安定,并没有认真执行这一规定,工人的工资实际上大大超过了法定限额。法军得胜后,这一规定严格实行起来,使工人生活水平迅速下降,引起工人的强烈不满,纷纷咒骂"可恶的限价"。1794年春巴黎多次发生工人风潮,罢工请愿屡屡出现。救国委员会和镇压埃贝尔派之后新改组的巴黎公社,对工人运动采取了坚决镇压的政策。他们逮捕请愿者和罢工领袖。公社在5月4日发布的公告中声称:"我们将像法律本身一样铁面无情,将把违反法律拒绝干活的工人送交法庭治罪"。同时,无套裤汉运动也开始受到压制。随着埃贝尔派被镇压,巴黎各区革命委员会的地位降低了,有不少委员会被改组。民众革命团体在高压政策下"自动解散"了,自愿合并于雅各宾俱乐部的请求都遭到了拒绝。在这种情况下,在广大群众心目中,"限价"已和降低工资成为同义语,受到诅咒。罗伯斯比尔的威望也逐步消失了。

但是,罗伯斯比尔等采取的这些退缩性的政策只是局部性的,在整体上并没有取消恐怖统治的体制。经济恐怖即"统制经济"所要求的限价政策、无偿征发军用物资、强制发行公债等等,仍在继续施行。政治恐怖更是依然如故。这就使资本主义社会的真正主人——资产阶级,即这场大革命的发动者和领导者阶级,无法再容忍下去。

在国民公会中,过去由于认识到形势需要而力主实行集权政治的丹东,这时又敏感地察觉到了恐怖统治的弊端。他对于那些破坏法制、滥行杀人的现象深感焦虑,于是在1793年11月22日提出了"珍惜人类鲜血"的著名口号。四天之后他又在国民公会上提出,只能对真正的敌人实行恐怖,而对软弱的公民则要给予帮助。因为"我们的革命是建立在正义基础上的"。12月7日他再次提出:"应当承认一个政治上的事实,那就是在被捕的人中有三种情况:一部分应处死,大部分应由共和国监视,还有一些完全可以释放,这不会给共和国带来危险"。丹东强调要把司法与人道结合起来,结束恐怖统治,恢复法治原则。到1794年3月19日,丹东在处境已很危险的情况下,还在发言中大声疾呼,要相信大多数人是爱国的,绝不可把"坚强的爱国者和戴着爱国主义假面具的坏人混淆起来"。他还到罗伯斯比尔家中与他面谈,提出:"我们只应进行对共和国有利的打击,不应把无辜的人和有罪的人混为一谈"。对此,罗伯斯比尔拒不接受,而且反问:"谁说我们杀害过无辜的人?"丹东的这些理智、清醒和维护法治的主张,使他得到了"宽容派"的称号。这一派的主要人物还有1789年7月13日在罗亚尔宫花园发表热情演说鼓动革命的德穆兰,以及法布尔-戴格朗丁、夏博等等。德穆兰在他的《老哥德利埃》报上猛烈抨击罗伯斯比尔,指出在国民公会中甚至不存在英国国会里那样的言论自由。

丹东派中有些人在经济活动中有污点,丹东本人在生活上也不检点,但是他们的意见是顺应历史潮流的,也是切中法国时弊的。然而,罗伯斯比尔等不能容忍与他们政见相左而且又享有较高威信的人。罗伯斯比尔竟然在国民公会上宣布:"丹东是吉伦特派和祖国敌人事业的继承者"。于3月31日将丹东派主要人物逮捕。次日,在为此而感到惊惧的国民公会上,勒让德尔大胆地为丹东辩护,而且尖锐地指出:"有人害怕他的答辩会击破对他的一切指控"。因此他提议将被捕者召到国民公会来陈述意见。一些与会代表恢复了勇气,要求对勒让德尔的提议进行表决。但是,罗伯斯比尔用威胁性的发言压制了代表的要求。随后圣茹斯特宣读了长篇指控书,以似是而非的语言为丹东罗织了大量罪行,迫使会议以无奈的心情通过了控告丹东的决议。在法庭上,丹东、德穆兰、拉克鲁瓦等人的辩护非常有力,以致法庭无理剥夺他们的辩护权,停止继续审讯,强行宣判了他们的死刑。4月5日,年仅35岁的丹东及其同伴被送上了断头台。

罗伯斯比尔以残暴的手段处死持不同见解的革命家和政治派别,完全违背了人权宣言规定的原则和他自己曾多次阐述过的民主政治原理。但以他为首的政权并未因此而得到加强,反而陷入了孤立的境地。在国民公会中,很多代表对他产生不满情绪,一些人在责骂他是"独裁者"。甚至在两委员会中,反对他的也大有人在。被镇压的埃贝尔派和丹东派的残余力量在逐步联合起来,平原派也日益倒向他们一边。反对罗伯斯比尔的人在国民公会中实际上已占多数。

5月7日,罗伯斯比尔在国民公会上提出了建立崇拜"最高主宰"节日的议案。他所说的"最高主宰",昭示给人们的主要是热爱共和国、遵守秩序、崇尚道德与公道之类,这表明处在困境中的罗伯斯比尔想以此来重新唤起群众对革命政府的热情。同时,体现罗伯斯比尔自然神论的"最高主宰",不过是继埃贝尔派"理性崇拜"之后的"非基督教化"的又一种表现形式。它同样无法被群众理解和接受。6月8日罗伯斯比尔主持第一次"最高主宰"节仪式时,独自手捧鲜花、麦穗走在前面,紧随其后的国民公会代表队伍中,不时发出"独裁者"、"暴君"的议论声,旁观的群众则反应十分冷淡。

就在这时,库通在救国委员会提出了改变革命法庭审判程序的法案。按照库通的意见,今后的审判要取消辩护人和陪审员,取消预审制,在直接审判中可以不需证据而根据"推理"定罪,凡确定有罪者,一律判为死刑。这显然是一个失去法理的扩大恐怖的荒谬议案。国民公会在讨论时对此进行了修改,使之有所缓和。而当时罗伯斯比尔没有出席会议。6月10日,他来到会场,坚持按原来议案形成法令。国民公会被迫予以通过。这就是令人生畏的牧月法令(当天是共和二年牧月22日)。牧月法令使恐怖急剧扩大化了。法令颁布前8个月时间里,巴黎被判决处死者平均每周32人,已属杀人过多。自法令颁布起到7月27日罗伯斯比尔倒台,平均每周的死刑数竟骤然增至196人,达到骇人听闻的程度。不仅如此,被处死的人中,原特权等级所占比例已很少了。6月间只占死者的16.5%,7月更降到5%。其余都是资产阶级、军人、官员,尤其是无套裤汉(占40%以上)。对于罗伯斯比尔来说,正如恩格斯指出的,"恐怖成了保护自己的一种手段,从而变成了一种荒谬的东西。"①

  罗伯斯比尔这种使人人自危的暴虐做法,只能加速自己的灭亡,国民公会及所属各委员会中,反罗伯斯比尔的情绪和人数都迅速增加了。政见各异的人们在反对罗伯斯比尔这一共同点上联合起来。在这一联合中起主要作用的多是原来宽容派的人物,如塔里安、弗雷隆、巴拉斯、富歇②等等。一些原来追随埃贝尔派的两委员会成员,如科洛-德布瓦、比约-瓦雷纳、瓦迪耶、阿马尔等等,这时也成为罗伯斯比尔的反对者。值得注意的是,在国民公会中人数最多的平原派,这时站在了罗伯斯比尔的对立面,从而使罗伯斯比尔在国民公会中陷于孤立。真正坚定地同他站在一起的两委员会成员,只剩下了圣茹斯特、库通、勒巴等几个人。

  从6月19日起,当选为国民公会主席的都是罗伯斯比尔的反对者。尤其是在7月19日,科洛·德布瓦在刚刚遭到罗伯斯比尔的指名攻击后,便被会议选举为主席。反对派的攻击日益公开化。他们把罗伯斯比尔、圣茹斯特和库通比作古罗马时的"三巨头"。在救国委员会中,一些人开始当面怒斥罗伯斯比尔,治安委员会中除勒巴外,几乎一致对他进行谴责。

  在这种情况下,罗伯斯比尔于7月26日(共和二年热月8日)进行了反击。他在国民公会发表长篇演说,一方面表示自己是同国民公会站在一起的,大家都是爱国派;另一方面却大力攻击本来由他领导的两委员会,尤其是治安委员会。他把所有反对他的活动一概扣上"阴谋"活动的帽子,而把自己说成是自由的代表者。他声称:"现在存在着破坏公共自由的阴谋;其力量来自于国民公会中进行扰乱的一个罪恶联盟;在治安委员会及其各机构中有这个联盟的同谋者;……救国委员会一些成员也参与了阴谋;这样组成的联盟正在谋求毁灭爱国者和祖国"。这个威胁性讲话,一度惊呆了代表们,以致大家通过决议将这篇讲话印发全国。但是,瓦迪耶首先起来发言,随后康邦、比约-瓦雷纳、邦塔波尔等纷纷走

---

  ① 《马克思恩格斯全集》第37卷,人民出版社1971年版,第146页。
  ② 他们在恐怖年代里担任特派员时,都曾有过滥施恐怖的暴行,甚至有生活腐化的行为。后来则赞同丹东的观点,加入宽容派,反对恐怖政策。

上讲台,对罗伯斯比尔进行了激烈的谴责。会议又撤销了刚刚通过的决议。罗伯斯比尔招致失败,愤然离开会场。当晚他在雅各宾俱乐部重复了这个讲话,得到支持。

对立的双方都在准备次日的交锋。热月9日(7月27日)国民公会一开会,圣茹斯特便走上台去宣读他准备了一夜的发言。但是,塔里安很快就打断了他的发言。罗伯斯比尔两次要求发言都被拒绝。最后,会议通过了逮捕罗伯斯比尔的决议。同时被捕的还有圣茹斯特、库通、勒巴、罗伯斯比尔之弟奥古斯丁等。这就是大革命史上的"热月政变"。

罗伯斯比尔等人被捕后,曾被公社和国民自卫军司令昂利奥营救出来。但是,他们行动不力,夜里又被巴拉斯指挥的国民公会武装力量重新逮捕,同时被捕的还有公社的人员。7月28日下午,所有被捕者都被送上了断头台。

六、热月党与督政府

恐怖统治的结束

热月政变是结束恐怖统治,恢复和建立资本主义正常秩序的重大转折点。这是历史发展的客观要求,体现了从封建主义向资本主义过渡的规律。马克思论及热月政变后法国的社会状况时说:"资产阶级社会的真正的代表是资产阶级。于是资产阶级开始了自己的统治"①。这是通常意义上的资产阶级统治,是结束了同无套裤汉联盟关系的资产阶级统治。

热月党只是反对罗伯斯比尔的各派人物的联合体,他们的出发点不同,政见也不一致。政变后,在如何对待恐怖体制的问题上,热月党人分成了三派。坚决主张废除恐怖统治的一派,是原来的宽容派人员以及转到他们一边的平原派成员。他们被称为"新宽容派",在国民公会中占有多数。主要人物有塔里安、弗雷隆、梅兰(蒂翁维尔人)等。另一派人仍然主张维持恐怖统治,他们只是反对罗伯斯比尔,并不反对整个恐怖统治。这派人多数属于原山岳派、埃贝尔派,还有两委员会的老委员们。他们的代表者是巴雷尔(恐怖时期由平原派转向山岳派)、瓦迪耶、迪昂等。其余人倾向于废除恐怖统治,但常持某种观望态度。他们多由原平原派的成员组成,重要代表人物有杜里奥、布尔东(瓦兹人)、梅兰(杜埃人)等。这三派之间进行了长时间的较量。

政变后第一天,救国委员会的发言人巴雷尔就谴责了宽容政策。次日,他代表两委员会发言,提出这次政变不过是"局部的震动,毫不改变政府对内对外的政治措施、行政措施和革命措施"。对此,新宽容派断然起来反击。勒库安特尔、蒂博等提出,要改组和清洗巴黎各区革命委员会和革命法庭。在激烈争论之

---

① 《马克思恩格斯全集》第2卷,人民出版社1957年版,第157页。

后,会议通过了平原派的意见,决定对法庭以及国民公会所属的各委员会,每月改选1/4成员。7月31日,据此改选了救国委员会。当选的6名新委员有5名属于新宽容派和平原派。8月1日,又改选了治安委员会,5名当选者均属新宽容派。这表明,主要的权力机关已转入宽容派手中。随后,政策上也就发生了一系列变化,终于结束了恐怖统治。

8月5日,国民公会通过决议,释放一部分不合法律手续而逮捕的嫌疑犯。前5天就释放了478人。后来,释放人数更多,速度也更快了。由于获释者中也有些贵族,遭到左派的激烈抨击。对此,塔里安在8月中下旬两次发言予以驳斥。他说:"我不承认共和国里还有什么等级。依我看,只有好坏公民之分。一个人奉公守法,出身贵族有什么关系?如果一个人是流氓无赖,即使身份是平民,又有什么用处?""国民公会决不可再让共和国分裂成两个阶级:可怕的阶级和害怕的阶级,迫害者和受迫害者"。他实际上是提出了以是否守法作为划分好坏公民的标准。迪布瓦-克朗塞更明确地讲出了释放嫌疑犯的更深层的原因:"由于把那些将自己的金钱投入到流通中去的人都怀疑或控告为投机商,商业已全面毁灭了"。

在释放嫌疑犯同时,对过去的"恐怖主义者"也进行了追究。这既是清算旧账,也是打击现存的对手。塔里安的追随者梅厄于8月26日发表了小册子《罗伯斯比尔的追随者》,指名攻击了一些现任的国民公会代表。接着,在国民公会中就不断有人出来控告"恐怖分子"特别是两委员会的那些老委员。而且逐渐将矛头进一步指向雅各宾俱乐部。就在这时,国民公会于9月21日收到了驻马赛特派员的一份报告。报告中说,他们逮捕了一名企图制造类似"九月屠杀"事件的罪犯,但在押解途中被一伙武装暴徒劫去。为维护法律,他们搜查了当地雅各宾俱乐部。这份报告使新宽容派成员们更加强了对雅各宾俱乐部的攻击,认为它就是恐怖主义的渊薮。当时,由许多纨袴子弟组成的"金色青年"组织,不断寻衅殴打雅各宾俱乐部和老山岳派成员。"金色青年"的活动得到了新宽容派代表人物弗雷隆的支持。10月,法庭对热月政变之前就已被逮捕的南特市革命委员会贪污案犯进行审理,被告在供词中谈到了卡里埃在南特任特派员时犯下的一次溺死140人和枪杀3 000人的罪行。他们要求卡里埃出庭对质。卡里埃并不否认这些事实,愿意承担责任。由于他是国民代表,享有豁免权。国民公会遵守法律,于10月28日先通过了终止代表豁免权的程序,按程序于11月11日才将其逮捕。经法庭审讯后,卡里埃被判处死刑。11月12日,国民公会通过决议,封闭了雅各宾俱乐部。此举标志着政治恐怖的结束。

与此同时,还取消了经济恐怖。8月25日国民公会通过决议,宣布可以在指定的市场以外进行粮食、饲料贸易,实际上是开放了市场。9月7日又下令放宽粮食限价,使价格提高1/4。但是,统制经济、限价政策仍在维持着,甚至到9

月29日全面限价法令原定实行一年的期限已满时,也没有正式宣布取消。直到12月24日国民公会才通过废除全面限价的法令。至此,经济恐怖完全终止,经济自由原则得到恢复。

随着恐怖统治的终结,原来因反对这一主张而获罪遭贬的吉伦特派也洗掉了罪名。这年12月至1795年3月,国民公会陆续召回了全部吉伦特派代表,包括参与过联邦派叛乱的人在内。但左派的处境却更加恶化了。1795年2月,国民公会决定将1794年9月21日迁入先贤祠的马拉遗体移出该地。3月2日,巴雷尔、比约-瓦雷纳、科洛-德布瓦、瓦迪耶等两委员会的老委员,因被控告而遭拘禁。这时,新宽容派的统治地位已确立起来。通常所说的热月党的政策,指的就是新宽容派的政策。

热月党的对内政策

热月党的对内政策具有较大的灵活性。在处理王党叛乱和天主教问题上就表现得很明显。1793年底开始的朱安党人叛乱是当时主要的叛乱活动。当时率军镇压叛乱的迪洛将军,由于经常不加区别地杀人、焚烧房屋、掠夺牲畜,以致迫使2万多原未参加叛乱的农民投奔了叛军。虽然他在1794年5月被撤换,但恶果已造成,给平叛造成了困难。8月,热月党国民公会再次撤换将领并且宣布,赦免叛军士兵中被胁迫或误入歧途者,只捕杀其官员。新上任的平叛将领奥什则贴出告示,对放下武器、归家务农者,一律保障其安全、财产和自由。1795年2月,国民公会代表与叛军首领夏雷特谈判达成协议,叛乱者停止武装活动,政府予以赦免,并帮助返回家乡者重建房舍,恢复经济。这就使叛乱暂时平息下来。

热月党摒弃了恐怖统治时期进行的"非基督教化"运动,他们承认了天主教是法国大多数人信仰的宗教这个事实,在1795年2月宣布,恢复天主教的活动,但是永不发还已没收的教产,不准在教堂以外进行宗教集会、游行或其他仪式,教会必须遵守政府法令。

以上所述,就是人们常常称之为"热月反动"的内容。"反动"一词(réaction)原是物理学中的名词,指物体运动的进退方向,并无褒贬之意。当时的人们使用"热月反动"一词,以及至今国外多数史学家使用这个词时,都是从这个意义上说的,是借用物理学名词形容社会现象。它意味着热月党国民公会从恐怖统治的过激政策上退回来。这是符合历史规律的倒退,并不否定恐怖统治曾经起过的重要作用。热月党人属于共和派,基本上都是当年投票赞成处死路易十六的"弑君者"。因此,他们只退到了原来吉伦特派纲领的基础之上,对于社会上经济实力最强的金融资本的利益以及反映这一利益并在革命中立下大功的君主立宪派,他们仍然采取敌视的态度,这就很难求得经济的复苏和政治的稳定。同时,他们在推行自己的政策时,也因袭了恐怖统治的做法,动辄逮捕,送上断头台。这也是不利于实现稳定的。此外,他们取消了统制经济体制,恢复了经济自由,但是对刚刚摆脱束缚的经济状况,又陷于束手无策的境地。

随着限价政策的废除,长期受压抑的物价如脱缰野马般地暴涨起来。如果以1790年巴黎的生活指数为100,1795年1月就是580,3月为720,4月达到900。伴随而来的是货币贬值的惊人加剧。1794年12月,指券值只相当于票面额的20％,1795年4月又跌到8％,7月更达到3％。热月党人只是沿用以往增发指券的办法,别无良策。结果使通货膨胀更趋严重,国家财政也陷入了困境。共和三年雪月(1794年12月21日至1795年1月19日),财政收入为5700万锂,而支出则高达4.28亿锂,赤字惊人。而仍在受热月党人敌视的金融界则将信誉很高的硬币控制在手中,并且在一定程度上操纵着金融流通领域。这就使热月党更加困难。

广大群众再次受到物价高涨的祸害,为面包和燃料而终日奔波,仍不能糊口。1794至1795年冬季又出现了罕见的严寒,巴黎几乎每天都有冻饿而死的人曝尸街头。要面包,要求提高工资的罢工和请愿不时发生。而在这时,国民公会却将代表和政府官员的薪水提高一倍,从而激怒了人民。

热月党竟然再次使用了恐怖时期惯用的手段,促使国民公会于3月21日通过了《特别公安法》,宣布凡辱骂国民公会代表者要送交法庭审讯,在国民公会附近聚众闹事者要镇压,为首的处死,参加的流放。这激起了反抗运动的爆发。

芽月起义和牧月起义

共和三年芽月10日(1795年3月30日),巴黎群众举行集会,喊出了"要面包","要一七九三年宪法"等口号。显然,群众在怀念共和二年限价时的情景。芽月12日(4月1日)的群众示威规模更大,而且冲进了国民公会。但是,运动是自发的,只是在会上高呼要面包,要社会救济等口号,提不出更具体的主张。国民公会根据《特别公安法》鸣起警钟,皮什格吕将军率军队将群众驱散,次日又清洗了圣安东区。国民公会也趁机打击左派,将已被拘禁的巴雷尔等三人(瓦迪耶已逃走)流放圭亚那,又逮捕了支持群众的阿马尔、迪昂、康邦、雨格等代表。4月10日,国民公会下令解除一切"恐怖主义者"武装,收缴了大批枪支,并进行了大逮捕。这就是大革命史上的"芽月起义"及其失败的结局。

镇压芽月起义后,热月党国民公会不仅没有使经济状况好转,而且在5月15日将巴黎面包配给量降到每人每天不足半磅。16日又通过决议,宣布凡印有国王头像的指券一律终止流通,只能用以购买国有财产(尚未卖完的没收的地产)。然而,恐怖时期已经将印有国王头像的面额50锂以上的指券废除,留下的只是50锂以下小面额指券,主要在一般群众手中。因此,这个法令的主要受害者是群众,这就激起了新的起义即"牧月起义"。

牧月1日到4日(5月20—23日),巴黎人民举行了规模不亚于1792年8月10日的武装起义。群众从国民自卫军营房夺得武器,攻入国民公会。左派代表迪卢瓦、罗姆、古戎、迪科努瓦等支持群众并提出:释放芽月起义时的被捕者,组成四人非常委员会以取代治安委员会并接管其文件和办公地点。会议通过了这些议案。群众撤离了会场,以为取得了胜利。起义的第二天,群众占领市政厅,自行选举了市长和公社检察长。这时,国民公会已调来军队,逮捕了一批左派代表,取消了前一天的决议。消息传来,群众立即再次攻打国民公会并取得胜利,会议重新许诺了起义者的要求。第三天、第四天,政府军对群众进行了镇压,终于将起义平定。接着又是大逮捕。被捕者中有6人被处死,后被称为"牧月烈士"。芽月起义和牧月起义是法国大革命中急风暴雨式的群众运动的尾声。

镇压两次起义后,国民公会的政策明显右倾,为王党势力的抬头提供了机会。大批逃亡贵族的家属或党羽竟然公开要求发还他们已被没收的财产。在舆论上,他们也日益猖狂。王党报纸(如《珍珠报》)的订户大量增加。这时,亡命国外的贵族们加紧了活动。在意大利的维罗纳,王弟普罗旺斯伯爵周围聚集了不少贵族。1795年6月8日,在押的"路易十七"因病死去(年仅10岁),自封为"摄政王"的普罗旺斯伯爵便在6月24日发表告臣民书,自立为"路易十八",继承其侄的"王位"。他声称,要惩办"弑君者"恢复天主教与贵族旧日的地位。这个消息又促使国内已平息的朱安党人蠢蠢欲动,并与国外建立了联系。

6月27日,一批逃亡贵族率领约4 500人乘英国军舰在法国西海岸登陆,占领了奥雷城。奥什将军即刻率部前往迎战。登陆军战败,退到基贝隆半岛,暂时形成对峙局面。奥什将军于6月30日收复奥雷,封锁了半岛。7月21日法军发动总攻,一举歼灭敌军,包括前来接应的朱安党人在内共俘敌8 000人。

基贝隆战役是热月党打击王党复辟活动,维护革命成果的重要战役。随后,其政策明显左倾,以打击王党势力为主。8月18日,下令将原准备从逃亡者名单上除名予以赦免的人,一律逐出巴黎。9月6日又下令恢复革命以来所颁布的一切打击反抗派教士的法令,已回国的原放逐者,两周内必须离开共和国。

这时,巴黎的形势又紧张起来。这在相当程度上是过去的君主立宪派搞起来的。8月份国民公会通过了新宪法。宪法规定,现国民公会的代表要在即将按宪法选举的新立法机构中占有2/3席位。这是热月党保障自己统治地位,防止王党和雅各宾派残余进入立法机构的措施。这也使得立宪派东山再起的希望落空。于是,立宪派和王党共同进行了反对活动。巴黎富人集中居住的勒佩尔蒂埃区成了他们煽动武装暴动的活动中心。对热月党政策不满,又使芽月和牧月受到镇压的一批群众怀着报复的心理,站到了王党一边。

在紧张的气氛下,国民公会急忙下令调集军队。为了抢先发难,王党分子和立宪派于10月2日在法兰西剧院集会,共有15个区的百余人参加。会上不断高喊"打倒代表"、"打倒三分之二"的口号。当晚国民公会成立了五人非常委员会,而且破例地向曾经遭受他们打击的"恐怖主义者"发出呼吁,并释放被捕者,组成了1 500人的"八九年爱国营"。10月3日又撤销了4月10日颁布的解除恐怖主义者武装的法令。

就在10月3日(共和四年葡月12日)这一天,王党暴动开始了,参加者达2.4万人之多。由于率领政府军的梅努将军拒绝与"恐怖主义者"(即八九年爱国营)为伍,并擅自与叛军谈判,非常委员会将其逮捕,改命热月政变时指挥过军队的巴拉斯率军平叛。巴拉斯连夜召来年轻的拿破仑·波拿巴将军,命其负责指挥。波拿巴便命当时的骑兵营长缪拉急速调集大炮。10月4日,波拿巴指挥炮兵很快就将暴动镇压下去。他由此而得到了"葡月将军"之称。

镇压葡月暴动是继基贝隆战役之后,热月党在粉碎王党阴谋、保卫革命成果方面取得的又一次重大胜利。这次胜利使得8月通过的宪法得以正式生效。这就是共和三年宪法(或称1795年宪法)。

督政府的成立

1795年宪法仍规定法国为共和国。它规定的立法机构为两院制,上院称元老院,由250人组成,下院500人,就称五百人院。行政机构是由5名督政官组成的督政府,是集体的行政首脑,下设各部。督政府由立法机构任命。另外设独立的司法机关。上下两院均由选举产生,选举权有财产资格限制。两院成员仍按革命以来的习惯称"国民代表"而不叫"议员"。代表每两年改选1/3,督政官每年改选一人。

1795年宪法既以共和政体区别于1791年宪法,又以规避权利平等的提法和实行财产资格限制的选举权而区别于1793年宪法。它是一部保障资产阶级独占统治的,带有革命高潮时期若干痕迹的宪法,体现了热月党新宽容派的基本纲领。宪法草案报告人布瓦希·丹格拉斯讲得十分清楚:"应该由优秀人物来统治。最优秀的人物就是最有教养和最关心维护法律的人。目前,除极少数例外,这种人应从下列人们中去发现:他们拥有财产,热爱其财产所在的国家和保护其财产的法律以及维护其财产的安定环境;……有产者统治的国家是有社会秩序的,无财产者统治的国家则处在自然状态之中"。

10月27日,新的立法两院开幕,当天任命了督政府,开始了督政府统治时期。首次选出的5名督政官是:原属吉伦特派的拉勒维里埃-勒波,原属斐扬派的勒贝尔,军事工程师勒图尔内,出身贵族的巴拉斯,原救国委员会负责军事的委员卡尔诺(他是在西哀耶斯不愿就职时补上的)。他们都是"弑君者"。

督政府面临着极大的困难。经济状况混乱,国库空虚,政治形势不稳。督政府对于自己的职责是清楚的。它在11月5日发表的公告中宣布,政府在政治上要"积极对王党作战,发扬爱国主义,严厉镇压一切乱党,消除所有派别意识,禁绝任何报复念头,促成和协的统治,实现和平"。在经济上则要"重开生产之源,再振工业与商业,消灭投机活动,使艺术与科学得以新生,再创财富和社会信誉"。应该说,这个纲领性的公告的确是切中时弊的。然而,要真正实现它,绝非易事。

大革命中成为痼疾的通货膨胀、货币贬值已恶性发展到失控的地步。督政府成立后第三天即10月30日,巴黎金融市场上一个金路易(相当20锂硬币)在下午2时的开盘价是3 700锂指券,晚间收盘时竟升到4 800锂。1796年2月,指券贬值到只有票面额的0.35%,几乎成为废纸。这与督政府一上台就增发300亿锂指券有直接关系。在这种情况下,物价直线上升,督政府成立后第一个月,巴黎1磅面包已卖到45法郎①,不少区将面包配给量降到每天1/4磅,远不能果腹。从大革命爆发到拿破仑帝国倒台的25年中,共和三年是死亡率最高的一年,死者中10岁以内的儿童占一半左右。

与此同时,社会上却出现了一批暴富者。这个暴富集团主要是由国有财产大买主、军需供应商和一些政客、将军组成的。革命以来,1791年和共和二年曾两次出现购买国有财产的高潮。督政府时期又出现了第三次。这是因为货币贬值,使国有财产价格大幅度下降,富豪们便趁机大量买进,特别是那些大商人和驻各地的特派员。军需品供应商攫取的利益更多。1792年以来,法国的对外战争始终没有停止过。督政府的军需品供应基本上是由旧制度时期已是供应商的巨子们承包的。他们组成股份公司,几乎垄断了全部军需品的供应。例如,博丹公司承包桑布尔-马斯河军团的供应,福拉夏公司承包意大利军团的供应,巨商中的首富乌弗拉尔包揽了全国海军的食品供应。政客和将军们聚敛财富,则主要靠大商人的行贿和在战争中进行抢劫。博丹公司就以借钱给约瑟芬②的办法,以求其情夫巴拉斯在订货上给予关照。大商人迪维利耶在拉纳将军与其副官之女结婚时,提供了新娘的嫁妆费。乌弗拉尔则靠影响很大的塔里安夫人卡巴露丝③和巴拉斯得到了海军食品供应权。这种官与商的勾结并有一些高级妓女穿插其间,勾勒出当时腐败的情景。

不过,除骄奢淫逸的巴拉斯外,其余督政官在生活上还是比较严肃的。然而,他们缺乏整体意识,相互间既很少共同议政,又不参与立法活动,更热衷于扩大个人的影响。整个行政系统表现得效能低下,且不稳定。督政府成立时依例设6个部,3个月之后增设了警务部。在督政府存在的4年内,出任过部长的人达32个,平均每人任期不足一年。部长们和督政官们一样,都热衷于招募私人

---

① 热月时期已盛行使用法郎。据1799年官方规定,1法郎=1锂零3铒,即100法郎=101锂5苏。
② 约瑟芬原是贵族博阿尔内子爵的夫人,生有一子一女。其夫上断头台后,她宣布离婚,免除株连。旋即投靠热月党新贵,巴拉斯即是其情夫之一。后嫁给波拿巴,波拿巴称帝后成为皇后。1809年被迫与拿破仑离婚。
③ 卡巴露丝原是西班牙银行家之女,嫁给法国旧贵族丰特内侯爵。其夫逃亡后,她于1793年离婚。后投靠塔里安,热月政变后曾因影响大而被称"热月圣母"。督政府时其夫失势,又向巴拉斯、乌弗拉尔等出卖色相。

秘书,建立个人指挥的于公务无益的机构,造成机关重叠,人员臃肿。此外,督政府沿袭旧例派驻各郡的特派员,他们多半原籍就在所驻地区,更易于培植私人势力。按规定,他们直接对内政部长负责,有权搁置地方政府的命令,地方官出现空缺时,他们可提名补缺。这样,全国政府系统就出现了两个中心:各地特派员的势力集团和首都的各种官僚机构。这样的政府是很难产生高效能的。

就是在这样的情况下,爆发了巴贝夫平等派运动。

巴贝夫平等派运动

弗朗索瓦·诺埃尔·巴贝夫曾参加大革命,接近埃贝尔派,从左的角度反对罗伯斯比尔,在恐怖时期曾因此被捕。故而,他曾为热月政变而欢呼。革命前,巴贝夫就受摩莱里著作的影响,初步形成了财产公有的主张。当他发现热月党只是代表有产者利益时,便于1794年9月同他们分道扬镳。10月4日他将自己的《出版自由》报改名为《人民保民官》,并借用古罗马保民官的名字,自己改名为格拉古·巴贝夫。他因进行共产主义宣传而被捕。在狱中,他结识了意大利革命家邦纳罗蒂,成为亲密战友。1795年10月出狱后,他们在先贤祠俱乐部活动,继续宣传共产主义。1796年2月督政府查封该俱乐部,巴贝夫等转入地下活动,组织起平等派。平等派组织严密,分为"地下督政府"、"革命联络员"、"爱国者"、"民主主义者"等四个层次。巴贝夫的理想是建立起生产资料和生活资料一律公有的大国民公社。在公社中人人必须劳动,产品交公共仓库,每个人都平等地从仓库中领取同样的生活必需品,包括最细微的物品在内。巴贝夫的共产主义是财产公有、共同劳动、平均分配的农业共产主义。巴贝夫坚持要以暴力夺取政权,建立革命专政,以此来实现其理想。按计划,他们定于1796年5月11日发动武装起义。因叛徒格里泽尔告密,督政府于5月10日将其组织破坏,巴贝夫等65人被捕。经过长期审讯,巴贝夫及其战友达尔特被判处死刑,于1797年5月27日执行。其余人被判刑或释放。30年后邦纳罗蒂出版了著名的《为平等而密谋》一书,全面论述了巴贝夫学说。

果月政变·花月政变

在财政和经济政策方面,督政府曾在1795年12月宣布可用黄金、粮食作价缴纳资本累进税,如缴纳指券则按1%折算。但是没有人肯将黄金、粮食交出。随后又发行了强制认购的公债,仍然收效甚微。1796年2月理财专家拉梅尔取代费博就任财政部长,积极进行了币制改革。他宣布废除指券,改为发行土地信用券,两者兑换率为30∶1。土地信用券以尚未售出的国有财产为保证金。当时,国有财产估价约为15亿锂,而土地信用券的首批印发量是24亿锂。这就使信用券失去了信用。信用券发行后,很快被一些巨商用来购买了一批国有财产。随着信用券的迅速贬值,使国库空留下大量日益无用的纸币。1797年2月,督政府宣布恢复硬币制度。硬币是被信任的,但是在国内外局势很不稳定,政府又缺乏起码威信的条件下,人们不肯抛出硬币冒险。工业上资金短缺,流通中通货紧缩,公务员和工人经常领不到薪水和工资。这种严重的货币不足现象,使刚刚获得丰收的农民有粮却卖不出去。督政府的财政状况只得到些微的改善,并不能真正缓解。

在这种环境下,出现了广大群众情绪低沉的现象,大革命高潮时期那种激情不见了。从革命开始以来,人民群众曾信仰过人权、平等、自由、宪法、共和主义、恐怖统治等等,并为此付出过血的代价。但是过了七八年之后,除去极少数商人和富裕农民之外,革命并未给群众带来明显的好处。人们崇敬过的领袖人物一批接一批地上了断头台,群众感到无所适从。后来又经历了芽月起义、牧月起义和巴贝夫运动被镇压的打击,消沉情绪就更趋加深。在共和五年(1796年9月22日—1797年9月21日)进行的初级议会选举中,大多数公民不愿参加投票。在萨尔特郡,除首府勒芒投票者占选民的80%外,全郡平均只有28%的选民投了票。上莱茵郡首府科尔马也只有28%的投票率。另外,在上加龙的图鲁兹和科多尔的第戎,投票率分别为29%和50%。

人民的消沉情绪给王党分子的活动提供了可乘之机。在基贝隆战役、葡月暴动中受到严厉打击之后,王党已意识到很难用武力实现复辟,开始转向以合法斗争为主要手段,力求通过选举进入政权机关。选民们的消极情绪和王党的蛊惑性宣传产生了明显的后果。1797年3月至4月进行立法两院1/3成员改选时,王党候选人取得胜利。5月20日立法两院开幕,刚刚被撤职的具有王政倾向的将军皮什格吕,被选为五百人院主席。老斐扬派分子、留恋君主制的巴尔贝-马尔布瓦当选为元老院主席。5月26日改选一名督政官时,倾向王政的巴泰勒米取代了勒图尔内。

立法机构被王党势力所操纵,使复辟的危险性陡然增加。由共和派控制的行政机关督政府,开始受到了来自立法机关的指责和攻击,它的财政、军事等政策都在被否定之列。王党的立法机关甚至通过决议,要求赦免逃亡者,恢复天主教,撤换某些部长。在复辟危险面前,勒贝尔、拉勒维里埃、巴拉斯等督政官决定以武力制服他们。巴泰勒米坚决反对,卡尔诺不愿合作。于是,三名督政官直接采取行动,将两院准备保留的部长撤职,任命了新人,包括外交部长塔列朗。同时向军队发出呼吁,得到了意大利军团司令波拿巴的支持。奥热罗将军被派到首都,带来了意大利军团对两院的抗议书。1797年9月3日(共和五年果月17日)奥热罗率领巴黎周围驻军开进城里,4日(果月18日)进入立法机关所在地土伊勒里宫,逮捕了皮什格吕等人。波拿巴的弟弟吕西安接任了五百人院主席。两院分别被迫到指定地点开会,并在刺刀胁迫下通过《公安法》,将33名议会代表和卡尔诺、巴泰勒米两名督政官、一批反抗派教士和前任官员逮捕并流放圭亚那。还通过决议宣布198名代表的当选无效。这就是果月政变。

政变后补选梅兰(杜埃人)和纳夫沙多为督政官,组成了第二督政府。这时,法军在战争中取得一些胜利,但国内财政、经济的困难依然存在。第二督政府利用政变后较为有利的形势,进行了税制改革,取得一定成效。财政部长拉梅尔在理顺税收和改革税制上作出了贡献。他承袭了制宪议会以来按重农学派理论安排税收的准则,明确了4种直接税:第一,土地税。作为政府岁入的主要来源,占各项税收之首位。第二,营业税。这是对商业许可证征收的,占商店房租的1/10。这对于营业额少的小商贩和季节性商贩很不利。第三,动产税、奢侈税、属人税。从1798年底开始,动产税从租地人地租中征收。奢侈税是对奢侈享乐的征税,包括使用家仆、乘坐马车等等。属人税类似人头税,税额为三天的工资,贫穷者免纳。第四,门窗税。1798年11月设立,对所有住家居民征收。每个窗户收20生丁,每扇门收1法郎①。门窗税一直沿用到1925年。

税制改革使督政府在共和六年、七年财政上有所缓解,货币情况也比较稳定。但是问题并未彻底解决,共和六年的财政赤字仍高达2.5亿法郎。因此,督政府在共和七年恢复了间接税,其中包括极不得人心的报刊证书印花税和商品入市税等。这些引起了广泛的不满。

政治局势仍然是不稳定的。果月政变后督政府政策左倾,主要打击王党势力。于是雅各宾派的残余力量得以抬头,在1798年进行的选举中获胜。深感震惊的督政府于5月11日(共和六年花月22日)宣布106名代表当选资格无效。这就是花月政变。

从果月政变到花月政变,督政府在政策上左右摇摆,历史上称之为"秋千政策",反映出政局的不稳。群众对政府已失去信心,1799年举行初级议会选举时,投票的选民只有1/10左右。资产阶级则在追求花天酒地的享乐生活,1799年巴黎的舞厅就有1 500家。他们对政治已很冷淡,只盼望一个强有力的政府以造成良好的投资环境。

督政府只能更多地依靠军队。1797年10月波拿巴征服意大利,与奥地利签订了康波福米奥和约。但督政府并未停止军事行动,法军于1798年2月占领伯尔尼,吞并日内瓦。5月,波拿巴又率军开始了对埃及的远征。但是,形势很快发生了变化。从1798年4月起,以英国为首的第二次反法同盟又逐渐组织起来,俄国、奥地利以及德意志的和意大利的一些邦参加进来。法国很快就处于劣势的地位。1799年时的督政府已无力抵挡联军的进攻。

立法两院对督政府的治国不力提出指责,并指名攻击拉勒维里埃、梅兰(杜埃人)等督政官,迫使他们在6月18日(牧月30日)辞职。这就是"牧月事件"。到6月20日,5名督政官几乎全是一年多时间里通过政变、辞职和正常改选更

---

① 1法郎=100生丁。

换的。这5个人是:巴拉斯、西哀耶斯、戈依埃、罗歇-迪科和穆兰。起主要作用的是西哀耶斯这位大革命的元老。这时形势已很混乱,督政府在果月、花月两次政变中打击了立法两院,两院又在牧月事件中搞掉两名督政官。在混乱中,各派政治力量都在趁机扩大影响。7月6日雅各宾俱乐部在巴黎重建,维持了3个月。在西部和南部又发生王党叛乱,到8月才镇压下去。

这种政治、经济、军事上的全面混乱,证明精疲力尽的督政府已不可能有所作为。建立强有力的政权已成为稳定形势的当务之急。拿破仑·波拿巴就是在这种情况下于11月9日(共和八年雾月18日)发动政变,夺取了政权。

雾月政变是法国大革命结束的标志。

第三节　拿破仑帝国

一、雾月政变

拿破仑的上台　　督政府末期的形势表明,仅仅利用军队维护自己的统治并不能真正使局势稳定下来。情况的演变使得民主共和制度本身的存在已发生了问题。通过果月政变和花月政变,督政府以暴力手段强行否认合法当选的代表,并且造成行政机关打击立法机关的现象。这证明,督政府的无能使它只有依靠军队才能克服一时的危机,这就为军人参政打开了方便之门。这个时期出现的特殊历史条件使民主共和制让位给集权体制,文人政府让位给军人政权,成为一种必然的趋势。而且,仅仅是强暴的军政府也不可能稳住局势,热月党人在使用暴力镇压各种反抗者方面每次都是成功的,但从来也未能真正稳定下来。因此,新的集权政府还必须有能力解决造成混乱现象的各种政治、经济和社会上的问题。

当时,老谋深算的督政官西哀耶斯已开始看到,共和三年宪法不宜再实行下去了,改变体制,实现稳定,结束革命,是使国家摆脱困境的唯一出路。但是,如果按照法定程序修改宪法,需要历时9年。因此,西哀耶斯要借助一把"宝剑"来达到目的。他选中了茹贝尔将军。但由于茹贝尔在1799年8月15日阵亡,才不得已转向波拿巴将军。远征埃及的波拿巴从其弟吕西安·波拿巴处得知国内形势后,怀着谋取大权的目的,将军队交付给克莱贝尔将军,便急忙赶回国去。10月9日他在弗雷茹斯登陆,18日来到巴黎。他受到了渴望稳定的人们的普遍欢迎,各派人物争相与他接触。但是波拿巴厌恶派别斗争,更喜欢以军事号令的方式行事。他接受了西哀耶斯的策划,在吕西安和一些军官的参与下,制定了发动政变的计划。

不管西哀耶斯如何选择人才,当时真正具备发动政变、执掌大权能力的,只有波拿巴。他是法国大革命的产物,在激烈斗争的年代里选择了支持雅各宾派的立场,曾发表抨击吉伦特派的小册子《博盖尔的晚餐》。1793年在收复土伦的战役中,他立下战功受到奥古斯丁·罗伯斯比尔的赏识和巴拉斯的信赖。在热月政变后虽一度失势并受到审查,但是在镇压葡月暴动时又被巴拉斯起用,赢得声誉。1796年27岁时出任意大利军团司令,以出众的军事才能征服被奥地利统治的意大利地区,并从前方给督政府送来款项5 100万法郎,济其燃眉之急。果月政变时又是他派奥热罗将军帮助督政府取得成功。他处事果断,才能突出,军功卓著,政治上也颇具声望,因而得到人们的拥护和信任。然而,他从来不是个民主主义者。他迷信暴力,蔑视一切,个人权力欲极强。虽然熟读卢梭的著作,但是更膺服伏尔泰的开明君主制学说。正是这个人被当时的历史环境推上了政治舞台。

根据他们的策划,政变要用合法的方式进行。首先通过两院中的温和派代表,去制造国家在危难中的舆论,并以雅各宾派又要恢复国民公会与救国委员会的谎言相恐吓,使人们相信任命波拿巴为首都部队司令的必要。同时,由西哀耶斯带头辞去督政官职务并策动其他人辞职,造成行政首脑空缺,以便使波拿巴上台。在制定这个计划中,塔列朗起了牵线搭桥的作用。

11月9日(雾月18日)政变计划开始实行。西哀耶斯和罗歇-迪科辞职,巴拉斯在塔列朗劝说下也放弃职位。不肯辞职的戈依埃和穆兰被软禁。两院中元老院接受了他们的安排,任命波拿巴为司令。10日(雾月19日)两院移至圣克卢开会。已部署好军队的波拿巴来到疑虑重重的元老院,对元老们发表演说指出,五百人院中有人企图恢复恐怖统治,对此要进行镇压。"你们已经没有共和三年宪法了……这部宪法已不是救国图存的方法……必须另立宪章,另有新的保证"。在慑服元老院后,他带着士兵闯进五百人院。那时,五百人院刚刚进行完效忠宪法的宣誓,波拿巴进入会场后立即遭到严厉谴责,在"打倒独裁"、"不予法律保护"的呼声中他被人抓住衣领声讨。波拿巴在士兵保护下退场,一度情绪沮丧。西哀耶斯劝他动用武力。于是他和吕西安去召集军队,得到支持。军队随即进入五百人院会场,将大部分代表逐出会场。当晚,两院中接受或被迫接受政变的代表举行会议,解散了督政府,推举波拿巴、西哀耶斯、罗歇-迪科建立临时执政府。两院各组成25人的宪法起草委员会,取代了立法两院。会议决定宪法要在6个星期内制定,仍然要坚持人民主权、共和国统一不可分割、实行分权制等原则。实际上这已是空泛的言词和不切实际的愿望。

以上就是有名的雾月政变。它从议会方式开始,以武力胁迫完成,又用合法的形式最后予以粉饰。后来,这几乎成为近代各种政变的典型模式。实际上,以波拿巴为第一执政的临时执政府的建立,已昭示了从民主共和制向军事独裁制的转变。这与法国大革命创立的自由、平等、人权的原则是完全相悖的。在这一点上,它是大革命的对立物。但从政变的背景来看,建立集权式的政权又是维护资产阶级革命成果的客观需要。这又使它与大革命有着深刻的一致性。诚如恩格斯所说:"恰巧拿破仑这个科西嘉人做了被本身的战争弄得精疲力竭的法兰西共和国所需要的军事独裁者,这是个偶然现象。但是,假如没有拿破仑这个人,他的角色就会由另一个人来扮演"。① 然而,独裁体制毕竟不是资产阶级管理国家的正常方式,只是特殊条件下的产物。一旦实现稳定,就要恢复议会政治,否则就难免倒台。因此,波拿巴政权克服混乱、实现稳定的成就越大,步伐越快,它的寿命也就会越短。

共和八年宪法

波拿巴的施政方针一开始就是十分明确的。政变后第四天官方《导报》就发表一则《公告》说:"法兰西要求伟大、持久。动荡会失去这些,因而它呼吁稳定。……它要求政府行动统一。它希望代表们属于安分守己的保守派,而不是吵吵闹闹的革命派。最后,它要求摘取十年牺牲的果实。"波拿巴要求制定的宪法应该"简短而不明确"。只有"不明确",才能由他任意解释。12月24日,宪法制成公布。这就是共和八年宪法。宪法草案原是西哀耶斯主持制定的,以元老院作为权力中心,行政首脑要受元老院约束。这是体现议会政治特点的宪法。对此,波拿巴不能容忍。他亲自召集宪法委员会进行修改,成为最后公布的宪法。

宪法仍宣布法国是共和国,但具有高度中央集权的性质。权力的中心是执政府,由3名执政组成。宪法史无前例地列出了3名执政的名字:第一执政拿破仑·波拿巴②;第二执政康巴塞雷斯,原是平原派政治家,著名的法学家;第三执政勒布伦,原属吉伦特派,后来是元老院成员。立法机构为三院制③,包括元老院、立法院、保民院。分别由60人(后增至120人)、300人、100人组成。名义上议员由普选产生,但程序很特殊:市镇(公社)从公民中指定1/10的人,这些人再选出1/10的人即到了省级,从省级人员中再选出1/10便是全国一级的,称为"名流"(notabilité),执政府从"名流"中任命元老院,元老院再从"名流"中遴选另两院人员。元老院为终身职,另两院每年改选1/5。在执政府之下设参政院(又译参事院),参政院下设政府各部。地方上仍划为省、大区、市镇三级,省长、副省长、5 000居民以上的市长,均由第一执政任命。省和大区参议会的成员,也由第一执政任命。在塞纳省3个大区中,巴黎市为第三区,再分12个市区,但不设市长。省长直接在巴黎市政厅办公,省警察长管理巴黎治安。在立法程序上,

---

① 《马克思恩格斯选集》第4卷,人民出版社1995年版,第733页。
② 按传统,在未称帝之前,只能称姓氏波拿巴,称帝后才称教名拿破仑。
③ 由于宪法的"不明确",故而对立法机构的组成有两种解释,一说三院制,一说四院制,将参政院也列入立法机构。这里从第一种解释。

由第一执政身边的参政院提出议案,保民院进行讨论但不能表决,立法院进行表决但不准讨论(人们戏谑地称它为"三百哑巴院"),元老院最后审议,再由第一执政批准颁布。这显然是一部处处突出第一执政的集权式宪法。它没有提及公民的言论、出版自由,只规定保障个人家庭的安全。

在公布宪法时执政府发表了《告法国公民书》,最后一段话是:"宪法规定的各项权限必须是强大的和稳定的。公民们:革命已稳定在革命开始时提出的若干原则之上,革命已告结束"。这个革命已结束的宣布,在当时人心思定的情况下,是受到普遍欢迎的。

新的国家机器建立了起来。立法三院的成员绝大多数都是革命以来各届议会的代表。参政院的29人,完全由波拿巴任命,包括各方面的专家学者和军人。内政部长是吕西安·波拿巴,还有外交部长塔列朗、作战部长贝尔蒂埃、警务部长富歇、财政部长戈丹。戈丹是革命前财政总监的得力助手,是有才干有经验的理财能手。这是一个效能较高的国家机器。这个政府的官员配备体现了波拿巴的用人原则。这就是不分派系,一律以归附于他的统治和确有才干作为任用的标准。有些人在"品德"上名声不好,但却富有才能,如塔列朗、富歇等,依然被委以重任。这就在政府系统和立法机构中消除了以往那种因派别偏见引起的不必要的纷争,提高了效率。

二、从执政府到帝国

拿破仑的内政

波拿巴上台后,执行了以实现稳定为首要目标的政策,顺应了克服混乱、巩固大革命成果的客观历史潮流。

在对内政策上,他以较为灵活的策略对付各种反对力量。对于当时已实际上失去反抗能力的雅各宾派残余分子,他无所顾忌地使用了高压政策,支持警务部长富歇放手镇压,甚至不惜采取强行栽赃的不光彩手段。1800年10月至12月发生的三次企图刺杀波拿巴的事件,都被用来作为借口,大批逮捕并流放雅各宾派分子。而对真正构成主要危险的王党势力,波拿巴则采取了镇压与安抚相结合的政策。他下令禁止在1月21日举行纪念处死路易十六的活动,大量封闭王党报纸。在西部王党叛乱复活后,他派布吕纳将军(帝国时为元帅)前往镇压,严令枪决一切手持武器的或煽动叛乱的人。与此同时,他也采取了不少安抚与和解的政策。他终止了公布新逃亡者名单的政策,而且在1800年3月至1802年5月,几次发布命令,允许逃亡者回国。最后一道命令宣布,凡肯于宣誓效忠新政权者,均可回国。一些老恐怖主义者如瓦迪耶、巴雷尔,1789年革命的元老如拉法耶特,甚至因参与王党活动而获罪的人,如果月政变时放逐的元老院主席巴尔贝-马尔布瓦以及许多旧贵族,都陆续回国了。到1802年初,回国者已占逃亡人数的40%左右。值得注意的是,波拿巴从回国的人员中还任命了一批官员。巴尔贝-马尔布瓦、波塔利斯、弗勒里厄、尚帕尼等,都进了参政院。波塔利斯还成为《民法典》的4名起草人之一。波拿巴的这些做法,既表现出对自己的政权很有信心,又在相当程度上革新了革命以来,特别是恐怖年代以来比较僵硬的政策。这使得政治局势向着稳定的方向发展,在保住大革命基本成果的同时,又可避免再有基贝隆半岛那样的事件发生。

在用安抚的政策削弱旧势力方面,波拿巴的宗教政策很引人注目。他认为,革命中那些"自由"、"平等"一类的口号已不能笼络人心,利用绝大多数法国人世代信仰的天主教是有必要的。而且,如果将天主教抓在自己手中,也可剥夺王党势力进行煽动的一种思想武器。正是出于这种考虑,他在1801年7月同罗马教皇签订了《教务专约》(又译《政教协议》),1802年4月在立法机构通过。波拿巴宣布,天主教是"大多数法国人的宗教",可公开举行宗教仪式。教皇也作出让步,承认法国永远取消什一税;主教由第一执政任命,教皇授职;本堂神甫由主教任命;教士薪俸由法国政府支付,教皇不以任何方式干扰教会财产的购买者。这实际上是在维护革命成果的原则上对天主教实行的改造。波拿巴没有承认天主教是国教,而且在他颁布的新教信仰组织法中明确宣布,承认新教的地位。建立帝国后又承认了犹太教。即使如此,仍有不少人反对承认天主教。于是波拿巴不经教皇同意又发布天主教信仰组织法,宣布不经法国政府同意,教皇不能随意向法国教徒发圣谕、召集主教会议、授圣职等等。1802年4月18日在巴黎圣母院举行了革命以来的第一次礼拜仪式。这样的宗教政策是将天主教改造为新政权工具的重要步骤,它对缓和矛盾、促进稳定很有积极的作用,也受到了人们的拥护。

波拿巴十分清楚,改革财政和重振经济是执政府的当务之急。执政府建立时,国库现金只有16.7万法郎,近乎一文不名。面对这种困境,波拿巴政变后做的第一件事却是宣布废除督政府的某些类似恐怖年代的经济立法,诸如强制公债、军需品征发等等,这起了稳定资产者情绪的作用。随后,财政部长戈丹便大刀阔斧地进行了改革。他首先将财政管理权集中到中央,于11月24日下令取消地方政府分配与征收直接税的权力,设立了直接税行政总署。各省设分署。根据1800年3月18日法令,由国家直接派税收人员到各省、大区、市镇执行收税任务。这些人员出发时要预付一部分税款作为保证金,从而提高了他们的责任感。波拿巴深知,必须调动法国最富有的金融界的兴趣。还在1799年11月27日,就下达了恢复期票证券制度的法令,交易所重新活跃起来。在税收上,开征时都发行了税收期票。人们购买期票,在该项税款收齐后,政府贴现偿付并付较高利息。这种类似包税制的做法,使谙熟此道的金融界感到兴奋,纷纷购买,使国库在较短时间内便得到了充实。自然,这同波拿巴政权享有的威望是直接相关的。期票证券的恢复和投资国税的活跃,使银行业又兴隆起来。1800年2

月13日两家大银行在政府支持下合并组建了法兰西银行,拥有资金3 000万法郎。它一成立就购买了税收期票300万法郎。法兰西银行的股票为每股1 000法郎,还得到政府提供的资金。它的200名最大的股东实际上操纵了法国金融市场,并从中推选15人组成银行董事会。1806年该银行改由政府控制,并取得独家发行纸币的特权。这个银行作为金融中心,对振兴法国经济发挥了重大作用。执政府进行的币制改革也取得了成功。它实行银本位制,将黄金、白银的比价定为1∶15.5。依此铸造发行的银法郎(因铸造时间而被称为"芽月法郎")币值稳定,第一次实现了币值与票面值相符。"芽月法郎"一直沿用到第一次世界大战。成功的财政与税制改革,使执政府的财政预算到1802年至1803年奇迹般地实现了收支平衡,并略有结余。这是从旧制度时期以来从未有过的。币值的稳定对经济复苏起了很好的作用。

波拿巴重视工商业,推行了类似重商主义的政策。为增加出口换取更多金属货币,执政府建立统计局,对经济进行调查统计,并下令一律以公制为准统一度量衡。还成立了全国工业促进会,商为管理总委员会,举办了工业博览会。在对外贸易上实行保护主义政策,尤其是对英国商品征收高关税。1799至1802年,法国外贸总额增长了2.4亿法郎。

拿破仑的对外战争

波拿巴在军事上取得的成就更为显赫。面对国内各阶层对内稳定、对外和平的企望,执政府也举起了和平的旗帜。政变后波拿巴鉴于国内的混乱局势,曾向英、俄、奥三国君主建议停战,但遭到了拒绝。在必须仓促应战的条件下,他确定的外交方针是:稳住普鲁士的中立地位,争取俄国退出反法同盟,全力摧毁奥军,然后集中力量打击英国。后来证明,这个方针是正确的并得到了实现。

当时,由梅拉斯统率的驻意奥军主力于1800年4月向法军发起进攻,将马塞纳将军围在热那亚。波拿巴命莫罗将军率部在莱茵战线与奥军作战,自己则带领预备部队不足4万人远征意大利,去同梅拉斯的13万奥军厮杀。5月6日他离开巴黎时,政界许多人士认为他回不来了,甚至在准备接替第一执政的人选。波拿巴率军从风雪交加的大圣伯纳德山口翻过阿尔卑斯山,于6月初到达米兰。法军突然地从后面进攻奥军,是出乎梅拉斯意料的。6月14日两军在马伦哥地区遭遇,展开大战。善于利用炮兵和骑兵的波拿巴,指挥法军以少胜多,取得决定性胜利。梅拉斯被迫求和。同年12月莫罗将军在霍亨林登也大败奥军。奥地利不得已于1801年2月9日同法国签订吕内维尔和约,承认法国对莱茵河左岸领土的占领(即以莱茵河为"自然疆界"),承认法国对比利时和意大利北中部地区的占领,并接受法国在意大利北部建立的"姊妹共和国"。法国则同意奥地利继续占有威尼斯。法军战胜奥地利,促成了第二次反法同盟的瓦解。俄国退出了同盟,普鲁士保持了中立,而且由于英国在海上实行的封锁政策损害了它们的商业利益,以致它们同瑞典、丹麦共同组成了保护商业同盟。英国已完全陷于孤立。

此时,波拿巴已集中力量准备同英国作战。然而,此时的英国已无意再战,它不仅在国际上陷于孤立,而且国内的农业歉收和爱尔兰问题也困扰着它,致使一向主战的首相皮特在1801年2月辞职。继任者是倾向和议的阿丁顿。在这种情况下,英法在1802年3月25日签订了亚眠和约。和约规定,英国将它在西印度群岛和印度所占领的法国殖民地归还法国,并且要从马耳他岛和埃及撤军,但是没有承认法国的"自然疆界"及"姊妹共和国"。法国则承认英国从荷兰手中夺取锡兰(斯里兰卡),从西班牙手中取得特立尼达。亚眠和约以大大有利于法国的内容使波拿巴赢得了光荣的和平。

在短短几年内,波拿巴以其出色的才干和过人的精力为法国赢得了稳定、发展和荣誉。督政府时期法国面临的困境被摆脱了,在国内稳定,国外和平的环境中,法国大革命的成果得到了巩固和发展。波拿巴的功绩是巨大的。

波拿巴以神奇的速度取得了令人目眩的成就,从而也就遮掩了他的恣意妄为,给他膨胀着的个人野心提供了方便的条件。1802年4月,他利用立法院、保民院改选的机会,将自由主义思想家贡斯当、督政府时期教育政策的设计者多努以及舍尼埃等20余名反对派清除出保民院。在军队中也进行了清洗,包括莫罗将军在内。

经过清洗的立法机构对波拿巴表现得更为顺从了。保民院在5月6日提出,应在全国对波拿巴的功勋给予表彰,以示"全国的谢意"。5月8日元老院更作出决议,重选"公民拿破仑·波拿巴"为执政,并连任10年。"拿破仑"这个教名首次出现在官方文件中是意味深长的。5月19日,元老院根据波拿巴的提议决定成立"荣誉军团"。荣誉军团的成员由波拿巴从有功的文武官员中选定,分为15个大队,每队250人。每年从国有财产中拨给每队20万法郎。这很像封建时代的俸禄。军团长由波拿巴担任。荣誉军团类似旧制度下的骑士团,在很大程度上是对波拿巴个人效忠的组织,为后来的帝国贵族集团准备了条件。"荣誉"是波拿巴用来取代"自由"、"平等"、"人权"等大革命原则的基本口号,也是他用来鼓动法兰西民族主义的口号。

在成就突出、威望大增的情况下,波拿巴对连任10年执政的元老院决议是不满足的。他暗示,应举行公民投票,由法国人民决定是否由他担任"终身执政"。投票的结果是,赞成者330万票,反对票只有8 000余票。于是元老院在8月2日正式宣布拿破仑·波拿巴为终身执政。为适应这一变化,8月4日元老院颁布法令,即共和十年宪法。据此,第一执政不仅有权缔结条约、任命第二、第三执政,而且有权向元老院指定自己的继承人。这就向世袭制靠近了一步。此外,元老院的权力增强了,保民院和立法院则削弱了。

至此,波拿巴通过《教务专约》争取了宗教势力,依靠荣誉军团又掌握了世俗权贵,本人则拥有了终身职位而且可以指定继承人,所差者只是帝王的称号了。

　　波拿巴的施政虽带有专断的色彩,但是他十分重视法制建设。还在 1800 年 8 月,他就设立了由 4 人组成的民法典起草委员会。起草民法典是大革命时期就已开始了的事情。当时的主持人便是此时的第二执政康巴塞雷斯。1793 年、1794 年、1796 年起草者先后将三种文本交立法机构讨论,均未获通过。波拿巴亲自督促起草工作,1801 年 1 月就公布了草案。参政院对此进行了非常认真的讨论,召开会议达 107 次之多,波拿巴直接主持了其中的 55 次。民法典的最后定稿于 1804 年 3 月 21 日正式公布实行,名为《法国民法典》,1807 年改名《拿破仑法典》。①《民法典》共有 2 281 条,分为 3 篇、35 章。它宣布保护私有制度,规定一切动产、不动产的私人所有权都是绝对的,受到法律严格保护的。法典根据法律上公民平等的原则,规定一切人都享有民事权利。对于体现资本主义生产关系的契约,法典给予了特别的重视,规定了一系列保障契约自由和契约法律效力的条款。法典在父权、夫权、妇女地位、离婚事件、继承权等问题上,有明显的封建家长制和男子为主宰的色彩。但在整体上,如恩格斯所说,这部法典"总括了革命的全部法规,在法律上承认了整个这种完全改变了的秩序"②是一部"典型的资产阶级社会的法典"。③

拿破仑称帝

　　颁布《民法典》后,波拿巴称帝的步伐加快了。他迫切需要成为世袭的君主是有自身考虑的。尽管他在法国已经取得主宰一切的地位并享有很高的威望,但是这一切都是靠治国的成就和战场上的胜利取得的。如果遭到失败,既得的东西还可能失去。而那些传统的世袭帝王则没有这种忧虑。他们在政治上受挫或在战争中失败,并不会改变其帝王的称号和地位。这是很令波拿巴钦羡的。波拿巴后来曾向奥地利的梅特涅明确地表述过他与封建君主的这种区别。同时,国际国内的形势也给波拿巴称帝提供了某种"理由"。亚眠和约签订后,法英双方都没有认真遵守。波拿巴在德意志、意大利、荷兰、瑞士一直进行扩张活动,英国也迟迟不肯从马耳他撤军。1803 年 5 月 12 日,英国召回了驻法大使,并开始截击和劫持法国商船。5 月 18 日正式对法宣战,使战端重开。法国西部的王党势力又死灰复燃,重新开始活动并极力与莫罗将军进行联系。逃亡英国的朱安党头目卡杜达尔重新潜回国内,被放

---

① 广义地说,拿破仑法典还应包括 1806 年的《民事诉讼法典》、1807 年的《商业法典》、1808 年的《刑事诉讼法典》和 1810 年的《刑法典》。但在历史上以及在马克思、恩格斯著作中,都专以《民法典》为拿破仑法典。这部法典的基本内容一直保留至今,并具有广泛的国际影响。

② 《马克思恩格斯全集》第 7 卷,人民出版社 1959 年版,第 135 页。

③ 《马克思恩格斯选集》第 4 卷,人民出版社 1995 年版,第 253 页。

逐的皮什格吕将军也回来了。1804年2、3月间,富歇先后抓获了莫罗、皮什格吕、卡杜达尔等人。据一些阴谋分子供认,他们在"恭候"一位波旁王子到来。这些复辟活动以及英法重新开战,更使波拿巴有了称帝的根据:与其让波旁家族复辟,还不如由波拿巴称帝,以杜绝旧王朝的妄想。于是,他周围的人在制造舆论,宣传应该由他称帝以"完成不朽大业"。实际上,波拿巴称帝并没有引起什么特别的变化。作为第一执政,他的权力早就不亚于甚至已超过一个帝王了。

已察觉到这一趋势的保民院提出了由波拿巴称帝的主张。5月4日,元老院对波拿巴正式劝进:"元老院认为,把共和国托付给世袭皇帝拿破仑·波拿巴掌管是法国人民的最大利益"。5月18日以元老院法令形式修改共和十年宪法,宣布法国改制为帝国,第一执政为皇帝,号拿破仑一世。这就是历史上的法兰西第一帝国。元老院还就设立世袭的"法兰西人的皇帝"一事进行公民投票,结果350万票拥护,反对的只有2 000多票。12月2日,拿破仑在巴黎圣母院举行了加冕礼。

三、帝国的盛衰

帝国建立时,正值英法重新开战之后。拿破仑首先任命了18名元帅,其中包括贝尔蒂埃、内伊、达乌、缪拉、苏尔特、马塞纳、拉纳、奥热罗、布吕纳、贝尔纳多特等富有军事才能的骁将。随着帝国的强盛,1806年又分封了一批世袭贵族爵位。与封建时代不同的是,这些贵族的封地是名义上的,而且是在附庸国家,贵族并无领主权利。如勒费弗尔元帅享有但泽公爵封号,并不能去波兰但泽坐享领主权。拿破仑的帝国贵族集团日益扩大,其中也包括一部分旧日的贵族,但资产阶级出身的占大多数。

随着帝国的建立,政体、官制都改变了,但是基本政策并没有变,仍然坚持执政府时期的施政方针。过去的第一执政专权演变为皇帝专断。拿破仑不允许权力旁落,也不准对其决策加以议论。1807年他废除了保民院,立法院的作用也急剧降低。只有俯首于他的元老院和相当于他的秘书班子的参政院在亦步亦趋地跟着他的调子活动。

在经济上,继续实行保护主义政策,尤其重视推进工业革命,鼓励机器的发明创造。政府曾以高额奖金张榜招贤,以求制造麻纺机。对农业也给予重视,鼓励垦荒和培育良种。然而,常年的战争,使工业革命的进展受到阻碍。在相当一段时间里,法国的经济发展和财政来源,同在战争中的扩张与掠夺是联系在一起的。

对外战争的继续 为了与英国作战,拿破仑于1805年初在布伦等几个与英国隔海相望的港口建立了布伦大营,准备渡过拉芒什海峡攻打英国本土。同时,与西班牙建立了法西联合舰队,驻直布罗陀海峡一带,准备渡海时北上配合作战。没有常备陆军的英国急忙拼凑新的反法同盟。1805年4月英俄缔约,联合起来。由于帝国建立后拿破仑将所占的意大利共和国改为王国,自任国王,由继子欧仁·博阿尔内①为副王;又将卢卡地区封给妹妹埃丽莎·波拿巴作为公爵领地,从而激怒了奥地利,奥地利于8月也加入了同盟。这就是第三次反法同盟。瑞典和那不勒斯随后也加入了。俄奥联军的开始行动使拿破仑不得不将7个军从布伦大营调至莱茵河。9月底各军到达指定地点,切断了奥军前锋部队同后方的联系。10月20日,拿破仑在乌尔姆全歼了这支奥军。

但是,10月21日在另一个战场上却出现了相反的情况。法西联合舰队在特拉法加海角与纳尔逊率领的英国舰队相遇,展开大战。结果法西联合舰队几乎全军覆灭,纳尔逊也在受重伤后身亡。虽然失去统帅,英军却获全胜,依然掌握着制海权。法国则失去了渡海攻打英国的可能。然而,这并不能阻挡拿破仑在陆上的进军。乌尔姆战役后,法军长驱直入,于11月13日攻下维也纳,然后便北上进击俄奥联军。当时,俄奥两国主力在沙皇亚历山大一世和神圣罗马帝国皇帝弗兰西斯二世的直接督阵下,集聚在普拉岑平原一带。拿破仑诱使敌军在奥斯特利茨村进行了决战。12月2日即拿破仑加冕一周年之日,法军取得了决定性胜利。联军死伤、被俘者达3.5万人,而法军损失还不足4 000人。联军的大炮、辎重也尽归法军。12月26日法奥签订普列斯堡和约,奥地利承认法国对意大利的占领,将威尼斯、伊斯特利亚、达尔马提亚割让给意大利王国;又将斯瓦比亚、提罗尔分别割让给了法国附庸符腾堡和巴伐利亚;还要向法国大量赔款。

俄军逃回本国,奥地利割地赔款,第三次反法同盟实际上已瓦解。由拿破仑统治的、远远超出本国疆域的大帝国建立起来。拿破仑在1806年采取了许多措施加强这个大帝国。在意大利,除占据北部、中部地区的意大利王国之外,他还在南部取消了西班牙波旁王朝的统治,任命其兄约瑟夫为那不勒斯国王。在德意志,建立了以杜塞尔多夫为中心的伯格大公国,任命妹夫缪拉元帅为大公。7月,更将南部、西部的14个邦(后增至16个)组成为"莱茵邦联",由拿破仑任"保护人",可在那里征兵收税。8月1日,宣布莱茵邦联退出德意志帝国。存在了约9个世纪的"神圣罗马帝国"实际上解体了。皇帝弗兰西斯二世被迫放弃尊号,改称奥地利皇帝弗兰西斯一世。另外,拿破仑还将其弟路易封为荷兰国王。

拿破仑在德意志的扩张,特别是莱茵邦联的建立,使已经保持了10年中立

---

① 欧仁·博阿尔内是皇后约瑟芬与前夫博阿尔内子爵所生之子。所生一女奥坦丝·博阿尔内则被迫嫁给了拿破仑之弟路易·波拿巴。

的普鲁士感到了极大的威胁。普王威廉三世与俄国进行谈判,得到了支持。英国也对普鲁士给予津贴。于是,1806年9月第四次反法同盟又形成了。10月1日普王向法国发出最后通牒,要求法军从莱茵河右岸地区撤出。10月7日拿破仑收到通牒,8日便离开巴黎率军出征。出征后第六天即10月14日,在耶拿地区与普军主力会战,大获全胜。27日拿破仑进入柏林,并在各地扫荡残敌。11月8日最后一支普军投降,距拿破仑出征刚好一个月。拿破仑取得军事胜利速度之快,使得普鲁士盟友俄国还未及出动。但是,已遭失败的普王却不肯议和,仍寄希望于俄国。拿破仑挥师东进,到达波兰,于11月27日进入华沙。深受俄普奥瓜分亡国之苦的波兰人民曾把他视为"解放者"加以欢迎。12月26日法军与开进波兰的俄军交锋,胜负未分。1807年2月双方在埃劳(东普鲁士)大战,仍然相持不下,双方损失都很严重。巴黎交易所的股票价格出现下跌现象。法军未能迅速取胜,主要是因为拿破仑惯用的战术不适应东欧的大平原。5月,法军终于攻下了包围达两个月之久的但泽港。6月14日,在埃劳东北的弗里德兰,法军同俄普联军进行了大会战,取得巨大胜利。随后,法军占领普鲁士全境,并推进到俄国边境的涅曼河。俄国求和,沙皇与拿破仑于6月25日在涅曼河上新建的华丽船只上进行了未透露内容的会谈。7月7日和9日法国先后同俄、普签订了提尔西特和约。

根据和约,战败的俄国未损失任何领土,反而拿破仑同意俄国在东欧和北欧自由行动。俄国承认了莱茵邦联以及法国在意大利、德意志、荷兰的全部行动,而且与法国订立了反英同盟。11月7日,俄国对英宣战,加入大陆封锁体系。显然,法俄以别的国家为牺牲达成了妥协。拿破仑对待普鲁士是十分苛刻的。除保留东普鲁士、波美拉尼亚、勃兰登堡和西里西亚外,普鲁士丧失了其余大片领土。其易北河以西领土的大部分划入了新成立的、由拿破仑幼弟热罗姆为国王的威斯特伐利亚王国。原来普鲁士在瓜分波兰时占领的土地被改为华沙大公国,由拿破仑的附庸萨克森国王兼任大公。普鲁士还要向法国赔款1亿法郎。条约使普鲁士人口从1 000万降到493万。

提尔西特和约表明,拿破仑对外战争的性质已完全变为霸权主义的了。在此之前,几次战争主要是由反法同盟方面挑起的,企图扑灭法国革命。尽管拿破仑有着很强的霸权主义野心,但是其战争在客观上仍具有反干涉的性质。第四次反法同盟被击败和提尔西特和约的签订,使以后的法国对外战争失去了反干涉的性质。欧洲大陆上已没有堪称法国敌手的国家,倒是拿破仑在扮演欧洲的主宰并力图建立一个大陆体系。

大陆封锁体系

还在1806年11月21日,拿破仑在柏林就发布敕令,宣布封锁不列颠诸岛,英国及其殖民地的船只一律不准驶入帝国控制的任何港口。这就是大陆封锁政策的开始,也是拿破仑企图建立大陆体系以扼杀英国的起点。1807年10月13日拿破仑在其设朝听政的枫丹白露行宫（巴黎南部）再次发布敕令加强大陆封锁。1807年11月23日和12月17日他在意大利又两次发布米兰敕令，宣布任何商品必须有原产地证明，确属非英国及其殖民地的产品，方可进入大陆；一切中立国的船只凡曾在英国靠过岸的，货船一并没收；曾屈从于英国要求的中立国船只即视为"已剥夺国籍"，可予捕获。

严厉的大陆封锁政策曾使英国出口额锐减，蒙受很大损失。英国当即宣布从海上封锁大陆，同时力图打开英货进入大陆的通道。中立国葡萄牙成了重要的通道之一。拿破仑对此不能容忍，还在发布枫丹白露敕令的前一天即10月12日，就命朱诺将军率兵远征葡萄牙。为稳定西班牙并促使其借道行军，10月27日与西班牙签订条约，许诺事后将葡萄牙南部划归西班牙。然而，在朱诺出征之日，拿破仑却组成了进攻西班牙的军团。

法军开到葡萄牙时，自知不敌的该国王室于11月29日逃往殖民地巴西。30日法军进入里斯本。1808年3月初，进攻西班牙的法军开始行动，23日攻占首都马德里。5月，西班牙国王查理四世被迫宣布将王位赠与拿破仑。于是拿破仑于7月初将其兄约瑟夫调至西班牙为国王，封其妹丈缪拉继任那不勒斯国王。

这时，拿破仑的大帝国除法国本土外，已包括三大地区，它们是整个亚平宁半岛即意大利地区；伊比利亚半岛即西班牙、葡萄牙地区；德意志的大片领土以及相连的华沙大公国、比利时与荷兰地区。其兄约瑟夫，其弟路易、热罗姆，其妹丈缪拉，其继子欧仁·博阿尔内在这些地区中担任国王、副王之职。波拿巴家族似乎建立了一个"家天下"的体系。

但是，拿破仑的大陆体系充满着不可调和的矛盾。首先是他的那些亲族有着很强的离心倾向，使拿破仑难以驾驭。约瑟夫表示："如果有人要我仅仅为法国的利益去统治西班牙，那就别指望我会这样做"。缪拉则在那不勒斯培植私人势力，扬言："作国王不是为了听从别人指挥"。路易在荷兰无视大陆封锁法令，放任走私英货的活动。如同封建时代君主与诸侯的矛盾一样，拿破仑与其亲族的矛盾是协调不了的。

最严重的矛盾还在于被占领地区广大人民对拿破仑统治的反抗。西班牙人民以游击战的方式进行了顽强的抵抗，一度将约瑟夫赶出了马德里。杜邦将军在镇压时遭到惨败，被迫投降。1808年11月拿破仑不得不率军亲征，几经交战也未能平息西班牙的反抗斗争。在这之前，葡萄牙在英国支持下也打败了法军。根据8月30日签订的条约，法军撤出了葡萄牙。在威斯特伐利亚王国，热罗姆也曾一度被反抗者赶出首都。提罗尔地区也发生了武装起义。在提尔西特和约中蒙受奇耻大辱的普鲁士，进行了资本主义性质的改革，而且吸取法国的经验改组军队,迅速恢复国力。所有这一切,形成了拿破仑无法遏止的反抗运动。

此外,法国的宿敌英国,依然是拿破仑难以应付的劲敌。1809年1月,英国联合奥地利又组成了第五次反法同盟。此时,在西班牙久战不克的拿破仑被迫留下30万大军,急忙返回国内,在毫无准备的情况下仓促应战。他带领1810年才达到入伍年龄而被提前预征的军人,于1809年4月12日离开巴黎奔赴前线。5月12日拿破仑在连破敌军后进入维也纳,随后又去追击奥军主力。欧洲各国未料到拿破仑在仓促间仍会迅速取胜,故而普鲁士曾暂停支付对法赔款,教皇则宣布将拿破仑革出教门。拿破仑立即进行报复,7月6日,法军进入罗马,将教皇逮捕。就在同一天,法军与奥军主力在瓦格拉姆进行了决战。经过艰苦奋战,法军击溃奥军,奥地利求和。10月14日双方签订肖恩布鲁恩和约,奥地利对法赔款7 500万法郎,割让部分领土,损失人口350万。至此,拿破仑占领的别国领土已相当本国面积的3倍,统治的外国人口达7 500万。但是大帝国已盛极而衰,内部矛盾日趋严重了。

拿破仑帝国的衰落

除去其亲族的离心倾向外,法国人民以及资产阶级本身,也逐渐收回了对拿破仑的拥护和支持。这是多种原因造成的。大陆封锁政策是首要的原因。这个政策曾为法国和欧洲大陆带来一些好处。由于免除了英货的竞争,使部分工业得到了发展;为得到过去依靠进口的商品,兴起一些新的工业部门;为制造某些代用品,出现若干新的发明创造等等。但是,大多数传统进口商品是无法自行解决的。依靠进口原料的工业停产了,进出口业务和航运业瘫痪了,法国传统的具有优势的出口商品——奢侈品市场凋零了。而且,由于封锁造成的机会,德意志西部、中部和比利时、捷克等地的工业发展起来,成为法国的竞争对手。所有这一切,都严重损害了法国资产阶级的利益。实际上,拿破仑是在强迫资产阶级为了波拿巴皇朝的利益作出牺牲,这是违背当年资产阶级拥护他的初衷的。大量人民生活必需品如食糖、咖啡、香料等的奇缺甚至绝迹,也使群众十分不满。少许的走私货则奇货可居,价格较前上涨5~12倍。在这种情况下,帝国的财政收入也在下降。海关税收急剧减少,国内营业税大幅度降低。仅1808—1809年,关税就从6 000万法郎降至1 150万法郎。帝国被迫实行通货膨胀政策,法兰西银行发行的纸币,从1806年的6 300万法郎猛增到1812年的1.11亿法郎。

同时,拿破仑的政策给广大法国人民也带来了日益深重的灾难。除去物价高涨使人民日趋贫困外,他永不休止的征兵以及连年战争造成的部队伤亡,不仅给无数家庭带来痛苦和悲伤,而且也造成法国劳动力大量减少,破坏了生产。征兵是对法国人民征收的"血税"。另外,工业凋敝使得失业人口激增,1811年巴黎失业工人就达2万。农业也发生了严重歉收,1811年秋至1812年秋小麦价格上涨一半。在广大人民度日艰难,乞丐、游民日益增多之时,皇族、官员、少数暴发户资产者却大发横财。皇帝的年俸为2 500万法郎,皇太后100万法郎,塞纳省长3万法郎,参政院成员2.5万法郎,军需供应商、向国家放债的大银行家和经营与欧洲大陆贸易的工商业巨子,更是大发横财。而普通工人一年所得还不足900法郎。贫富分化更加深了社会矛盾。

拿破仑日益向封建传统靠拢也严重地伤害了大革命以来法国人民已具有的近代公民意识。在宫廷里,拿破仑重建传统王朝那种繁缛的朝仪,从1811年起又为廷臣安排席次,等级森严。他从1808年就创立了帝国贵族制度,仍袭用了亲王、公爵、伯爵、男爵等封号。宫廷官制则设大选侯、大总督、大法官、大司库、大司马、帝国首席大臣、元帅等职位。他所封的贵族头衔多达一千数百个。这种家天下、贵族化的封建倾向正是大革命所摧毁的。而且,帝国贵族集团并不具有旧贵族那种世袭的和血缘的纽带,也没有传统的忠君观念,仅仅是拿破仑以个人的权势制造出来的一群人。一旦拿破仑失势,这个贵族集团也必然会"树倒猢狲散",各奔西东。实际上,拿破仑对这个贵族集团也不真正信任。从1807年起,不少有才能、有见解的官员被排斥了,包括夏普塔尔、塔列朗、富歇等等。起用了一些二流人物,可以是好雇员,但却不能成为好助手。

为了使自己处处像个正统皇帝的样子,拿破仑于1809年12月与不能再生育的约瑟芬离婚,于1810年4月娶古老的哈布斯堡皇朝的女大公、奥皇之女玛丽·路易丝为皇后。玛丽·路易丝是前法国王后玛丽·安托瓦内特的侄女。在亲缘上,拿破仑成了路易十六的内侄女婿。这个联姻使法国人自然想起了17年前被处死的另一个奥地利公主玛丽·安托瓦内特。1811年玛丽·路易丝生下一子,拿破仑封之为罗马王,就是从未登基的"拿破仑二世"。拿破仑将自己降低到封建帝王的水平,拜倒在正统主义面前,既伤害法兰西民族的感情,又不能见容于那些传统的封建君主。

一切情况表明,拿破仑的政权及其统治的大帝国,已经困难重重,无可挽回地走上了没落道路。它在完成了稳定局势、巩固革命成果的使命之后,逐步走向反面,逆历史潮流而动,注定要遭到倒台的命运。

四、帝国的覆灭

资产阶级的不满,社会上的厌战情绪,各被占领地区的反抗运动,英国从未停止的敌对行为,帝国经济与财政的困难,兵源日渐枯竭和军队素质的下降等等,使拿破仑陷入了困境。然而,称帝后愈加膨胀了个人野心的拿破仑不相信厄运的来临,倾全力为他的波拿巴皇朝图谋长久的"基业"。他只迷信强权,声称:"要主宰世界只有一个诀窍,那就是强大。力量最强大就无所谓错误。"他决定远征俄国,以新的对外征服来加强自己的地位。

几次败给法国的俄国并未丧失元气,仍是东欧举足轻重的大国。它虽然加入了大陆体系,但从未认真执行过大陆封锁政策。作为传统的农产品出口国和工业品进口国,俄国港口对英货一直是开放的。拿破仑对奥尔登堡公国的兼并更使俄国恼怒,因为奥尔登堡公爵是沙皇亚历山大一世的妹丈。于是俄国开始和英国接近。沙皇更在1810年12月31日下令对法国及其盟国从陆路运来的商品提高关税,而对英国和中立国从水路运来的商品实行优惠。这使法俄关系进一步走向破裂。

1812年初,拿破仑开始募集征俄大军。感到威胁的亚历山大一世于4月8日提出,要法军全部撤到易北河以西,遭到拿破仑拒绝。到5月中旬,拿破仑已纠集了70万大军,其中附庸国士兵占一大半,来自法国本土者只有20万。6月24日至25日拿破仑带领约40万人渡过涅曼河,进入俄罗斯领土。俄军将领采取边战边退的方式,不与法军决战。广阔的俄罗斯平原为俄军的战术提供了方便,却使擅于速战速决的法军丧失了优势。后方供给十分困难的法军在长时间疲劳行军和缺乏给养的情况下,大量减员,逃兵猛增。8月16日与俄军在斯摩棱斯克发生遭遇战时,作战部队只有16万人了。虽然法军在战斗中取得胜利,但战后可调动的军队已剩下不足13万。这时,重新被沙皇起用的老将库图佐夫在莫斯科附近的鲍罗金诺设营布阵,以逸待劳准备歼灭疲惫的法军。9月5日至7日法军向俄军阵地发起进攻,双方展开大战。俄军虽准备充足,但还是未能挡住法军进攻,以损失5万人的结局,再次败退。法军也损失了3万人。9月14日拿破仑进入已撤退一空的莫斯科,所部军队已不足10万。这时莫斯科发生大火,三日不熄。拿破仑艰难地在这座空城度过一个月,急切盼望彼得堡派人前来议和,但却杳无音讯。在无力坚持的情况下,于10月19日被迫下令撤军。在提前到来的严寒中,饥饿的法军已失去了以往那种战斗能力。在撤退途中,库图佐夫的军队、哥萨克骑兵以及农民游击队不停地追打袭击。11月16日法军进行了在俄国境内的最后一战,付出沉重的代价之后,才得以摆脱敌军,渡过别列津纳河。退出俄国领土后,拿破仑只剩下残兵1万人,又收拾失散士兵4万余,共得5.5万溃不成军的队伍。

由于11月初便得到巴黎发生未遂政变的消息,心急如焚的拿破仑于12月5日兼程赶回巴黎。仅仅半年时间,便将帝国大军消耗殆尽,使拿破仑政权元气大伤。他到元老院发表讲话时,表示今后不准备再战,但他的皇位和法兰西的命运是一致的,需要给他一定年限去"从事建设"。然而,欧洲敌国已不再容许他取得喘息的机会。

1813年2月28日,普鲁士与俄国签订了共同对法作战的条约,第六次反法同盟形成。拿破仑紧急拼凑15万军队,于4月15日离开巴黎率军前往迎敌。在完全处于劣势的条件下,拿破仑凭借其指挥才能,仍然在5月2日和20日取得两个战役的胜利,将俄普军队打败。6月双方签订停战协定。奥地利出面进行调停,未获成功,遂于8月加入同盟,对法宣战。英国则向同盟各国提供了大量经费。普鲁士利用两个月的停战期将军队扩充了一倍。双方战端重启时,同盟各国已有军队51万。拿破仑也凑起了44万人,但是武器弹药却极为缺乏。10月18日至19日双方在莱比锡进行了大会战。这次战役被称为"民族之战",即决定欧洲各民族命运的战役。原为拿破仑的元帅,后成为瑞典国王的贝尔纳多特,此时也加入反法同盟对其原来的皇帝作战。在会战中,同盟国投入32万大军,对抗只有16万人的法军。交战中双方各损失约6万人,战斗打得十分激烈。由于一直同法国协同作战的萨克森军队突然倒戈,拿破仑遭到失败,突围返回巴黎。

拿破仑退位·王朝复辟

这时,庞大的帝国已陷于土崩瓦解状态。莱茵邦联解散了,荷兰已没有法军,西班牙也被放弃了,瑞士不再承认法国的保护,意大利重被奥军侵入,那不勒斯王缪拉业已降敌。法国又回到1793年时的情景,面临着各国的入侵。

1813年12月4日,同盟各国发表宣言,声称应由拿破仑个人承担全部战争责任,法国人民与此无关。1814年1月25日拿破仑离开巴黎前往迎战联军。行前将皇后、皇子托付给长兄约瑟夫照看。从此他再也未能同妻儿见面。2月1日他被三倍于己的联军打败,瑞典、普鲁士、奥地利三国军队攻入法国领土。拿破仑同意进行和平谈判。但很快发现联军部署上的弱点,又迅速出击,于2月中旬分别击败普军与奥军。但因兵力过少,难以全歼,以致三国军队终于会合,加强了攻势。3月14日英军占领波尔多。3月20日拿破仑在阿尔西战败。21日里昂失守。30日莫尔蒂埃元帅和马尔蒙元帅战败投降。联军进抵巴黎城下。这时,巴黎已组成以塔列朗为首的临时政府,得到元老院的承认。31日联军进入巴黎,包括沙皇和普鲁士国王。塔列朗与联军进行了谈判。4月2日元老院通过了废黜拿破仑的决议。同时还通过了再制定新宪法的几条原则:保留立法机构、维持军队并保持军官的官阶与薪金、承认继续偿还公债和出卖国有财产、保障言论和出版自由,等等。实际上是要联军扶植的复辟王朝承认大革命的基本成果。

在莱比锡会战后,反法同盟诸国在法国前途的问题上已出现分歧。俄国主张由瑞典王贝尔纳多特返回法国取代拿破仑;奥地利则主张由拿破仑之子继位,由皇后玛丽·路易丝摄政,维持拿破仑皇朝;英国认为应使波旁王朝复辟。塔列朗在与联军谈判时,以正统主义原则说服了各国,决定由波旁王朝复辟。塔列朗认为,只有正统王朝才可能使法国各阶层接受,避免产生新的混乱。这不失为恢复国家稳定的颇有见地的主张。正因为达成了妥协,元老院于4月6日宣布,邀请路易十八回国登王位。

当时,拿破仑已回到枫丹白露,仍然准备继续再战。但是他身边的几名元帅承认大势已去,不肯受命。拿破仑不得已于4月4日宣告退位,20日被押送去地中海的厄尔巴岛。联军决定将该岛作为其私产,他可在岛上继续使用皇帝称号,领取年俸。

5月3日,路易十八回到巴黎,实现了复辟。他回到离别24年的故国,发现一切都发生了巨大变化,原来设想的完全恢复旧制度,事实上已没有可能性了。同时,为避免发生新的革命,沙皇也劝诫复辟者不可造次。于是,路易十八采取了较为现实的态度,于6月颁布钦赐宪章,几乎全部接受了元老院提出的那些原则。随同他回国的逃亡者和一切极端派王党分子反对宪章,并进行各种报复,诸如回乡鞭打农民,教士在布道时恶毒诅咒革命者和所有购买国有财产的人等等。在他们的压力下,路易十八也作出种种让步,为他们安排高官厚禄,同意对军官们只发半薪,还借口财政困难大量增税。此外,北部地区还被联军占领着,人们喜爱的三色旗又换成了波旁王朝的白百合花旗,为深遭人民痛恨的基贝隆半岛登陆者建立起表彰的纪念碑,反动的叛军头目卡杜达尔被追封为贵族。所有这一切都是法国人民难以容忍的,对比之下,他们更回忆起刚刚失去的帝国的"荣誉"。

已在厄尔巴岛上被禁10个月的拿破仑,始终注视着国内的局势,并未放弃东山再起的野心。在他感到时机又已来临时,就在1815年2月28日带领900名卫兵离岛偷渡回国。他们避开英国海军的监视,于3月1日在法国登陆,奔向格罗诺布尔,一路上受到了农民的欢迎。到达里昂时工人和市民热烈地拥戴他。复辟王朝派已经归顺的内伊元帅前去捕捉拿破仑,但内伊见到故主后又投入了皇帝的怀抱。3月20日拿破仑在"皇帝万岁"的欢呼声中回到巴黎,路易十八再次出逃。重登帝位的拿破仑在自由派思想家贡斯当协助下,制定了帝国宪法补充条款,提高立法机构的权力,承认新闻自由并扩大了公民权利。在对补充条款进行公民投票时,赞成票达155万张,只有5 700张反对票。

正在维也纳举行国际会议的各国元首和政府首脑以及代表们,无不为这个奇迹而震惊。英、俄、普、奥立即组成第七次反法同盟,以七八十万大军向法国扑去。拿破仑在仓促间竟然也募集起70万军队。但是,由于武器、马匹奇缺,真正带到战场去的不过12万人。6月15日他率军进入比利时。与之对垒的有9万英军和12万普军。6月16日拿破仑击退布吕歇尔统率的普军。内伊元帅与威灵顿率领的英军进行了交战,互有伤亡。17日双方都在调兵遣将进行部署。18日展开了决战,即著名的滑铁卢战役。开始时是英法军队激战,法军稍占优势。下午5时许,摆脱了法国追击部队的布吕歇尔赶来,加入战斗。于是形势突变,拿破仑败阵而归,从此结束了他的政治生命。败回巴黎的拿破仑于6月22日第二次宣告退位。7月3日法国向联军签署巴黎投降书,8日路易十八重新复位。拿破仑被送往南大西洋的圣赫勒拿岛,1821年5月5日在该岛去世。从拿破仑重建帝国到第二次退位,共计 97 天,接近 100 天,历史上称这个短暂的政权为"百日"。对拿破仑个人来说,"百日"可说是个罕见的奇迹,而对法兰西民族来说,它只是带来了更大的灾难。

恩格斯说:"对拿破仑的胜利就是欧洲的君主国对法国革命的胜利"①。然而,法国大革命所开辟的资产阶级革命时代,并不会因为拿破仑帝国的覆灭而停止前进的步伐。

第四节 维也纳会议与 19 世纪前半期的革命运动

一、维也纳会议·神圣同盟对于革命运动的镇压

维也纳会议 拿破仑帝国覆灭后,欧洲各战胜国从 1814 年 10 月 1 日到 1815 年 6 月 9 日在维也纳召开了大规模的国际会议,除土耳其以外的所有欧洲国家都有代表参加,共计 216 人。其中有俄国沙皇亚历山大一世、普鲁士国王腓特烈·威廉三世和他的首相哈登堡公爵、奥地利皇帝弗朗西斯一世和他的宰相梅特涅、英国外交大臣卡斯尔累勋爵和法国外交大臣塔列朗等显赫人物。这虽然是一次全欧会议,但是操纵会议的是四个战胜国——俄、英、普、奥。这几个大国的目的很明确,那就是:瓜分赃物,以满足本国的领土野心;打着"正统主义"招牌,恢复法国大革命前的欧洲旧秩序,使旧封建王朝复辟;防止法国东山再起。在这几个大国中,沙皇俄国的野心最大,它一心想扩张领土,以建立俄国在欧洲的霸权。奥地利则力图建立自己在中欧特别是在德意志的优势。英国则希望一方面保持欧洲大陆诸国的均势,另一方面扩大英国海外殖民地以加强英国在海上的霸权地位。普鲁士也要求扩张领土,以便同奥国争夺德意志的领导权。因此,在维也纳会议上,这些强国的外交代表唇枪舌剑,争论得非常激烈,争论的焦点是波兰和萨克森问题。俄国企图独占华沙大公国,提议把萨克森合并给普鲁士,以补偿它在波兰损失的土地。这样,俄国把普鲁士拉到自己一边。奥地利则反对沙俄独占华沙大公国和普鲁士吞并萨克森,于是就和英国联合起来。法国害怕东邻普鲁士的强大,也站在英、奥一边。1815 年 1 月 3 日,英、奥、法三国签订了秘密同盟条约,规定三国如遇他国进攻,就互相援助,法奥各出兵 15 万,由英国供应军火。两个阵营的斗争愈演愈烈,几乎闹到决裂的地步。由于拿破仑离开厄尔巴岛重返法国,各战胜国才达成协议,并且在 1815 年 6 月 9 日匆忙签署了《最后总决议》。

《最后总决议》的主要内容如下:

---

① 《马克思恩格斯全集》第 22 卷,人民出版社 1965 年版,第 35 页。

第一,恢复欧洲许多国家封建王朝的统治。法国、西班牙、那不勒斯的波旁王朝、葡萄牙的布拉冈扎王朝以及德意志、意大利各邦的王朝都复辟了。罗马教皇也恢复了"自己的统治"。

第二,为了几个大国的利益,任意处置欧洲及海外领土。波兰遭到第四次瓜分:华沙大公国的大部分领土为沙俄所得,波兹南和格但斯克留给普鲁士,加里西亚仍归奥地利。这样,波兰只剩下克拉科夫及其毗邻地区组成一个共和国,由俄、奥、普三国共同"保护"。沙俄继续占有芬兰和比萨拉比亚(罗马尼亚领土),但由于瑞典失去芬兰,就把挪威划归瑞典作为"补偿"。普鲁士得到萨克森的2/5的领土及其他一些邦的土地,结果使疆界扩大到莱茵河左岸和波罗的海南岸。英国取得马耳他岛,原法属多巴哥、圣卢西亚(都在西印度)、毛里求斯等地,并且从荷兰人手中夺得南非开普殖民地和锡兰岛(斯里兰卡),从而控制了通往东方的战略要地,确立了它的世界殖民地霸权地位。

第三,建立德意志邦联,这个邦联由德意志34个邦和4个自由市(汉堡、不来梅、吕贝克和美因河上的法兰克福)组成,奥地利代表主持邦联会议。这个邦联是一个不折不扣的松弛的政治联盟,各邦享有独立的主权。因此,德意志继续保持分裂的局面。

第四,把法国限制在1790年的疆界内,东北边境的17个城堡和要塞由反法联军占领3至5年,占领军的费用由法国负担。法国必须赔款7亿法郎,并且交出军舰。为防止法国再起,同它毗邻的比利时被并入荷兰,成立尼德兰王国;卢森堡公国也归尼德兰执政兼管。确定瑞士为永久中立国,作为法、奥、德、意诸国的缓冲地带。为了加强瑞士的力量,又把瑞士的边境扩大了,把许多战略上的重要山隘都划归瑞士。

第五,维持意大利的分裂局面,并把它的大部分土地置于奥地利的主宰之下。奥地利取得了伦巴底和威尼西亚。以托斯坎纳大公国为奥地利斐迪南大公的世袭领地,以莫德纳公国为奥地利哈布斯堡家族出身的德埃斯特大公的世袭领地,以帕尔马公国为前法兰西帝国皇后玛丽·路易丝的终身领地。撒丁王国收回萨伏依和尼斯二省,并且合并了热那亚。

这样,维也纳会议置各国人民的愿望于不顾,恢复了被革命推翻了的封建君主的统治,把拿破仑统治下的民族,又置于战胜诸国的压迫之下。

神圣同盟对于革命运动的镇压

1815年9月26日,在沙皇亚历山大一世的倡议下,俄、奥、普三国君主宣布成立"神圣同盟"。同盟议定书规定:参加同盟的国家要以基督教教义作为他们行动的唯一准则:"根据圣经训示,一切人要彼此以兄弟之情相待的教导,三位缔约君主将一致以一种真诚的不可分的手足之情互相联系,并彼此视同为一国同胞,无论何时何地,均将互相救援";"他们将根据同样的友爱精神引导臣民和军队保卫宗教、和平和正义"。"神圣同盟"提出的所谓原则并非是各国遵守一定义务的列强协定,但它所表现的强烈的君主主义和教权主义思想,在当时的国际社会仍具有重要影响。为了切实执行"神圣同盟"的任务,同年11月,英、俄、奥、普缔结"四国同盟"。同盟条约声明,同盟国的任何一方如受到法国攻击,各同盟国将出兵相助。并规定,"为了维持欧洲和平,……定期召开会议"。1818年,法国加入这一同盟,但以法国为其潜在的敌对力量的"四国同盟"仍然存在。由此可见,"神圣同盟"和"四国同盟"的共同目的是从原则和具体行动上来巩固维也纳会议所确定的反动秩序,旨在镇压一切革命运动。

但是,反动势力是阻止不了历史的前进步伐的。到二三十年代,革命风暴席卷了西班牙、意大利、希腊、俄国、法国及比利时,沉重地打击了各国反动势力,促使"神圣同盟"和"四国同盟"走向瓦解。

革命首先发生在西班牙。波旁王朝在西班牙复辟后,立即开始了反动的统治,加强了对人民的压迫。这就激起了1820年的革命。西班牙革命使欧洲各国君主惊慌失措。1822年"神圣同盟"召开会议,不顾英国的反对,会议决定授权法国出兵镇压。1823年西班牙革命终于被扑灭了。

1820—1821年在意大利的那不勒斯也爆发了革命。英、俄、奥、普、法在梅特涅的建议下,派奥军前往镇压,意大利革命也遭到失败。

但是,希腊革命却使欧洲反动势力大费手脚,并且引起了"神圣同盟"和"四国同盟"的分裂。

1821年3月,希腊人民掀起了反对土耳其统治奴役的民族解放战争。战果迅速扩大,经过一年的战斗,人民武装解放了希腊的大部分地区。1822年革命人民召开了国民会议,制定了宪法,宣布希腊独立。但是土耳其的封建统治者不甘心失败,他们派出大军进行残酷的镇压。土耳其军队所到之处,疯狂地屠杀人民。到1827年,希腊革命力量已被摧残殆尽。但是,英勇不屈的希腊人民继续战斗下去,他们展开了游击战,沉重地打击了土耳其的军队。希腊爱国志士的这种坚强的革命精神,赢得了欧洲各国进步人士的同情和支持。人们争先恐后地捐款以支援希腊人民的斗争。英国的杰出诗人拜伦热情洋溢地奔赴希腊,投身于希腊的解放战争,并且为之献出了宝贵的生命。

然而,希腊的人民解放战争在欧洲各国统治阶级中间引起了不同的反应。奥国统治集团害怕希腊革命会引起奥地利境内的民族解放运动,因而极力主张镇压希腊革命。但是,沙俄却提出反对的意见。它的一贯政策是削弱土耳其,占领伊斯坦布尔,控制两个海峡,以扩大俄国在巴尔干的势力。在沙俄眼中,希腊革命正好削弱土耳其的势力,并且是俄国势力渗入巴尔干的好机会。因此,俄国便以希腊东正教的当然的保护者自居,谴责土耳其对希腊人的屠杀。英、法两国为了扩大自己在巴尔干的势力,也同情希腊革命。这使"神圣同盟"和"四国同盟"内部的矛盾扩大了。1827年7月,俄、英、法三国在伦敦签订"希腊绥靖"公约,要求以停战作为解决希腊问题的前提条件。但是,土耳其拒绝停战,因此这一年10月,三国联合舰队出动了,并且在纳瓦利诺海上把土耳其-埃及舰队摧毁了。这一场海战沉重地打击了土耳其,使其失去镇压希腊革命的能力。然而,俄国出于侵略的目的,把对土耳其的战争继续下去,并且于1828年正式对土宣战。土耳其军队连遭失败,到1829年被迫求和,与俄国签订亚德里雅那堡条约,承认希腊独立。

希腊是独立了,但是俄国势力马上渗入独立后的希腊。

1830年法国爆发了"七月革命",复辟王朝被推翻了,建立了代表金融势力的"七月王朝"。

在法国革命的影响下,比利时在同一年8月也发生革命,宣布比利时脱离荷兰而独立。

这样,一系列革命冲破了维也纳会议安排下的反动体系。这也意味着"神圣同盟"和"四国同盟"的瓦解。

俄国十二月党人起义

19世纪初,俄国封建农奴制度趋于衰落,资本主义因素日益明显地表露出来。工业有了较快的发展,1804年有手工工场2 400多家,到1825年增至5 200家,雇佣劳动者数量大幅度增加。在一些工业部门,主要是棉纺业,机器逐渐代替了手工劳动,尽管使用的机器大多是从国外进口的,数量也不多,但它毕竟标志着俄国资本主义工业,从工场手工业开始向工厂制度的过渡。但是,必须看到俄国有些手工工场是使用农奴劳动的,这是俄国的特殊现象。农业中商品经济逐渐得到发展,各地区走向专业化生产的划分越来越明显,全国形成了数千定期市场,商品交换破坏了自给自足的自然经济;农村中资本主义生产和剥削方式,土地买卖和雇佣劳动现象越来越多,这一切都动摇了农奴制度基础。

但是,俄国资本主义的发展受到封建农奴制的严重束缚。农民对地主的人身依附,不能为资本主义发展提供自由的雇佣劳动力。以农奴劳动为基础的自然经济,不能为资本主义工业提供原料和广阔的国内市场。在这样的情况下,俄国社会经济的发展愈益落后于其他欧洲主要国家,封建农奴制生产关系已成为新的生产力发展的桎梏。

沙皇政府竭力维护腐朽的农奴制度。在击败拿破仑后,亚历山大一世为加强农奴制和土地贵族的特权,在全国实施军事屯田制,强化农奴制;1814年,沙皇政府颁发命令,宣布占有地产和农奴是贵族不可侵犯的特权;1822年,沙皇颁布了地主有权将农民流放到西伯利亚去的法令。此外,把国民教育置于教会控制之下,报刊和书籍受到严格的检查等。广大人民对于这一切,表现了强烈的不满。1801—1825年间爆发了281次农民起义,64次工人暴动。1816—1825年间爆发了15次士兵起义。这些起义沉重地打击了沙皇的专制统治。

俄国经济上的落后和国内局势的动荡不安,导致了统治阶级内部的分化:以沙皇为首的贵族中的顽固派,力图推行反动政策来维护农奴制和封建专制统治;另一部分贵族主张,在保留农奴制和封建专制统治的基础上,实行一些有利于资本主义发展的改革,企图以此来缓和人民的反抗斗争;还有一部分贵族,在国内外先进思想的影响下,看到了农奴制和封建专制统治必然灭亡的历史趋势,走上了革命道路。十二月党人就属于后面这一部分人,是贵族革命家。

十二月党人多数是青年贵族军官。他们早年受到伏尔泰、孟德斯鸠和卢梭等人启蒙思想的启迪。俄国早期启蒙主义者拉吉舍夫(1749—1802)对十二月党人的影响很大。他在1790年出版的《从彼得堡到莫斯科的旅行记》,深刻地揭露了农奴制俄国的黑暗和反动,并号召人民起来推翻封建专制统治。不少十二月党人参加了1812年卫国战争和俄国军队的出国远征。在远征期间,他们看到法国资本主义社会的情况,通过对比,农奴制俄国就显得落后得多了。回国后,他们对农奴制度、封建专制统治和人民生活困苦等现象感到无法容忍,他们经常聚集在一起,探讨改变俄国落后状态的途径。在人民反抗斗争的影响下,他们终于走上了革命的道路。

1816年,十二月党人在彼得堡建立了第一个秘密组织"救国协会"。它通过章程后改名为"祖国忠诚子弟协会"。最初,协会的宗旨是普及教育,反对滥用权力和促进正义的实现。后来提出了废除农奴制和实现君主立宪制。这个组织人数不多,认识也很不一致,不久就瓦解了。1818年,在彼得堡又建立了"幸福协会"。它提出废除农奴制和实现君主立宪制,成员达200人。后来激进的主张逐渐占上风,在1820年协会召开的会议上,决定推翻沙皇专制统治,建立共和国。1821年1月,为清除不可靠的成员,协会宣告解散,重新改组。

1821年3月,一些十二月党人军官被调往乌克兰地区,他们在土尔铁城建立了"南方协会"。它的领导人是彼斯特尔。1824年,南方协会通过了由彼斯特尔制订的协会纲领——《俄罗斯真理》,其主要内容有:废除农奴制,把土地分给农民,但是土地分为"公地"和"私地"两部分,公地分给农民,不能买卖;私地是农民的私人财产,所有者可自由处理;推翻专制制度,建立共和国,实行国家权力分立的原则;废除封建等级制度,在法律面前人人平等,实行普选,确立信仰、言论、出版等自由以及发展工商业等等。《俄罗斯真理》是十二月党人改造俄国的蓝图,也是俄国解放运动史上第一部共和国宪法草案。

在南方协会成立的同时,1821年春,在圣彼得堡组成了"北方协会"。它的核心人物是穆拉维夫。1823年,诗人雷列耶夫加入北方协会,他很快地就成为这个协会的主要领导人。北方协会内部存在意见分歧,以穆拉维约夫为首的保守派,主张实现君主立宪制,废除农奴制,承认土地是地主财产,只给农民少量的土地;以雷列耶夫为首的激进派,其主张与《俄罗斯真理》大体相同。尽管十二月党人在政治见解上存在一定分歧,但推翻专制统治,废除农奴制的共同目标把他们联系在一起。通过南、北协会领导人间的会谈,决定团结一致,共同进行武装起义。

1825年12月1日,沙皇亚历山大一世突然死去。因他无嗣,皇位应由其弟康斯坦丁继位。康斯坦丁早已声明放弃皇位,并指定其弟尼古拉为继承人。但这样的安排并未公布。当圣彼得堡军民举行向康斯坦丁宣誓仪式后,而宫廷又宣布尼古拉为新沙皇,要求举行再宣誓,这使国内人心惶惶,特别是军队内部不满情绪剧增。北方协会决定利用统治阶级上层内部混乱的时机举行起义,打算在再宣誓那天,把倾向革命的军队集中到参政院广场,一方面表示拒绝对尼古拉宣誓效忠,一方面迫使参政院发布文告,废除农奴制,召开制宪会议。

1825年12月26日举行再宣誓那天,3 000多名士兵先后集中到参政院广场,并处死了前来劝说停止起义的圣彼得堡总督米格拉多维奇。但是起义总指挥特鲁别茨科依在关键时刻临阵脱逃,使起义一时失去指挥,贻误了时机,而新沙皇尼古拉一世调集相当于参加起义人数4倍的兵力。并向起义士兵方阵发射了霰弹。这次反对沙皇的公开起义被残酷地镇压下去,起义者死伤数百人。

半月以后,南方协会也发动起义。但协会的主要领导人彼斯特尔因奸细密告,在这之前已被逮捕。第二年1月也被镇压下去。

十二月党人起义失败后,尼古拉一世对起义者进行了残酷的镇压。提交法庭审判的有579人,彼斯特尔、雷列耶夫等5名起义领导人被判处绞刑,120名被剥夺贵族称号,流放到西伯利亚,参与起义的士兵被罚受鞭笞。

十二月党人是贵族革命家,他们脱离人民的阶级局限性十分明显。尽管他们所进行的斗争客观上代表了俄国人民的利益,反映了广大人民的愿望,但他们认为这种斗争只能由少数贵族来进行,甚至他们害怕人民革命运动会损害自身的利益,不敢发动群众,使起义处于孤立无援的地位,而导致最终的失败。

十二月党人起义虽然遭到失败,但在俄国解放运动史上具有重大的意义。它是俄国历史上第一次有组织、有纲领的武装起义。这次起义强烈地震撼了沙皇的专制统治和俄国农奴制度,对1861年农奴制改革和以后的俄国资产阶级民主革命产生了深远的影响。列宁把1825年作为俄国解放运动的起点,十二月党人是俄国第一代革命家。当时俄国是欧洲反动势力的堡垒,十二月党人起义沉重地打击了维也纳反动体系和神圣同盟。

二、拉丁美洲民族独立运动

革命前的拉丁美洲 在16世纪,除巴西成为葡萄牙的殖民地外,拉丁美洲的其余地区几乎全部成为西班牙的殖民地。到17世纪,荷兰、英国和法国先后从葡萄牙手中夺取了巴西东北的土地,建立了荷属、英属和法属圭亚那;英国从西班牙手中得到了牙买加等岛屿;法国占领了原属于西班牙的海地。但一直到19世纪初,西班牙和葡萄牙仍占有拉丁美洲绝大部分,是拉丁美洲的主要殖民国家。

拉丁美洲殖民地同英属北美殖民地有很大的差异。这种差异给这两个地区的社会和历史发展带来了极不相同的后果。

英属北美殖民地是移民殖民地。殖民地社会主要是由英国和欧洲大陆移民建立起来的,原有的居民印第安人被驱赶到偏僻的居留地,或被屠杀。早期的移民大多来自英国,他们不但把英国的经济制度,而且也把议会制度带到北美来。1763年以前,英国对殖民地的经济基本上采取放任政策,因此殖民地居民在一定程度上享有经济上的繁荣和政治上的自由。

但是,西、葡属拉丁美洲殖民地却与英属北美殖民地迥异其趣。西、葡把本国的封建庄园制度移植到殖民地,在殖民地上实行专制统治。西班牙国王曾宣称:拉丁美洲殖民地是他的私有财产。他在国王政府下面设立的"印第安事务院"是掌管西属拉丁美洲殖民地的最高机关。国王把殖民地划分为若干行政区,由他委派总督直接统治。到18世纪时,西属拉丁美洲殖民地共设4个总督区:新西班牙区,包括今墨西哥、中美洲、西印度群岛和北美西南部的大片土地;新格兰纳达区,包括今哥伦比亚、巴拿马、委内瑞拉和厄瓜多尔;秘鲁区,包括今秘鲁和智利;拉普拉塔区,包括今阿根廷、乌拉圭、巴拉圭和玻利维亚。葡萄牙在巴西设立一个总督区,由国王任命的总督实行统治。殖民地各城市一般都设有市参议会,其成员由总督指派,或由当地大地主中选出。参议院的权力很小,往往只限于讨论税收、公用建筑以及有关印第安人的问题。

西班牙和葡萄牙在拉丁美洲殖民地实行残酷的剥削。在18世纪以后,殖民地上盛行大庄园制。印第安人公社的公有土地被宣布为庄园地主私有的财产,耕种小块份地的印第安人成为佃户,须缴纳实物地租和劳役地租。庄园地主还利用借债,采用以工抵债的手段,迫使破产的印第安人去当雇工,其中不少沦为债务奴隶。此外,在中美洲、西印度群岛和巴西盛行种植园奴隶制,用从非洲贩运来的黑人当奴隶。

西班牙和葡萄牙殖民者在拉丁美洲疯狂地掠夺贵重金属,到处寻找金银产地。开发矿藏除了使用黑人奴隶外,还实行一种特殊的徭役制度——"米达制",强迫印第安人每年要送一定数量的成年男子(在墨西哥为4%,秘鲁为14%)去矿场工作。由于繁重的劳动、饥饿和虐待,很少有人能活着返回。16到18世纪,西班牙殖民者在拉丁美洲共掠夺黄金250万公斤,白银1亿公斤。葡萄牙殖民者仅在18世纪就从巴西掠夺了价值10亿美元的黄金和金刚石。

西班牙和葡萄牙政府为了维护宗主国贵族地主和商人的利益,对殖民地经济采取严厉的统治和垄断政策。在农业方面,它们禁止殖民地养蚕、种植葡萄、橄榄、亚麻等作物,以保证宗主国的绸缎、葡萄酒、橄榄油和亚麻布能在殖民地高价出售。它们还强迫种植能给殖民者带来暴利的农作物,如棉花、甘蔗、烟草、蓝靛、可可等,限制粮食生产,造成殖民地生产单一作物的畸形经济。在工业方面,它们禁止殖民地开采和加工铁矿石,禁止生产宗主国出口的棉布、毛呢等产品。在对外贸易方面,它们禁止殖民地同宗主国以外的国家直接贸易。西班牙和殖民地之间的贸易则实行"双船队制",以便由西班牙垄断殖民地贸易。所谓"双船队制",即开放一个西班牙港口(塞维利亚,后改为加的斯)和两个殖民地港口(墨西哥的维拉克鲁斯和巴拿马的波多白罗),每年由两个西班牙船队来回航行一次。宗主国的残酷掠夺和压制政策,造成了拉丁美洲经济长期停滞。

天主教会是西班牙和葡萄牙在拉丁美洲实行殖民统治的重要支柱。教堂遍布各地,直至穷乡僻壤,单墨西哥就有12 000所教堂。教会在"传播基督文明"的幌子下,强迫印第安人信仰天主教,麻痹他们的反抗意志。教会还设立宗教裁判所来镇压反抗殖民统治的"异端"。教会也是最大的殖民剥削者,不仅向居民征收什一税和圣礼费等,而且占有殖民地土地的1/3以上。总之,教会势力渗透到殖民地经济、政治和社会生活的各个方面。到18世纪末,拉丁美洲财产总值有1/3至1/2掌握在教会手中。这一庞大的反动势力,对拉丁美洲社会发展起着窒息作用。

殖民统治的危机

到18世纪下半期,拉丁美洲殖民地社会经济冲破了宗主国的种种限制而缓慢地发展起来,出现了一批生产纺织品、皮革、陶器、铁器、玻璃、肥皂、糖等的手工工场及造船厂。1793年墨西哥的克雷塔罗城就有20家生产呢绒的手工工场,雇佣工人1 500余人。拉普拉塔的科恰班巴城,1788年有2 000名纺织工人,1798年增加到8 000人,每年要用原棉近100万磅。18世纪末,古巴的榨糖工场有478家,糖的生产占当时世界总产量的1/4。阿根廷的拉普拉塔大草原发展了畜牧业,早在17世纪就向外输出肉类和皮革,1783年出口的牛皮达140万张,主要供应英、法等国。在巴拿马、古巴、阿根廷和巴西兴起了造船业。巴西的优质木材一直畅销国外。此外,拉丁美洲各地普遍生产的棉花、咖啡、烟草、可可等,很大部分是运往欧洲的。随着经济的发展,殖民地在经济上摆脱宗主国束缚的要求越来越强烈,从而推动着殖民地走上争取独立斗争的道路。

西班牙和葡萄牙对殖民地的掠夺和剥削,引起了殖民地社会各阶级、各种族人民的普遍不满。19世纪初,拉丁美洲全部居民已将近2 000万人,其中西属殖民地人口最多,约有1 600万人。西属殖民地社会的最上层是"半岛人",即直接来自西班牙的白人,不到30万人。他们占据了殖民地行政、军事和教会的高级职位,把持着殖民地的工商业和对外贸易。半岛人不在殖民地作永久居留,只是把殖民地看作发财致富的场所。在殖民地出生的白人后裔称克列奥人,即土生白人,约300万人。他们绝大多数是地主或资产阶级,但受到半岛人的歧视,只能充当下级官吏和教士。印欧、白黑和印黑混血人种约有530万人,多半是工匠、店员、小商人、小土地所有者和牧民。他们名义上是"自由人",但没有公民权,不能承担公职。社会最底层是印第安人和黑人奴隶。印第安人约750万人,绝大部分是佃农和债奴。黑人奴隶约70万人,在种植园或矿场承担最沉重的生产劳动。在葡属巴西,黑人占总人口的一半,几乎都是在种植园劳动的奴隶。他们和其他混血种人构成了巴西广大被压迫的劳动群众。

在独立战争前,拉丁美洲殖民地社会的阶级矛盾也十分突出,各劳动阶层不仅遭受殖民统治的压迫,还受土生白人地主和资产阶级的剥削,但当时占主要矛盾的还是民族矛盾。在西属殖民地,从克列奥人到印第安人和黑人,各种族各阶级一致要求争取民族独立,推翻以半岛人为代表的殖民统治。印第安人和黑人是民族独立运动的主力,克列奥人要求发展殖民地经济,对宗主国的种种限制不满,参加了民族独立运动,并充当了运动的领导者。

美国独立战争和法国资产阶级革命对拉丁美洲民族独立运动起了推动作用。法国启蒙思想家的著作、《人权宣言》等的传播,促使当地各族人民的民族意识日益增长,为拉丁美洲的大规模的革命运动准备了思想基础。

宗主国统治力量的削弱,为殖民地民族独立运动的开展提供了有利的条件。从17世纪起,西班牙和葡萄牙的殖民强国地位为荷兰、法国和英国所代替。西、葡两国固守落后的封建专制制度,从殖民地掠夺来的大量财富,被王室贵族的奢侈生活和战争所消耗。1796年,西班牙被迫与法国签订同盟条约,加入对英国的战争。由于英国海军的封锁,西班牙商业愈益衰落。1805年特拉法加海战中,西班牙舰队被英国海军歼灭。1807年葡萄牙和西班牙被迫参加拿破仑的"大陆封锁体系",英国更加强对两国海岸的控制,宗主国与殖民地的交通联系被切断。随后,两国本土也被法国侵占。这使西、葡两国在拉丁美洲的殖民统治面临着严重的危机。

海地革命

拉丁美洲民族独立战争首先在海地爆发。海地位于加勒比海海地岛的西部。1492年12月,哥伦布到达海地岛,将它取名为"小西班牙",1502年沦为西班牙殖民地。西班牙殖民者把岛上原有的25万印第安人虐杀殆尽,在这里建立了最早使用黑人奴隶的种植园。1697年,西班牙被迫同法国签订莱斯维克条约,把海地岛的西部即海地割让给法国。因法国称海地岛为圣多明各岛,故当时海地被称为法属圣多明各,东部仍归西班牙,被称为西属圣多明各,即今天的多米尼加。

法国占领海地后,为了进一步扩大奴隶种植园,从非洲运入大批黑人奴隶。仅1789年一年内,就运入黑人奴隶4万人。通过黑人奴隶辛勤劳动,海地逐渐繁荣起来。1791年,海地有792个甘蔗种植园、2 810个咖啡种植园、705个棉花种植园、3 097个蓝靛种植园。这年,海地的蔗糖产量占世界首位。1788年,海地出口到法国的商品总值达800万英镑,它的出口量比整个英属西印度群岛的出口量多1/3。1789年,法国出口贸易总值1 700万英镑,其中出口到海地的总值就达1 100万英镑。海地角、太子港、累凯等城市,都已发展为重要的海港和经济中心。海地遂成为法国海外最富庶的殖民地,被称为"安的列斯群岛中的一颗明珠"。

独立战争前,海地共有人口54.5万人,其中黑人奴隶48万人,黑白混血种人和"自由"黑人①约2.5万人,白种人4万人。

白种人,即法国殖民者,既是法国殖民统治的代表,又是海地的统治阶级,不仅占据了当地行政和教会的一切重要职位,而且掌握了海地的经济命脉。他们多数是种植园奴隶主和大商人,靠压榨黑人奴隶血汗而攫得惊人的财富,过着穷奢极欲的生活。

黑白混血种人和自由黑人,一般都是小商人和手工业者,名义上与白种人享有同等权利,实际上受到严厉的种族歧视,他们不能担任军官、律师、医生、教士以及公共职务,不能聚会和佩带刀剑,甚至穿的衣服也不能和白人一样。黑人奴隶被剥夺一切权利和自由,遭受各种虐待,从事极其繁重的劳动。

法国殖民者的种族歧视和阶级压迫政策,引起海地各阶层人民的不满和反抗。混血种人和自由黑人争取公民权利的斗争此伏彼起。黑人奴隶为争取自由权,不断地用逃亡和起义等方法,来反抗殖民者的残酷压迫和剥削。几乎每隔5~10年要发生一次黑人奴隶起义,其中以1671年、1691年和1718年的起义规模最大。随着经济发展和人口增长,海地的阶级矛盾和种族矛盾日益加深,最终以民族矛盾表露出来,造成法国殖民统治的深刻危机。

在法国革命的影响下,1790年10月,海地的混血种人和自由黑人,在维特森·奥热的领导下举行起义,要求根据《人权宣言》享受与白人同等权利的公民权。由于没有提出废除奴隶制度,因而没有得到广大黑人奴隶的支持,很快地被法国殖民军镇压下去。这次起义虽然失败,但它揭开了海地革命的序幕。

1791年8月22日,秘密集中在海地角附近盖门森林的200余名黑人奴隶,在"争取自由"、"宁死不当奴隶"的口号下起义。起义的烈火迅速向海地各地蔓延。起义军冲击殖民机构,惩办殖民官吏和种植园主,分掉种植园主的粮食和实物,并放火烧毁种植园。仅头两个月内,起义军处死了殖民官吏和种植园主2 000余人,烧毁了180个甘蔗种植园和900个咖啡和蓝靛种植园,迫使殖民者大批逃离海地。在起义的过程中,涌现出了杰出的黑人领袖杜桑·卢维杜尔。

杜桑·卢维杜尔(1743—1803),原是海地岛北部布雷达种植园主的奴隶,

---

① 指赎了身的黑人奴隶,他们表面上"自由",实际地位与奴隶差不多。

后提升为马车夫。他曾研读过法国启蒙思想家的著作,向往自由平等,痛恨奴隶制度和殖民统治。起义爆发后,他发动烧毁所在的种植园,带领 1 000 余名奴隶加入起义军队伍,并成为起义的领导人。在他统率下的起义军逐渐壮大,成为一支英勇善战、纪律严明的革命军队,屡次击败前来镇压的法国殖民军队。

西班牙和英国都垂涎海地,并担心海地革命的烈火蔓延到附近各岛,因而都想借反法联盟与法国开战的机会侵占海地,扑灭那里的革命。1793 年 3 月,西班牙殖民军从西属圣多明各(即海地岛东部)侵入海地。杜桑领导的起义军一时没有认清西班牙殖民者的侵略面目,轻信了他们将给黑人奴隶以"自由"和"公民权"的诺言,于 5 月加入了西班牙军。到 1794 年,西班牙军和杜桑的部队已占领除海地角等城以外的整个海地北部地区。可是,西班牙殖民当局拒不执行在占领区废除奴隶制的诺言,杜桑遂与西班牙决裂,发兵进攻西班牙驻军。在几个月内,几乎收复了被西班牙军占领的所有海地领土。接着,起义军挥戈西进,抗击入侵的英国军队。

英国以对雅各宾派废除殖民地奴隶制不满的法国种植园主的请求为借口,于 1793 年 9 月从牙买加出兵,占领了海地西部和南部沿海地区,包括莱奥甘纳、太子港和马尔·圣尼古拉港等重要城镇。杜桑率领的起义军曾多次挫败英军。1795 年,英属牙买加爆发黑人奴隶起义,打乱了英军在海地的作战计划。同年 7 月,西班牙殖民军从海地撤走,英军陷入孤军作战境地,加上海地流行黄热病,大大削弱了英军战斗力,使英军处于被动挨打的地位。1798 年 2 月,在阿尔蒂波尼特河谷平原,杜桑起义军与英军决战,英军几乎全军覆没。4 月,起义军包围太子港。10 月 1 日英军向杜桑投降。在 6 年的武装干涉中,英军伤亡达 10 万余人,其中死亡 4.5 万余人,耗费 1 亿多美元。

1801 年 1 月,为了巩固胜利,杜桑又率领起义军占领了海地岛东部的西班牙殖民地(西属圣多明各),统一了整个海地岛。随后,杜桑选拔任命一批黑人和混血种人担任各级行政官员,建立起以他为首的新政府。7 月 1 日,新政府公布了海地的第一部宪法。宪法规定,海地仍为法国殖民地;永远废除奴隶制;居民在法律面前一律平等;私有财产神圣不可侵犯;提倡自由贸易等,并规定杜桑为终身总督,有权选择继承人。海地实际上成了一个独立国家。

拿破仑·波拿巴在法国执政后,妄图在美洲重建法兰西殖民帝国。他于 1800 年从西班牙手中取得北美的路易斯安那,并决定利用与英国签订亚眠和约而取得暂时休战的机会,征服海地。1801 年 12 月,拿破仑任命他的妹夫勒克莱尔为远征军司令,罗尚博为副司令,率领 55 艘战舰和 29 000 名法军,远征海地。1802 年 1 月,法国远征军在海地登陆。

海地军民在杜桑的领导下,采取坚壁清野,灵活机动的战术,一度给法军沉重打击。4 月,起义军在克雷塔皮埃洛战败,杜桑被迫向法军投降。勒克莱尔强迫他回到海地西部的埃纳里种植园,剥夺了他的一切权力。5月,勒克莱尔接到波拿巴要逮捕杜桑等海地革命领导人的指令后,邀请杜桑去戈纳伊夫,为实现海地和平进行谈判。6月7日,乘杜桑应约赴会之机,背信弃义地将他逮捕,解往法国。第二年4月7日杜桑死于狱中。

杜桑的被捕和牺牲,以及法国决定要在海地恢复奴隶制,激起了海地人民的极大愤慨。1802年8月,杜桑的战友德萨林和克里斯托夫率军起义,继续坚持战斗,各地积极举旗响应。法军顿时陷入四面楚歌的境地。加之瘟疫流行,法军死亡人数与日俱增,勒克莱尔也患黄热病死亡。1803年10月,起义军攻克太子港。11月19日,法国远征军司令罗尚博眼看难以挽回败局,下令投降。在整个远征中,法国共派遣6万人的军队侵入海地,其中死亡者达3.5万人,不少人被关进监狱。只有8 000人逃生,他们在乘船回国途中全被英国海军俘去,可谓全军覆没。

11月29日,海地正式公布由德萨林等签署的《独立宣言》,庄严地宣告:"我们恢复了我们原有的尊严,维护了我们的权利。我们宣誓:永远不把我们的权利委弃给任何强国。"1804年1月1日,德萨林在杜桑被捕的戈纳伊夫召集高级将领会议,宣告海地独立。德萨林担任终身执政。9月,德萨林宣布自己为皇帝,号称加克奎斯一世。

经过12年的浴血奋战,始终没有超过2万人的海地起义军,由于杜桑等人的正确领导,广大黑人和混血种人的支持,打败了法国、西班牙和英国三大殖民强国的侵略军,砸碎了殖民制度和奴隶制的枷锁,争得了民族解放和国家独立,从而为拉丁美洲各族人民争取民族解放的事业,树立了光辉的榜样。

西属殖民地的独立战争

1810年,西班牙本土绝大部分被拿破仑的军队占领。在这一形势的推动下,西属拉美殖民地的革命的烈火普遍燃烧起来了。

西属拉丁美洲殖民地的独立战争大致分为两个阶段。第一阶段是从1810年至1815年。各地人民革命情绪高涨,纷纷举行武装起义。留在殖民地的"半岛人",由于失去本国的支持,力量也大为削弱,革命势力有如摧枯拉朽,很快地推翻了西班牙的殖民统治。至1811年,除秘鲁外,都初步建立了独立政权。

但是,新生的独立政权缺乏广泛的社会基础,一般都没有提出符合人民群众利益的政治经济纲领,也没有采取动员广大群众的有效措施。领导革命的土生白人大多是地主,不敢发动广大印第安人和黑人奴隶参加革命。同时,各地区各自为政,力量分散。1814年,随着拿破仑帝国瓦解和西班牙波旁王朝专制统治恢复,殖民地各地建立的独立政权,先后都被西班牙军队摧毁。到1815年,除拉普拉塔以外,大部分地区又恢复了西班牙的殖民统治。

第二阶段是从1816年至1826年,民族独立运动的领导人从以往的挫折中吸取教训,提出了革命的目标和纲领,较广泛地发动群众,广大的印第安人和黑人参加了战斗。同时,打破地区界限,整个西属拉丁美洲殖民地的革命烽火连成一片,彼此配合,互相支援。虽然各地的革命斗争也遭受不少挫折和困难,但至1826年,终于推翻了西班牙的殖民统治。

西属拉丁美洲殖民地的独立战争主要在三个中心地区展开,即墨西哥和中美地区、南美北部地区、南美南部地区。

墨西哥和中美的独立战争

墨西哥盛产金银,土地贵族和天主教会势力很大,殖民统治力量也较强,阶级矛盾尖锐。广大的印第安人和混血种人参加斗争,使独立战争兼具强烈的反殖民统治和反封建性质。

墨西哥独立战争最早的领导人伊达尔哥(1753—1811),是土生白人,出身于大庄园主的家庭,早年深受欧洲启蒙主义者思想影响。1803年起担任印第安人集中的多洛雷斯教区的神甫。他在自己的教区传播法国革命有关平等、民主和人权的思想,揭露殖民当局的残暴和腐败,使多洛雷斯有"小法国"之称。

1808年,伊达尔哥参加了克雷塔罗城的一个旨在推翻西班牙人统治的秘密团体"文学和社交会"。1810年,拿破仑军队占领西班牙的消息传到墨西哥后,伊达尔哥与这个组织的领导人一起决定于12月8日起义,宣布墨西哥独立。不幸,这个计划被泄露。西班牙殖民当局于9月15日下令搜捕起义的参加者。当伊达尔哥得知这个消息后,决定立即起义。

9月16日清晨,伊达尔哥等人释放了监狱中的囚犯,逮捕镇上的西班牙人。然后,像平常一样敲响教堂的大钟,当附近数千名印第安人在教堂前聚集后,伊达尔哥把发生的事情告诉他们,并高声问道:"你们愿意成为自由人吗?300年前,可恨的西班牙人从我们祖先手里夺走的土地,你们愿意夺回来吗?"顿时,人群振臂高呼"绞死这些西班牙强盗!"接着他领导群众高呼:"美洲万岁!""打倒坏政府!"这就是墨西哥历史上著名的"多洛雷斯的呼声"。这一响亮的呼声,宣告了墨西哥独立战争的开始。

在伊达尔哥的号召下,由印第安人组成的起义军从多洛雷斯出发,一路上捣毁庄园,严惩殖民者。成千上万的印第安人和混血种人纷纷加入起义军行列。9月,攻克瓜那华托城。10月,起义队伍扩充到8万人,占领了墨西哥中部的不少地区,一度逼近墨西哥城。

11月起义军进入瓜达拉哈拉后,伊达尔哥就着手建立统一的革命政府和组织解放地区的行政管理机构;颁布法令,宣布废除奴隶制,把殖民者侵占的印第安人的土地归还原主,取消人头税等苛捐杂税;还出版了革命报纸《美洲觉醒报》。

1811年1月,西班牙殖民当局调集军队8 000人前来镇压起义者。在瓜达拉哈拉郊外的决战中,起义军战败。伊达尔哥在率军向北转移的途中,遭到敌人伏击被俘。7月30日,伊达尔哥被害。他的首级被送到瓜那华纳,放在铁笼子里示众达10年之久。

伊达尔哥牺牲后,何塞·莫雷洛斯(1765—1815)继续领导墨西哥人民争取独立的斗争。莫雷洛斯是个混血种人,当过马伕,后任乡村神甫。起义发生后,他立即投奔起义军,不久,被伊达尔哥派往南方卡拉库阿罗地区发动革命。莫雷洛斯坚定勇敢,有卓越的组织才能,几个月内就组成了一支近3 000人的队伍。他吸取了伊达尔哥失败的教训,避免与敌人作大规模的正面交锋,开展游击战。1811年底,墨西哥南部除首都和一些大城市外,几乎都被莫雷洛斯领导的起义军所控制。

1813年9月14日,莫雷洛斯在奇尔潘辛戈召开了国民会议。会上通过了他起草的名为《民族意识》的重要文件,号召"赶走西班牙强盗","摧毁专制政权代之以自由政府"。文件还要求永远废除奴隶制,取消徭役和苛捐杂税等。11月6日,国民会议通过了《墨西哥独立宣言》,宣告墨西哥独立。1814年10月22日,国民会议颁布了墨西哥历史上的第一部宪法——《墨西哥美洲自由制宪法》,确定墨西哥为共和政体。

但是,随着波旁王朝在西班牙的复辟,墨西哥殖民当局得到宗主国的增援,加强了对解放地区的进攻,使起义军屡遭失败。1815年9月底,莫雷洛斯在护送国民会议代表向北方的特华坎转移时,中途遭敌人袭击,不幸被捕就义。起义军的余部,分成小股,在山区坚持游击战。

1820年3月,西班牙发生了革命,斐迪南七世被迫恢复1812年宪法。消息传来,墨西哥人民也要求颁布和执行这部宪法。这一形势,使上层土生白人开始担心宗主国的革命火焰蔓延到墨西哥,同样会威胁到他们的利益。于是,他们提出脱离西班牙统治的号召,以便夺取独立运动的领导权。这时,殖民军上校军官,专门镇压南部游击队的梅斯卡河地区军队司令奥古斯丁·伊图维德(1783—1824)摇身一变,声称赞成独立,并与游击队开始谈判。

1821年2月,伊图维德在伊瓜拉城公布了他的独立纲领,即"伊瓜拉计划"。它提出了三项保证:实现墨西哥国家独立,维护天主教的特权,团结一切种族。为了实现伊瓜拉计划,伊图维德提出了建立所谓"三保证军"。伊图维德这一纲领和伊达尔哥、莫雷洛斯的独立思想相比,显得十分保守和不彻底,但是,在大规模的人民起义遭到镇压的情况下,它毕竟反映了广大人民群众要求独立的愿望,因而逐渐被广泛接受。许多城市宣布脱离殖民当局,拥护伊瓜拉计划。不少游击队及其领导人也加入到伊图维德的三保证军中来。这支军队未经战斗就占领了墨西哥大部分领土。

9月27日,伊图维德率三保证军进入墨西哥城,宣布墨西哥独立。这样,代表上层土生白人利益的伊图维德窃取了革命果实。1822年5月,他在旧势力的支持下,公然恢复帝制,自称奥古斯丁一世。但是,这一倒行逆施是不得人心的,不久军队和人民掀起了大规模的反抗运动。1823年3月,伊图维德被迫退位,流亡欧洲。11月,制宪议会召开。1824年1月31日,制宪议会正式批准了国家独立和共和政体。墨西哥人民争取独立的斗争终于取得了胜利。

墨西哥南部的中美洲,殖民统治时期与墨西哥同属新西班牙总督区管辖,但它由设在危地马拉城的都督府直接统治,下设危地马拉、洪都拉斯、尼加拉瓜、萨尔瓦多和哥斯达黎加5省。在墨西哥独立战争的影响下,1821年9月,中美洲地区宣布独立。1822年1月,合并于墨西哥。1823年7月,又脱离墨西哥,组成中美洲共和国联邦,首府设在危地马拉城。1838年,中美洲共和国联邦解体,危地马拉、洪都拉斯、尼加拉瓜、萨尔瓦多和哥斯达黎加分别成了独立的主权国家。

南美北部的独立战争

南美北部的独立战争的重点在委内瑞拉。委内瑞拉最早的革命领导人弗兰西斯科·米兰达(1750—1816),是个土生白人,出生于加拉加斯一个富商家庭。年轻时曾在西班牙军队中当军官,参加过美国独立战争和法国大革命,以后投身于委内瑞拉民族独立运动。但是,他不相信人民力量,把希望寄托在欧洲强国的支援上。1806年,米兰达在国外组织志愿人员,两次在委内瑞拉登陆,由于没有得到人民群众的支持,都遭到了失败。

1810年4月9日,拿破仑军队占领西班牙的消息传到委内瑞拉首府加拉加斯后,当地群众驱逐了殖民官吏,成立了以土生白人地主和商人为主体的"最高执政委员会"。委员会以被拿破仑废黜的西班牙国王斐迪南七世的名义执政。各地纷起响应,支持和承认这个新的政权机构。

12月,米兰达回到委内瑞拉。他组织和领导"爱国协会",进行独立和成立共和国的宣传。1811年3月2日,委内瑞拉首届国民代表会议在加拉加斯开幕。在米兰达和玻利瓦尔等为首的爱国力量敦促下,会议于7月5日通过《独立宣言》,宣告委内瑞拉共和国诞生,史称委内瑞拉第一共和国,并组成了以米兰达为首的共和国政府。

可是,米兰达政府既没有采取措施满足人民群众的革命要求,又没有镇压反革命活动。1812年春,加拉加斯等地发生强烈地震,遭受破坏甚大。值此新政权尚未巩固之际,盘踞在加勒比海岸的西班牙殖民军队勾结当地大地主和教会高级僧侣,乘机向共和国发动进攻。米兰达率军迎战,屡遭失败,迫于形势,与西班牙当局签订了投降协议。7月底,西班牙殖民军占领了加拉加斯,委内瑞拉第一共和国被扼杀。同时,西班牙殖民当局又撕毁协议,背信弃义地逮捕了米兰达,并把他解往西班牙监狱,1816年7月14日死于狱中。

米兰达被捕后,西蒙·玻利瓦尔(1783—1830)继续领导委内瑞拉人民进行斗争。玻利瓦尔是个土生白人,出生于种植园主和大工商业者家庭,青年时代曾留学欧洲,深受法国大革命的影响,主张西属拉丁美洲独立后建立一个联邦共和国。第一共和国失败后,他逃往卡塔赫纳(今哥伦比亚北部城市),在那里重整旗鼓。1813年3月,玻利瓦尔率领1 000余人回到委内瑞拉。在爱国力量的配合下,8月7日收复加拉加斯。玻利瓦尔随即召开市政会议,宣布成立委内瑞拉第二共和国。不久,西班牙殖民军得到增援,进行反扑,1814年7月,重占加拉加斯。委内瑞拉第二共和国失败。玻利瓦尔先流亡到牙买加,后转到海地。

1816年3月,玻利瓦尔在海地政府的支持下,率领250人回委内瑞拉。6月中旬被西班牙殖民军打败。玻利瓦尔返回海地,重新组织力量。12月,再次打回委内瑞拉。这次他改变了作战策略,不是首先去攻打加拉加斯等大城市,而是与当地游击队会合后,占领奥里诺科河流域农村地区,作为革命的根据地。玻利瓦尔吸取了以往斗争的经验教训,宣布废除奴隶制,答允胜利后给参加独立战争的人分配土地。这样,使大批印第安人、黑人和混血种人踊跃参加革命军队。1818年10月,在安戈斯图拉(今玻利瓦尔城)召开了国民代表会议,成立委内瑞拉第三共和国,玻利瓦尔当选为共和国总统和爱国武装部队最高统帅。

1819年6月,玻利瓦尔开始向新格兰纳达东部(哥伦比亚)进军。他率领一支2 000余人的队伍,穿过杳无人烟的原始森林和沼泽地带,翻越险峻难行的安第斯山,经过了两个多月的艰苦行军,8月7日在波亚卡河战役中大败西班牙殖民军,一举解放了波哥大。12月11日,由委内瑞拉和哥伦比亚组成的"大哥伦比亚共和国"宣告成立,玻利瓦尔被选为共和国总统。此后三年中,玻利瓦尔采取军事行动肃清国内残存的西班牙殖民军。1821年7月光复了加拉加斯。1822年5月,解放了厄瓜多尔首府基多,厄瓜多尔宣布独立,并加入大哥伦比亚共和国。至此,南美北部地区完全摆脱了西班牙的殖民统治。

南美南部的独立战争

南美南部独立战争的重心是拉普拉塔地区。这个地区离宗主国较远,经济落后,殖民统治力量也较薄弱。1810年,西班牙被法国占领的消息传来后,拉普拉塔总督区首府布宜诺斯艾利斯人民举行了大规模示威运动,要求取消殖民统治。5月25日,由土生白人领导的革命力量赶走了总督,建立临时政府,控制了阿根廷的局势。接着,巴拉圭人民举行起义,逮捕西班牙殖民官吏,建立了临时政府。同时,乌拉圭、智利也都发生人民起义,但不久都被西班牙殖民军镇压下去。到1814年,南美南部的独立运动暂处于低潮,除阿根廷和巴拉圭外,又都沦于西班牙殖民统治之下。

领导拉普拉塔地区独立战争的杰出领导人是何塞·圣马丁(1778—1850)。他出生于阿根廷富裕的船主家庭,曾在西班牙军队服务,参加过反对拿破仑占领西班牙的战争。1812年,圣马丁从西班牙回到阿根廷,投入了拉普拉塔地区的解放斗争。1813年2月,他指挥的骑兵打败了向布宜诺斯艾利斯进犯的西班牙殖民军,保卫了临时政府政权。1814年,圣马丁被任命为北方军司令。1816年3月,拉普拉塔地区国民代表会议在图库曼召开,在圣马丁等人敦促下,代表会议通过决议,宣告阿根廷正式独立。

圣马丁具有卓越的军事才能和革命远见。他认为为了巩固阿根廷已取得的独立,彻底摧毁西班牙殖民统治,必须摧毁西班牙在南美最顽强的堡垒——秘鲁;为了解放秘鲁,不能向北取道交通不便,敌人防守严密的上秘鲁,而是越过安第斯山,出敌不意,进攻智利,然后再从智利由海路北上进攻秘鲁。圣马丁的设想得到阿根廷政府的大力支持,为此调任他为与智利接壤的库约省省长,圣马丁以门多萨为基地,筹建解放智利的军队。阿根廷政府将这支军队命名为"安第斯军",任命圣马丁为总司令。1816年底,安第斯军发展到了5 500人,其中大多是黑人和混血种人。

1817年1月,圣马丁带领安第斯军开始翻越安第斯山,经过三个多星期艰苦行军,终于越过高达4 000多米终年积雪的两个最艰险的隘口,进入智利。接着,在查卡布科山战役中击溃西班牙殖民军。1817年2月14日,在奥希琴斯领导的智利起义军配合下,解放圣地亚哥。1818年2月12日,智利宣布独立。

为了准备进军秘鲁,圣马丁在阿根廷政府和智利政府的支持下,花了两年时间,组织和训练了一支有4 500人的军队。1820年8月,圣马丁挥师经海路北上,在秘鲁南部登陆。1821年7月12日攻克利马,28日秘鲁宣告独立,圣马丁出任护国公。可是,西班牙殖民总督逃窜到秘鲁北部,即上秘鲁,纠集近2万殖民军继续负隅顽抗。

为了协同一致解放整个秘鲁,实现西属拉丁美洲殖民地独立战争的最后胜利,1822年7月26、27日,圣马丁和玻利瓦尔在厄瓜多尔的瓜亚基尔举行了单独会谈,商讨协同作战计划,但未能达成协议。这次会谈后,圣马丁即辞去了秘鲁护国公职务,经智利返回阿根廷,不久去欧洲,寄居法国。

圣马丁引退后,玻利瓦尔带领他的军队进入秘鲁,成了秘鲁的保护人和执政。1824年12月9日,在阿亚库乔决战中,由玻利瓦尔战友苏克雷指挥的秘鲁、智利、阿根廷和哥伦比亚等国军队组成的联军大获全胜,俘虏了包括殖民总督和14名将军在内的近3 000名西班牙官兵,迫使殖民总督签署投降。1825年8月,上秘鲁宣告独立,为纪念玻利瓦尔的功绩,取名玻利维亚。1826年1月,盘踞在南美最后一个据点卡亚俄港的西班牙殖民军残部,向秘鲁政府投降。至此,西属拉丁美洲独立战争胜利结束。

巴西的独立运动

1807年,拿破仑的军队侵入葡萄牙。1808年3月,葡萄牙摄政王若奥带领他的疯母、女王玛丽娅一世和大批贵族官僚,连同国库财产,在英国舰队的护送下逃到巴西。从此,葡萄牙王室直接统治巴西,巴西成了葡萄牙帝国的中心。

葡萄牙王室迁到巴西以后,为了缓和宗主国和殖民地的矛盾,若奥采取了一些改革措施,如开放所有巴西的港口,允许巴西同其他国家通商,取消贸易垄断,降低商品进出口税,同意巴西发展自己的工业等。这些措施暂时满足了巴西种植园主和部分资产阶级的要求,但广大人民群众的处境并没有改善。同时,葡萄牙王室的直接统治,强化了对巴西的殖民剥削。王室及其所属行政机构和军队的庞大开支,都由殖民地负担,捐税不断加重。因之巴西人民的不满情绪迅速增长,不断掀起反抗葡萄牙殖民者的斗争。

葡萄牙王室一面派兵镇压巴西人民的反抗斗争,一面又玩弄政治欺骗。1815年,宣布成立"葡萄牙、巴西和阿尔加维联合王国"。1816年,玛丽娅一世死去,若奥为联合王国国王,称若奥六世(1816—1826年在位)。巴西形式上与葡萄牙处于平等地位,实际上仍是殖民地,权力完全操纵在葡萄牙王室手中。

但是,武装镇压和政治欺骗都不能阻止巴西人民争取独立的斗争。1817年3月,伯南布哥省首府累西腓爆发了巴西独立运动史上规模最大的一次起义。这次起义的导火线是当地驻军中的巴西籍中下级军官和士兵对葡籍高级军官的不满。军队起义很快地和当地群众的反抗殖民者的斗争结合起来。起义群众逮捕了省长,宣告成立共和国,组织了临时政府。临时政府发布了告人民书,号召永远结束王权暴政,建立自由独立的巴西共和国;取消苛捐杂税,废除等级特权和鼓励世俗教育等。对废除奴隶制度的问题,告人民书中只是说政府希望"以正义与合法的方式来逐步解决"。起义的烽火向附近各省蔓延,一时在巴西东北地区出现了高涨的革命形势。若奥六世得知起义的消息后,调集大批军队进行镇压,起义群众在坚持了76天的战斗后失败。起义的领导人多遭杀害,被捕的起义群众达2 000人。

1820年葡萄牙发生资产阶级革命,新建立的葡萄牙议会要求若奥六世回国。1821年4月,若奥六世回国,他的儿子佩德罗继续留在巴西执政。随后,葡萄牙议会通过了关于巴西恢复15年前完全依附于葡萄牙原状的法令,并命令佩德罗回国。这时,巴西人民要求独立的呼声遍及全国,面临爆发新的革命形势。1822年10月12日,佩德罗在巴西种植园主和大地主的拥护下,被尊为皇帝,称佩德罗一世。12月1日,举行了加冕典礼,宣告巴西独立。

宗主国葡萄牙力量较弱,巴西独立斗争遇到的外部阻力较小,因之独立运动应该取得更大的成就。但是,巴西内部革命力量也不强大,资产阶级十分软弱,没有能力担当起革命的领导责任,致使葡萄牙王室能够与巴西大地主和种植园主结成联盟,掌握了独立运动后期的领导权。巴西的国家独立,不像其他拉丁美洲国家通过武装斗争,而是通过自上而下的方式来实现的,并带有与宗主国分立和分离的性质,在政治、经济和文化等方面与宗主国仍保留着密切的联系。独立后,不仅保留了君主制,政府大权仍由原葡萄牙贵族掌握,而且保存了大土地所有制和奴隶制。后来巴西人民再经过70年的战斗,才在1888年废除奴隶制,1889年推翻君主制,建立了共和国。

拉丁美洲独立运动的历史意义

18世纪末19世纪初拉丁美洲的独立运动,波及地区之广,卷入人口之多,斗争时间之长,在近代世界殖民地革命斗争史上都是空前的。这个波澜壮阔的独立运动是资产阶级世界革命的一部分,它沉重地打击了西班牙和葡萄牙的腐朽封建势力,同西欧和北美资产阶级革命运动相配合,加速了欧洲封建主义的崩溃。

经过拉丁美洲人民的独立运动,在原西班牙、葡萄牙和法国的殖民地上,先后出现了墨西哥、危地马拉、洪都拉斯、尼加拉瓜、哥斯达黎加、萨尔瓦多、哥伦比亚、厄瓜多尔、委内瑞拉、秘鲁、玻利维亚、智利、阿根廷、巴拉圭、乌拉圭、巴西和海地等17个独立国家,基本上形成今天拉丁美洲各国的政治布局。

拉丁美洲各国在取得独立以后,都颁布宪法,建立了议会制共和国(巴西、海地除外),用本国地主资产阶级的统治代替了殖民者的专制统治。各国还先后废除了奴隶制,取消了对印第安人的人头税和强制劳役,削弱了天主教会的权势,取消了阻碍生产力发展的专卖制和对工商业的种种限制,为资本主义发展创造了有利条件。

但是,国家的独立并没有从根本上动摇旧的社会经济基础。由于拉丁美洲各国资本主义薄弱,资产阶级十分软弱,独立后各国的政权一般都转移到土生白人地主的手中,因而仍保留了原有的大土地所有制和封建剥削,这就严重地阻滞了拉丁美洲的经济发展,使拉丁美洲各国很快又成为美、英等国的半殖民地。拉丁美洲各国人民继续面临着民族解放和民主革命的任务。

三、1848年欧洲革命

革命的任务

1848年,对欧洲来说是一个具有重要历史意义的年份。这一年的年初,在欧洲开始了一场规模巨大的革命运动。这场革命遍及了除俄国以外的整个欧洲大陆。1848年1月12日,意大利西西里岛首府巴勒莫人民举行起义,揭开了1848年欧洲革命的序幕。接着,法国爆发了二月革命,德国爆发了三月革命。在法国、德国革命的推动和鼓舞下,东南欧各被压迫民族的解放斗争风起云涌,西欧、北欧的一些国家也不同程度地卷进了革命洪流,英国的宪章运动也在蓬勃展开。

1848年欧洲革命的发生是欧洲社会经济和政治发展的必然结果。当时一方面是工业革命正在扩展,资本主义迅速发展,欧洲已开始进入大工业生产阶段;各国工业资产阶级经济力量得到加强,而政治上多数国家的工业资产阶级仍处于无权的地位或初掌政权;自由主义和民族主义在欧洲不断地高涨。另一方面是欧洲大部分国家还处在封建统治之下,或受到其他民族的压迫;少数国家虽然也建立了资产阶级政权,但封建残余仍然阻碍着资本主义的发展;维也纳会议在欧洲所确立的反动封建体系也还存在着。资本主义和封建制度之间的矛盾越来越尖锐,这样革命就无法避免了。

这次革命的主要任务,是要消除资本主义发展道路上的障碍,所以是一次资产阶级革命。由于欧洲各个国家具体条件不同,社会经济的发展也不平衡,因而面临的革命具体任务也不完全相同。在法国,是要推翻金融贵族的统治,让工业资产阶级掌握政权,完成资产阶级民主改造,为资本主义进一步发展创造条件。在德国,是要推翻封建专制统治,消除政治上的分裂状态,建立统一的民主共和国。在匈牙利、波兰、捷克和罗马尼亚等国,是为了摆脱民族压迫,实现民族独立。在意大利,则是消除国家分裂状态,驱逐外国势力,建立统一的民族国家。

1845—1847年欧洲连续发生了马铃薯病虫害,各国农业普遍歉收,粮食缺乏,许多地方发生了饥荒。1847年欧洲又发生了经济危机,工厂纷纷倒闭,工人大批失业。这样就使各国的阶级矛盾和民族矛盾迅速上升,加速了革命的到来。

1848年欧洲革命虽属资产阶级革命,但与17、18世纪的早期资产阶级革命不同。这时工人阶级已作为独立的政治力量登上了政治舞台。工人阶级在革命中不仅提出了本阶级的要求,而且试图领导革命,并且一直走在革命的最前面。资产阶级也跟以往不同,尽管这次革命的任务是反对封建势力,可是资产阶级越来越害怕站在它身旁的生气勃勃的工人阶级,它的革命性不断萎缩,最后竟背叛了革命。

1848年欧洲革命震荡了整个欧洲大陆,可是从它取得胜利,而又失败的现象来看,革命力量还缺乏坚实的基础。资产阶级的背叛、小资产阶级的动摇和工人阶级本身在政治上、组织上的软弱,是导致革命失败的主要原因。这次革命虽然最终失败了,但是它沉重打击了封建制度,彻底摧毁了维也纳会议确立的反动秩序,为资本主义在欧洲的进一步发展创造了条件。

法国二月革命

1830年七月革命后,统治法国的是七月王朝。这个王朝的政权是掌握在金融贵族手中,国王路易·菲力浦本人就是个大金融资本家,拥有不少企业和土地,还直接参加过金融投机活动。金融贵族垄断了政府的高级职位,国家大事全都由银行家和交易所经纪人来决定。七月王朝规定竞选议员的财产资格很高,交纳直接税200法郎以上的人才有选举权,交纳500法郎的人才有被选举权。当时全国3 600万人当中,有选举权的只有20万人。被剥夺选举权的不仅有工人、农民、小资产阶级,而且还有部分工业资产阶级。在七月王朝统治前期,在议会中工业资产阶级代表约占半数,到后期却减少到1/3。每年从农民身上榨取的捐税达56 000万法郎,占国家预算收入的一半。在1 600多万农民中,完全失去土地的达400万人,几乎破产的有500万人。这时期,法国的工业革命虽在扩展,可是由于金融贵族的统治给国家工业发展造成的严重障碍,法国工业发展的速度仍远远落后于英国。

基佐政府统治时期(1840—1848)是七月王朝最腐败、最反动的时期。基佐(1787—1874)是个历史学家。在同波旁王朝斗争中,他主张资产阶级要同贵族进行阶级斗争。可是执政后,却成为极端保守和反动的人物。他认为七月王朝的政体是理想的社会制度,坚决反对改革,对内残酷镇压人民革命运动,维护金融贵族利益,对外讨好英国,积极向外扩张。这样,使得反对七月王朝的斗争越来越激烈。要求社会改革、要求建立共和国的活动在全国各地展开。

在反对七月王朝的过程中,出现了不少政治派别。以保皇党人梯也尔和巴罗为首的"王朝反对派",主张扩大选举权,实行有限的议会改革。以拉马丁(1790—1869)为首的资产阶级共和派,主张扩大选举权,要求建立共和国。以赖德律-洛兰(1807—1874)为首的小资产阶级民主派(共和派的左翼),主张实行普选制,建立共和国,还要求实行社会改革,改善人民生活。由于七月王朝残酷镇压工人运动,这个时期工人阶级还没有自己公开的政治组织,只有一些秘密团体,如布朗基(1805—1881)领导的"四季社"等。另外,还有一些和工人阶级站在一起的社会主义者,著名的人物有空想社会主义者德萨米(1803—1850)、卡贝(1788—1856),小资产阶级社会主义者蒲鲁东(1809—1865)和路易·勃朗(1811—1882)。

1847年下半年起,法国社会各阶级都开始行动起来,全国到处出现工人示威和农民骚动。王朝反对派和资产阶级共和派利用群众运动高涨的形势,积极展开活动,以举行"宴会"为名,进行群众性政治集会,宣传改革选举制度,在全国掀起了宴会运动。他们原定于1848年1月29日在巴黎举行一次较大规模的有反对派全体议员参加的"宴会",在遭到政府禁止后,就改于2月22日举行,但再次遭到政府禁止。这件事遂成为1848年二月革命的导火线。

在政府的压力下,宴会的组织者表示屈服,放弃原定的计划。但是2月22日,巴黎工人、学生和市民走上街头,高呼"改革万岁"、"打倒基佐"的口号,冒雨进行示威游行。23日,有更多的群众参加示威,并同军警发生冲突,不少国民自卫军也转到群众方面来。路易·菲力浦十分惊慌,立即免除了基佐的职务,答应实行改革。资产阶级反对派认为目的已经达到,准备同国王妥协,共同执政。但是,巴黎工人和群众已经吸取了七月革命的教训,决心推翻王朝,为建立共和国继续战斗。当晚,守卫基佐住宅的士兵向群众开了枪,当场有6人被打死,几十人受伤。手持火把的人群护送着装载尸体的大车游遍了巴黎,激起了巴黎人民的极大愤怒,一夜间就筑起了1 500个街垒。24日,起义群众高呼"打倒路易·菲力浦!""建立共和!"对政府各主要据点发动了猛烈进攻,军队同情起义,路易·菲力浦眼见大势已去,仓促逃往英国。起义群众攻占土伊勒里宫,捣毁了君主政体的一切标志,并把象征君主制的御座抬到巴士底广场烈士碑前烧毁。二月革命获得了胜利。

但是,革命胜利的成果被资产阶级窃取了。2月24日成立的临时政府由11人组成,其中王朝反对派2人,共和派5人,小资产阶级民主派2人,工人代表2名,即路易·勃朗和阿尔伯。临时政府的主要职务都由资产阶级共和派代表担任。诗人、历史学家拉马丁担任了外交部长,实际上是临时政府的灵魂。富有的律师赖德律-洛兰担任了内务部长。他们在革命前反对七月王朝和鼓吹社会改革,骗取了群众的信任。同时,工人阶级在政治上还不成熟,路易·勃朗的小资产阶级社会主义思想在工人群众中起了麻痹的作用,使工人相信资产阶级上台可以帮助改善工人的经济地位。

路易·勃朗(1811—1882)是法国小资产阶级社会主义者,著有《劳动组织》。他认为工人贫困、受苦、堕落和犯罪,都是由于资本主义的自由竞争和生产的无政府状态造成的。他认为把劳动组织起来就可以消灭工人的贫困等等不合理的现象。因此他建议由资产阶级国家拿出资本,成立国立工场,由国家负责指导和组织生产,以此来逐步兼并私人企业,从而过渡到社会主义。他还主张由国家来实现劳动权,保证每个公民都能在合理的报酬下就业。路易·勃朗把国家看成是超阶级的,声称"国家是穷人的银行",一切社会改革只能通过说服和依靠政府来实现,反对工人阶级用革命手段夺取政权。他在临时政府中鼓吹阶级调和,散布改良的幻想,把工人阶级的革命斗争引向了歧途。

临时政府迟迟不宣布成立共和国,只是在2月25日,革命家拉斯拜尔(1794—1878)率领工人代表团至市政厅,以新的起义相威胁,限令在两小时内宣布成立共和国,临时政府才不得不宣布成立共和国,这就是法国历史上的第二共和国。

共和国成立后,工人阶级同资产阶级的矛盾迅速上升到首位。资产阶级共和派要求通过共和国,来确立对工人阶级和其他劳动人民的全面统治。工人阶级要求的是没有剥削,没有压迫的共和国,这种愿望集中反映在他们提出的"社会共和国"这个模糊口号中。

当时工人群众手中掌握武器,因此一度争得一些胜利。几天之内,迫使临时政府颁布法令,实行普选,规定劳动日减少一小时,保证工人的劳动权利,设立劳动委员会,建立国立工场等。工人阶级争得这些胜利,从而给共和国打上了"社会"的烙印,这与工人代表参加政府一样,都是历史上的第一次。劳动委员会因设在卢森堡宫,又称为卢森堡委员会。它的任务是探讨改善工人阶级状况的办法。这个委员会既无权力,又无经费,只是纸上谈兵。马克思把它说成是设在银行和交易所旁边的"社会主义的礼拜堂"①。路易·勃朗和阿尔伯就是这个礼拜堂的祭司长,他们在那里宣扬劳资合作的福音。

资产阶级共和派同意颁布这些法令是被迫的,是慑于形势。它把这些措施作为争取时间,麻痹工人群众革命意志的手段。他们让路易·勃朗和阿尔伯担任劳动委员会正、副主席,实际上就是把工人代表撵出了政府。临时政府在实现劳动权的幌子下,先后在巴黎、里昂、马赛等地开办国立工场,收容大批失业工人、职员和破产的手工业者,仅巴黎的国立工场就有11万多人。国立工场的工人被派去修筑铁路和车站、植树、铺路以及打扫广场等劳动。临时政府故意恶化国立工场中的劳动和生活条件,目的是要败坏工人阶级和社会主义的声誉。临时政府还急于组织反革命武装,建立一支2万多人的别动队,这就需要钱,于是以维持国立工场为名,把主要由农民、小资产阶级负担的四种直接税,按每法郎税款增收45生丁附加税。同时又造谣说,附加税是为了养活工人,因而在受骗的农民和小资产阶级心目中,工人成了靠他们养活的"游手好闲"的人,国立工场成了懒汉避难所。临时政府就是用这种挑拨的手段,使农民和小资产阶级把自己的贫困归咎于国立工场、劳动委员会和工人阶级,使工人阶级陷于孤立。

4月16日,巴黎10万工人集会,向政府递交"组织劳动","消灭剥削"的请愿书。临时政府却借口工人"企图共产",煽动市民举行反对工人的示威。巴黎城一时响起了"打倒布朗基"、"打倒共产主义者"的喧嚣,出现了十分不利于工人阶级的政治气氛。在一周后举行的制宪议会选举中,880名当选议员中,资产阶级共和派占550名,波旁王朝拥护者正统派和七月王朝的拥护者奥尔良派占212名,小资产阶级民主派占100名,工人只占18名。这样,工人阶级在同资产阶级的斗争中遭到了严重挫折。

1848年5月4日,制宪会议开幕,临时政府宣布解散。制宪会议选出执行委员会,组成新政府。执行委员会5名成员中4名是资产阶级共和派,1名是小资产阶级民主派,工人阶级的代表被排斥于外。执行委员会否决了路易·勃朗提出的在政府中设立劳动部的提案,通过了禁止集会请愿的法令,只准许书面请愿。在对外政策上,支持俄国和奥地利镇压波兰民族革命运动。

执行委员会的反人民政策,激起了巴黎工人的愤慨。5月15日,巴黎15万工人举行了示威游行。示威群众涌入议会的会议大厅,布朗基代表工人向议会提出了对富豪征课重税,成立劳动部,允许工人代表参加政府,援助波兰革命等要求。当这些要求被拒绝时,示威的组织者之一尤伯尔登上讲台,宣布解散制宪会议,成立以布朗基、路易·勃朗等人组成的新政府。执行委员会立即调集军队,驱散了示威群众,逮捕了布朗基、阿尔伯等人,同时下令解散卢森堡委员会。

---

① 《马克思恩格斯选集》第1卷,人民出版社1995年版,第384页。

5月17日,前阿尔及利亚总督卡芬雅克(1802—1857)出任军政部长,并把大批军队调进巴黎。6月21日,制宪会议决定封闭国立工场,18至25岁的未婚男工一律编入军队,其余工人则送往索伦做工。索伦是一沼泽地带,常有霍乱流行。

6月22日,报上颁布了此项决定,巴黎工人没有选择的余地,立即走上街头进行游行示威,表示抗议,"打倒拉马丁"、"打倒制宪议会"的呼声四起。当晚,示威工人决定起义。起义工人以45 000人对抗25万以上的政府军队,经历了6月23日至26日4天的浴血奋战。由于没有坚强的领导,布朗基等有斗争经验领导人都被关在监狱,再加上没有得到农民和小资产阶级的响应,工人处于孤军作战的境地。双方力量悬殊,最后卡芬雅克动用了大炮轰击起义工人,六月起义被镇压下去了。随之而来的是卡芬雅克的白色恐怖,政府枪杀11 000多人,25 000人被判监禁或流放。

六月起义和二月革命有着本质的区别。二月革命要求推翻的只是一种国家政体,六月起义要求推翻的已是资产阶级社会。二月革命中工人阶级是作为资产阶级的盟友参加的,而六月起义是工人阶级与资产阶级进行斗争,打击的是自己直接的敌人。起义时没有一个著名的资产阶级共和派人士站在工人一边。所以,从这些方面来看,六月起义"这是分裂现代社会的两个阶级之间的第一次大规模的战斗。这是为资产阶级制度的存亡而进行的斗争"。[①]

六月起义失败后,卡芬雅克被任命为国家首脑,组成了清一色的资产阶级共和派政府,小资产阶级民主派被一脚踢开。卡芬雅克下令解散了全国所有的国立工场,封闭政治团体和进步报刊,废除延期偿付债务的规定,取消缩短1小时劳动日的法律,继续施行45生丁附加税。这些反动措施,不仅打击了工人阶级,也损害了农民和小资产阶级的利益。

1848年11月,制宪议会通过了法兰西第二共和国宪法,即1848年宪法。根据宪法规定,立法权赋予一院制的议会,3年改选一次;行政权归总统掌握,4年一任,由选民直接选举。12月10日进行了总统选举。总统候选人有5人:拉马丁、拉斯拜尔、赖德律-洛兰、卡芬雅克和路易·波拿巴。选举结果,在744万张选票中,路易·波拿巴获得550万张选票,当选为总统。

路易·波拿巴(1808—1873)是拿破仑一世的侄儿。拿破仑帝国倾覆后,被逐出法国,寄居瑞士。1832年拿破仑的儿子死后,他是法定的继承人。路易·波拿巴处处模仿拿破仑,朝思暮想恢复帝业,1836年、1840年两次组织暴动,企图夺取政权。失败后被判终身监禁。1846年越狱逃往英国。1848年二月革命后,回国重登政治舞台,他伪装同情劳动人民,写了反资本主义的小册子《论消灭贫困》,暗中却同大资产阶级相勾结。

---

① 《马克思恩格斯选集》第1卷,人民出版社1995年版,第398页。

路易·波拿巴所以能当选总统，主要是农民投他的票。卡芬雅克政府的反动措施加重了农民负担，使农民处于破产境地。农民把路易·波拿巴看做是"好皇帝"拿破仑一世的再现。他们高呼着"取消捐税，打倒富人！""打倒共和，皇帝万岁"的口号，投路易·波拿巴的票。小资产阶级也投路易·波拿巴的票，是对共和派政府的财政政策的抗议。大资产阶级投路易·波拿巴的票，是把他看做是复辟君主制的象征。这样就使他从一个普通军官，一跃而成为总统。资产阶级共和派的统治，随着路易·波拿巴的当选总统而宣告结束。

路易·波拿巴就职后，任命巴罗组阁。巴罗集结奥尔良派和正统派组织了秩序党内阁。这个内阁起了从资产阶级共和制向君主制过渡的桥梁作用。秩序党为了排挤资产阶级共和派在议会中的多数，就利用各阶层对共和派的不满，掀起了要求立即解散制宪会议的请愿运动，迫使制宪会议于1849年1月自动解散。5月进行议会选举，在总共750个议席中，秩序党得了500席，小资产阶级民主派和社会主义者联合组成的新山岳派获180席，共和派只得到70席。秩序党已经控制议会，资产阶级共和派统治彻底垮台了。接着，新山岳派在对待意大利革命问题上同秩序党发生冲突，于6月13日举行示威，遭到政府的镇压，新山岳派议员有的被逮捕，有的逃往国外。这样，小资产阶级民主派也被击败了。

秩序党大权独揽，复辟君主制的时机成熟。但这时秩序党内部的正统派、奥尔良派和波拿巴派之间的矛盾日益尖锐。正统派要复辟波旁王朝；奥尔良派要恢复七月王朝；而路易·波拿巴则力图实现自己称帝的野心。路易·波拿巴组织了反动的"十二月十日社"，收罗流氓和无业游民，到处进行蛊惑性宣传，竭力削弱秩序党的影响。11月，他罢免了秩序党的巴罗内阁，接着又免去了奥尔良派将军尚加尔涅（1793—1877）的巴黎卫戍司令的职务，都代之以自己的亲信，从而把国家行政权和军权从秩序党手中转到自己手中。

路易·波拿巴在各方面巩固自己的地位以后，要求议会修改宪法，包括取消总统不得连任的条款。当这一要求被议会否决后，路易·波拿巴就决定举行政变。1851年12月2日，这天是奥斯特利茨战役和拿破仑加冕称帝的纪念日，他调集7万多军队进入巴黎，宣布解散议会，逮捕秩序党分子及一切反对他的议员。这就是法国历史上的路易·波拿巴政变。共和派曾在巴黎和外省进行反抗政变，结果遭到镇压，有26 000多名反抗者遭逮捕，1万多名被流放。维克多·雨果因参加反抗斗争，流亡国外达19年。

1852年1月14日，路易·波拿巴公布新宪法，把总统任期改为10年。12月2日，①路易·波拿巴正式宣布自己为法兰西皇帝，称拿破仑三世。法兰西第二共和国被法兰西第二帝国所代替。

---

① 1804年同一天，拿破仑一世称帝举行加冕礼。

德国三月革命

1815年,根据维也纳会议决议建立起来的德意志邦联,包括有34个邦、4个自由市。这个建立在神圣罗马帝国废墟上的邦联,既没有中央政府,又没有武装力量,在内政、外交和军事方面各邦都各自为政。奥地利和普鲁士是邦联中的两个大国,其他小邦大都分别依附于它们。设在美因河畔法兰克福的邦联议会由各邦代表组成,议会主席由奥地利首相梅特涅担任。他竭力维护封建专制制度,镇压一切革命运动和民族解放运动。但是,法国大革命和拿破仑战争在德意志所激起的自由主义和民族主义反映了社会发展的趋向,是无法遏止的。

19世纪的前半期,德意志的资本主义有了较显著的发展。在拿破仑战争期间,除普鲁士和奥地利外,德意志的其他地区都成了拿破仑帝国的占领区和附庸国。由于推行拿破仑法典,这些地区的行会制度和农奴制度都瓦解了,大陆封锁对德国民族工业发展起了刺激作用;普鲁士实行了施泰因-哈登堡改革,这些都为德国资本主义发展创造了有利的条件。1834年,以普鲁士为首的18个邦建立了关税同盟,使2 500万人口的地区连成一个贸易区,扩大了国内市场,推动了工业生产的增长。1820—1840年期间,工业生产总值从8 500万英镑增加到15 000万英镑。从30年代起,德国开始了工业革命。1845年普鲁士境内的铁路达2 000多公里,1847年普鲁士已有蒸汽机1 100多架,柏林逐渐成为工业城市,易北河以东出现了容克办的大农场。

但是,德国的四分五裂,严重地阻挠着资本主义的发展。各邦货币、度量衡都不统一,工商条例和税收制度也不相同,关卡林立。从柏林运往瑞士的货物必须经过10个国家,手续繁多,缴纳的关税超过了所运货物的价值。因此,尽管德国资本主义已经发展起来,但远远落后于英国与法国。德国的机器生产还处于兴起阶段,农村也还保留着大量封建关系。随着资本主义发展,消除封建割据和实现国家统一,就成为德国资产阶级革命的首要任务。

1848年初,德国已处于暴风雨即将来临的前夜。法国二月革命的消息加速了德国革命的爆发。在毗邻法国的德国西南各邦,首先掀起了革命风暴。

1848年2月27日,巴登人民举行大规模的示威游行,要求出版自由,实行陪审制和召开全德议会。接着,革命迅速波及邻近的符腾堡、巴伐利亚、萨克森、黑森-达姆施塔特等邦,其中有些地区还发生了武装起义,迫使这些邦的封建君主让步,允许资产阶级自由派组阁,采取了一些资本主义性质的改革。

德国革命的中心是在普鲁士的首都柏林。3月初,柏林人民已经开始行动起来,举行集会,要求政治自由,实行大赦,法律面前人人平等,实行人民代议制度,尽快召开由各省议会代表组成的联合议会等。3月13日,柏林发生了声势浩大的群众示威游行。15日,传来了维也纳革命和梅特涅逃跑的消息,群众斗争的情绪更加高涨。16日,群众和军队发生流血冲突。18日,群众包围了王宫,要求国王腓特烈·威廉四世把军队撤出柏林,但遭到拒绝。被激怒的群众立即举行武装起义,同14 000名政府军战斗了10小时。起义规模愈来愈大,士兵同情起义群众,不向群众射击。在这样的情况下,国王不得不宣布军队撤离柏林,立即召开议会,制定宪法,改组政府和释放政治犯。在这期间的战斗中起义者死伤达1 000多人。19日,国王在街垒战士迫使下,向死难烈士的尸体致哀。柏林三月革命取得了胜利。

3月29日,国王任命莱茵区的大工厂主康普豪森和银行家汉泽曼组织新政府。这个资产阶级自由派政府因害怕工人重演法国二月革命,一开始就背叛革命,同封建势力妥协。它保存了封建王朝的全部统治机构和官员。当工人要求普选权和劳动权时,康普豪森立即要求国王调回军队,防范工人的革命行动。自由派政府还支持国王出兵镇压普鲁士统治下的波兹南地区波兰民族起义。它不顾人民的反对,于5月22日召开了议会,通过了具有浓厚保守色彩的宪法。

三月革命后,德意志各邦几乎都组成了资产阶级自由派政府,这为国家的统一创造了有利条件。但是,由于资产阶级害怕人民群众的斗争,不敢把革命向前推进,消灭封建制度,夺取资产阶级革命的全面胜利,而是主张各邦选出代表组成全德国民议会,制定一部统一的宪法,推举一个邦的君主为全德意志的皇帝,从而把国家统一起来。

5月18日,在法兰克福召开了全德国民议会。在573名议员中,绝大多数是拥护君主立宪制的资产阶级自由派。其中2/3是普鲁士和奥地利的代表,以普鲁士的代表为最多;剩下的1/3,则是各小邦的代表。在持温和观点占多数的议员中又分为两派:一派主张以奥地利为首统一德国,称"大德意志派";一派主张把奥地利排除在外,以普鲁士为首统一德国,称"小德意志派",两派相持不下。少数小资产阶级民主派议员虽主张共和制,但缺乏坚决果敢的行动,影响不大。

法兰克福议会选举奥地利大公约翰为帝国元首(执政),并组成了帝国政府。但是,这个中央政府无任何实权,各邦君主也根本不听它的约束。法兰克福议会进行了冗长而无休止的宪法讨论,被恩格斯讥笑为"老太婆议会",从而贻误了革命的时机,使反动势力赢得了时间,积蓄力量以准备反扑。

巴黎六月起义失败后,德国反动势力立即嚣张起来,下令限制取缔人民集会结社,解除人民武装,企图恢复三月革命前的旧秩序。维也纳十月起义的失败,成为普鲁士反动势力进攻的信号。11月9日,普鲁士国王发动反革命政变,任命自己叔父勃兰登堡伯爵组阁,资产阶级自由派完全被排除于政府之外,反动将领弗兰格尔被任命为军队统帅,4万军队进驻柏林。接着,国王下令解散议会,普鲁士又恢复了君主专制统治。

当封建反动势力转入进攻时,法兰克福议会还在讨论宪法。在镇压维也纳十月起义后,奥地利对法兰克福议会统一德国的活动采取了明显的敌视态度,并力图恢复德意志邦联议会,像梅特涅时代那样,由它继续主宰分裂着的德国。

延至1849年3月28日,法兰克福议会才通过了宪法,即德意志帝国宪法。宪法规定,德意志帝国是一个统一的国家;行政权归属皇帝,皇帝从各邦选出,不对议会负责,拥有对外宣战、议和以及统率全国武装力量的权力;立法权授予两院制的议会,贵族院由各邦代表组成,众议院由普选产生;加入帝国的各邦保持内政的独立,有自己的政府和议会;实行全德的关税、货币和度量衡的统一。宪法宣布了言论、信仰、人身、集会和结社的自由;私有财产不可侵犯,并规定农民通过赎买来废除封建义务。这部宪法虽然具有较浓厚的保守色彩,但它旨在消除原来的封建割据局面,特别是在1848年革命失败的情况下,仍然是一部比较进步的宪法,因而在一定程度上得到人民的支持。

法兰克福议会选举普鲁士国王威廉四世为德意志帝国皇帝,但威廉四世拒绝从这个议会手中接受皇冠,这不仅是因为这个议会是由革命产生的,宪法具有自由主义性质,也是因为考虑到如果接受这顶皇冠,必将遭到奥地利和俄国的强烈反对,甚至可能引起军事冲突。德意志其他邦的君主也都步威廉四世的后尘或受奥地利的影响,拒绝接受这部帝国宪法。

德意志各邦君主对帝国宪法的抵制,激起了人民的极大愤慨,在全国掀起了维护帝国宪法运动。5月起,在萨克森的德累斯顿,巴伐利亚的普法尔茨,普鲁士的莱茵省和威斯特伐利亚,巴登的卡斯鲁厄等地都爆发了人民起义。这些起义由于缺乏坚强的领导,先后被政府的军队镇压下去。

在展开维护帝国宪法运动期间,法兰克福议会的大部分议员满怀恐惧,宣布同议会断绝关系或被自己的政府召回,只有一小部分议员随议会转移到符登堡的斯图加特。议会在斯图加特仅存在19天,就被当地政府用军队解散。法兰克福议会失败的原因,不单在于空谈过多,还在于奥地利的敌对态度,普鲁士国王的优柔寡断,各小邦君主的猜疑,以及自由派议员们自己缺乏实现国家统一的坚强意志。维护帝国运动的失败和法兰克福议会被解散,标志着1848年德国革命的终结。

奥地利革命·民族解放运动

1848年革命前,奥地利帝国是个多民族的封建专制主义的国家。它的版图除奥地利本土外,还包括哈布斯堡家族的世袭领地原捷克王国和匈牙利王国的领土、加里西亚以及意大利的伦巴底—威尼西亚地区。帝国境内居住着20多个不同的民族,其中占统治地位的是德意志人,只有500万人;处于奴役地位有捷克人、斯洛伐克人、马扎尔人、波兰人、克罗地亚人、意大利人等,共有2 700万人,德语定为国语。哈布斯堡家族统治着这个帝国。帝国首相梅特涅依靠大贵族地主和金融寡头进行封建专制统治,采用警察特务手段,压制民主的思想和活动,同时,利用民族矛盾,挑起民族纠纷,残酷地镇压民族解放运动。因此,在帝国内部呈现出阶级矛盾和民族矛盾交织在一起的复杂局面,阶级矛盾和民族矛盾十分尖锐。

19世纪30年代后半期和40年代,是奥地利资本主义的发展时期,手工工场日益增加,工厂开始出现,首都维也纳成为工商业中心。40年代初,全国(不包括伦巴底—威尼西亚地区)已有工厂134家,其中大都为纺织厂。1848年革命前夕,在捷克的织机达10万台。随着纺织业的发展,冶金、机器制造、化学颜料以及铁路事业也逐渐发展起来了。但是,封建制度的束缚,奥地利政府的关税政策以及民族压迫,都严重地阻碍着资本主义经济的发展。奥地利的经济发展不仅远远地落后于英法等资本主义国家,而且还落后于普鲁士。农村的封建关系仍占统治地位,人民生活异常困苦。摆在奥地利各族人民面前的革命任务,是推翻哈布斯堡王朝的专制统治,废除封建制度,建立各自的民族国家。

法国二月革命、意大利和南德各邦革命的发生,加速了奥地利革命的爆发。1848年3月初,维也纳到处举行群众集会,提出修改宪法,废除书报检查,改组内阁,实行人民代议制度等要求。可是,皇帝斐迪南一世对这些要求,只作含糊其辞的答复,群众不满,使革命形势急剧地高涨起来。13日,在帝国议会附近的广场上集聚着群众,他们高呼口号:"自由! 宪法! 打倒政府!""打倒梅特涅!"并且提出出版自由、信仰自由、建立陪审制和责任内阁等要求。梅特涅调集军队镇压,群众立即筑起街垒,举行起义。起义群众与军队展开了激烈的斗争。宫廷为避免起义进一步扩大,决定"牺牲"梅特涅。当晚,这位煊赫一时的奥地利首相被迫辞职,并于次日乔装逃出维也纳,流亡到英国。与此同时,斐迪南一世答应取消书报检查、武装市民和大学生。但是政府所作的让步,并未满足群众的要求,梅特涅虽已去职,而原有的政治制度仍原封未动。15日,起义群众包围了皇宫,斐迪南一世不得不宣布改组内阁,召开国民议会,制定宪法。他叫旧官僚出身的毕莱尔斯道夫组阁,其实这只是换汤不换药的手法,新内阁不过是皇帝手中的工具。4月25日颁布了宪法,宪法授予皇帝以无限的权力,他可以否决议会通过的法律。5月11日公布了选举法,规定很高的财产资格,剥夺了工人和其他劳动人民的选举权利。这就激起了广大人民群众的不满,他们强烈地要求降低财产资格。政府不但拒绝了人民的要求,而且于5月14日下令解散在革命中成立的国民自卫军和大学生军团的代表联合组成的国民军中央政治委员会。5月15日,维也纳群众举行游行示威,并且筑起街垒,再一次起义了。在声势浩大的起义面前,皇帝吓得魂不附体,他在5月16日偕同宫廷人员逃往因斯布鲁克。到17日,起义胜利了,政府被迫让步,承认中央政治委员会的合法地位,并且答应起义者的要求,同意召开制宪国民会议,重新制定宪法。但是,反动政府不甘心失败,它在5月26日下令解散学生军。这又一次引起了武装起义,在起义中学生军和国民自卫军都参加了战斗。结果,政府又一次作了让步,收回了解散学生军的成命。

几乎于城市革命人民发动的同时,广大农村的农民也行动起来,他们到处砸碎封建枷锁。但是农民通过斗争取得的革命成果,却被资产阶级断送了。7月22日开幕的资产阶级代表占优势的制宪国民会议,虽然废除了与人身依附关系和地主裁判权有关的封建义务,但是却保留了主要的封建义务——劳役地租和代役租,除非农民交纳一定的赎金来赎买这些封建义务。

这时,资产阶级认为革命已经完成,同时又感到经受三次起义打击的封建势力已经不是可怕的敌人了。因此,他们开始倾向于与封建势力妥协,并且表示欢迎皇帝和宫廷人员返回首都。8月12日,皇帝及其随从们在国民会议的"热烈"欢迎中返回首都。资产阶级与封建势力妥协的第一个行动是皇帝检阅国民自卫军。第二个行动是8月23日国民自卫军镇压工人示威者。这次屠杀标志着资产阶级和工人阶级的决裂。这时学生军也转向支持政府,对工人抱敌视态度。

维也纳三月革命推动了奥地利其他地区的革命,在捷克、匈牙利、加里西亚、克罗地亚等地先后掀起了革命运动。这些地区的革命运动的发展也有力地支持了维也纳的革命。

早在1848年3月初,捷克的首府布拉格和其他城市出现政治传单,要求实行宪法和言论自由。3月11日,布拉格3 000群众举行集会,会上通过致奥皇的请愿书,提出召开捷克各地区统一的议会,言论、出版和信仰自由,取消封建义务,捷克语和德语享有平等地位等要求。维也纳革命和梅特涅出逃的消息传到布拉格后,捷克人民的革命情绪更加高涨。但是由于捷克内部各派系意见不一致,温和派一直控制着群众运动,使得这一时期反奥斗争主要是采取请愿的方式。3月19日,捷克代表在维也纳向奥皇递交请愿书,奥皇拒绝了捷克人民的要求。布拉格及其他城市发生了抗议运动。3月28日再度提出请愿书。在这种形势下,斐迪南一世被迫满足了捷克人民的部分要求,同意捷克语和德语平等,允许捷克成立责任内阁。

在捷克民族运动日益高涨的形势下,居住在捷克的德意志资产阶级,在奥地利政府唆使下,沙文主义情绪滋长,力求捷克人继续处于从属地位,保持德意志人的统治。捷克人民则要求国家独立,反对法兰克福议会把捷克列入德国的版图。当时,奥地利境内的其他斯拉夫人迫切要求自治权。为了寻求支持,捷克掀起了泛斯拉夫运动。1848年6月2日,在布拉格召开了奥地利帝国境内的斯拉夫人大会,宣布团结所有斯拉夫人反对他们的德意志压迫者。可是大会的领导权一开始就落在捷克资产阶级自由派手中,不仅没有形成革命的机构,而且采取效忠哈布斯堡王朝的立场,主张保持奥地利帝国的完整。这个大会对当时的捷克革命运动没有起推动作用,不久因布拉格六月起义中断了活动。

维也纳三月革命消息传到匈牙利,首府佩斯马上掀起了革命高潮。3月15日,以爱国诗人、革命民主主义者裴多菲(1823—1849)为首的革命者在佩斯举行集会,通过了资产阶级改革的政治纲领,即《十二条》。其主要内容是:要求出版自由,取消书报验查;成立匈牙利责任内阁,成立匈牙利国民议会;法律面前人人平等,废除劳役制;建立国民自卫军,实行陪审制度等。《十二条》没有提出匈牙利独立,没有提出消灭农奴制和给少地农民分配土地的主张,这反映了匈牙利资产阶级的软弱性和革命的不彻底性,但在当时这个纲领仍然起了团结人民的作用。

当天,裴多菲和革命者领导着群众进行示威游行。示威群众以裴多菲所写《民族之歌》中的诗句:"我们宣誓,我们,永不做奴隶"作为革命誓言,情绪激昂,包围了市政府和总督府,迫使市长和总督承认《十二条》,释放了政治犯,并控制了整个首都,成为佩斯的主人。由资产阶级、知识分子和农民的代表人物组成的公安委员会,行使革命政权的职能,还组织了国民自卫军。匈牙利的其他一些城市也效法首都佩斯,赶走了原有的官吏,成立了公安委员会和组织国民自卫军。

在佩斯的革命运动的压力下,奥皇斐迪南一世同意匈牙利在军事、财政方面的独立,组织责任内阁和成立自治政府。3月17日,他授权匈牙利温和派代表巴蒂安尼组织匈牙利第一任责任内阁,政府财政大臣是由匈牙利著名爱国志士科苏特担任。巴蒂安尼政府在人民群众推动下,废除农奴制,取消劳役制和什一税,实行新的选举法。这样,匈牙利三月革命取得了胜利。

1848年3月维也纳和捷克、匈牙利等地的革命胜利,使奥地利帝国陷于分崩离析。可是,当各地资产阶级取得或参与政权后,就竭力阻挠革命运动的发展,寻求与封建势力妥协。同时,随着革命的胜利和不断深入发展,革命阵营内部产生了分歧和矛盾,并明显地暴露出来,从而削弱了革命本身的力量。这就使哈布斯堡王朝有可能进行反扑。

5月20日,奥皇派遣奥地利驻捷克军团总司令温迪什格拉兹率领大军进入布拉格,宣布戒严。6月10日,布拉格群众要求撤走军队,遭到拒绝。12日,群众举行游行示威,又遭军队开枪射击。群众随即筑起街垒,进行武装起义。起义群众英勇战斗了5天,于6月17日被镇压下去。布拉格六月起义失败后,捷克民族运动的领导权完全落到资产阶级自由派手中,他们公开出卖民族利益,支持哈布斯堡王朝。这样,在捷克又恢复了奥地利帝国的封建专制统治。

匈牙利在三月革命后,组成独立政府,取得了在奥地利帝国内自治的权利。可是这个政府却不承认自己境内少数民族斯拉夫人和罗马尼亚人的平等地位。4月间,克罗地亚居民要求脱离匈牙利而独立,被匈牙利政府拒绝。同年夏天,发生塞尔维亚人反对匈牙利政府的流血事件。奥地利政府利用匈牙利内部的民族纠纷,唆使克罗地亚人起来反对马扎尔人。克罗地亚贵族首领叶拉契奇被任命为克罗地亚总督。随后,他宣布克罗地亚脱离匈牙利政府管辖,并奉奥皇之命,率领塞尔维亚—克罗地亚军队进攻匈牙利。从9月中旬起,匈牙利和克罗地亚处于战争状态,叶拉契奇军队一度取得胜利,并向佩斯推进。为了抗击进犯的克罗地亚军队,匈牙利组成了以科苏特为首的国防委员会,取代原先的巴蒂安尼政府,行使政府职权。

在武装进攻的同时,奥皇又任命匈牙利贵族拉姆堡为驻匈牙利的全权代表,派往佩斯,旨在瓦解匈牙利民族运动。9月28日,当拉姆堡抵达佩斯时,就被当地群众处死。哈布斯堡王朝企图利用其代理人来扼杀匈牙利革命的阴谋遭到破产。9月底,叶拉契奇的军队被匈牙利军队击败,退向奥地利边境,等待奥地利的增援部队。

维也纳人民为反对政府镇压匈牙利革命,掀起了十月起义。10月6日,维也纳的工人、大学生和部分国民自卫军,包围了车站,以阻止支援叶拉契奇的掷弹兵出发。起义群众同政府军展开战斗,最后政府军溃败。命令开战的国防大臣拉多尔被愤怒的群众吊死在路灯杆上。斐迪南一世逃往奥尔木茨。维也纳又一次掌握在人民群众手中。

维也纳十月起义完全是自发的,没有一个集中而统一的领导组织。起义胜利后,也没有建立起革命政权机关。斐迪南一世到奥尔木茨后,很快地把叶拉契奇的军队调往维也纳。同时,又把镇压布拉格六月起义刽子手温迪什格拉兹的军队调往维也纳,形成对维也纳的包围圈。10月23日,政府军开始反攻,起义群众坚守阵地,英勇还击。匈牙利派来的援军为时太迟,数量又少,未能进入维也纳。政府军用大炮轰击,城内大火到处燃烧,起义群众终因寡不敌众,街垒相继失守。11月1日革命的维也纳陷落。

1848年12月2日,斐迪南一世退位,他的侄子弗兰西斯·约瑟夫一世(1848—1916年在位)即位。新皇帝对维也纳人民不曾承担过任何诺言,因此可以肆无忌惮地在奥地利恢复旧秩序。1849年3月7日,解散了资产阶级自由派占优势的帝国议会,奥地利又恢复了封建专制统治。

奥地利政府在镇压了维也纳十月起义以后,便把主要力量用来对付匈牙利革命。12月中旬,由温迪什格拉兹率领的军队大举进攻匈牙利。1849年1月5日,佩斯陷落。匈牙利国防委员会和议会迁至德布勒森。4月初,匈牙利军队开始反攻,屡败奥地利军队。4月14日,匈牙利议会通过独立宣言,宣布匈牙利独立,并且推科苏特为国家元首。独立的宣布有力地鼓舞了人民群众的斗志,战场上的革命战士勇气倍增,因之战局逐渐好转,奥军节节败退。5月21日,首都佩斯光复。

当匈牙利取得胜利,奥地利已无力镇压匈牙利革命时,俄国出面干涉。6月15日,沙皇尼古拉一世应奥皇的请求,下令沙俄驻波兰总督巴斯凯维奇率军20

万人,从东面进攻匈牙利。同时,由镇压意大利革命的刽子手海瑙男爵指挥的奥地利军队16.6万人,从西面进攻匈牙利。只有17万军队的匈牙利,处于腹背受敌的局面。7月7—11日,匈牙利军队在科马罗姆会战中惨败,奥地利军队再次占领佩斯。匈牙利政府迁到土额特城。7月31日,裴多菲在保卫赛盖斯瓦尔战役中英勇牺牲。

在前线军事失利的情况下,匈牙利内部的投降派势力抬头。8月10日,科苏特辞职,离开匈牙利,逃往土耳其。8月13日,匈牙利军队总司令戈尔盖向俄军投降,匈牙利革命遂告失败。

匈牙利革命的失败与俄国的干涉有着密切关系,同时,也由于匈牙利革命内部始终没有组成一个坚强的领导核心,没有能够广泛地发动农民参加。在对待境内的少数民族问题上,马扎尔人以统治民族自居,使少数民族不仅不积极帮助马扎尔人,反而采取敌对立场,因而削弱了革命力量。匈牙利革命失败后,奥地利政府对匈牙利革命者进行残酷的迫害,匈牙利第一任政府首脑巴蒂安尼和一些将领被处死,被处死的起义者达数百人,被监禁者达万人以上。匈牙利又重新沦于奥地利帝国的统治之下。

意大利的革命

自从近代开端以来,意大利一直是一个分崩离析的政治实体,而没有形成像英、法那样的民族统一的国家。这应归因于以下诸种情况:第一,罗马天主教教皇就驻跸在意大利,他的教皇国也在意大利,他害怕意大利统一会损害他的宗教权力,所以他竭力阻碍意大利统一在任何一个强有力的君主之下。第二,意大利从中世纪以来就存在好几个城市国家,它们以商业立国,都很富强,都不愿意出现一个统一的意大利。第三,意大利既富裕,又软弱可欺,这就成为欧洲列强——西班牙、法国和德国觊觎的对象,于是意大利就成为国际争斗的战场,这也大大妨碍了统一。

在维也纳会议后,意大利半岛仍旧是国家林立,并且处于外国势力的宰割下:北部大部分、中部一部分地区是奥地利的势力范围,南部的两西西里王国则由西班牙的波旁王朝统治,中部有教皇国。只有以皮埃蒙特为中心的撒丁王国是独立的国家。

而且,大多数国家处在反动统治下:贵族及僧侣享有特权,人民被剥夺了自由权利。不许阅读但丁的作品,不许在学校里讲授哥白尼的地球自转学说。天主教会竭力把民众保持在愚昧状态中。一个枢机主教曾说过:"愚民则易治"。

但是,在19世纪三四十年代,意大利工业资本主义已经有了相当大的发展。在伦巴底和皮埃蒙特,工业企业数目大增,并且开始采用机器,这说明已进入工业革命时代。三四十年代也开始修筑铁路。

与此同时,意大利农业资本主义也有很大的进步。一部分地主改变经营方式,解除租地契约,驱逐农民,而且开始使用雇佣工人,建立资本主义农场。他们采用集约的耕作方法,进行人工灌溉,因而大大增加了产量。大农场一般在 200 至 700 英亩之间。这样的地主也资产阶级化了,他们同大商业资产阶级结成了同盟。

但是,意大利资本主义的发展遇到了层层的障碍。一个障碍便是外国的统治和压迫。奥地利把伦巴底和威尼西亚变为它的经济附庸,并且使其与意大利市场和国外市场相隔离。此外,无论是一条道路,抑或一道堤坝,如果得不到维也纳政府的批准,就不能兴建。奥地利也限制这里的丝织业生产,同时向这里进口的外国商品征收高额关税,以免它们与奥地利商品竞争。奥地利也向伦巴底、威尼西亚的居民征收沉重的税,从这里征收的税额,占整个奥地利帝国国库总收入的 1/4 以上。土地税非常之高,尤以盐税和烟税为最,盐税超过盐价的 10 倍。

另一个障碍是政治上的分裂,这妨碍统一市场的形成。

第三个障碍是封建专制制度。在意大利诸国,君主都享有至高无上的权力,贵族及僧侣仍享有特权,贵族垄断了国家机构、军队和法庭中的高级职位。不仅广大人民,而且资产阶级也在政治上处于无权的地位。在意大利南部仍盛行封建剥削关系,农民多半是对分农,他们每年的收获物要被地主夺走大部分。总之,封建制度从经济基础到上层建筑都不利于资本主义的发展。

因此,在多灾多难的意大利,到 19 世纪 40 年代,革命已经成为不可避免的了。意大利革命的任务,便是驱逐奥地利的势力,消除政治分裂,推翻封建专制制度,建立一个独立的、统一的、民主的意大利共和国。

在 19 世纪 30 年代,挺身而出慨然以实现这个历史任务为己任的,便是"青年意大利党"的创始人居赛普·马志尼(1805—1872)。马志尼出生在热那亚一个富裕的医生家庭,在大学读书时专攻法律,但十分爱好文学。在大学期间他就关心祖国的命运,读了有关意大利历史的大量书籍,对于往日有光荣历史而现在在外国侵凌下变得支离破碎的意大利的命运,深感悲伤。年轻的马志尼相信:只要他的祖国四分五裂并且受外人奴役,他就无法心安理得地从事文学工作。因此,他虽然一度操律师业,但是不久就毅然放弃这个职业,参加了"烧炭党",并因参加了一次暴动而被捕入狱。入狱期间,他通过冥思苦想制定出一个复兴意大利的方案。在 1831 年获释出狱后,他脱离"烧炭党",创立了"青年意大利党"。其党章要求:只有年龄在 40 岁以下、并且愿意献身于把祖国从外国及本国的暴君下解放出来、建立一个统一的奠基于完全民主之上的意大利共和国的事业的人才能参加党的组织。参加该党的阶级成分十分复杂,有资产阶级民主知识分子,有中、小资产阶级分子,有资产阶级化的中、小贵族,也有城市劳动人民(手工业者、工人和贫民),但是领导这个党的是资产阶级民主知识分子。

"青年意大利党"的功绩在于:它在意大利解放运动史上第一次提出了建立独立的、统一的民主共和国的斗争任务。所谓民主共和国,在他们看来,就是在意大利实现政治民主及普选制。它的口号是：自由、平等、博爱、独立、统一。马志尼认为只有建立这样的共和国，才能复兴意大利。他说："意大利曾经通过罗马帝国统治过世界；后来它又通过天主教统治世界；而现在容光焕发并且通过苦难得到净化的第三个意大利，会作为光明的天使而在诸国中活动。"但是，胸中燃烧着爱国主义思想的马志尼并不是一个沙文主义者。在他看来，所谓爱国主义就是既热爱自己的祖国，同时又尊重每一个其他国家，因为每一个国家都对人类文明作出贡献。他相信，如果每一个国家都互不干扰而和睦共处，就不会发生战争。他说，意大利的使命便是教育人类相爱，并且应该以实现国与国之间的友好关系作为自己的理想。他同情受压迫的民族——匈牙利人、波兰人和爱尔兰人。他组织一个称作"青年欧洲"的国际组织，其宗旨就是成立一个人民的神圣同盟，以对抗暴君的神圣同盟。

为了实现建立独立、统一、民主的意大利的任务，青年意大利党强调走"自下而上"的道路，也就是用革命手段推翻奥地利的统治及意大利各邦的君主专制制度。1840年青年意大利党内设立工人部，目的是争取工人入党。马志尼亲自深入工人中间展开活动。他关心工人的福利，曾幻想依靠"富人的慷慨帮助"建立生产合作社，以解决工人的生活困难。他的这个想法显然是受到圣西门思想影响的结果。

马志尼个人的思想情操及青年意大利党的战斗性纲领具有很大的吸引力，在短时间内就有6万人参加了青年意大利党。该党之所以能够提出这样生气勃勃的激进民主纲领主张，首先是与马志尼个人的努力分不开的，但是也是意大利的政治格局所决定的。第一，意大利革命的对象既有外国势力，也有意大利各邦的专制君主，而且外国压迫者奥地利还是一个强国，要想推翻这些反动势力，不是轻而易举的，任务非常艰巨，因此就不能不求助于人民，与人民建立联盟，从而也就不能不提出满足人民要求的激进的主张。第二，意大利资产阶级与无产阶级之间的阶级矛盾尚未发展，因此资产阶级有旺盛的革命朝气。

然而，青年意大利党的纲领也存在很大的缺点：他们只限于提出一般的政治上的民主要求，而反对用革命手段解决农民的土地问题。

青年意大利党在19世纪三四十年代发动的几次武装起义都归于失败，但是该党在马志尼的领导下有力地唤醒了意大利的民族意识，并且在人民中间广泛地传播了民主共和思想，从而为1848年革命作了思想上的准备。

到19世纪40年代，在意大利又出现了由大资产阶级和资产阶级化了的贵族组成的自由派。他们反对马志尼派所坚持的革命路线，而主张依靠教皇或撒丁王国的萨伏依王朝，在外国的帮助下实现国家的统一。

揭开1848年意大利革命的序幕的是这一年1月13日在西西里岛爆发的人民武装起义。经过激烈战斗，在西西里成立了自由派的临时政府。起义胜利的消息传到那不勒斯后,这里的人民马上举行大规模的示威,迫使两西西里王国的国王斐迪南二世颁布宪法,并且同意由自由派组阁。

在两西西里王国起义胜利的推动下,在教皇国、托斯坎纳及撒丁王国也都爆发了革命,在革命的压力下,这三个国家的封建君主都先后颁布了宪法。

维也纳三月起义的消息传来,推动了意大利人民的反奥斗争。3月18日,米兰首先发生了反奥的人民起义。起义者在23日解放了米兰城,把奥军驱逐出伦巴底。

在威尼斯也发生了人民的武装斗争,武装群众与奥军血战了两天之后,就迫使奥军狼狈逃窜。威尼斯宣布成立临时政府,由民主派曼宁担任临时政府首脑。

伦巴底—威尼西亚的反奥革命之所以迅速取得胜利,是人民群众在民主派领导下英勇奋战的结果。这次革命的胜利,沉重地打击了哈布斯堡王朝的反动统治,因而具有全欧的意义。

在革命运动发展的形势下,帕尔马、莫德纳两个小国也发生人民革命运动,结果政权转到自由派手里,奥国势力也被赶跑了。

这时,反奥情绪弥漫全意大利,"日耳曼人滚出意大利"的呼声响彻全意。都灵、佛罗伦萨、罗马、那不勒斯以及其他城市都出现群众示威运动,响应米兰和威尼斯临时政府的号召,要求立即向奥地利宣战。面对日益高涨的反奥运动,在人民的强烈要求下,撒丁国王查理·阿尔伯特首先宣布对奥战争。托斯坎纳、两西西里的君主们慑于人民的爱国运动的强大威力,也相继表示愿意参加反奥战争。甚至教皇也不得不作出这样的姿态。

然而,真心诚意参加战斗的是人民群众。他们到处组织义勇军和志愿军开赴战场去打击奥军。人民武装的杰出的组织者、领导者是居塞普·加里波第。

加里波第(1807—1882)出身于水手,1831年加入了青年意大利党,1834年参加一次武装起义,结果失败被捕,但是他逃到南美。1848年革命爆发后,他立即返国,并且积极组织志愿军,参加反奥战争。

一方面是意大利人民群众积极投入反奥的民族解放战争,形成一个强大的爱国热潮;另一方面奥地利境内革命运动也在蓬勃发展,哈布斯堡王朝自顾不暇,无法派出足够的兵力去镇压意大利的民族解放运动。因此,意大利反奥战争具备了取得胜利的主客观条件。但是领导反奥战争的各邦君主没有利用这些有利的条件去积极地领导这一场战争,而是无所作为,甚至破坏反奥战争。他们不但拖延派兵到战场上去,反而竭力阻挠加里波底的志愿军奔赴战场。他们所关心的是如何利用反奥战争去扩大自己的势力。在破坏反奥战争方面起最坏作用的是教皇庇护九世。1848年4月29日,他借口战争与"仁慈对待所有的人民和民族"的教义相悖,呼吁停止战争。5月15日,斐迪南二世在两西西里王国发动反革命政变,取消一切改革,并且下令调回参加反奥战争的军队。接着,教皇也把军队从前线撤回。查理·阿尔伯特虽然没有退出战争,但对战争采取消极态度,并利用战争的机会扩大自己的疆土,把伦巴底、威尼西亚、帕尔马、莫德纳等地区都并入撒丁王国。

由于封建君主们的消极态度及破坏作用,战局发生了有利于奥地利的根本变化。1848 年 6 月,奥军统帅拉德茨基集中军队进攻威尼西亚,占领了除威尼斯城外的大部分威尼西亚领土。随后,他又调集 7 万军队,于 7 月 22 日在库斯托查大败撒丁王国军队。8 月 6 日,米兰陷落。8 月 9 日,查理·阿尔伯特与奥地利签订丧权辱国的停战协定,被迫同意让出伦巴底、威尼西亚、莫德纳和帕尔马等地区。意大利北部又重新落入奥地利的统治之下。

反奥战争的失败,使意大利革命一度遭受挫折。但是人民没有屈服,继续战斗,决心把革命推向新的高潮。当查理·阿尔伯特向奥地利投降的消息传出后,马志尼就号召人民发动革命战争来反对奥地利。他说:"国王的战争结束了,民族的或者说人民的战争开始了。"从此,意大利革命由第一阶段(1848 年 1—8 月)进入到第二阶段(1848 年 8 月—1849 年 8 月)。在意大利革命的新阶段,资产阶级民主派成为革命的主要领导力量。他们提出了自下而上统一意大利的纲领:把民族解放的任务和实行比较深刻的政治改革结合起来,进行人民战争以求得民族独立,召开制宪议会以建立共和国。

8 月 11 日,威尼斯人民得知签订停战协定并把威尼西亚交给奥地利的消息后,群情激昂,立即掀起暴动。他们在以曼宁为首的资产阶级民主派领导下,宣布成立威尼西亚共和国。威尼西亚的政权转到了以曼宁为首的三执政的手里。11 月 15 日,罗马反动首脑人物、枢机主教罗西被刺身死,引起全城欢腾,群众举行游行示威,迫使教皇同意成立世俗内阁,召开全意大利制宪议会,答应参加对奥战争。可是庇护九世拒不履行自己的诺言,并于 11 月 25 日逃往那不勒斯的加埃塔。

1849 年 2 月 5 日,罗马召开制宪议会。根据加里波第的建议,议会于 2 月 9 日宣布罗马为共和国。3 月间,制宪议会又选出以马志尼为首的三执政的政府。新政府主要代表中小资产阶级利益,它在群众的推动下实行了一系列改革措施:教会的一切财产收归国有,废除宗教裁判所,建立世俗法庭,取消教会对教育的控制;征收累进税,取消磨粉税,降低进口关税,规定食盐和烟草的固定价格;废除长子继承权和让穷人迁入收归国有的教会房舍居住等。

托斯坎纳人民也行动起来。1 月 31 日佛罗伦萨人民举行强大示威游行,大公利奥波德二世逃离首都,出奔加埃塔。2 月 8 日,佛罗伦萨群众集会,宣布废黜利奥波德二世,并迫使议会任命葛拉齐、蒙塔涅里和马志尼三执政组成的政府。

革命运动的新高涨,威胁着萨伏依王朝的统治。查理·阿尔伯特为了保持自己的王位和意大利统一运动的领导权,于3月12日声明废除同奥地利签订的停战协定,再度对奥进行战争。但是,阿尔伯特并无决心驱逐奥地利人,对战争也没有充分准备。3月23日,在诺瓦拉战役中撒丁王国军队大败。查理·阿尔伯特深恐人民起来革命,逊位给他的儿子维克多·艾曼努尔二世(1849—1878年在位),自己逃往葡萄牙。3月26日,新国王就与奥地利签订停战协定,答应偿付巨额赔款。第二次反奥战争仅仅经过十多天又以失败而告终。

反奥战争的再次失败,使意大利反动势力更加嚣张。4月11日,君主派在佛罗伦萨发动反革命政变,解散制宪议会,5月20日陈兵边界的奥地利军队攻入托斯坎纳。5月25日,占领佛罗伦萨,利奥波德二世在奥地利军队刺刀保护下重新掌握政权。5月11日,那不勒斯王国军队占领巴勒摩,斐迪南二世恢复了对西西里岛的反动统治。随后,那不勒斯议会被解散,那不勒斯王国又回到君主专制统治之下。与此同时,在奥地利军队的占领下,帕尔马大公、莫德纳大公都恢复了自己的统治地位。封建反革命势力在意大利大部分地区得势,只有威尼西亚和罗马两共和国还在坚持斗争。

自1849年2月教皇庇护九世逃往加埃塔后,欧洲天主教国家西班牙、法国、那不勒斯王国和奥地利的代表陆续麇集在这个沿海小城,策划干涉罗马共和国。它们之间虽然矛盾重重,各有打算,但在镇压罗马革命,恢复教皇权位这一点上却是完全一致的。4月24日,1万法国军队在意大利登陆,向罗马进逼。随后,奥地利、西班牙和那不勒斯的军队都向罗马开来。到5月末,武装干涉者从四面八方包围罗马。虽然加里波第率领的军队主动出击,重创法军。但三执政只采取防御策略。7月2日,加里波第率军突围。第二天法军攻入罗马,马志尼等人逃亡国外,教皇政权重新恢复。

罗马共和国被颠覆以后,自1848年8月以来,一直被奥军包围下的威尼西亚共和国处境更加困难。在奥军不停地炮火轰击下,威尼斯2/3的地区变为瓦砾,再加粮食储备枯竭,霍乱流行。8月22日,坚持斗争11个月之久的威尼斯投降。这个共和国的最后失败,标志着1848—1849年意大利革命结束。

意大利革命是一次资产阶级民主革命。革命失败的主要原因在于民主派不愿触动半封建的土地关系,从而得不到农民的支持。不利的国际环境也起了很大的作用。意大利革命是在欧洲革命走向低潮时才开展起来的。陷于孤立的革命力量,便轻易地被欧洲反动势力扼杀了。

后　　记

　　《世界史》(六卷本)系原国家教委自1986年开始立项研讨，1987年夏正式启动编写的高校重点教材，并于正式出版前由新闻出版署定为八五期间国家级重点图书。自1992—1994年全部出齐(6卷)后，于1995年荣获国家教委第三届普通高等学校优秀教材一等奖。

　　本次修订的是《世界史·近代史编》(上下卷)，即六卷本的第三、第四卷，其第一版于1992年7月出版，在发行近九年的过程中，受到高校师生和史学界的广泛好评，同时，一些热心的读者也中肯地指出书中存在的某些差错或不足，包括印制的个别失误等，而且随着科研和教学的发展，又有新的学术成果值得吸取。为使这部教材更趋完善，适应目前教学的需要，在总主编齐世荣教授的主持下，本卷主编和编者积极配合，完成了这次修订工作。在修订中保持了初版的基本体系，对个别内容作了前后调整，如"1848年欧洲革命"调至"拉丁美洲民族独立运动"之后，是符合历史发展的逻辑并有助于教学的。同时编者对初版中史实的细节作了进一步的核实，并以最新版的马克思主义经典著作核改了若干引文，以及对史论方面或涉及现行国家政策的个别提法作了更加公允的提炼、表述，等等。经过这次修订，我们希望这部教材是能适应21世纪我国高校的世界史教学的。在这部教材(第二版)付梓之际，我们真诚地感谢对这部教材提出过宝贵意见的读者；感谢高等教育出版社政史法编辑室责任编辑的辛勤工作。

　　参加本卷编写和修订的分工情况如下(以章节先后为序)：

总序　　　　　　　　　　　　　　　　　　　吴于廑
前言　　　　　　　　　　　　　　刘祚昌　王觉非
第一章
　第一节　　　　　　　　　　　　　　沈汉　刘祚昌
　第二节　　　　　　　　　　　　　　沈汉　刘祚昌
　第三节　　　　　　　　　沈汉　刘祚昌　陈晞文
　第四节　　　　　　　　　　　　　　杨豫　陈晞文
　第五节
　　一　　　　　　　　　　　　　　　刘祚昌　齐世荣
　　二　　　　　　　　　　　　　　　　　　　陈晞文
第二章
　第一节　　　　　　　　　　　　　　　　　　王觉非
　第二节

一		钱乘旦
二	钱乘旦	刘祚昌
三		钱乘旦
四		钱乘旦
五	瞿季木	刘祚昌
第三节		
一	刘祚昌	齐世荣
二		马家骏
三		彭树智
四		彭树智
第四节		
一		董继民
二	刘祚昌	陈海宏
三	董继民	刘祚昌
第三章		
第一节	陈海宏	刘祚昌
第二节		刘宗绪
第三节		刘宗绪
第四节	瞿季木	王觉非

受总主编齐世荣教授委托,侯振彤审阅了本书日本史部分(原编者因故未参加修订),提出了修改意见,订正了个别印刷失误之处。

由于水平所限,书中难免有不当、疏漏之处,敬请同行专家和广大读者批评指正。

本卷主编

郑 重 声 明

高等教育出版社依法对本书享有专有出版权。任何未经许可的复制、销售行为均违反《中华人民共和国著作权法》，其行为人将承担相应的民事责任和行政责任；构成犯罪的，将被依法追究刑事责任。为了维护市场秩序，保护读者的合法权益，避免读者误用盗版书造成不良后果，我社将配合行政执法部门和司法机关对违法犯罪的单位和个人进行严厉打击。社会各界人士如发现上述侵权行为，希望及时举报，我社将奖励举报有功人员。

反盗版举报电话　（010）58581999　58582371
反盗版举报邮箱　dd@hep.com.cn
通信地址　　　　北京市西城区德外大街 4 号
　　　　　　　　高等教育出版社法律事务部
邮政编码　　　　100120